［英］乔纳森·伊斯雷尔（Jonathan Israel） 著

朱莹琳 译

II
The Dutch Republic
荷兰共和国
Its rise, greatness, and fall 1477—1806
崛起、兴盛与衰落
1477—1806

天地出版社 | TIANDI PRESS

目 录

第1章 导论 　1

第一部分
创建共和国，1477—1588年

第2章 迈入近代 　9
第3章 1470—1520年：人文主义与宗教改革的缘起 　47
第4章 1516—1559年：领土合并 　64
第5章 1519—1565年：荷兰宗教改革早期 　87
第6章 大起义前的社会 　125
第7章 1549—1566年：哈布斯堡政权的崩溃 　154
第8章 1567—1572年：阿尔瓦公爵的镇压 　184
第9章 大起义的开始 　201
第10章 大起义与新国家的诞生 　213

第二部分
黄金时代早期，1588—1647年

第11章 1588—1590年：共和国的巩固 　275
第12章 1590—1609年：成为大国 　284
第13章 共和国的体制 　326
第14章 荷兰世界贸易霸主地位的肇始 　363

第 15 章	大起义之后的社会	388
第 16 章	新教化、天主教化与认信运动	429
第 17 章	身份认同的分化:《十二年停战协定》	476
第 18 章	1607—1616 年:荷兰政治体内部的危机	502
第 19 章	1616—1618 年:奥尔登巴内费尔特政权的倾覆	517
第 20 章	1618—1621 年:反抗辩派的加尔文宗革命	537
第 21 章	1621—1628 年:身陷重围的共和国	571
第 22 章	1629—1647 年:迎来胜利的共和国	605
第 23 章	1590—1648 年:艺术与建筑	654
第 24 章	1572—1650 年:智识生活	678

第三部分

黄金时代晚期,1647—1702 年

第 25 章	1647—1650 年:威廉二世执政期	713
第 26 章	社会	731
第 27 章	1647—1702 年:宗教	765
第 28 章	自由与宽容	813
第 29 章	17 世纪 50 年代:巅峰时期的共和国 I	839
第 30 章	1659—1672 年:巅峰时期的共和国 II	884
第 31 章	1672 年:灾难之年	952
第 32 章	1672—1702 年:威廉三世执政期	965
第 33 章	1645—1702 年:艺术与建筑	1031
第 34 章	1650—1700 年:智识生活	1062
第 35 章	殖民帝国	1117

第四部分

衰落的时代，1702—1806年

第36章 1702—1747年：摄政官治下的共和国　1149
第37章 社会　1195
第38章 教会　1220
第39章 启蒙运动　1244
第40章 1747—1751年：第二次奥伦治革命　1280
第41章 蹒跚的共和国与"南部"的新活力　1293
第42章 1780—1787年：爱国者党革命　1316
第43章 共和国的落幕　1333
第44章 尾声　1344

注　释　1354
参考文献　1479
译后记　1537

第19章

1616—1618年：奥尔登巴内费尔特政权的倾覆

1609—1610年间，阿明尼乌派与戈马尔派的争论传播到整个联省，公共教会由此陷入动乱，卷入令人不安的政治斗争中。奥尔登巴内费尔特和荷兰省三级会议站在阿明尼乌派一方插手教会事务后，又在1610—1614年间采取一系列政治行动。目前看来，这些行动似乎在荷兰省摄政官的领导下遏制了混乱，稳定了国家和社会。

这些年，奥尔登巴内费尔特和荷兰省三级会议的其他领导人——包括1613年之后的格劳秀斯——都展现出了坚定的决心和高超的手腕。形势复杂且满是艰险，但是在一次又一次的交锋中，摄政官和教会中的抗辩派战胜了对手。1610年，他们成功地用军队平息了乌得勒支的骚乱。执政（尽管私底下与奥尔登巴内费尔特为敌）并未干涉。在上艾瑟尔和海尔德兰奈梅亨区的阿明尼乌派的协助下，荷兰省得以应付七省的大多数支持召集全国宗教会议的要求，至少在奥尔登巴内费尔特派依然掌握主动权的1617年之前如此。此外，在荷兰省和乌得勒支省，抗辩派控制着主要城市的讲道者职位，这导致在抗辩派势力强大的地方，出现了教会的"抗辩派化"进程。最后，也是在1617年之前，抗辩派成功地让反抗辩派的潜在盟友英格兰国王与荷兰事务保持距离。

尽管执政私底下承认他并不理解这场神学争论，但他支持哪一边在1610年阿尔克马尔的骚乱中就已清晰明了。当时，该城戈马尔派大张旗鼓地宣誓效忠"拿骚家族"。[1]此外，执政还支持反福斯修斯运动。不过，阿尔克马尔和乌得勒支的戈马尔派都被击败了，于是1610—1616年间，莫里斯也在避免全身心地投入戈马尔派。[2]如果说对手看上去已强大到足以取胜，或是能形成僵局——接踵而来的只能是内战和国家严重毁坏，那么在这种情况下破坏国家稳定，将局势推向极端是不明智的。目前，莫里斯除了保持温和别无选择，而且，鉴于阿明尼乌派控制着海牙的公共教会，他依旧会出席厄伊滕博哈特在三级会议大厦的布道活动。1610—1615年间的奥尔登巴内费尔特有理由信心十足，不过他过于轻视反抗辩派，视之为外来者，并认为他们只是一群"清教徒，大多是佛兰德人或弗里斯兰人"。[3]奥尔登巴内费尔特政权的垮台并不是个可以预见的结局，直到1616年，甚至1617年，都看起来毫无可能。然而，他失败的祸根早已种下，很明显，到1615年前后，他（和格劳秀斯）的政治和意识形态方案已丧失优势和动力。从那以后，这一统治团体的权势逐渐衰减。

奥尔登巴内费尔特和荷兰省三级会议中的多数派属于荷兰政治领域较为自由的一派，他们的惨败归结于三个主要原因。第一，重建荷兰省三级会议团结的努力失败了。1614—1616年间，格劳秀斯的公告《为了教会的和平》通过后，反抗辩派中的强硬派击败温和派，虽然这种胜利十分勉强。强硬派的领导人是阿姆斯特丹市长保，他更愿意与其他省份结盟对抗奥尔登巴内费尔特，而不是与奥尔登巴内费尔特联合重建荷兰省对其他省份的霸权。[4]这一点主要是出于经济和政治，而非宗教的考量。其中最重要的是，阿姆斯特丹的统治集团，即彼得鲁斯·普朗修斯及其强硬的反抗辩主义的庇护人,不能原谅奥尔登巴内费尔特签署停战协定、牺牲殖民地贸易利益的行为。[5]

第二,尽管"抗辩派化"在许多荷兰省城镇推进,但在荷兰省公共教会的讲道者和宗教法院中,反抗辩派依旧强大有力。摄政官对讲道者施加着诸多影响,但这仅局限于主要城镇。在其他地方,摄政官根本无法应付反抗辩派的优势。构成荷兰省公共教会的15个教区会议中,5个属于坚定的反抗辩派,分别是阿姆斯特丹、多德雷赫特、恩克赫伊曾、埃丹和霍林赫姆的教区会议。在其余地区,阿明尼乌派的市议事会要么将反抗辩派元素清除出城,要么像莱顿和哈勒姆那样,与反抗辩派主导的宗教法院达成妥协,在1617年之前避免了严重的摩擦。然而,这些议事会并不能广泛地将其意志强加给教区会议。[6]

在阿明尼乌派掌控的所有地区,摄政官接连打击违抗自己权威的反抗辩派讲道者,狂热镇压反抗辩派市民中的分裂主义潮流。在乌得勒支,按照天主教领袖的报告,1610年之后阿明尼乌派治安法庭对戈马尔派像对天主教教徒一样不宽容。[7]

霍伦的教会和宗教法院在1614年8月分裂。该城议事会清洗了反抗辩派的宗教法院,驱逐了该城唯一的反抗辩派讲道者,解散了反抗辩派的秘密集会。[8]在鹿特丹,反抗辩派少数群体在1614—1615年间试图脱离教会,成立独立的教团。格劳秀斯在这儿强制推行良心自由的哲学,却不允许自由的实践,他不支持公共教会的任何分裂。[9]在海牙,反抗辩派讲道者亨里克斯·罗萨乌斯(Henricus Rosaeus)及其支持者受到阿明尼乌派宗教法院的有力制约;到1615年,罗萨乌斯与厄伊滕博哈特公开决裂;同年罗萨乌斯被革除教职并被驱逐。1617年之前,即便是小规模的反抗辩派教团都未能在海牙建立。

但是，在荷兰省的乡村和城郊地区，包括代尔夫特斯哈芬（Delftshaven）和赖斯韦克（Rijswijk）这样紧邻鹿特丹和海牙的地区，反抗辩派神学处于至高无上的地位。英格兰大使达德利·卡尔顿在1617年夸张地报告道："荷兰省的乡村与其他省份的乡村一样，（依然）普遍支持反抗辩派。"[10] 事实上，从南荷兰省和乌得勒支延伸到海尔德兰奈梅亨区乡村的广阔地区，以及上艾瑟尔境内，都存在一片抗辩派乡村，包括贝克尔（Berkel）、哈泽斯沃德、瓦尔蒙德和泽芬赫伊曾（Zevenhuizen），那里的讲道者和村民都支持抗辩派。[11] 不过，南荷兰省的大部分乡村和北荷兰省几乎所有乡村确实都属于反抗辩派。这样的结果就是，没有哪个教区会议是坚定的抗辩派。在反抗辩派不占主导的10个教区会议中，4个——鹿特丹、阿尔克马尔、霍伦和布里尔的教区会议在1615年之前已分裂成相互斗争的派系，另外两个——豪达和武尔登的教区会议将在随后两年里分裂。在剩下的地方——哈勒姆、代尔夫特和莱顿，各派达成的妥协形式在事实上与公开分裂差不多。[12]

第三个原因是最后出现的，且决定性地改变了平衡。那就是荷兰省城市各派民众的骚动，这是1617—1618年危机中的关键要素。这场危机动摇了国家，也给了莫里斯一个推翻奥尔登巴内费尔特的时机，同时并没有带来导致国家瘫痪的僵局或内战。1616年，荷兰省各城镇的社会骚动引发了摄政官的严重忧虑。骚动的一个重要因素是南尼德兰移民群体日益深重的不满情绪。这些人如今已经在荷兰省扎根多年，但仍感到在城市生活的诸多方面遭受歧视，包括在民兵团体中、民兵指挥方面和城市福利方面。戈马尔是名佛兰德人，阿明尼乌则是荷兰省人，这一事实就代表着遍布荷兰省各城镇的神学与文化分裂的特征。莱顿和哈勒姆的宗教法院由南部移民和激进的反抗辩派控制，它们因移民的遭遇而不满：为这些城市创造了新纺织业财富的人被排挤在城镇议事会和摄政官圈子之外。奥尔登巴内费尔特和市长霍夫特只是众多荷兰人中的两个，他们站在抗辩派一方，提起南部移民的加尔文宗正统派时总是带着厌恶。1615年，莱顿市议事会邀请抗辩派的新任神学教授埃皮斯科皮厄斯定期在城中布道，埃皮斯科皮厄斯拒绝了。他评论道，自己不想被宗教法院的"佛兰德绅士"斥责。

但是，就荷兰省的形势而言，诸多外来移民的加尔文宗热情并非新生因素。霍夫特和埃皮斯科皮厄斯在抱怨"佛兰德人"的影响时，谈论的主要是宗教法院中的讲道者和富裕的制造商、大商人，而不是移民中的劳动群体。[13] 制造业城市中的不满情绪直到大概1616年之后才成为重要因素，而这应当归因于，至少部分归因于经济。《十二年停战协定》刺激了荷兰在欧洲范围内的贸易增长——泽兰的过境贸易除外。停战时期也是制造业，特别是纺织业迅速扩张的时期。尽管制造业城镇迅速发展，出口贸易急剧扩张，但也带来了另一个结果，即来自南尼德兰制造业复兴地区的竞争加剧，这是因为共和国的进口关税在1609年降低，而通向佛兰德的波罗的海羊毛和其他原材料运输得到恢复。1609年之后，"新布料"和亚麻布产品从佛兰德和布拉班特涌入荷兰市场。这符合荷兰大商人的利益，他们出口的布料和亚麻布现在有两个供货源，而且成本还降低了。但对于劳动民众，这意味着工资急剧下降，房租上涨，大商人的剥削加重。[14] 还有少数行业，主要是酿酒业，面临着另一种情况。它们并不参与对海外市场出口商品的活动，也就没有从强大的海外贸易体系中获益，却与其他产业一样，面临着成本上升、南部竞争加剧的问题。

于是，经济压力导致制造业城镇工匠群体的处境恶化，部分通过激进的民众反抗辩主义的形式表达出来。上述现象绝不仅限于纺织业的无产移民中，它普遍存在于大城市和一些小城镇中。不过确实可以说，它在移民群体中表现得尤为激烈。由此，会出现这样的情况：经济压力造成的不利影响鲜明可见，但渗透到神学和政治领域的冲突有限。1616年8月，代尔夫特爆发了严重的骚乱。该城的移民人数相对少，但由于酿酒业——该城的支柱产业出现危机而遭受了尤为严峻的经济萧条。[15] 不过，这场骚乱的神学因素不是特别显著。骚乱的顶峰是洗劫市政厅，但这主要是抗议面包价格太高和劳动群体处境恶化的活动，工匠的妻子在行动中发挥了突出作用。另一些事例中，除了纺织业的移民工人，坚定支持反抗辩派的人少之又少，我们在豪达看到的情况就是如此。这是一个阿明尼乌派主导的城镇。1617年1月，该城的反抗辩派在未告知议事会的情况下，冒险向执政递交请愿书，要求执政批准他们成立自己单独的归正会圣会。这是对摄政官的挑战，原因是议事会没有管理教会事务的权限。这一行动大大激怒了豪达市议事会，甚至让议事会驱逐了运动的2名领袖，剥夺了另外3人的公民权（3人因而不再是该城行会的成员）。豪达反抗辩派团体有80多名成员，其中大多数为纺织工人，60%的人是南部移民。[16] 而在所有较大的制造业城市，甚至在阿姆斯特丹，劳动群体大多支持反抗辩派，虽然反阿明尼乌的热情还只是在南部移民中最为显著。

到1616—1617年，民众的反抗辩主义向荷兰省摄政官的权力提出了公然挑战。乌得勒支城仍没有什么大众加尔文主义激进情绪复兴的迹象，唯一的反对活动就是，每个礼拜日都有少数持异见者长途跋涉，到附近属于反抗辩派的菲亚嫩去参加"真正的基督教加尔文宗礼拜"。[17]（与此形成对比的是，附近的屈伦博赫和比伦自由领地属于坚定的抗辩派）许多荷兰省城镇都有大批被称为"泥乞丐"（*Slijkgeuzen*）的人每个礼拜日组成长长的队伍，长途步行到乡村的反抗辩派教堂，以此表达他们的反对意见。到1616年夏，海牙每个礼拜日都有约700人步行到赖斯韦克听罗萨乌斯布道。

到1617年初，空气中弥漫着明显的反抗情绪。海牙和布里尔在1月发生了骚乱。布里尔当地的驻军指挥官拒绝在没接到执政指令的情况下，协助治安法庭维持秩序。海牙的氛围非常令人担忧，厄伊滕博哈特几近绝望。7月9日，一群反抗辩派民众武力夺取了海牙市中心荒废的修道院教堂，并在此建立自己的圣会。而城镇议事会不敢镇压。据称，相比在海牙主教堂举行的阿明尼乌派礼拜活动，现在该城修道院教堂举行的仪式吸引了更多民众参加。这一事件，加上莫里斯决定亲自前往修道院教堂一事，产生了深刻影响，这是奥尔登巴内费尔特政权逐渐衰落的清晰标志。

在阿姆斯特丹，反抗辩派民众在1617年2月变得活跃。年轻的民众开始冲击抗辩派的集会。[18]一些抗辩派人士的宅邸遭到洗劫。1617年5月3日，阿明尼乌的出生地——奥德瓦特发生大骚乱，一伙工匠逼迫阿明尼乌派的议事会撤销开除反抗辩派讲道者约翰内斯·利迪厄斯（Johannes Lydius）的决议。[19]一支驻军的基地就在附近，但是摄政官并没有得到任何帮助。

讨论阿明尼乌派与戈马尔派争论的荷兰语小册子和文章数量陡增，显然人民正越来越多地卷入冲突。1613年和1614年出版的小册子都是50种左右，这个数字在1615年涨到80种，1616年超过100种，1617年有175种，1618年多于300种。[20]双方都出版充满极端狂热情绪的普及性神学-政治小册子,为抗辩派辩护的鹿特丹讲道者尼古拉斯·赫雷芬霍芬(Nicolaes Grevinchoven)及其乌得勒支同人雅各布斯·陶里纳斯(Jacobus Taurinus)尤为狂热。不过,引人注目的是,在这个艺术家云集的国度(许多艺术家无疑有着坚定的政治和神学观念),在这个因大起义而拥有丰富的政治漫画和版画艺术实践的国度,此时竟没有大量涌现类似的视觉材料。实际上,视觉材料要到1618年奥尔登巴内费尔特政权倒台后才涌现。这一时期最成功的政治版画宣传家阿德里安·范德芬纳(Adriaen van de Venne,1589—1662年)要到政治冲突真正结束时,才开始创作《正义之筛》(*Righteous Sieve*,1618年)这类作品。这幅版画描绘总三级会议成员在莫里斯的协助下,举起一个巨大的筛子,奥尔登巴内费尔特和阿明尼乌派领导人从筛子中滚落下来。[21]范德芬纳早些年的作品《垂钓灵魂》(*Fishing for Souls*,1614年)将包括福斯修斯在内的一批抗辩派神学家与反抗辩派人士置于一侧,共同对抗天主教教徒。绘画并没有暗示冲突,更多在表现团结而非分歧,而这符合奥尔登巴内费尔特和格劳秀斯的政策。看起来,在1618年之前,无论是城镇的议事会,还是省三级会议,不管它们信奉哪派神学,都不打算允许有人在出版的印刷品上痛斥议长和荷兰省三级会议。与此相伴的是如下事实:当时发表的论战文章对神学和神学家进行了恶毒攻击,但在影射奥尔登巴内费尔特、荷兰省三级会议以及莫里斯方面高度节制。

作为十足的精英主义者,格劳秀斯鄙视日益升级的宣传战中的激烈争执。不过,他同样通过出版参与论战。1616年4月,格劳秀斯作为荷兰省三级会议代表团首领向阿姆斯特丹市议事会做了斯莱德口中"冗长而精致的演讲"。那是他们为劝说阿姆斯特丹停止反对奥尔登巴内费尔特政权教会政策而做的最后一次努力。[22] 格劳秀斯在这一文本中阐述了他共和式的"公共教会"观念，对现代读者来说，文本怪异地混合了宽容与不宽容；坚持公共教会是不可或缺且不可分裂的，国家有必要维持它凌驾于其他教会之上的地位，它是社会、道德，最终也是政治稳定的基石："即便是在君主国，公共宗教的分裂也是极具破坏性的；而在共和国，它完全是毁灭性的。"[23] 不过，这种表面的统一一定要与内部的宽容和教义的灵活性相结合。只要基督教教义的根本法则保存完好，次要的信条就应该允许人们公开讨论。格劳秀斯主张，在赋予人民良心自由的共和国，始终会存在因为追求教义的统一而导致分裂的危险：毫不妥协的宗教路径只会引起内部的破裂。因此，假如戈马尔派依然顽固不化，他们将把公共教会撕裂成敌对派系。他提到荷兰再洗礼派这个例子："他们内部的派系如此之多，甚至没有人能够知悉它们的数目和所有派系的名字"。[24]

格劳秀斯试图将基督教信仰中的根本教义与次要的理论领域相分离。三位一体论就属于前一种；预定论则属于后一种。在后一领域，信仰的统一是不适用的。格劳秀斯的共和式基督教观念的核心在于，他把人文主义的学术知识运用到政治运动中，以劝说公众相信：荷兰省三级会议和受到三级会议支持的公共教会完全信奉基督教真理，与此同时拒斥严厉的不宽容，并力图在讲道者中维持对不同教义广泛但合理的宽容。在福修斯的协助下，格劳秀斯在这个关键的节点耗费大量时间研究贝拉基主义和索齐尼主义。反抗辩派从一开始就用它们来责难阿明尼乌、福修斯和所有抗辩派。1615年，格劳秀斯安排任命福修斯担任莱顿三级会议学院的董事。他热情鼓励福修斯广泛研究贝拉基主义和半贝拉基主义异端。[25] 福修斯800页的著作《贝拉基主义史》

第19章　1616—1618年：奥尔登巴内费尔特政权的倾覆

（*Historia Pelagianismi*，1618年出版于莱顿）意图证明，抗辩派并非贝拉基主义。格劳秀斯上一年出版的《驳弗斯都·索齐尼，捍卫基督救赎的基督教教义》(*Defensio fidei catholicae de satisfactione Christi adversus Faustum Socinum*）则意图证明，抗辩派并非索齐尼主义。他希望通过建构起无懈可击的三位一体论的真理，为抗辩派及其政权洗刷政敌所强加的最有害的污名。[26] 然而，他在论证中遇到了巨大的困难，到最后也只展现出驳斥反三位一体论的观点的弱点。

反抗辩派神学家遭到格劳秀斯、福修斯以及约翰内斯·德鲁修斯（Johannes Drusius，1550—1616年）的抨击。德鲁修斯是弗拉讷克的重要人物，在长期的沉默之后，他因猛烈抨击吕贝特斯而透露出自己的抗辩派倾向。他（与格劳秀斯一样）斥责吕贝特斯在联省传播而不是遏制索齐尼的观念。吕贝特斯试图在大学里组织一场神学反攻，[27] 但反抗辩派缺乏对手那样的学术力量。尤其令他们窘迫的是格罗宁根大学，新任教授赫尔曼·拉芬斯珀赫（Hermann Ravensperger）的行动。据说1617年他在索齐尼主义问题上给格劳秀斯做了相当糟糕的回应，由此又引来福修斯十分尖刻的批驳，甚至格罗宁根大学的声誉都连带受损。[28] 格罗宁根大学管理层不得不命令他们平庸的老师保持沉默。

阿明尼乌派在知识界的战斗中获胜，却在政治界惨败。到1617年夏，经历了阿姆斯特丹、海牙、布里尔和奥德瓦特的骚乱，执政又公开支持反抗辩派，社会环境变得更加险恶，让奥尔登巴内费尔特及其盟友感到四面楚歌。荷兰省领导人正在丧失控制力。为了稳住正在崩塌的地位，他们于1617年8月采取行动，将这出"戏剧"推向最后一幕，将政权引向倾覆。这场行动就是通过所谓的《尖刻决议》（*Sharp*

Resolution），以应对6座城镇的顽强反抗。这6座城镇被戈马尔派称为"好城镇"，包括阿姆斯特丹、多德雷赫特、恩克赫伊曾、斯希丹和皮尔默伦德。1617年8月4日的《尖刻决议》授权荷兰省各城镇招募特殊部队以维持各自的秩序。这种军队被称为雇佣军（waardgelder），他们宣誓效忠供养他们的城镇议事会。[29] 决议还宣布，荷兰省负责供养的常备军军队首先应当效忠省三级会议，而不是总三级会议。这是在主张，联省的主权完全存在于各省。政敌反抗辩派被此激怒。反抗辩派一直渴望符合"爱国者"之名，在政治上支持联盟，正如在教会中支持加尔文宗正统派。这些"正义事业"的支持者利用《尖刻决议》给他们的政敌贴上"总三级会议叛徒"的标签，甚至称他们是西班牙的秘密盟友。执政莫里斯宣布，《尖刻决议》"冒犯了真正的归正会信仰并侵犯了我们的人身权利"。[30] 反抗辩派公开谈论与之敌对的"抗辩派"，谈论"真正的基督教加尔文宗信仰"，仿佛这是两种各自独立的信仰，并且仿佛它们陷于冲突之中，一定要战斗到底，甚至有人谈论起了内战。观察到危险，莫里斯相当谨慎地行事，就像他在（大多数）军事行动中那样。

紧张对立的情绪支配了荷兰省所有大城镇，也控制了乌得勒支城。乌得勒支城依然表面上风平浪静，但该城议事会察觉到"荷兰省许多地方"的形势"正以宗教为借口，日益走向冲突和混乱"，[31] 骚乱也很有可能在乌得勒支城爆发。于是议事会在《尖刻决议》通过后，采取行动，招募了600人的雇佣军在乌得勒支城内服役。[32] 军队就位后，议事会进而清洗该城民兵中的反抗辩派激进主义者，并援引莱顿令人警惕的局势为行动正名。

事实上，最尖锐的冲突发生在莱顿。按照卡尔顿的描述，该城是

第19章　1616—1618年：奥尔登巴内费尔特政权的倾覆　　527

"这些纷争的源头"。[33] 到1617年9月，议事会非常担心极有可能爆发的民众骚乱和袭击市政厅的冲突，[34] 于是决心封锁市中心，在周围建造街垒，并派雇佣军看守，将心怀敌意的民众抵挡在外围。10月3日，即莱顿大围城解围的周年纪念日，镇民与雇佣军之间爆发冲突，其间一些士兵被飞来的石头砸伤，一人毙命。[35] 摄政官们对民兵不放心，1618年1月，他们试图通过强制民兵重新宣誓，来确保他们站在自己一边。大起义期间，誓词要求民兵将腓力二世及其"拥护者"视为敌人，如今摄政官舍弃了这些至关重要的措辞，代之以支持市长镇压一切暴乱的职责。这显然是在试图要求民兵支持摄政官打击市民中的反抗辩派抗议活动。[36] 结果，许多人拒绝宣誓，五六百人立刻被清除出民兵队伍。不久之后，哈勒姆的民兵队伍也遭到清洗。

1617年夏，社会逐渐两极分化，荷兰省摄政官内部也是如此。所有团结的表象都烟消云散，荷兰省三级会议分裂成两个相互斗争的阵营。在代尔夫特，讲道者和大多数摄政官都属于阿明尼乌派。但与其他制造业城镇以及阿姆斯特丹一样，代尔夫特的劳动民众大多属于反抗辩派。该城投票通过《尖刻决议》。但是，民众中翻涌着凶狠的情绪，代尔夫特"新教堂"（沉默的威廉的陵墓就安置在这儿）9月初又爆发了骚乱，该城议事会的大多数成员被此吓住，因而摒弃了阿明尼乌派，击败了奥尔登巴内费尔特的忠实盟友、市长埃沃特·范德迪森（Ewout van der Dussen）。[37] 代尔夫特议事会退守到紧张中立的立场，随后又很快转而支持执政，1617年12月，代尔夫特议事会同意支持召集全国宗教会议的要求。[38] 从1617年夏天起，阿明尼乌派的中坚城镇——鹿特丹、莱顿、哈勒姆、豪达、阿尔克马尔、霍伦、布里尔和斯洪霍芬在海牙开始举办他们独立的代表会议。[39] 反抗辩派城镇如出一辙。

莫里斯送信给反对奥尔登巴内费尔特,或可能被说服对反奥尔登巴内费尔特的荷兰省摄政官,无情地掏空奥尔登巴内费尔特正在收缩的权力基础。[40] 他一直保持着与阿姆斯特丹的市长保的联系,并且连珠炮似的游说梅登布利克和蒙尼肯丹这些立场摇摆的城镇议事会。《尖刻决议》通过之后,这两座城镇的代表缺席了8月4日在海牙的会议。莫里斯劝说这些城镇去抗议抗辩派通过决议的方式以及决议的内容。他鼓动抗辩派城镇中的反抗辩派摄政官——尤其是莱顿的雅各布·范布劳克霍芬(Jacob van Brouckhoven)——去组织反抗其同僚的活动;又劝说正在变节的城镇,如代尔夫特、梅登布利克和蒙尼肯丹,支持召集全国宗教会议的要求。1617年11月末,执政在私人卫队的陪同下巡游了南荷兰省的数座城镇,试图加速它们背叛当权的阿明尼乌阵营的进程。莫里斯的这些活动加重了奥尔登巴内费尔特支持者的忧虑。社会上一直流传着关于莫里斯动机的谣言。莫里斯在他到访的城镇长篇大论地游说当地摄政官,强调假如不马上召集全国宗教会议来解决教会的问题,教会和国家就会面临恐怖的大灾难。正如卡尔顿所言,执政还努力"洗刷政敌加在他身上的污名,即妄图成为国家统治者"。[41]

《尖刻决议》通过之后的几周里,人们普遍期待莫里斯在不久后发动的军事政变,猜测他会推翻奥尔登巴内费尔特和阿明尼乌派政权。1617年10月,莱顿发生骚乱,此时莫里斯正亲自前往布里尔,去更换驻军,并声明自己对该城的权力。此事将莫里斯推入与荷兰省代理委员会的激烈冲突中,此后有更多人在期待莫里斯发动政变。然而,执政依然在犹豫,依然警惕着奥尔登巴内费尔特政权在荷兰省内外一直拥有的可观的支持力量。为了避免内战，避免太过明目张胆地推翻所有公认的程序，莫里斯感到有必要做进一步准备。

1618年的头几个月，奥尔登巴内费尔特遭遇一系列打击。1月，莫里斯前往奈梅亨，迈出了他此前一直不敢走的一步——对此他宣称，根据1591年任命他为海尔德兰执政的条款，他有权如此行事。在海尔德兰大法官、聚特芬区反抗辩派贵族院领袖赫拉赫·范德卡佩伦（Gerlach van der Capellen，1543—1625年）的协助下，莫里斯"清洗"了奈梅亨的议事会，将其中的阿明尼乌派成员替换成反抗辩派人士。新议事会改变了奈梅亨在全国宗教会议问题上的立场，并且在4月将该城的3名抗辩派讲道者撤职。[42] 阿明尼乌派遭受的另一场羞辱的发生地是赫斯登，当时紧张的气息渗透进共和国。该城有一个阿明尼乌派的议事会，但民众以反抗辩派占多数。联省最能干的归正会年轻讲道者中，两个在该城。而在反对派一方，来自克莱沃的约翰内斯·赫雷维厄斯（Johannes Grevius）和新近到来的希斯贝特斯·富修斯（Gisbertus Voetius）注定要在接下来的几十年里担任共和国加尔文宗正统派的主要发言人；约翰内斯·赫雷维厄斯曾在1610年的《抗辩书》上签名；希斯贝特斯·富修斯则是狂热的反抗辩派成员。为了避免民众介入1618年的议事会选举，荷兰省代理委员会派出以格劳秀斯为首的代表团前去监督，以确保该城继续忠于阿明尼乌派。新一届阿明尼乌派城镇议事会成员上任。但是代表们刚走，城内就爆发了骚乱，支持反抗辩派的暴徒攻占市政厅，驱逐阿明尼乌派人员，代之以反抗辩派人士。代理委员会并没有对该城驻军的控制权，于是对于民众令人恐惧地介入政治进程而造成的结果，不得不接受。

显然，大危机的最终解决不能再拖延了。布里尔、赫斯登、奥德瓦特等地的驻军拒绝服从代理委员会。民众和执政的介入分别让荷兰省和海尔德兰省的城镇议事会被弃置不顾。荷兰省中8座坚定的阿明尼乌派城镇在海牙召开内部的集会，要求3位重要议长——格劳秀斯、拉姆包特·霍赫贝茨（Rambout Hogerbeets）和哈勒姆的约翰·德哈恩（Johan de Haen）撰写一份宣言，谴责近来的行动是不合法的，并威胁撤回荷兰省给总三级会议的财政捐献。[43] 1618年1月23日，哈勒姆代表团将此文书递交荷兰省三级会议。阿明尼乌派城镇还提议招募更多的雇佣军。为此，它们需要正当的理由，并占用总三级会议金库的资金。雇佣军真正的军事价值或许有限，但扩大雇佣军规模增加了内战的可能，因而这是给执政和其他省份施压的一种手段。3月，伴随着荷兰省三级会议内激烈的争执，阿明尼乌派城镇重新开始征兵，乌得勒支城也是如此。[44]

莫里斯的下一步是动员剩下5个省份反对荷兰省和乌得勒支省。1618年3月，他出席海尔德兰省三级会议，为他在奈梅亨的行动辩护，并劝说三级会议否决荷兰省和被清洗过的治安法庭的抗议，指示他们在总三级会议的代表支持自己解散荷兰省和乌得勒支省雇佣军的要求。[45] 5月，莫里斯出席上艾瑟尔省三级会议，成功说服当地依然摇摆不定的贵族院支持自己。于是，在共和国的整个东部地带，唯一残留的抵抗城市就剩坎彭。1618年5月5日，坎彭坚定不移的阿明尼乌派议事会与该城的宣誓委员会一道讨论莫里斯的来信。来信最后劝说他们同意召集全国宗教会议的诉求，以解决动摇着各省和同盟的宗教分歧。坎彭的议事会和宣誓委员会回复道，全国宗教会议不会解决任何问题，只会制造"新的混乱和分裂"。[46] 上艾瑟尔省三级会议随后决定撇开坎彭径自行动，与其他省份联手，共同要求召集全国宗教会议、解散雇佣军。[47] 直到5月,该省3位大贵族率领的代表团给坎彭施加沉重压力后,坎彭最后才表面同意。[48] 这3名大贵族包括斯韦德·范哈索尔特(Sweder van Haersolte,他正日渐成为莫里斯在上艾瑟尔的得力干将)、亨德里克·本廷克(Hendrik Bentinck,萨兰的德罗斯特)和约翰·范拉斯费尔特(Johan van Raesfelt)。

到1618年春,荷兰省亲阿明尼乌派团体内部的士气已然遭到严重消磨。绝望中,奥尔登巴内费尔特和格劳秀斯奋力坚定支持者的决心。"蒙斯·巴内费尔特(Mons Barnevelt)向荷兰省各城镇发表了格劳秀斯起草的演讲,"卡尔顿在4月报告道,"他意图鼓舞他们的精神,告诉他们古代巴达维亚人如何充当罗马帝国的盟友。他用学究式的论证总结道,因为荷兰省比联省其他省份更古老、更伟大、更富裕,所以他们决不能同意召开全国宗教会议。"[49] 与此同时,阿明尼乌派也掀起了宣传战,影射莫里斯个人的政治野心。对此,反抗辩派驳斥道,执政只是在主张自己的权利,而荷兰省三级会议就如卡尔顿所说:"长期以来都在侵蚀执政的权威,事实上,他们除了一个国家统治者的头衔,什么也没留给执政。"[50]

在有关全国宗教会议和雇佣军的争论加剧时,两派冲突的其他宪政相关面也得到了比以往更多的关注。1617年6月和9月,总三级会议中,弗里斯兰、格罗宁根、泽兰和海尔德兰(奈梅亨区并未同意)构成的微弱多数投票通过了召集全国宗教会议(定于1618年5月)的决议,并同意邀请英格兰国教会以及法兰西、日内瓦、普法尔茨和黑森的加尔文宗教会的代表团出席。[51] 到1618年5月,这一派已经成了更令人信服的多数派,奈梅亨和上艾瑟尔也已加入其中。但是,抗辩派,尤其是格劳秀斯,认为总三级会议的投票是"非法的"。双方都不认为总三级会议的决议应当是全体赞同的；假如格劳秀斯这样想，那将是荒诞的，因为自16世纪90年代以来，总三级会议的众多决议都是在荷兰省的推动下，不顾其他省份——尤其是弗里斯兰和泽兰的反对意见，以多数票通过的。事实上，格劳秀斯明确主张，无论是荷兰共和国，还是其他共和国，只有在其最高协商决议是由大多数人投票通过，并为少数派被迫接受的情况下，才能运转。[52] 格劳秀斯的真正论点是，主权存在于各个省份自己手中，只有在那些各个省份此前同意将部分主权授予总三级会议的领域，总三级会议的多数票才是有效的。但是，宗教和教会政策并不归总三级会议管辖。在宗教领域，各省享有完全的主权，不应要求荷兰省服从多数省份的决议。[53] 同样，作为一个主权省份，荷兰省可以采取其三级会议认为必要的一切行动，以维护内部秩序；如此行事并不损害总三级会议对联盟军队的职责。

执政感兴趣的是实践方面，而非理论。不过，他在1618年5月对上艾瑟尔省三级会议的演讲中，拒不承认主权完全掌握在各个省份手中，尽管他承认大部分主权是。莫里斯声称，各省内部和各省之间的宗教分歧应当由总三级会议裁决，"因为它代表着尼德兰联省的最高政府，过去30年里，所有的重大分歧和困境都是凭借它的权威才迎刃而解的"[54]。如果要将宗教分歧留给各个省份自行解决，那么问题不可能得到解决，各省间，乃至整个国家的团结还会遭到不可挽救的损害。事实上，正如他的党派随后一直强调的，莫里斯主张的是联省主权由各省和总三级会议分掌。

1618年7月9日，总三级会议开始商议解散荷兰省和乌得勒支省雇佣军的问题。这两个省份抗议道，这项议程是非法的。他们宣称，

第19章 1616—1618年：奥尔登巴内费尔特政权的倾覆 533

作为主权体,他们有权因内部原因,在自己认为恰当时,征募和维持军队。在此问题上,就连多德雷赫特也站在奥尔登巴内费尔特一边。但其他省份坚持认为,根据同盟协定,有关国防、军队和军事指挥的一切事务归总三级会议和执政管辖。总三级会议随后以5比2的票数,通过解散荷兰省和乌得勒支省雇佣军的决议,并且接下来从这5个赞同省份中选取代表,任命了1个委员会,陪同执政前去调停乌得勒支事务。根据总三级会议的命令,解散该地雇佣军的行动即将展开。

奥尔登巴内费尔特、格劳秀斯及其支持者如今呈现的立场与之前的截然不同。他们宣称各省是主权体,但各省都没有自己的军队。联省只有一支同盟军,由总三级会议和执政掌控。并非所有的驻军指挥官都天然地支持莫里斯。一些人,包括乌得勒支境内的英格兰驻军指挥官,还在支持奥尔登巴内费尔特和莱登贝赫。绝望中的奥尔登巴内费尔特派格劳秀斯和霍赫贝茨带领一支所谓的荷兰省三级会议代表团(实际上只得到少数城镇的授权)前往乌得勒支省。他们给当地部队军官带去指令:军队首先应对支付他们军费的省份负责——这(主要)指的是荷兰省;如果出现权力方面的争端,他们必须无视总三级会议和执政的命令。这些指令公然违背16世纪80年代中期以来荷兰政治和军事的标准惯例,为日后政敌指控奥尔登巴内费尔特、格劳秀斯和霍赫贝茨叛国提供了核心罪证,同时,它们也被视为奥尔登巴内费尔特颠覆同盟基本原则的直接证据。赫里特·维特森(Gerit Witsen)是保在阿姆斯特丹的主要盟友,这位荷兰省反抗辩派摄政官在维特森宅邸集会组建了一个派往乌得勒支的敌对代表团,借此向军队保证,荷兰省不会停付军饷。[55]

莫里斯带着另外的军队进入乌得勒支城，随后开始强势施加他和总三级会议的权力。他没有遭到任何反抗。莱登贝赫和陶里纳斯逃往荷兰省。7月31日，在莫里斯和大批军队的见证下，该城900名雇佣兵被缴械——这一戏剧性画面将在很长时间内被铭记，这也因此成为乌得勒支城历史上的决定性事件。代理三级会议的全体成员遭到清洗。莫里斯并没有驱逐乌得勒支贵族院的任何成员，但确实安插了7名持反抗辩派立场的新贵族成员。[56] 乌得勒支城镇议事会的阿明尼乌派成员大多被除名和顶替。遭到惩戒的乌得勒支省三级会议如今由莫里斯的盟友控制，它适时地投票支持召集全国宗教会议。取代莱登贝赫成为乌得勒支三级会议议长的是安东尼·范希尔滕（Anthonie van Hilten）。他是莫里斯的心腹，此前与该省并无任何瓜葛。[57]

8月初，该城镇议事会还接受了反抗辩派市民的请愿书。这些市民称自己代表"基督在乌得勒支的真正归正会"，要求城镇议事会分配一座大教堂给他们，给"真正的归正会"。该城的宗教立场如今着实怪异，并且这种状态还要持续数月。在正式意义上，这里只有一个公共教会。但事实上的议事会现在判定有两个。乌得勒支此前的主教座堂——圆顶大教堂暂时由抗辩派掌控，目前该派还没有被全国宗教会议谴责，依然将自己视为真正的公共教会。[58] 除了陶里纳斯，该城其他的讲道者依然在布道坛上，而反抗辩派讲道者无此待遇。但是，议事会认可以下控诉：该城公共教堂里传播的宗教并不符合《尼德兰信纲》和《海德堡要理问答》中阐述的纯粹的基督教加尔文宗信仰"。议事会认为抗辩派信仰是与"真正的加尔文宗信仰"相异且互斥的信仰，于是他们又建立了独立的加尔文宗教团。[59]

奥尔登巴内费尔特及其盟友发现进一步的抵抗毫无希望，便放弃了斗争。莱顿和鹿特丹分别在8月22日和23日解散了自己的雇佣军，其他城镇紧随其后。不过，奥尔登巴内费尔特和格劳秀斯依然希望避免彻底的投降。他们最终勉强同意由全国宗教会议来解决阿明尼乌派与戈马尔派的争论，但依然希望自己能参与控制会议进程，挽回荷兰省对同盟的部分领导权。[60]"事实证明，这场宗教会议将会是一场徒劳，"卡尔顿总结道，"除非这些人被控制住。"[61]问题在于，总三级会议能否在未经荷兰省三级会议同意的情况下，逮捕该省三级会议的重要人物，包括其议长。此前从未出现类似的事。不过，总三级会议还是利用一些原则为其行动辩护：主权部分握在总三级会议手中，而荷兰省和乌得勒支省的行为已经侵害了总三级会议的主权。8月28日，总三级会议通过秘密决议，任命了一个秘密委员会去争取"共同的利益"，授权莫里斯和该委员会去调查荷兰省和乌得勒支省近来颠覆同盟的行动，并采取必要行动保障国家安全。凭借这一决议，莫里斯第二天便出击，在海牙的三级会议大厦里逮捕了奥尔登巴内费尔特、格劳秀斯和霍赫贝茨，次日又逮捕了乌得勒支省三级会议前议长莱登贝赫。

第20章

1618—1621年：反抗辩派的加尔文宗革命

国内政治

莫里斯把3名重要囚犯关押在海牙的三级会议大厦。正如斯莱德评论，这里"守卫森严"，"十分令人抑郁"。莫里斯如今已是奥伦治亲王（他信奉天主教的异母兄长菲利普斯·威廉于2月在布鲁塞尔去世）。从1618年夏到1625年逝世，莫里斯在联省行使着比任何人都要大的权力，自他父亲在34年前遭到暗杀之后，这种现象首次出现。奥尔登巴内费尔特被免职，莫里斯现在成了共和国的领导人。这意味着，莫里斯必须组建自己的统治团体，塑造驾驭共和国复杂政治机器运转的方式。

1617—1618年间，荷兰省的多次提议在总三级会议上遭到大多数省份挫败，总三级会议的声望得到大大提升。但从长远来看，试图让荷兰省屈服于执政领导下的各个小省份的共同意志，并由此掌控联省，显然是不可能的。联省的权力和权威只能以荷兰省为基础，其余省份只能发挥次要作用。一些历史学家曾据此想当然地认为，共和国的政治特征没有发生什么改变：无论是奥尔登巴内费尔特当政还是莫里斯当政，都不能改变荷兰省在人口和资源方面的根本优势。[1] 表面上,联省宪政的形式和运行程序都没有改变。[2] 共和国依然是邦联和联邦制度的混合体,其中荷兰省统治着其他省份。

但是,如果认为莫里斯的政变没有改变荷兰政体的特征,也是错误的。事实上,它标志着黄金时代最根本的转变之一。1579年以来,荷兰的制度一直都很灵活,甚至可以在表面看来不变的情况下,改变内在的真实运行状态。这就是莫里斯和反抗辩派现在正在做的事。荷兰省早先不可一世的优势地位终结了,行政权力事实上转移到执政手上,随之而来的是许多深远而持久的影响。荷兰省在决策方面——尤其是在教会事务、外交政策和军事问题上——的霸权遭到削弱,这在中期和短期内造成了广泛的影响。莫里斯采取了一些措施来提高自己在上艾瑟尔、乌得勒支和海尔德兰的威望,加强他作为执政对荷兰省三级会议的领导权。这些措施让他得以打造一个受他领导的、荷兰省与其他省份之间的全新关系体系。此前,莫里斯已经清除了上艾瑟尔、乌得勒支和海尔德兰重要位置上的亲抗辩派贵族,随后他将反抗辩派贵族推上显要位置。这些人已在各自的省份建立起良好的关系网,从此以后协助执政管理各区、各省和总三级会议各机构的事务。新政权下尤为著名的政治人物有:上艾瑟尔省三级会议的杰出成员斯韦德·范哈索尔特;海尔德兰高等法院大法官赫拉赫·范德卡佩伦;阿诺尔德·范兰德韦克(Arnold van Randwijk),他在推动海尔德兰投票支持召开全国宗教会议一事中起到了重大作用,同时也是海尔德兰国务会议中的代表;阿德里安·普洛斯·范阿姆斯特尔(Adriaen Ploos van Amstel,1585—1639年),从1618年起,他就是莫里斯在乌得勒支省三级会议中的主要代理人。普洛斯现在带领乌得勒支代表团前往总三级会议,并且被任命为奥尔登巴内费尔特案件的法官;与范哈索尔特类似，普洛斯直到1625年莫里斯去世，都依然是新政权的领导人物。[3]

亲王还将自己的统治团体扩张到荷兰省。他选择与上述人物类似的人员，他们能与他合作，愿臣服于他的权威，但在各自的省份仍能掌握充分的权力，以帮助亲王管理荷兰省的贵族院和三级会议。奥尔登巴内费尔特对荷兰省贵族的控制是其权力基础至关重要的部分。1618年8月之前，一直是由奥尔登巴内费尔特的朋友阿德里安·范马特赫内塞（Adriaen van Mathenesse，约1560—1621年）领导着在荷兰省贵族院中占主导的抗辩派团体。按照卡尔顿的说法，他是"热情的阿明尼乌派"。马特赫内塞及其盟友将部分资质合格的贵族从贵族院中排挤出去——这些人来自背景良好的贵族家庭，但持有敌对的神学观念。现在，莫里斯引入这一派人，他们的领导人是维梅纳姆领主（Lord of Wimmenum）尼古拉斯·范登鲍霍尔斯特（Nicolaas van den Bouchorst）。在接下来的年月里，维梅纳姆领主一直担任莫里斯在贵族院中的管理人，他与保一道，成了荷兰省三级会议的2名重要人物。除了从荷兰省旧贵族家庭中引入4名符合资质的反抗辩派成员，亲王还将另外2名较受争议的人员引入荷兰省贵族院，分别是：弗朗索瓦·范埃森，莫里斯麾从中经验最丰富的外交官和天才政治家，他是一名贵族但来自布拉班特（他也是范登鲍霍尔斯特的密友）；马凯特领主（Seigneur de Marquette）达尼埃尔·德赫塔因（Daniel de Hertaing），他是瓦隆军官，莫里斯最信任的左膀右臂之一。[4] 与此同时，虽然马特赫内塞本人——他已年迈体衰——获许留任，但两名曾反对莫里斯的年轻荷兰省贵族遭到驱逐，分别是范阿尔森的劲敌科内利斯·范德迈勒和赖瑙德·范布雷德罗德（两人都是奥尔登巴内费尔

第20章　1618—1621年：反抗辩派的加尔文宗革命　　539

特的女婿）。

莫里斯或许没有重塑荷兰省贵族院这一机构，但确实改变了它的政治和神学特性，将它转变为一个服从于执政权威的顺从工具。此外，荷兰省贵族院在奥尔登巴内费尔特治下已经在荷兰省三级会议中发挥着重要作用，到莫里斯治下，该机构的势力进一步增强。莫里斯依靠贵族的协助管理上艾瑟尔、乌得勒支和海尔德兰的三级会议；他改变了海牙政府的整体基调和特性，也提高了贵族院在荷兰省的地位。1618年之后，在莫里斯统治下，贵族（在中期内）变得更突出，摄政官则不再占据显赫位置。在新安排中，即便是莫里斯最重要的摄政官盟友、阿姆斯特丹市长赖尼尔·保也只分到一个相对次要的位置。摄政官地位的降级必定会受到关注、招致不满。一份匿名的反莫里斯小册子出版于1620年。按照卡尔顿的说法，它是本"有害的小册子"。它抨击范埃森、范登鲍霍尔斯特、约翰·范德伊芬福尔德"和所有的荷兰省贵族是（莫里斯的）暴政工具，并煽动人民发动暴乱争取自由"。[5]

不过，这场变革的核心是将阿明尼乌派清除出各城镇的议事会。荷兰省的首波清洗发生在斯洪霍芬和布里尔，开始于奥尔登巴内费尔特被捕的几天之后。莫里斯咨询赖尼尔·保后，选择了一些"忠心"的人，尤其是持有坚定反抗辩派观点的人，代替被驱逐的阿明尼乌派。[6]摄政官的地位如今或许有所降低，但是除非清洗议事会，否则亲王不可能指望荷兰省三级会议保持沉默，而三级会议的沉寂对加强亲王的权力和推行稳定、高效的政府来说必不可少。奥尔登巴内费尔特倒台后不到一个月，在荷兰省三级会议的一次投票中，18座投票城镇中只有9座同意逮捕议长。[7]以哈勒姆、莱顿和鹿特丹为首的6座城镇坚持，任何针对被捕之人的指控都应该交由荷兰省三级会议审理，它才是有此资格的机构。另外两座城镇——代尔夫特和梅登布利克没有表态。1618年9月的形势并不能为莫里斯领导下的稳定政府提供基础。然而，已然走到这一步的莫里斯别无选择，只能扫除反对派，或让他们中立。

1618年秋，莫里斯系统地清洗了荷兰省的某些城镇，它们要么此前支持奥尔登巴内费尔特，要么城中有势力强大的阿明尼乌派。对各座城镇来说，亲王的到访都标志着新时代的开始。阿尔克马尔是他前去的第一座城镇。武力夺取该城之后，莫里斯在10月18日举办入城仪式，随行的有壮观的扈从队伍和180名火枪手。他召集议事会，将16名摄政官撤职。他解释道：这是"为了该地的福祉和城市居民日后的安宁"。[8] 只有8名旧议事会的成员留任，其中狂热的反抗辩派人士彼得·扬茨·沙根（Pieter Jansz. Schagen）被选为奥尔登巴内费尔特案的法官之一。该城民兵也被迫重新宣誓效忠。

10月20日，亲王派军进入莱顿，3天后本人抵达。"在人民热烈的欢呼中"亲王清洗了议事会，撤换了该城至少22名摄政官。接着，亲王在扈从的陪同下突然造访哈勒姆，召集议事会，辩称他的行动是镇压骚乱所必需的；他驱逐了13名摄政官，引入20名新人。[9] 4天后，亲王出现在鹿特丹，他驱逐了15名摄政官，引入17名新人，其中包括富裕的布商扬·扬茨·卡尔夫（Jan Jansz. Kalf）——黄金时代最伟大的静物画画家之威廉·卡尔夫（Willem Kalf）的父亲。[10] 豪达议事会的大部分成员在11月1日遭到清洗。阿姆斯特丹虽然是座反抗辩派城市，但依然受到亲王令人震撼的造访。[11] 因为这里的议事会中也有奥尔登巴内费尔特和宽容政策的支持者，虽然他们只是少数。7名著名的"自由派人士"被驱逐，不过亲王放过了年老体弱的霍夫特。与其他地方一样，人们举办宴会和精心设计的节庆典礼庆贺执政的莅临。野蔷薇（d'Eglantier）修辞学会过去并非反抗辩派的朋友，如今却推出了一出寓言剧，宣称莫里斯是"上帝之教会的捍卫者"。[12]

作为这些清洗的直接后果，有政治和管理经验的摄政官消失了，这些经受过公共领域的教育和训练，也有闲暇将自己的精力投入议事会事务的人被缺乏经验和教育的人顶替了，这些新人常常还有别的事业要料理，为市、省事务投入的时间和精力往往比他们的前任少。1618年政变带来的最为重大的政治影响是荷兰省各城镇作用减小，而行政人员的转变是其中不可小觑的原因。

上述改变是莫里斯推翻奥尔登巴内费尔特政权的必然结果。这场政变之后，执政急于保卫自己的权力，极力避免被另一个强大的荷兰省三级会议领导辖制。因为任何领导三级会议的能人都必定迟早成为争夺共和国领导权的竞争对手。因此，从此时期开始，直到17世纪40年代末，荷兰的一个至高方针都是：确保选出的荷兰省大议长（Pensionary）——奥尔登巴内费尔特曾用过的"议长"（Achocate）头衔如今被废除——不那么有主见，只是执政手中的工具。大议长的职责也遭削减。[13] 17世纪下半叶荷兰省最伟大的大议长约翰·德维特（Johan de Witt）的伯父安德里斯·德维特（Andries de Witt），在奥尔登巴内费尔特倒台之后被选来担任大议长，原因正是他毫无经验和分量；他自称反抗辩派，新近才被任命为多德雷赫特的议长。这着实讽刺。[14] 安德里斯·德维特一直担任这一职位，直到1621年1月，那时荷兰省举行新一届选举以选取新任常设大议长。令人注意的是，这次选举的3名候选人中，只有1人——

阿姆斯特丹的赖尼尔·保在三级会议中拥有较高威望；第二名是安东尼斯·德伊克（Anthonis Duyck），他是名公职人员，不过在荷兰省任何城市里都没有权力根基；最后是安德里斯·德维特。德维特是三人中最无能的，不过如卡尔顿的评论："他表现出来的无能丝毫不会阻碍他，因为人们更倾向于相信他会取得前任那样的伟大成就。"[15] 德伊克当选的事实证明了莫里斯和反抗辩派在1618—1619年发起的政治革命造成了多么深远的影响。因为德伊克是执政和总三级会议的傀儡，而非荷兰省三级会议领袖，他也没什么与荷兰省三级会议相关的经历。（参见表24）

455

表24　1513—1795年荷兰省三级会议的议长和大议长

大议长 （1618年前称"议长"）	出生地	先前官职	任期
阿尔布雷赫特·范洛		高等法院法官	1513—1524年
阿尔特·范德胡斯		高等法院法官	1524—1543年
阿德里安·范德胡斯	代尔夫特	高等法院法官	1543—1560年
雅各布·范登艾恩德	代尔夫特	代尔夫特议长	1560—1568年[a]
保吕斯·伯伊斯	阿默斯福特	莱顿议长	1572—1585年
约翰·范奥尔登巴内费尔特	阿默斯福特	鹿特丹议长	1586—1618年
安德里斯·德维特	多德雷赫特	多德雷赫特议长	1618—1621年
安东尼斯·德伊克	霍伦	荷兰省高等法院书记官	1621—1629年
雅各布·卡茨	布劳沃斯港	多德雷赫特议长	1629—1631年
阿德里安·保	阿姆斯特丹	阿姆斯特丹议长	1631—1636年

第20章　1618—1621年：反抗辩派的加尔文宗革命

（续表）

大议长 （1618年前称"议长"）	出生地	先前官职	任期
雅各布·卡茨	布劳沃斯港	多德雷赫特议长	1636—1652年
阿德里安·保	阿姆斯特丹	荷兰省三级会议官员	1652—1653年
约翰·德维特	多德雷赫特	多德雷赫特议长	1653—1672年
卡斯帕·法赫尔	哈勒姆	总三级会议书记官员	1672—1688年
米夏埃尔·滕·霍夫	—	哈勒姆议长	1688—1689年
安东尼·海因修斯	代尔夫特	代尔夫特议长	1689—1720年
伊萨克·范霍恩贝克	莱顿	鹿特丹议长	1720—1727年
西蒙·范斯林厄兰特	多德雷赫特	总三级会议财务总管	1727—1736年
安东尼·范德海姆	海牙	总三级会议财务总管	1737—1746年
雅各布·希勒斯	—	总三级会议副书记官	1746—1749年
彼得·斯泰因	哈勒姆	哈勒姆市长	1749—1772年
彼得·范布莱伊斯韦克	代尔夫特	代尔夫特议长	1772—1787年
劳伦斯·彼得·范德施皮格尔	米德尔堡	泽兰大议长	1787—1795年

a 1569年被阿尔瓦公爵囚禁期间过世。

清洗绝不仅限于各城镇的议事会和各省的三级会议。抗辩派与反抗辩派之间的冲突已经弥漫到政治和社会的各个领域，以及教会和教育领域；清洗活动也必将延伸到各城民兵团体、宗教法院、学校和大学，波及公共教会的讲道者。与议事会一样，民兵问题也是当务之急，他们是法律与秩序、市民意识的守卫者。新摄政官的权威必然处于危险中，除非将阿明尼乌派免职，尤其是从指挥官的位置上移除，并替换上效忠新政权的反抗辩派。[16] 这场清洗行动进行得非常系统，甚至影响到了民兵的群像画创作。哈勒姆画家弗兰斯·德赫雷贝（Frans de Grebber，约1570—1640年）于1615年完成了一幅巨型民兵群像画，随后他被要求将其中4个人物抹去（他们属于1617年被驱逐出哈勒姆民兵团体的反抗辩派）。如今，赫雷贝又收到把这些人添加回画作中的要求。[17] 1618年的民兵清洗活动十分激烈，但一开始并不彻底。1619年3月，面对霍伦和阿尔克马尔爆发的骚乱，莫里斯派马凯特率军去恢复秩序，并再次清洗民兵队伍。[18] 即便如此，在数个月的时间里，霍伦、阿尔克马尔和斯洪霍芬仍需驻军看守。

被更换的不仅是民兵，还有民兵团体的代表色和誓词。在弗兰斯·哈尔斯1616年的第一幅大型民兵群像画中，哈勒姆的圣约里斯民兵团体身着肩带、举着旗帜，彰显着民兵自己以及哈勒姆城的精神面貌。在阿明尼乌派统治期间，民兵的传统实质上是带有地方和城市色彩的，就乌得勒支民兵的情况来说，还带有省份色彩——他们宣誓效忠该省三级会议，也宣誓效忠乌得勒支城。[19] 1618年之后，哈尔斯和其他民兵群像画画家给我们展现的同一团体制服的肩带和旗帜的颜色则是总三级会议的橘色、白色和蓝色，或执政的橘色。这意味着，民兵肩负的职责不单纯是维持地方的法律和秩序，而是与反西班牙战争时期一样，还是同盟和总三级会议的捍卫者。

清洗民兵的行动被加速执行。反抗辩派革命的其他部分则推进得较为缓慢。1618年，保在阿姆斯特丹市政厅召集了一次会议，出席的有来自莱顿和恩克赫伊曾的代表。自此之后反抗辩派就在积极筹备他们的全国宗教会议；尽管如此，他们期待已久的、用以结束公共教会内部纷争的会议要到11月才召开，迟至1619年春，会议才开始考虑正

第20章 1618—1621年：反抗辩派的加尔文宗革命

式谴责阿明尼乌派神学。在此以前，官方并没有制定开除讲道者、学校教师和学者的原则，于是教会和学校领域的清洗活动往往会推迟很久才进行。派去清洗莱顿大学的委员会到1619年8月才开始工作。坎彭一名桀骜不驯的教师此前拒绝教授《尼德兰信纲》，之后又签字赞同多德雷赫特宗教会议的决议，但直到1620年8月，他才遭到撤职。[20]对涉及优秀教师的案件，人们理所当然地会在处理方式上存有犹疑和异议。但是，即便是那些愿意签名同意全国宗教会议决议的教师，也不一定能免于清洗。迪尔克·斯赫雷费利厄斯（Dirk Schrevelius）是哈勒姆拉丁语学校的校长，1607年以来，他还是抗辩派议事会的成员。1618年，他就被清除出市政厅，但是要到1620年，经过多方的深思熟虑后，他的校长职务才被剥夺。[21]

即便如此，两派的神学分歧还是太过深刻，根本不能被简单地搁置一边，等待全国宗教会议发挥作用。尽管1619年以前，没有任何地方能系统地推行这一举措，但实际上，"清洗"教会的行动早就开始了。在莱顿，公共教会事实上的分裂早在1614年就开始了。当时，两派同意轮流使用该城的两座大教堂。[22]然而，在大多数抗辩派城镇，摄政官不允许任何形式的分裂，也不允许反抗辩派由此获得传教的条件。相应的，在这些城镇，直到莫里斯政变时，反抗辩派信众都没有自己的讲道者、学校教师、宗教法院，甚至没有自己掌控的教堂。

因此，新政权在教会事务上的首要事项就是在反抗辩派没有自己教会的地方创建教会，并把大教堂分给他们。在乌得勒支，（依然由抗辩派主导的）宗教法院被要求将大教堂主动交给那些持有"真正加尔文宗信仰"的人，以避免骚乱。宗教法院拒绝了。1618年9月，反抗辩派的新任大议长向宗教法院发表长篇演讲，但后者依然顽固坚持：他们没有理由被驱逐出城市的主教堂,现在全国宗教会议甚至都还没正式开始。[23] 最终,议事会驱逐了他们,不过在好几个月的时间里,依然允许他们在该城的其他公共教堂里举行仪式。直到1619年2月,议事会才禁止抗辩派讲道者在乌得勒支城主持仪式并且直到全国宗教会议之后,议事会才剥夺了他们的营生和住宅——归宗教法院所有的房产。

在乌得勒支、哈勒姆和莱顿,反抗辩派的支持力量强大,这些地方清洗抗辩派的行动开始得早,并且分阶段推进。与此形成鲜明对比的是,在鹿特丹、豪达、阿尔克马尔和坎彭这些市民大多支持抗辩派的地方,城镇议事会的行动迟缓多了,到全国宗教会议得出审议结论时,他们仍没采取太多行动,甚至根本没有行动。阿尔克马尔一直无所作为,直到一支特派委员会(Special Commission)到来——彼得鲁斯·普朗修斯是成员之一。委员会受到了抗辩派群众的嘲讽,莫里斯不得不派遣军队拿下该城,随后委员会才得以开始工作。[24] 在军队的护卫下,委员们审查了教区会议的讲道者,开除了其中4名成员。最初,反抗辩派在阿尔克马尔主教堂举行的礼拜也是气氛高度紧张的活动,因此在军队护卫下进行。在豪达,反抗辩派的新议事会同样行动谨慎。[25] 在抗辩派遭到宗教会议正式谴责之前,他们都不敢将抗辩派逐出圣约翰大教堂。要到1619年7月28日,反抗辩派才第一次在主教堂宣读布道文——布道的讲道者还是从代尔夫特借来的。即便在那时,从反抗辩派的角度看,场面也是一场灾难。[26] 会众戏谑、顿足,庄严肃穆的场合变得喧嚣吵闹。在接下来的几周里,城市中满是骚乱。抗辩派举行秘密集会,街道上爆发骚乱。忧虑不已的代理委员会派遣了2名成员到豪达议事会,并提供军队援助。

对奥尔登巴内费尔特、格劳秀斯和霍赫贝茨的审判同样推进缓慢。这是一场对重要政治人物的审判，从司法角度看，它提出了一些难题，与共和国此前进行的任何审判都不同。首先要解决的问题是，这些人是由总三级会议审判还是荷兰省三级会议审判。荷兰省三级会议声称在荷兰省享有司法权威；但其他省份主张，这些被告被指控的叛国罪，侵害的是总三级会议。[27]根据最终的妥协方案，案件将由总三级会议审理，但荷兰省三级会议将发挥特殊作用。各省共同推选的24名法官中，12名代表荷兰省，12名代表其他6省——每省2人。这些法官中，有保、雅各布·范布鲁克霍芬（Jacob van Broekhoven，莱顿的反抗辩派领袖）、阿德里安·普洛斯（乌得勒支）、霍森·沙费尔（Goosen Schaffer，格罗宁根），以及莫里斯的代理人、泽兰第一贵族阿德里安·曼马克（Adriaen Manmaker）。

审讯拖拖拉拉地延续了数月。奥尔登巴内费尔特一直保持着威严，甚至有些藐视法庭。格劳秀斯抗议道，总三级会议并不是他的最高领导机构，没有审讯他及其同僚的权限；但他在其他方面较为顺从。[28]法官们坚持认为，联省的主权由总三级会议和各省三级会议分掌。他们拒斥格劳秀斯的观念——各省拥有在各自边界内判定自己认为合适的公共教会的主权。他们还否定各省可以合法地招募军队、发布军事指令的观点。1619年5月12日，奥尔登巴内费尔特、格劳秀斯和霍赫贝茨被判定犯有叛国罪。令奥尔登巴内费尔特（和许多人）震惊的是，他被判死刑，且将于次日执行，以避免有人为他求情。即便如此，海牙的各色名流，包括法兰西大使和路易丝·德科利尼，还是请求放奥尔登巴内费尔特一条生路。但莫里斯顽固坚持国家理性要求处决这位老人。[29]1619年5月13日，荷兰省这位72岁高龄的议长被带出监狱，在三级会议大厦前当着大批群众的面被斩首。

格劳秀斯和霍赫贝茨被判处终身监禁。大学者格劳秀斯被转移到劳弗斯泰因（Louvestein）城堡，但对这样一个人物，拒绝给他大批书籍和纸笔以进行研究和写作也不合适。在监狱中，格劳秀斯完成了《论基督教真理》(De Veritate Religionis Christianae) 的大部分，以及《荷兰法律导论》。最终，守卫厌倦了对他的书箱的检查；1621年3月，格劳秀斯的妻子和仆人把他塞在空箱子里，完成了他著名的出逃。格劳秀斯跑到安特卫普，与前鹿特丹讲道者赫雷芬霍芬同住。然而，停战协定到期后，格劳秀斯不希望因为居住在西属尼德兰而引起共和国内对自己的负面宣传，于是搬到了巴黎，并在那里度过了余生的大部分岁月。

清洗活动、对奥尔登巴内费尔特的审判、全国宗教会议和对抗辩派的镇压给联省带来新的氛围：新气氛反映在荷兰人生活的诸多方面。1618年以前，执政对荷兰省一些大城镇议事会选举的影响力已沦为形式，甚至完全消失；1618年之后，执政的严厉管控又得以重新施行。在阿尔克马尔，三级会议自1610年以来就管理着该城议事会的选举，不过实际上是任由议事会自由地推选自己的成员。这样的自由如今终结了，执政开始每年从呈递给他的双倍名单中选取人员。

莫里斯并没有特别专注于宣扬他个人的荣耀。但是，政权的更迭和莫里斯声望的提升，使得莫里斯的画像和奥伦治派政治变得前所未有地流行，有的是以版画的形式，有的是以绘画的形式。1618年8月前，有许多人将奥尔登巴内费尔特、阿明尼乌、厄伊滕博哈特和格劳秀斯的印刷画像摆设在自己家里，现在它们都被移除了。[30] 通过被选来装饰公共建筑和富人宅邸的艺术品赞颂奥伦治家族，与推崇全国宗教会议和诸多加尔文宗神学家一道，成了反抗辩派城市文化的组成部分。一个著名例子就是称颂奥伦治家族的大型政治寓意画。1620年，哈勒姆议事会委托亨德里克·波特（Hendrik Pot）创作此画。它赞颂基督教的美德，赞扬自沉默的威廉以来，奥伦治家族主要成员的政治及军事技艺，其中也包括1574年牺牲在莫克的、沉默的威廉的两个弟弟。这幅画作今天被收藏在哈勒姆的弗兰斯·哈尔斯博物馆（依然镶嵌在最初那个巨型画框中）。一些艺术家描绘了莫里斯1618年7月在乌得勒支监督雇佣军解散的场景，这是反抗辩派革命的生动时刻。画作描绘了大批反抗辩派贵族、官员和市民，他们引人注目地穿戴着橘色的斗篷、帽带、羽毛、袜带和肩带。1620年前后，阿德里安·范德芬纳创作了一系列关于莫里斯和弗雷德里克·亨德里克的壮观版画。

1618—1619年：多德雷赫特宗教会议

人们紧张等待的全国宗教会议终于于1618年11月召开——地点在多德雷赫特，而不是保早先期望的阿姆斯特丹。从一开始，反抗辩派就希望它成为一场世界性的加尔文宗集会，希望它对联省乃至整个欧洲的归正会世界拥有权威。除了共和国，这场宗教集会对归正会在德意志的地位也极其重要。荷兰的参与者分成了10个"团体"，8个省的宗教会议各自组成一个团体，瓦隆教会组成一个团体，第10个团体则来自各大学的神学院。[31] 外国团体有来自不列颠、瑞士和德意志的代表团。人们曾期待法兰西加尔文宗各教会也参与进来，但路易十三拒不允许胡格诺派信徒出席，于是他们的位置不得不以象征性的空长椅标示。外国团体，尤其是不列颠团体，绝非旁观者，它们对会议进程产生了某种潜移默化的影响。[32] 来自不列颠的代表有6人，其中5人来自英格兰，1人来自苏格兰——沃尔特·巴尔坎奎尔（Walter Balcanqual）。德意志的10名代表则出自普法尔茨、黑森和不来梅的3个代表团。

每个团体就各个议题拟定自己的观点，并且只能投一票。在会议主持方面，会议选择了约翰内斯·博赫曼（Johannes Bogerman），他是弗里斯兰代表团的领导人，也是著名的反抗辩派论辩家。宗教会议在总三级会议的庇护下召开，[33] 18名政治委员出席，其中包括雅各布·德维特（Jacob de Witt）——未来荷兰省大议长的父亲。议程绝不仅限于抗辩派问题。会议应对的问题众多，包括教会与国家关系、任命讲道者的程序、与路德宗教会的关系，会议后期（依照英格兰国王詹姆士一世的愿望）还讨论了加尔文宗条件下主教和主教制组织的问题。另一个问题是荷兰需要一本权威性的"国家"《圣经》，即由公共教会和总三级会议首肯的荷兰语《圣经》。[34] 当时已经存在数版荷兰语《圣经》。但宗教会议认为，荷兰需要一个译自希伯来语、阿拉米语和希腊语的全新的权威版本。会议任命一个由6名主要翻译人员组成的团队，并将翻译标准荷兰语《圣经》的艰巨任务分派给他们。荷兰语的国定本《圣经》将是各方谨慎且巧妙妥协的结果，特别是布拉班特省人和荷兰省人间的妥协。[35]

即便如此，全国宗教会议仍然以探讨阿明尼乌主义的问题为主。奥尔登巴内费尔特被捕次日，厄伊滕博哈特就已出逃，而依然留在共和国内的抗辩派讲道者选举他们的发言人西蒙·埃皮斯科皮厄斯领导代表团。陪同他的还有其他著名抗辩派讲道者，包括贝尔纳德斯·德温洛（Bernardus Dwinglo）和约翰内斯·科菲努斯（Johannes

Corvinus），他们都是来自莱顿的资深宣传家。阿明尼乌派会采取一种什么姿态？顺服的，还是桀骜不驯的？对这一问题好奇的神学专家在12月7日得到了答案。彼时，埃皮斯科皮厄斯发表了一场强势演说，重申阿明尼乌派的论点，要求实现公共教会内部的宽容——最为根本性的立场除外，他还隐晦地贬损莫里斯亲王。此前，有人隐射亲王滥交时，抗辩派就曾助长这一风潮，以回击官方针对他们的宣传攻势。这使得亲王在正式场合受到更刺耳的隐晦评论。作为此前驻三级会议大厦的讲道者，厄伊滕博哈特全然知晓莫里斯对各色女子的强迫行为；抗辩派刻意助长这类讨论和有关亲王渴望成为联省君主的指控，以抨击他的名声和品行。[36]

全国宗教会议对阿明尼乌派和抗辩派的抨击基本上是可以确定的。然而，在问题的方方面面都得到充分考量之前，这样一场会议难以向进一步推进。在这样一场国际性神学会议上，这不可避免，但是从莫里斯和反抗辩派的角度看，这造成了诸多不便。因为这一种对抨击的延迟有碍于镇压荷兰省、乌得勒支省以及海尔德兰省和上艾瑟尔省某些地方的抗辩派。这些地方的抗辩派根深蒂固，他们由此得到喘息的机会，去组织反击。1619年3月，有消息称对抗性的抗辩派宗教会议在鹿特丹秘密举行，不过这一消息只是让反抗辩派更不耐烦了。3月间，鹿特丹、霍伦、阿尔克马尔和坎彭爆发亲抗辩派的骚乱浪潮。[37]政府不得不部署军队恢复秩序。

直到1619年5月，宗教会议进行第137次集会时，大会才最终谴责抗辩派为异端、错误信条的传播者以及国家和教会的"破坏者"。宗教法院开列了一份阿明尼乌派讲道者的名单，并草拟了表示顺从的辞令——那些准备公开放弃阿明尼乌主义（并保留自己营生），想继续留在公共教会之内的人，必须在上面签名。根据这套辞令，签名者要保证支持《尼德兰信条》和《海德堡要理问答》，承认全国宗教会议的决议。身处多德雷赫特的抗辩派中，只有扎尔特博默尔讲道者亨里克斯·莱奥（Henricus Leo）选择签名以保留营生。拒不签名的人被移交给总三级会议，由总三级会议驱逐出共和国。1619年6月，经过180次会议之后，聚集在多德雷赫特的31名共和国神学家和28名外国神学家完成了商议，他们的决定，或者说"决议"，得到总三级会议和各省三级会议批准。

1619年，总共有大约200名抗辩派讲道者被共和国各省和各市当局剥夺职务和传道的权利。[38] 其中，大约40人在答应遵守臣服誓词之后复职。另外70多人被永久赶下布道坛，不过他们获许作为普通市民默默生活，前提是签名保证此后不再布道，不再继续参与神学争论。剩下那些拒绝签名或保持沉默的抗辩派，共计80人左右，则被逐出共和国，驱逐他们的任务由各省的代理三级会议或代理三级委员会完成。那些希望逃过放逐、继续秘密传教的人毫无疑问会遭到追捕——如果被捕，将遭到监禁。

与此同时，身在各自流亡地的厄伊滕博哈特、埃皮斯科皮厄斯及其同人都没有放弃反抗。1619年10月，厄伊滕博哈特在安特卫普召集抗辩派的宗教会议。会议得到阿尔贝特大公的许可，阿尔贝特渴望把荷兰的神学纷争维持在炽热状态。出席安特卫普会议的有大约40名抗辩派讲道者。他们为流亡的国际抗辩派教会拟定规则和章程，并且发起与丹麦国王和一些德意志城镇的谈判，期望他们的信仰能被尊重，并获准举行公开仪式。丹麦国王批准流亡在外的荷兰抗辩派人士定居到他的新港口——荷尔斯泰因的格吕克施塔特（Glückstadt），它位于易北河下游，汉堡以北。安特卫普宗教会议还通过了安排人员到共和

第20章 1618—1621年：反抗辩派的加尔文宗革命　　553

国内抗辩派势力的主要中心秘密布道的计划，并同意秘密筹款，以给共和国内和流亡在外的抗辩派讲道者支付薪酬。[39]这些行动的努力获得了些许成果。1621年，流亡在外的荷兰抗辩派教会在荷兰省募集到2万荷兰盾。这笔资金大部分来自抗辩派支持力量强大的5座城镇——鹿特丹、海牙、豪达、阿尔克马尔和霍伦。不过也有一部分资金来自阿姆斯特丹，自1617年以来，抗辩派就在这里获得了一部分支持力量。[40]从其他地方募捐到的资金鲜少，来自多德雷赫特的更是完全没有，因为该城事实上并不存在抗辩派。

流亡在外的抗辩派讲道者在各地组建教团，包括安特卫普、大公控制下（邻近赫斯登）的布拉班特边境村庄瓦尔韦克（Waalwijk）、汉堡、格吕克施塔特、腓特烈施塔特（Friedrichstadt）以及克莱沃公国境内的韦瑟尔——这里的西班牙总督持支持态度（他已然批准归正会崇拜，当然也允许天主教崇拜）[41]。参与教团的有这些讲道者的家属和少数商人——他们通常也是讲道者的亲属。不过，随着停战协定在1621年4月到期，身处西属尼德兰的抗辩派人士大多离开此地，以避免背负留在敌人领地的污名。[42]许多人迁移到德意志西北部地区，厄伊滕博哈特和埃皮斯科皮厄斯跟格劳秀斯一样，移居到法兰西。

在1618年之前，抗辩派的影响力曾在荷兰省广泛蔓延，绝不仅限于主要城镇。抗辩派在乌得勒支也曾势力强大，1619年之后，流亡的抗辩派教会还能维持抗辩派团体在乌得勒支、阿默斯福特、迪尔斯泰德附近的韦克，以及沃登堡（Woudenburg）和宾斯霍滕（Bunschoten）这些地区的生存。[43]此外，在上艾瑟尔、奈梅亨区和弗里斯兰的多克姆还留有少量抗辩派支持力量。流亡的抗辩派教会还掌控着大批拥有非凡思想和传道能力的讲道者。事实证明，与共和国内主要的抗辩派力量中心维持联系是可能的；然而，无论是从境外还是从共和国内的主要中心，要与众多小城镇和乡村维持联系都困难重重（1619年，抗辩派讲道者曾在这些地方发展追随者）。因此，认为反抗辩派在1618—1621年间的镇压无济于事的想法，绝不正确。相反，反抗辩派严重消耗了流亡抗辩派教会有限的物资，削弱了其支持者，尤其是荷兰省主要城市之外支持者的势力。

1619年之后，反抗辩派对抗辩派的镇压态度并不残暴，但是坚决而严厉。违抗三级会议并继续在共和国内秘密工作的抗辩派讲道者需要更大的勇气和韧劲。约翰内斯·赫雷维厄斯，即富修斯在赫斯登的对手，在安特卫普宗教会议之后返回共和国，秘密周游上艾瑟尔和海尔德兰。身在坎彭的那个月，赫雷维厄斯在不同的私宅里主持了11场祷告会，每次都向大约20名"兄弟"布道。为了不暴露自己，他和他的秘密信众放弃了唱圣歌的仪式。[44] 最终，他还是遭到逮捕、审讯和监禁。没过多久，他成功出逃，定居于汉堡，然而，经过多年的折磨，他丧失信心，放弃了斗争。其他人也是如此。1623年，坎彭的主要抗辩派讲道者托马斯·霍斯维尼厄斯在严酷的迫害下，放弃抵抗。他签署了臣服宣言，作为普通市民隐退。困难和背叛削弱了抗辩派的士气。没多少人拥有（有瓦隆血统的）莱顿讲道者帕斯希耶·德菲热内（Paschier de Fijne）那样的决心。他也出席了安特卫普宗教会议，并且返回共和国秘密布道。他在南荷兰省多地活跃，在瓦尔蒙德、乌赫斯特海斯特（Oegstgeest）和祖特梅尔（Zoetermeer）等乡村以及各城镇传教，是个传奇人物。[45] 一个寒冷的冬日，他在豪达进行露天布道；他踩着马拉雪橇，站在结冰的运河上，在追兵抓住他以前，飞速穿越冰面逃离。抗辩派作为荷兰人生活中的一支重要力量留存下来，但是作为一个衰落的势力,在许多曾支持他们的地方,逐渐悄无声息。

莫里斯、反抗辩派和三十年战争的肇始

反抗辩派的加尔文宗革命改变了共和国内的政治平衡,让荷兰归正会成为加尔文宗正统派的"堡垒",并且在一定时期内改变了荷兰人生活的氛围。联省还由此成为国际加尔文宗的中心。虽然这个中心只是暂时的,但正赶上关键时刻:神圣罗马帝国内加剧的压力正在导向三十年战争;与荷兰和西班牙一样,国际社会开始关注《十二年停战协定》即将期满的后续。因此,共和国内部的加尔文宗革命在制造三十年战争和开启荷西八十年战争第二阶段方面,都起到了关键作用。

在德意志,路德宗邦国大多采取不与哈布斯堡直接对抗的保守政策。路德宗信徒和加尔文宗信徒的关系僵硬且紧张。一些地方存在尖锐的新教-天主教对抗,最尖锐的是波希米亚和莱茵河中部地区的冲突。然而,激进的新教派——多数属于加尔文宗或半加尔文宗——明白,他们从大多境外新教国家那里得不到多少帮助和鼓励。瑞典国王正专注于与波兰的冲突。丹麦有兴趣插手,但缺乏担当领导的资格。英格兰的詹姆士一世明确表示,他的政策是不干涉主义,对哈布斯堡持绥靖态度。詹姆士一世还劝说女婿、普法尔茨选帝侯、德意志加尔文宗诸侯的领袖腓特烈,不要接受波希米亚新教反叛者给他的王位。在1618—1620年的情势下,德意志的激进新教邦国只能指望一个地方给予广泛支持,即联省。[46] 没人知道《十二年停战协定》在1621年到期后,会不会延续。然而,1618—1619年间,西班牙和荷兰都极有

空闲插手德意志事务。对彼此十分警惕的两大势力来说，神圣罗马帝国边境，都是军队、军事知识、补给和资金的重要来源。奥尔登巴内费尔特倒台后，联省由亲王和反抗辩派统治，这些人反对停战并且公开宣称毫不动摇地支持加尔文宗正统派，敌视天主教。西班牙仍然是欧洲首屈一指的强国，暂时来说，不用担心它的宿敌法兰西。自1610年亨利四世遭暗杀以来，法兰西退守到与西班牙和解的态度，敌视新教。

这样的形势下，海牙实际上是波希米亚反叛者和德意志新教联盟可以寻求支持的唯一地点。除掉奥尔登巴内费尔特之后，莫里斯不仅将自己置于荷兰共和国领导者的位置，而且将自己置于欧洲舞台的中央。[47]现在，德意志、英格兰、法兰西、西班牙以及意大利都密切注视着莫里斯亲王的一举一动。意大利的威尼斯共和国此时正与西班牙和神圣罗马帝国皇帝交战，它于1619年与荷兰建立防守同盟，希望通过将荷兰拉入战争，来减轻自己身上的压力。抗辩派曾直接断言莫里斯有着不讨人喜欢的个性——报复心强、老谋深算、野心勃勃、垂涎美色。不过在许多方面，这是身处险境之人的理想特质，而共和国发现自己如今正处于这种险境。高深莫测、小心谨慎的莫里斯让最精明的观察家都难以猜透。这位拥有丰富军事经验、声誉卓著的亲王从不轻易行动，但采取的所有措施都相当有力。长期以来，他近乎执迷地沉浸在繁复的政治问题中。1620年1月，生病发烧的他"马不停蹄"，卡尔顿记录道，"一天中的大部分时间都在处理事务"。[48]

莫里斯倾向于自己做决定，只咨询他的心腹小圈子。其实，他也没有别的选择，因为此前的政变已经消灭了那些在处理外交事务和运行荷兰军事机器方面拥有知识和经验的摄政官们。1618年的事件给共和国造成了剧烈且根本的改变，或者说在随后几年里看似如此。法兰西驻海牙的大使迪·莫里耶（Du Maurier）在1619年年末向巴黎报告称，奥尔登巴内费尔特倒台以来，荷兰省三级会议已"不比当年"，他们对共和国家事务几乎没有影响力。[49] 莫里斯及其核心圈子成员——范埃森、范登鲍霍尔斯特、普洛斯、范兰德韦克和弗里斯兰执政威廉·洛德韦克——全是贵族，他们决定一切，确保有关波希米亚起义和停战协定到期这两大事件的重要问题都不会到各省三级会议或总三级会议中讨论。[50] 这一时期，唯一表现出自主迹象的省份是海尔德兰。1620年5月，海尔德兰与其他省份共同签订有关西印度公司的议案，但它还是表达了对此事的担忧，唯恐这项计划会破坏续订停战协定的前景；[51] 1620年秋，海尔德兰省三级会议指示他们派驻海牙的代表"尽他们所能，推动停战协定的续订"。[52] 但其他省份，包括荷兰省，都表现得不太积极，保持沉默。

然而，莫里斯和共和国仍面临着严峻的困境：荷兰共和国陷入与西班牙的战略对抗，且无法指望法兰西或英格兰为之缓解压力；此外，一场燎原之火正开始在德意志蔓延。无论对德意志和西班牙采取何种策略，荷兰都要面临巨大的风险。国内也依然满是难题。抗辩派已经被击败，但各种对抗性的政治-神学阵营依旧存在，荷兰省一些城镇还有零星的骚乱。此外，不仅海尔德兰，上艾瑟尔和乌得勒支也对重启对西战争以及随之而来的重担和赋税感到畏缩。这些省份支持续订停战协定，[53] 而荷兰省的新统治集团和泽兰人，出于海运和殖民的考虑，更愿意重启战争。[54] 莫里斯还要对付格罗宁根与奥默兰之间长久的分歧，以及弗里斯兰内部潜藏的分裂危机——这一问题在1620年6月威廉·洛德韦克去世之后尤为突出。威廉·洛德韦克的去世留下了令人担忧的权力真空。坚持罗尔达派传统的地方贵族利用这一时机,组织政治运动,要求任命非奥伦治-拿骚家族的新执政——这是对许多弗里斯兰人诉求的回应,他们认为威廉·洛德韦克过分顺服于莫里斯、总三级会议和海牙。莫里斯打算介入,安排弗里斯兰把执政的位子授予自己。"但这会引起嫉恨,"卡尔顿评论道,"此外,派代表去管理这些地方也有诸多不便。"[55] 另外两个来自奥伦治-拿骚家族的候选人毛遂自荐,他们分别是莫里斯的异母弟弟弗雷德里克·亨德里克和威廉·洛德韦克的弟弟恩斯特·卡齐米尔(参见表25)。弗里斯兰选择恩斯特·卡齐米尔——这位狂热的反抗辩派成员曾协助"清洗"荷兰省各城镇议事会。然而,格罗宁根和德伦特选择了莫里斯。莫里斯迅速接受任命,他向卡尔顿保证,自己只渴望格罗宁根和德伦特执政的位子,"否则它就脱离拿骚家族掌控了"。[56]

在国内,莫里斯所面临的重大问题是抗辩派反对力量的顽固抵抗。1619年3月的动乱之后,阿尔克马尔和斯洪霍芬在7月,鹿特丹在10月,又分别爆发了进一步的骚乱。军队再次被派去平息骚乱,这导致数人伤亡。1619年11月,亲王"收拾了"他名单上最后两个要"清洗"的议事会——位于奈梅亨区西部的抗辩派城镇扎尔特博默尔和蒂尔的议事会。此后,所有的城镇议事会都由反抗辩派掌控。由此,人们将荷兰省的反抗辩派摄政官,包括亲王在阿姆斯特丹的主要盟友保和维特森,视作执政手下没骨气的爪牙,而这样的荷兰省摄政官圈子里,对抗反抗辩派开始成为一种运动风气,以便于恢复荷兰省的权力和影响力。在阿姆斯特丹,对保和维特森的批判声越来越多,批判者站在政客和投机的摄政官一方,而这些人正同时抵制保、奥伦治派和加尔文宗。莫里斯警告,他不会允许那些在1618年被撤职的阿姆斯特丹摄政官重回议事会。[57] 1619年12月，亲王严密管控豪达、霍伦、阿尔克马尔和坎彭的议事会选举——这些城镇的抗辩派势力依然强劲。

莫里斯遭遇的外部压力以诸多方式与内部压力相互作用。西班牙的大臣已觉察到联省内部各神学-政治派系的分裂持续加重，因此过度估计了它的破坏性影响，这导致西班牙人采取了许多本可避免的鲁莽政策。[58] 在莫里斯看来，这一局势十分有利，因为它阻止了西班牙提出具有可行性的停战方案，而停战方案必会加剧各省的分歧。如果存在停战方案，海尔德兰、上艾瑟尔和乌得勒支会欣然接受，而荷兰省和泽兰省的反抗辩派摄政官则会拒绝。[59] 然而，在其他方面，内外因素相互作用都是无益的。骚乱带来的尤为令人担忧的结果是，亲王不得不维持规模庞大的军事力量以驻守共和国内部远离荷兰防御圈的地区——乌得勒支、霍伦、斯洪霍芬、阿尔克马尔和奥德瓦特，而共和国的整体战略地位因此会被削弱。1620年6月，卡尔顿报告称，40多个连的部队被牵制在荷兰省和乌得勒支省，以控制那些"阿明尼乌派城市"。[60]

1618—1619年间，荷兰在欧洲中部的政策与英格兰截然不同，在影响三十年战争初期进程方面，荷兰也更为重要。莫里斯治国政策的核心是，他需要把西班牙对共和国的压力最小化，并且尽他所能将西班牙的力量转移到德意志。他的第一要务是防止各省公开分裂，谨防西班牙利用共和国持续存在的内部困境。[61] 最终，尽管詹姆士一世和英格兰大臣曾期望通过1617—1618年对反抗辩派的帮助，让荷兰的政策与英格兰的政策相一致，但正如卡尔顿很快意识到的，事实上莫里斯在德意志和波希米亚的目标与英格兰的目标毫无共同点。与此相反，莫里斯想将普法尔茨选帝侯腓特烈五世（1596—1632年）引导到截然不同的方向上。腓特烈五世还是莫里斯的外甥——腓特烈的父亲娶了沉默的威廉与第三任妻子的长女、莫里斯的异母妹妹路易丝·朱丽安娜·冯·拿骚（Louise Juliana Vom Nassau，参见表25）。詹姆士一世意识到莫里斯的政策可能具有爆炸性影响，因此竭力制止他的女婿，并警告他，如果他接受波希米亚的王位，就不要指望从英格兰获得任何帮助。莫里斯意图通过煽动德意志的内部冲突，来转移共和国身上的压力，他向外甥保证，将给予全力支持。[62] 经过几个月的犹豫，腓特烈五世最终接受了波希米亚的王冠——这一决定将中欧推进骇人的战争之中；事实证明，这对他自己和普法尔茨都是彻头彻尾的灾难。在腓特烈五世犹豫时，莫里斯的介入和鼓励至关重要。[63] 莫里斯及其扈从每月给波希米亚人提供5万荷兰盾的补贴，随后又给德意志新教联盟提供了数额相近的款项，并许诺派军队前往波希米亚和普法尔茨。由此，他们实质性地为把欧洲推入大规模战争添了把火。资金和军队被送出。联省还在阿姆斯特丹帮波希米亚筹措贷款，并且为之提供武器。1620年11月，在白山战役中，与神圣罗马帝国皇帝，也就是西班牙国王的军队对阵的新教军队中八分之一的人——多达5 000人——是荷兰人或由荷兰供养。

即便是在白山战役遭到惨败之后，莫里斯及其扈从依然希望从他们对德意志战争的投资中获得些利益。莫里斯命令驻守比尔森（Pilsen）的军队坚守，希望以此鼓励波希米亚其他城镇坚持抵抗。当腓特烈五世和伊丽莎白——"冬王和冬后"——在普法尔茨仅有一半土地被西班牙和巴伐利亚军队占领的情况下就逃到海牙时，莫里斯劝他们回去继续作战，而不是"太早、太轻易地"放弃自己的领地。[64] 莫里斯竭力动员国际上的新教力量支持普法尔茨。他多次派遣阿诺尔

表25 尼德兰奥伦治-拿骚家族谱系

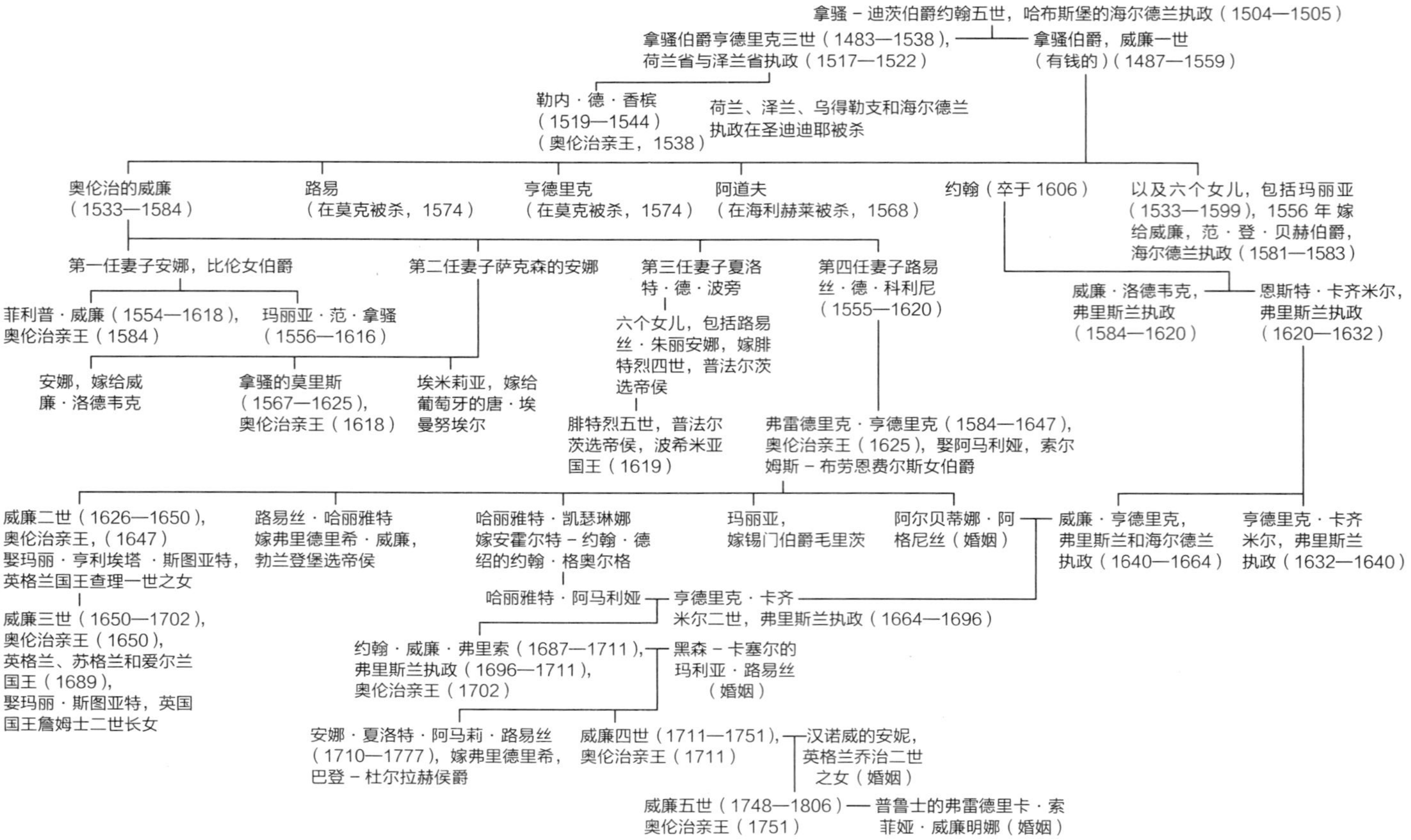

拿骚-迪茨伯爵约翰五世，哈布斯堡的海尔德兰执政（1504—1505）
拿骚伯爵亨德里克三世（1483—1538），荷兰省与泽兰省执政（1517—1522）
拿骚伯爵，威廉一世（有钱的）（1487—1559）
勒内·德·香槟（1519—1544）（奥伦治亲王，1538）
荷兰、泽兰、乌得勒支和海尔德兰执政在圣迪迪耶被杀
奥伦治的威廉（1533—1584）
路易（在莫克被杀，1574）
亨德里克（在莫克被杀，1574）
阿道夫（在海利赫莱被杀，1568）
约翰（卒于1606）
以及六个女儿，包括玛丽亚（1533—1599），1556年嫁给威廉，范·登·贝赫伯爵，海尔德兰执政（1581—1583）
第一任妻子安娜，比伦女伯爵
第二任妻子萨克森的安娜
第三任妻子夏洛特·德·波旁
第四任妻子路易丝·德·科利尼（1555—1620）
威廉·洛德韦克，弗里斯兰执政（1584—1620）
恩斯特·卡齐米尔，弗里斯兰执政（1620—1632）
菲利普·威廉（1554—1618），奥伦治亲王（1584）
玛丽亚·范·拿骚（1556—1616）
六个女儿，包括路易丝·朱丽安娜，嫁腓特烈四世，普法尔茨选帝侯
安娜，嫁给威廉·洛德韦克
拿骚的莫里斯（1567—1625），奥伦治亲王（1618）
埃米莉亚，嫁给葡萄牙的唐·埃曼努埃尔
腓特烈五世，普法尔茨选帝侯，波希米亚国王（1619）
弗雷德里克·亨德里克（1584—1647），奥伦治亲王（1625），娶阿马利娅，索尔姆斯-布劳恩费尔斯女伯爵
威廉二世（1626—1650），奥伦治亲王，（1647）娶玛丽·亨利埃塔·斯图亚特，英格兰国王查理一世之女
路易丝·哈丽雅特嫁弗里德里希·威廉，勃兰登堡选帝侯
哈丽雅特·凯瑟琳娜嫁安霍尔特-约翰·德绍的约翰·格奥尔格
玛丽亚，嫁锡门伯爵毛里茨
阿尔贝蒂娜·阿格尼丝（婚姻）
威廉·亨德里克，弗里斯兰和海尔德兰执政（1640—1664）
亨德里克·卡齐米尔，弗里斯兰执政（1632—1640）
威廉三世（1650—1702），奥伦治亲王（1650），英格兰、苏格兰和爱尔兰国王（1689），娶玛丽·斯图亚特，英国国王詹姆士二世长女
哈丽雅特·阿马利娅
亨德里克·卡齐米尔二世，弗里斯兰执政（1664—1696）
约翰·威廉·弗里索（1687—1711），弗里斯兰执政（1696—1711），奥伦治亲王（1702）
黑森-卡塞尔的玛利亚·路易丝（婚姻）
安娜·夏洛特·阿马莉·路易丝（1710—1777），嫁弗里德里希，巴登-杜尔拉赫侯爵
威廉四世（1711—1751），奥伦治亲王（1711）
汉诺威的安妮，英格兰乔治二世之女（婚姻）
威廉五世（1748—1806）奥伦治亲王（1751）
普鲁士的弗雷德里卡·索菲娅·威廉明娜（婚姻）

德·范兰德韦克与德意志新教联盟的诸侯商谈，以坚定他们的决心。此时，人们越来越怀疑联省会达成新的停战协定。莫里斯利用这一形势，向德意志王公保证，"他们要么能在明年夏天在德意志使用大批（荷兰）军队，要么会因为这些军队转移了（压力）而受益，这取决于战争的终止或继续造就的局势"。[65] 莫里斯还向詹姆士一世施压，让他给予女儿和女婿更多支持。他还做了很多事，以便利英格兰介入荷兰的后勤运输。英格兰在1620年9月派往普法尔茨的一支4000人的部队都由荷兰武装、给养和运送。他们在沿莱茵河向上游进军时，由弗雷德里克·亨德里克和马凯特指挥的荷兰骑兵掩护。与此同时，莫里斯派遣荷兰部队占领莱茵河上科隆和波恩之间的帕彭米策岛（Island of Papenmutze），以此警告科隆选帝侯和其他莱茵河流域教会王公不要插手。[66]

形势的发展远不是詹姆士一世所乐见的。在1620年那个悲惨的秋季，他将新教事业在神圣罗马帝国内遭遇的挫败部分归咎于荷兰，并劝告莫里斯及其谋臣："记住他们曾不时鼓励波希米亚人选举新国王，德意志现在遭遇的麻烦就是选举的结果；记住他们（曾向德意志新教联盟）许诺，如果敌人进军，荷兰会派军协助他们。"[67] 由此，莫里斯意识到，英格兰国王"一开始就没有插手这些麻烦的意图"，并且英格兰国王也没有"像他们承诺的一样"向普法尔茨派军。

在续订停战协定的问题上，莫里斯刻意隐瞒自己的意图，以造成最大的不确定性和混乱。这是他尤为擅长的一种政治手段。驻海牙的威尼斯大使承认，莫里斯闪烁其词和自相矛盾的表达让他完全摸不着头脑。[68] 莫里斯给布鲁塞尔的阿尔贝特大公的回复同样措辞模糊，大公难以从中得出结论。海牙和布鲁塞尔在1620—1621年间一直保持联系，但莫里斯只向他自己的内部小圈子透露过事情的进展，这个小圈子主要包含范埃森、范登鲍霍尔斯特、马凯特和德伊克。[69] 荷兰省和其他省份的三级会议完全处在"摸黑"的状态。1619—1621年间，狡猾、思维缜密又小心谨慎的莫里斯刻意拖延西印度公司的成立，这样一来，他仍有选择续签停战协定的余地。[70]

莫里斯的高招是邀请阿尔贝特大公派代表到海牙商谈结束低地国家战争的事宜，并且以表面上承认西班牙国王的主权作为谈判基础。[71] 阿尔贝特大公没意识到莫里斯正诱骗他落入圈套，便派布拉班特的大法官彼得鲁斯·佩克修斯（Petrus Peckius）到海牙，按照奥伦治亲王的建议，向总三级会议发表讲话。假如佩克修斯只是提议更新停战协定，并声明西班牙要求修改现存条款，那么各省之间的分歧本可能会暴露无遗。莫里斯的目的正是掩盖这一点，并促使正式谈判迅速崩溃，结束总三级会议和各省三级会议的作用，引导它们赋予他权力，让他独自负责日后与西班牙的接触并秘密处理相关事宜，只在他认为恰当的时候公开西班牙给各省的提案即可。这一计划完美推进。唯一一项能够让正式谈判迅速流产、刺激总三级会议做出一致回应的议题，就是哈布斯堡宣称无论是以何种方式，自己都拥有对联省的主权。佩克修斯如期到来，谈论了主权问题，于是立刻激怒了他的东道主，摧毁了谈判。荷兰省代表团拟定总三级会议的回复采用的措辞呈现出反抗辩派的荷兰国家观念，如今这种观念成了当局的官方观点。佩克修斯被告知："联省的主权不可辩驳地存在于总三级会议和各个省份手中。"[72]

随后，总三级会议授权莫里斯日后独自掌控与阿尔贝特大公和西班牙的停战谈判，并将其保密，只需在他认为适当的时候，向总三级会议和各省公开有关事宜。卡尔顿早在1620年8月就评论道："虽然我们掌握着三级会议的躯壳，但可以说灵魂并不在这儿，因为有关当前事件的所有权力都在奥伦治亲王手中，有些省份的三级会议也跟他站在一边，无论是他们的商议还是决议，他们都不怎么向海牙这边汇报。"[73] 荷兰省三级会议这种消解权力的做法随后获得了正式确立，即总三级会议1621年3月25日颁布了决议。加强执政的权力是反抗辩派的一种策略，事实上它根源于一种恐惧，用卡尔顿的话来说即"考虑到人们的焦虑不安和他们在任何纷争中都易于陷入内讧的倾向，提议商谈新条约本身将会导致他们陷入混乱"。[74] 对于反抗辩派来说，一个强势的执政已经必不可少。

莫里斯告诉佩克修斯（并且在随后给布鲁塞尔的秘密信件中重申），假如西班牙提议按照1609年的条款，简单地续订停战协定，那么他和总三级会议本可能做出支持性的回复。这可能是真实的，因为莫里斯采用令人费解的策略、拖延西印度公司的成立，且在1621年对公开对抗态度消极，这些都暗示莫里斯倾向于在之前的基础上更新停战协定，将战争转移到德意志——正如最为敏锐的外交观察家最终意识到的一样。1621年3月，卡尔顿向伦敦保证，假如西班牙提议"按照从前的条款，续订停战协定，我认为（执政）会偏向五省，而否定另外两省"，即否决荷兰省和泽兰省的意见。[75] 但是在马德里，西班牙的新任大臣们相信，《十二年停战协定》对西班牙不利，除非"反叛者"在航海和殖民地领域做出实质性的让步，否则不应续订停战协定。西班牙宫廷提出三个要求作为续订停战协定的报偿：荷兰人撤出东西印度；解除对斯海尔德河口的封锁；允许天主教在"反叛"各省公开举行仪式。其中前两项要求是必须满足的。[76] 莫里斯并不打算讨论这些条款,也不想看到各省三级会议讨论它们。

停战协定在1621年4月到期,之后也并没有立刻重启敌对行动。莫里斯继续给布鲁塞尔送消息,重申如果西班牙不再要求让步,他将同意新停战协定。6个月之后,也就是9月,莫里斯向西班牙设在布鲁塞尔的政权(阿尔贝特大公7月去世,现在这里已经建立了西班牙的新政权)暗示,如果西班牙同意续订停战协定,他将考虑解除对斯海尔德河口的封锁,并可能在印度安排一些妥协政策。[77] 总三级会议和荷兰省三级会议都不知道1620—1623年间莫里斯与布鲁塞尔的伊莎贝尔公主联络的详情——他们的沟通部分通过住在安特卫普的大画家鲁本斯进行。但是,在海牙、荷兰省首府,以及安特卫普和布鲁塞尔,人们普遍都知道执政正在与公主和西班牙进行秘密对话,知道他正致力于续订停战协定。[78] 这些传言令一些人十分担忧,这些人主要是支持强硬路线的反抗辩派成员,以及渴望重启战争、设立西印度公司的主战派摄政官。传闻还在暗中催生了一些对执政的扈从和治理共和国方法的刻薄评论。

二次宗教改革的开始

反抗辩派的加尔文宗革命改变了共和国政治的面貌,将宗教纪律加之于公共教会,并且影响了三十年战争的爆发。此外,这场革命还创立了西印度公司,并标志着二次宗教改革的开始。

莫里斯1618年的政变让反抗辩派得以在公共教会内部解决教义纷争问题。但是,一些反抗辩派人士隐隐感觉到,他们需要一个更广泛的净化宗教生活的社会计划，而不能沿着仅仅是解决神学问题、驱逐不正确教义的支持者的路线走。这一观点最重要的倡导者是泽兰人威廉·特林克（Willem Teellinck，1579—1629），他的一个主要仰慕者、后来荷兰二次宗教改革的领导人希斯贝特斯·富修斯称他是"归正会的托马斯·厄·肯培"。特林克与一般的反抗辩派成员一样，不宽容阿明尼乌派、天主教、路德宗和犹太教信徒，热衷于纯粹的教义，但与此同时，他渴望人们的关注点可以从单纯的教义转移到神学实践上，转移到生活方式和道德的改革上。年轻时的特林克一度在苏格兰和英格兰学习，深受英格兰清教徒观念的影响。特林克相信，大多数荷兰民众至今更多是在名义上，而非精神上采纳加尔文宗信仰，他们不仅不能努力在生活方式上践行加尔文宗观念，而且固守着各种"迷信"活动，以及从宗教改革之前的时代残留下来的不良行为——在特林克看来，这些行为都需要被清除。[79] 他还发现，一些他认为值得实践的宗教活动惨遭无视，其中最重要的就是合宜的礼拜日仪式。

特林克认为，如果没有纯粹的、虔诚的生活方式相伴，即便是在信念和教义方面无可指摘的纯净也毫无价值。他是个多产的作家，早在1618年之前就通过《友布罗》（*Eubulus*，1616年）这类作品发挥影响力。特林克去世之后，至少有127种出版物被认为出自他手。其中最有影响力的作品创作于17世纪20年代早期和中期，即共和国经济萎缩、处境艰难的时期，也是重启对西班牙战争的时候。黯淡的环境与特林克的教义极其相合。例如，在《锡安》（*Zions Basuyne*，1621年）一书中，他向国务会议宣称，只有把军事行动建立在对生活方式和道德的彻底更正上，才能胜利保卫祖国。此后日益黯淡的形势反而强化了特林克的热情及其教义的感染力。在《必要的行动》（*Noodwendigh*

Vertoogh，1627年）这本小册子中，他描述了眼前的萧条和"三十年战争"带来的可怕灾难，包括新教在波希米亚的溃败，都说明上帝在因社会和道德的糟糕状态而愤怒。[80] 他进一步的宗教改革不仅渴望打击通奸、卖淫和酗酒这些行为，还要打压轻浮、猥琐和张狂的性情，他希望禁止"色情书籍"、违犯安息日（Sabbath）规则的行为和"迷信节日"——包括流行甚广的12月的圣尼古拉斯日。[81]

特林克发出了要求二次宗教改革的最强音，但绝不是唯一的声音。其他有影响力的讲道者也持有类似的观点，其中著名的包括代尔夫特的狄奥尼修斯·斯普兰克赫伊森（Dionysius Spranckhuysen，1587—1650）和泽兰省人霍德弗里德斯·奥德曼斯（Godefridus Udemans，1580—1649）。奥德曼斯除了要求在本土更严格地遵守安息日戒律、创造更纯洁的社会外，还在1624年公然反对荷属巴西实行的宗教宽容。[82] 此外，一些反抗辩派摄政官也同样狂热，包括代尔夫特势力强大的范洛登斯泰因（Van Lodenstein）家族和范布莱斯韦克（Van Bleiswijk）家族，以及阿姆斯特丹坚定的反抗辩派市长弗雷德里克·德弗赖（Frederik de Vrij，1579—1646年）。德弗赖是赖尼尔·保在阿姆斯特丹的盟友，也是宗教法院的长老，他于1622年出版了一部长达442页的英雄史诗，题为《解剖学》(Anatomia)。史诗规劝他的同胞奋力过上纯洁的生活并协同建造虔诚的社会。

由此，1618年反抗辩派的胜利，带来的不仅是消除阿明尼乌主义和削减对异议教会的宽容的行动，还让世俗当局打压那些此前不受限制或被过度宽容的行为。在宗教这条战线上，新反抗辩派城镇议事会对天主教秘密集会采取的政策，比他们前任采取的更强硬。但是，感受到这一变化的绝不仅有抗辩派和天主教教徒。路德宗和犹太教信徒也有同感。莱顿的路德宗教堂被关闭，鹿特丹的被拆毁。[83] 1621年和1624年，博德赫拉芬（Bodegraven）的路德宗信徒两次向荷兰省三级会议请求宽容，三级会议两次都予以驳回，并且下令禁止路德宗在荷兰省乡村的任何地方传教和礼拜。[84] 宗教会议劝说三级会议考虑禁止犹太教信仰；当阿姆斯特丹阻碍这项提议的事实"摆上台面"时，宗教会议转而请愿："犹太人的自由应该被削减和限制，就像其他允许犹太人居住的地方所做的那样。"[85] 至于生活方式，宗教法院强烈要求在更广泛的领域里进行改革，他们希望在市政立法方面实现某些转变，对宴会、舞蹈、音乐创作和戏剧演出，事实上是对修辞学会的整体活动，进行更多、更严格的管控。[86]

在前阿明尼乌派城镇，反抗辩派的加尔文宗革命还包括了对教会生活和民众虔敬活动诸多特征上的改革和修正——自宗教改革以来，它们已经发展了几十年。在豪达，有人提出要移除主教堂有名的彩色玻璃。在乌得勒支，新任当局在1623年11月引入有关圣诞节庆祝仪式的规定。打压深受欢迎的圣尼古拉斯日庆典的行动似乎收效甚微，不过还有一些人在严肃认真地对待此事：1620年，德弗赖试图阻止阿姆斯特丹商人在圣尼古拉斯日前夜贩卖给儿童的玩偶。[87]

1625年之后，对抗辩派的打压有所消减，反抗辩派事业遭遇了政治挫败，反对二次宗教改革观念的力量有所加强。伟大的诗人冯德尔表达出对特林克及其儿子和盟友们的强烈仇恨，这无疑缘于这些人对音乐、戏剧和修辞学会的敌视；不过，冯德尔很可能同意德弗赖的某些观点，即诗歌不应当专注于情爱主题，也不应当给人民的脑海注入异教男神、女神的形象及其行为举止。冯德尔将特林克等人视为"骚乱的种子"，认为他们不"让自由享受和平"。他对特林克一家的反感体现在他匿名发表的一些时事主题诗歌中。[88] 在一首诗中，冯德尔控诉特林克集团将"苏格兰的特洛伊木马"拉入荷兰，这暗指他们通过引入苏格兰长老会偏执的狂热散播分裂的种子，进而威胁要毁灭共和国。

尽管反抗辩派的政治运动在1625年之后开始退潮，阿明尼乌主义和奥尔登巴内费尔特派的原则也有所复兴，但是二次宗教改革的声音并未消失。正相反，在17世纪三四十年代，整个共和国的城镇里，尤其是荷兰省、泽兰省和乌得勒支省的城镇里，有影响力的讲道者采纳了特林克的观点，并且逐渐在归正会的圈子中积蓄起对广泛的社会和道德改革运动的支持力量，这项运动将由教会和国家联手实现，它不只会改变归正会团体的行为，也将改变整个社会的风尚。这些人中最为重要的有特林克的儿子马克西米利安和约翰内斯，他们都是泽兰省讲道者中的领军人物。17世纪30年代末之后，最为重要的讲道者则是乌得勒支神学实践的元老级人物希斯贝特斯·富修斯（1589—1676年）。

第21章

1621—1628年：身陷重围的共和国

1621—1625年：莫里斯最后的岁月

17世纪20年代早期和中期是联省历史上最为灰暗的时期。这是共和国遭受严厉围剿和在夹缝中艰难维持的岁月。

1621年4月，西班牙再次推行禁运政策，这对荷兰的海外贸易体系造成了剧烈影响，它基本上阻断了荷兰与伊比利亚半岛的贸易，毁灭了荷兰的黎凡特地区贸易，并且冲击了荷兰的波罗的海贸易以及北海的捕鲱业——如今缺少适合的盐来维系供给。[1] 西班牙成功切断了荷兰人在加勒比海地区和巴西的海盐供给链条；（在1630年之前）阻碍了新近成立的西印度公司的发展；打击了荷兰人的捕鲱业；此外，17世纪20年代中期，敦刻尔克开启私掠船攻势。这些都增强了禁运政策的效果。1625—1629年，西班牙人在河道设置屏障，对荷兰水路运输的封锁进一步收紧。当时，沿莱茵河、马斯河、瓦尔河、斯海尔德河和埃姆斯河的交通，都被西班牙从斯海尔德河延伸到埃姆斯河的一圈驻军阻断。这种压制直到1629年西班牙战败前都十分严厉。

荷兰几乎所有的海外贸易都在17世纪20年代萎缩了——东印度的贸易除外。他们的诸多产业也是如此，包括精制糖、盐加工、印刷、造船、捕鲱、包装业。正是在17世纪20年代，西弗里斯兰各港口——霍伦、恩克赫伊曾、梅登布利克——遭到盐贸易和鲱鱼出口收缩的打击，开始长期衰退。[2] 1621年4月开始，荷兰的运费陡然上涨，于是停战时期被荷兰控制的许多贸易转移到了英格兰和北德意志汉萨同盟各海港。荷兰世界贸易霸主地位的第三阶段（1621—1647年），以收缩和急剧重组开始。"如果我们将目光投向整片领土，"1624年帕斯希耶·德菲热内写道，"我们看到的难道不是各地的贸易、工业生产和制造业都在衰落，变得死气沉沉、腐败没落？"他接着说："听到的难道不是海员、市民、房主——所有人在抱怨？"[3]

与经济衰退和禁运冲击同样持久的，还有维持共和国国防带来的财政危机。1621年，西班牙国王将佛兰德军队扩充至6万人，从佛兰德到林根将共和国包围起来。[4] 尽管莫里斯保持守势，总三级会议也被迫将荷兰常备军人数从3万增至4.8万，但这仅是为了守住防卫圈。[5] 同时，从卡德赞德到代尔夫宰尔的整个防卫圈上的防御工事必须翻新和加固。尽管经济衰退、共和国内部局势不稳定，但莫里斯和总三级会议除了增税没有别的选择。

共和国在外交上处于孤立状态以及德意志的战略形势日益恶化令这一灰暗光景雪上加霜。尽管法兰西和英格兰分别在1598年和1604年与西班牙讲和，但荷兰人到1609年之前依旧接收着两国的援助。但从1621年起，荷兰人发现自己完全被孤立（1576年之后还是头一次）。自奥尔登巴内费尔特倒台以来，法兰西与荷兰的关系就陷入僵局。总三级会议的代表团——成员包括普洛斯、保和曼马克——被派往巴黎，请求支援，但是空手而归。[6] 与此同时，英格兰与荷兰的关系受经济纠纷所害，显然没有1617—1618年那样热络。然而，共和国别无选择，只能继续维持它自己的国防力量，并支持德意志正在下滑的新教事业。在波希米亚和普法尔茨遭遇挫败之后，莫里斯和总三级会议无法简单粗暴地抛弃德意志新教徒：因为如果哈布斯堡在德意志北部也像在南部和中部那样获胜，共和国将落入比如今恶劣得多的战略和政治困境。因此，荷兰不得不继续充当德意志新教军队的总资助人。[7]尽管曼斯费尔德（Mansfeld）伯爵在东弗里斯兰的军队基本无用，但对荷兰而言，花钱维持它总好过让它解散，然后坐视皇帝和德意志天主教联盟的军队挺进联省的东部边境。

17世纪20年代早期和中期共和国的困境是由外部原因导致的：这是商业、航海、工业生产、财政、赋税和其他与战争相关的重负构成的症结，而这无疑是个糟糕的战略局势。但困境带来的危险又远不止于此，因为它也是一场政体和宗教的危机。当时的荷兰省三级会议确实丧失了"灵魂"，不再起领导作用。随着岁月流逝，事情的走向变得越发清晰：莫里斯和反抗辩派在1618年打造的体制有着致命的缺陷，并且正在重压下崩溃。反抗辩派创建了一个过度依赖执政个人的政体，权力都集中在执政手上。[8]随着莫里斯本人健康情况的恶化，这一体制开始失效。1623年，亲王衰老的身体状况和他很快会去世的预测成了海牙社交生活中的日常话题。1623年12月，卡尔顿判断亲王"身体糟透了"。无论如何，一旦荷西战争重启，亲王显然不能有效地兼顾指挥军队和领导海牙政府这两项工作。作为指挥官，莫里斯不得不长期缺席政府领导，与军队一同安营扎寨、监督防卫圈——在那里他难以完全掌控海牙的事务。莫里斯别无选择，只能授予代理委员会和荷兰省大议长德伊克更多的职责与权力。而在人们看来，德伊克只比安德里斯·德维特称职那么一点点。[9]此外，亲王的贵族党羽和宠臣之间的合作关系也明显在恶化。尤其重要的是，范登鲍霍尔斯特与范埃森之间的友谊不再，1621年后他们彼此充满敌意，因为后者试图取代前者，成为荷兰省贵族院的领袖。[10] 范埃森试图打发范登鲍霍尔斯特到巴黎，担任荷兰大使，但莫里斯反而选择支持范登鲍霍尔斯特，而把范埃森送到威尼斯。

危机的根源在于，莫里斯政权未能实现荷兰省三级会议与荷兰省各城镇议事会之间的密切合作。莫里斯和反抗辩派此前削弱了荷兰省三级会议和总三级会议，将权力集中到执政及其嬖从手中。但是，莫里斯及其宠臣要依赖他们安插到城镇议事会和代理委员会中的摄政官，去确保城镇稳定、征税和提供财政支持；若没有各城镇的财政支持，国家和军队所需的资金将难以到位。然而，1618年上任的新人根本无法胜任工作。阿明尼乌派领导人带着优越感对这些篡夺了自己位置的人嗤之以鼻，他们的蔑视无疑带有偏见且有所夸大，但这也有一定的事实基础。由于新人之中鲜少能人，荷兰省三级会议依旧软弱和被动。到1623年，荷兰省代理委员会在说服各城镇议事会同意为战争征收新税一事上，遭遇严峻的困难。[11] 他们的失败是因为政治上的软弱、无根基，以及城镇议事会中派系斗争的尖锐化。卡尔顿报告道："这些会议（尤其是荷兰省那些）中因私利和竞争而产生的混乱，阻碍了所有的政治进程。"[12] 对于执政而言，这一恶化的局势最令人担忧的一点在于阿姆斯特丹反抗辩派的瓦解。尽管1618年进入阿姆斯特丹市议事会的反抗辩派人士较多，但到1621年，他们在阿姆斯特丹的政权已深陷困境。保如今面临的问题是，阿姆斯特丹市议事会中反抗辩派的神学根基一直以来都相当有限。保在政客式的摄政官支持下实行统治，这些摄政官例如亨德里克·胡德和亨德里克·雷因斯特（Hendrik Reynst），对商业和大商人的观念更感兴趣,而非对神学论辩。阿姆斯特丹的商业急剧萎缩,而保的统治集团又无力应对。于是议事会发生分裂。1622年的新年选举中,保的优势地位被打破。[13] 在1622年阿姆斯特丹的4名新市长中,有3人敌视反抗辩派的观念和政策。保作为议长在1622—1623年还能实行一些影响力,但到1624年则已形同虚设。如今,反抗辩派的政敌控制了阿姆斯特丹。此前,政权就已经被经济萧条和征收重税的需求削弱,现在又被抗辩派进一步侵蚀。诚然,战争提升了爱国情怀,让人们更担心内部冲突的恶果,这两者都有利于巩固反抗辩派主义;抗辩派则有被指控为不是爱国党派的危险,因为有人认为他们与西班牙合谋,认为他们的反对正削弱共和国。但此时此刻,莫里斯被迫中止军队在荷兰省和乌得勒支省的防卫任务,将他们调到共和国外围的防御圈上,而这必然会减少对抗辩派活动的镇压力度。格劳秀斯、厄伊滕博哈特和埃皮斯科皮厄斯敏锐地意识到自己身处的窘境。他们察觉到反抗辩派政权日益衰弱,自己的派系有可能实现复兴,[14] 但同时也明白进行破坏活动的危险性,以及这给共和国和他们自身带来的风险。

考虑到反抗辩派在1618—1621年间受镇压的强度,以及支持反抗辩派的力量依然强大的地区存在深刻不满,降低镇压力度而不产生破坏性影响是不可能的。当军队离开斯洪霍芬前往边境要塞时,抗辩派"在市场上聚集",开始"在政府大楼前传教,直到半个连的(军队)从特尔胡斯(胡斯)派往那儿"。卡尔顿评论道:"阿明尼乌派城镇似乎再不会像被驻军控制时那样平静,但给那里增加驻军费用是财政难以承受的;据他们估计,国家要(为额外的军队)承担超过200万荷兰盾的债务,这还不包括那个派系制造的其他麻烦。"[15]

在糟糕的局势下，莫里斯只能煽动对德意志的战火，催促英格兰和丹麦贡献更多，并力图用一系列含义模糊、闪烁其词的停战方案分散布鲁塞尔的注意力。1622年年末到1623年年初，莫里斯一直身体抱恙，他表示现在愿意考虑对西班牙做出实质性让步。[16] 斯皮诺拉和佩克修斯自1622年年末以来就越来越乐观，认为来自莫里斯的一系列秘密信息预示着长久的停战，其中荷兰会做出足够多的让步以满足西班牙，终止低地国家上的冲突。[17] 在马德里，面对己方沉重的财政困境，腓力四世的大臣们在如何回应公主和斯皮诺拉的报告上产生分歧。一部分大臣相信，现在"可以"也"应当"敲定新的停战协定。然而，腓力四世的宠臣、势力强大的奥利瓦雷斯伯-公爵态度强硬，坚持认为现在依然不存在令人满意的谈判基础。

从西班牙的角度看，他是正确的。因为莫里斯提供的妥协与奥尔登巴内费尔特在1606—1607年提供的一样，都只有微弱的好处。[18] 实际上，荷兰省和泽兰省不可能被说服在印度事务、斯海尔德河以及天主教仪式方面做出重大让步，而莫里斯比任何人都清楚这一点。或许，他从一开始就没打算在总三级会议上提出任何有一丁点儿可能满足西班牙的议案。他不过是在拖延和争取时间。最终，他向卡尔顿承认了这一点，坦言自己"一直将（斯皮诺拉和佩克修斯的）书信收入自己囊中，以此制止它们传播（这得到三级会议中他最信任的一些成员的同意），以防这样的提议进入公共会议的讨论范围，而这可能会促使他们分心、发生争执，进而减少他们为维持军队而提供的捐献，结果让自己任凭敌人处置。"[19]

1622年年初，斯皮诺拉夺取于利希，切断了共和国与普法尔茨的联系。1622年年末，斯皮诺拉在遭受重大的人员伤亡和物资损失之后，被迫放弃对贝亨艰难而漫长的围城战。尽管佛兰德军队遭受重大挫败，荷兰的战略地位依旧在恶化，因为哈布斯堡在德意志获得了胜利。[20] 曼斯费尔德伯爵在东弗里斯兰的军队依然被牵制在荷兰边境。莫里斯及其扈从一度只能从布伦瑞克的克里斯蒂安（Christian of Brunswick）的进展中得到安慰。1619—1621年间，克里斯蒂安曾占领利普施塔特，在下萨克森地带组建新教军队，吸引明斯特兰人数众多的新教徒的支持。克里斯蒂安似乎是共和国的有力屏障，是对德意志西北部天主教国家的牵制力量。到1622年，总三级会议一直都在给这支新教军队投入大笔资金。[21] 但事实证明，克里斯蒂安是比曼斯费尔德伯爵更糟糕的投资对象。天主教联盟军在蒂伊伯爵的率领下挺进威斯特伐利亚时，克里斯蒂安却向荷兰边境撤退。1623年8月6日，蒂伊伯爵在施塔特洛恩（Stadtlohn），几乎是在海尔德兰边界上，追上了克里斯蒂安的军队并将之击垮。这对德意志的新教军队和威斯特伐利亚的新教来说都是一场灾难，同时也让恐慌情绪传遍海尔德兰和上艾瑟尔。成千上万名逃兵、当地新教徒和波希米亚逃难者涌入海尔德兰和上艾瑟尔，跟他们一起涌入的还有一批批营地妇女和儿童。接下来的几周里，单单阿姆斯特丹就运送了24船难民到德意志北部港口。[22]

1623年夏，整个共和国死气沉沉。此时，格劳秀斯正在年轻的法学家迪尔克·赫拉斯温克尔（Dirck Graswinckel）的陪伴下，在巴黎附近的桑利斯（Senlis）写作《战争与和平法》（De Jure Belli ac Pacis）；而伦勃朗即将完成他作为艺术家的训练。莫里斯的治国政策并没有成功把哈布斯堡的军力从荷兰边境转移开，反而似乎是吸引他们直接进军边境。施塔特洛恩战役之后，荷兰必须迅速将额外的军队调往艾瑟尔河沿岸，这里干燥的气候和低水位对荷兰防御圈更加不利。对于西班牙来说，这似乎是个天赐良机，可以把"叛军"打压到跪地求饶。[23] 但（他自己的手下，以及他的荷兰敌人都不能理解的是）斯皮诺拉没有行动。斯皮诺拉为自己在贝亨的挫败而懊悔，因而也相信莫里斯正要以有利于西班牙的条款同意新停战协定，于是按兵不动。[24] 直到又与亲王秘密沟通5个月之后，这位西班牙军队总司令和佩克修斯才认定，荷兰执政正与他们虚与委蛇。斯皮诺拉完全丧失了耐心。1624年，他采取报复行动，摧毁了奥伦治亲王的个人领地，那里不仅包括布雷达周边地区，还包括赫拉弗和默尔斯。（按照卡尔顿的说法）在先前秘密对话的几年里，这些地方曾被当作"一个士兵的遗产"保护起来。[25]

莫里斯在生命的最后几个月里备受战略和外交困境的折磨，日思夜想，心力交瘁。1624年8月，当斯皮诺拉围困布雷达时，荷兰人的士气低到极点。瘟疫蹂躏着阿姆斯特丹（据说此疫导致该城1.1万人死亡）、莱顿以及代尔夫特等主要城市（参见表32）。当斯皮诺拉加强对布雷达的控制时，第二支西班牙军队在更东边行动，占领了共和国东翼的克莱沃和亨讷普。同时，共和国的财政形势逐渐恶化。波罗的海和地中海地区本就剧烈衰落的贸易更加糟糕。法兰西大使评论道："他们从没像现在这样接近毁灭。"[26] 由于长年军费短缺，尽管摄政官们完全明白这很可能会带来麻烦，但各省不得不向民众征收大量新税。荷兰省于1624年6月开征新黄油税，每桶高达4荷兰盾。新税在代尔夫特、霍伦、恩克赫伊曾、海牙、阿姆斯特丹和哈勒姆激起骚乱。在哈勒姆，民兵向游行者开火，致使5人死亡、多人受伤，伟大的肖像画画家弗兰斯·哈尔斯当时正在这支民兵中服役。[27] 此事引起布鲁塞尔的惊叹，这里的大臣向马德里报告，荷兰民众正处在叛乱的边缘。1624年是黄金时代上半期最艰险的一年,就在这一年,哈尔斯创作了《微笑的骑士》(Laughing Cavalier,藏于华莱士收藏馆)。格劳秀斯的妻兄评论道:"如今这里只有阴霾,未来只有恐慌。"[28]

17世纪20年代中期,荷兰省新增的消费税比16世纪90年代和1672年新增的还要多。三级会议做了尽可能大胆的尝试。他们很清楚进一步增加普通人的财务负担完全是不明智的,但他们又急需现金,这激发了荷兰人发明印花税——欧洲赋税史上的一个重要创新。[29] 印花税于1624年由荷兰省三级会议的一个书记员发明,并被三级会议采用。它对所有的合法交易和法律文书征收,对富人征税而又可以避免进一步增加穷人的负担。

但仅仅增加新税是不够的,荷兰迫切需要其他盟友。1624年年初,莫里斯派遣一个特别外交使团前往巴黎,由范登鲍霍尔斯特领头。这次接洽成功了。法兰西宫廷对哈布斯堡的大规模扩张感到不安。[30] 根据《贡比涅条约》(Treaty of Compiègne,1624年6月),路易十三开始资助深陷困境的共和国,此次资助规模高达每年100万荷兰盾(相当于荷兰军事开支的7%),为期3年。

弗雷德里克·亨德里克执政期的开始

1625年4月莫里斯去世,此时荷兰的运势处在1590年以来的最低点。国家局势紧张,军队和要塞所需经费长期匮乏。[31] 共和国防卫圈上最重要的要塞之一布雷达尚未失守,但斯皮诺拉用2.3万人的军队包围了该城,而且部署了筑防良好的围城据点,布雷达3 500人的守军——

共和国规模最大的守军之一——前景黯淡。5月，同盟新任最高统帅弗雷德里克·亨德里克最后一次尝试解救该城，但最终还是被迫撤退。布雷达6月的投降，导致布拉班特西北部大部分地区落入西班牙人手中。

弗雷德里克·亨德里克是历任奥伦治亲王中极具人格魅力的一位，仅次于沉默的威廉。他将在之后20多年的时间里主导荷兰政治。他像兄长一样小心谨慎、有条不紊，但没有那种阴险、记仇的性格。他是一位政治家，并且总是更偏爱妥协和中间道路，而不是激进措施。荷兰现代历史编纂之父罗伯特·弗勒因（Robert Fruin）用以下谚语来描绘他：行事强劲如虎，举止文质彬彬（*fortiter in re, suaviter in modo*）。他比莫里斯更雅致、更有派头，而后成长为优秀的士兵和欧洲重要的宫廷人物之一。弗雷德里克·亨德里克品位高雅——常常带着鲜明的法式风情，这继承自他的母亲路易丝·德科利尼——爱好文艺，在担任艺术赞助人方面，他远不是莫里斯能比拟的。在统治后期，即17世纪20年代的阴霾消散之后，他斥巨资翻修旧宫殿、兴修新宅邸：最著名的是海牙中心的努儿登堡宫（Noordeinde），以及他晚年在城郊兴建的豪斯登堡宫（Huis ten Bosch）。亨德里克在17世纪三四十年代赞助的艺术家有伦勃朗、扬·利文斯（Jan Lievens）、赫里特·范洪特霍斯特（Gerrit van Honthorst）、雅各布·范坎彭（Jacob van Campen）、科内利斯·范普伦堡（Cornelis van Poelenburgh）、保卢斯·莫雷尔瑟（Paulus Moreelse）；不过，他也从鲁本斯和凡戴克等南尼德兰的重要艺术家那里获取了许多更具巴洛克特征的画作。在文艺方面，他受举止文雅的秘书康斯坦丁·惠更斯（Constantijn Huygens，1596—1687年）影响。惠更斯的父亲是从布拉班特来的流亡官员，曾担任国务会议的秘书。惠更斯是反抗辩派[32]和奥伦治派，也是共和国艺术、建筑和更广泛文化领域的行家，还是诗人。另一个关键影响因素是亲王的妻子阿马利娅·冯·索尔姆斯（Amalia von Solms），她是加尔文宗伯爵索尔姆斯-布劳恩费尔斯（Solms-Braunfels）的女儿。俩人在莫里斯去世前三周结婚。此前，阿马利娅是波希米亚王后伊丽莎白在海牙流亡宫廷的宫女和密友。她激发了弗雷德里克·亨德里克的政治雄心，赋予他华丽优雅的风格，这样的风格此后成为执政宫廷的特征。

弗雷德里克·亨德里克一开始只是同盟军的最高统帅，还不是执政，因为各省必须分别批准他的执政职位并拟定"委任状"的条款。[33]于是，亨德里克当下只承继了奥伦治亲王和陆军指挥官的身份，但没有马上继承莫里斯的政治权力。事实上，在共和国史的关键节点上，执政的职位悬空了数月。到1624年，反抗辩派显然没能巩固他们在1618年夺取的权力。在莫里斯去世前一个月，格劳秀斯就从他的妻兄那里得知，"动机纯良的派系"如今不仅在阿明尼乌派传统的势力中心取得了进展，还在此前缺乏支持的多德雷赫特和一些泽兰城镇取得了进展。[34]对于抗辩派来说，尤为激励人心的一点是保在阿姆斯特丹的失势，以及反抗辩派在多德雷赫特的败退。多德雷赫特没什么神学上的阿明尼乌派，但这里的控制权正转移到政客这一中间群体手中。[35]

多德雷赫特的情况显示，17世纪20年代中期，政治上的阿明尼乌派在荷兰省和泽兰省的崛起并不能直接理解为抗辩派复兴在政治方面的表现。因为作为一个宗教阵营，抗辩派到1625年都只是在少数城镇保留着势力，他们在各地都因面临镇压而收缩，这不仅表现在地理范围上，也表现在民众的支持上。即便是在抗辩派运动仍旧活跃的鹿特丹、豪达、阿尔克马尔、霍伦、海牙，以及它们的周边地区，情况也是如此。1618年以来，各地都有众多前抗辩派成员投靠到天主教和其他教派门下。

17世纪20年代中期，政治上的阿明尼乌派的崛起应当被视为独立的现象。尽管它与神学有所关联，但掌控着城镇议事会政策的派系只是松散的政治联盟，其中，坚定支持某一特定教派立场的摄政官世家，如代尔夫特的范洛登斯泰因家族和哈勒姆的斯泰因家族，与某些机会主义者和政客来往。后者认为当前是加入上述摄政官圈子的好时机。[36] 于是，许多摄政官（和其他人士）搭上了反抗辩派的便车，但又不愿狂热支持加尔文宗正统派，或与反抗辩派相关联的政治和社会观念——例如热烈支持同盟、执政、殖民地公司、对西战争，或狂热镇压抗辩派、天主教和（在少数规定地区之外的）路德宗或犹太教等信仰。

政治上的阿明尼乌派的很多主张主要来自世俗压力，部分也是对莫里斯1618年政变以来荷兰省地位的衰落，以及1621年开始的贸易萧条的反应。阿明尼乌派在17世纪20年代早期和中期夺取阿姆斯特丹和鹿特丹等城镇的议事会虽然算是一个政治和世俗现象，但它却产生了深远的宗教和意识形态影响。[37] 因为政治上的阿明尼乌派依然是在充满神学争端的框架内行动。政治上的反抗辩派采取了超越宗教的政治观点，赢得了严厉的加尔文宗信徒对上述宽泛立场的支持；与此类似，政治上的阿明尼乌派也在吸引重组的归正会及其相关政治观点的反对者。这是当下形势的必然结果。于是，政治上的阿明尼乌派反对公共教会，宣扬宽容，排斥战争，并且希望重新确立荷兰省的霸权地位。政治上的阿明尼乌派不满总三级会议和执政权力的增强，他们否定莫里斯政变所支持的宪政原则，偏向奥尔登巴内费尔特和格劳秀斯的政治原则，主张荷兰省三级会议的绝对主权。

1618年之后，莫里斯权力的核心聚焦于他对议事会选举的控制。但在弗雷德里克·亨德里克接掌莫里斯政治职权之前的真空期，监管选举的权力终止了；尽管从理论上说，这一权力只是暂时地移交到荷兰省高等法院手上。这一执政权力的悬置让政治上的阿明尼乌派得以重夺他们先前所丧失的在议事会的势力。[38] 但是，想要维持和利用自己获得的势力，阿明尼乌派需要弗雷德里克·亨德里克的支持，而为了争取到这份支持，他们不得不协助他控制抗辩派宗教复兴带来的破坏性影响。厄伊滕博哈特（曾是年幼的弗雷德里克·亨德里克的导师，如今依旧与他友好往来）从鲁昂来信，承诺他和他的追随者不会试图推翻多德雷赫特宗教会议的决定，也不会试图改变公共教会如今的组织方式，他们只期望自己的教会获得活动的自由。[39] 格劳秀斯也强调，在这个关键节点，有必要"严格控制"抗辩派民众，以避免冲突和骚乱。"但是，"格劳秀斯的妻兄问道，"谁有这个权威去控制他们？"[40]

1625年夏，阿明尼乌派掌控了鹿特丹市议事会。在阿姆斯特丹，由于保与雅各布·赫里茨·霍英（Jacob Gerritsz. Hoyngh）发生争执，这里的反抗辩派进一步被削弱。霍英是1618年被安插到阿姆斯特丹的人员之一，是宗教法院成员、狂热的反抗辩派。阿明尼乌派还在阿尔克马尔、霍伦和豪达有所发展，同时，这些城镇对抗辩派崇拜的压制出现普遍缓和的倾向。自1618年以来被迫保持沉默的作家和艺术家如今可以（在一定程度上）表达自己的观点。冯德尔因大胆发表诗剧《帕拉墨得斯》（*Palamedes*）而掀起轩然大波。戏剧讲述了帕拉墨得斯（稍加掩饰的奥尔登巴内费尔特）被阿伽门农（无疑代表着莫里斯）通过法庭审判而谋杀的故事。[41] 这太过火了。阿姆斯特丹治安法官对冯德尔罚以重金，不过这个相对温和的惩罚本身也是时代转变的迹象。有确切的迹象暗示，伦勃朗最早的画作——令人瞩目的《被处以石刑的圣史蒂芬》("*Stoning of St Stephen*"，1625年）也是在评论奥尔登巴内费尔特悲壮的命运。[42]

弗雷德里克·亨德里克将要继任执政职位的安排让反抗辩派深感不安。众所周知，他早前与厄伊滕博哈特有联络，且不愿与莫里斯一道支持反抗辩派。至少，弗雷德里克·亨德里克是个不支持反抗辩派神学和观点的政客。荷兰省三级会议决定任命弗雷德里克·亨德里克为执政，且不准备更改他们对执政的"指令"；但是他们希望在这个问题上，与泽兰省携手并进。然而，泽兰省三级会议中，多数人主张应当采用新的"指令"，约束执政，让他支持现行的归正会信仰，也就是"公共权威"根据总三级会议和各省三级会议认可的多德雷赫特全国宗教会议"决议"指定的信仰。[43] 泽兰派遣一支代表团到海牙以游说荷兰省（此时弗雷德里克·亨德里克正外出作战，力图解救布雷达）。然而，为了避免自己陷入分裂，荷兰省三级会议更愿意坚持原来的决定，并强迫泽兰省遵从。1625年6月2日，亲王（颇为讽刺地在瓦尔韦克）宣誓就任荷兰省和泽兰省执政。

在上艾瑟尔和海尔德兰，为莫里斯打理事务的贵族们急于展现自己对弗雷德里克·亨德里克的顺从和价值。斯韦德·范哈索尔特在1618年成功让上艾瑟尔投票支持全国宗教会议，且一直主导着该省代理三级会议。如今，他迅速争取到了三级会议对弗雷德里克·亨德里克的任命，亲自将该省的委任状带给身在瓦尔韦克的亲王，并主持宣誓。[44] 在海尔德兰，任命新执政同样没遇到任何困难，尽管三级会议确实给"指令"增加了一项条款——要求新执政"在公国里有效地、如它现存的状态"维护归正会信仰。[45]

但是在其他省份，事情的进展并不那么顺利。格罗宁根省三级会议反对亲王的宽容倾向。于是他们摒弃弗雷德里克·亨德里克，转而选举弗里斯兰执政恩斯特·卡齐米尔。德伦特省三级会议紧随其后。在乌得勒支，1618年政变后，莫里斯的委任状曾经过修改，以增强执政管控城镇议事会选举和控制贵族院和教士分会的权力。尽管所有显眼的阿明尼乌派都已遭到清洗，但仍有许多贵族不满意这样的变革，如今他们支持新政治运动，要求按照1590年的"指令"任命弗雷德里克·亨德里克，以此再度削减执政的权力。这样做的结果本可以将裁定市议事会选举纠纷的职权，从执政手中转移到贵族院手中。但是，坚定的反抗辩派政权控制下的乌得勒支城与贵族院中的反抗辩派成员联手，依旧坚持主张采用1618年版的委任状。经过长时间的争执，双方达成妥协，不过它更接近1618年所签的条款而不是1590年的。[46] 弗雷德里克·亨德里克迟至11月才被任命为乌得勒支省执政。

1625年7月，亲王在布雷达失陷之后回到海牙时，他面临的是复杂得令人气馁的内部形势。执政出生于他父亲遇刺那年，如今41岁。从秉性上来说，即便他有此意愿反对反抗辩派，但如今的他无论如何都不能完全颠覆其异母兄弟构建的政治体系。而政治上的阿明尼乌派如今过于强势地存在于荷兰省各城镇议事会中，热切地期待推翻现存休制。这意味着亲王必须在两个党派之间寻求一条中间政治道路。但是，在1625年令人担忧的局势中，他要如何达成这一目标呢？如果他协助抗辩派复兴，或者说不能抵制抗辩派的复兴，那他将得罪城镇议事会和各省三级会议中的反对派，因为政治上的阿明尼乌派的复兴并不意味着政治上的反抗辩派已死。事实远非如此。如果说政治上的阿明尼乌派在荷兰省海港（恩克赫伊曾除外）和此前民众抗辩派势力强大的地方占优势，那么实际上也存在另外一类重要城镇：1618年之前，当地的摄政官一直属于阿明尼乌派，而民众大部分属于反抗辩派，它们的海上贸易虽然不像阿姆斯特丹的和鹿特丹的那样重要，但当地政治上的反抗辩派依然根深蒂固。[47] 在哈勒姆、莱顿以及荷兰省与乌得勒支交接之地，上述情况尤为突出，它们全是有着大批无产民众的内陆城市。

弗雷德里克·亨德里克必须以某种方式实现平衡，既照顾阿明尼乌派又顾及反抗辩派，与此同时还要给共和国带来内部稳定——共和国如今比以往任何时候都需要稳定。他愿意终止对抗辩派秘密集会的系统性镇压——这类活动在阿姆斯特丹和鹿特丹以外的大部分地区仍在继续；他也愿意经营与政治上的阿明尼乌派领导人之间的关系。这种倾向从一开始就很明显，尤其是他准许他的抗辩派友人、奥尔登巴内费尔特的女婿科内利斯·范德迈勒返回海牙，并在各种场合——尤其是莫里斯的葬礼上——公开展现对他的袒护。但与此同时，亲王并不打算太过偏袒阿明尼乌派，以防激起反抗辩派的公开反对。从亲王的角度说，这样的结果会是灾难性的。他的目标是找到一条中间道路，这条道路将给反抗辩派和公共教会保留足够的既得利益，使他们愿意且需要与他合作。亲王的目标是让两派都依赖自己，并把自己当成必不可少的、维持平衡的仲裁者。[48] 弗雷德里克·亨德里克一直是彻头彻尾的政治家。如果说宗教信仰对他的政策有影响，那也很难辨识出是在哪方面。威尼斯大使孔塔里尼（Contarini）相信，新任奥伦治亲王除了"国家理性"，没有任何信仰。[49]

弗雷德里克·亨德里克一贯能巧妙行事,采取一切措施以防引爆冲突。通过居中调解,亲王透露,他暂时不希望那些有名望的抗辩派流亡者归来,也不希望因为声张此事而制造难题。1626年9月,当厄伊滕博哈特真的从法兰西归来时,亲王只是默默地将他保护起来,同时却拒绝与之会面。[50] 弗雷德里克·亨德里克娴熟地向双方施恩,用年轻的达德利·卡尔顿的话说就是"阁下迄今为止秉持着一种冷淡、有节制的路线",可以预计,这"不能令任何一方满意"。[51] 但是这种路线很有效,它让双方都有理由克制对他处事方式的批评,并臣服于他的权威。[52]

执政的策略带来的主要风险是,抗辩派集会的复兴有可能激起反抗辩派民众的怒火,因为在包括阿姆斯特丹在内的一流大城市中,大部分民众依然支持反抗辩派。这一风险在1626年4月变得让人尤为胆战心惊,当时阿姆斯特丹最为狂热的正统派讲道者阿德里安·斯毛特(Adriaen Smout)公然煽动民众破坏抗辩派礼拜日的祷告会。[53] 4月13日和14日发生骚乱,暴力分子驱散了抗辩派的秘密集会,并摧毁了抗辩派用于仪式的宅邸。事实证明,城市民兵不愿听从阿明尼乌派议事会的指令镇压反抗辩派民众——民兵中的普通士兵也支持反抗辩派。[54] 当市议事会要求宗教法院派讲道者去劝告民众避免暴力、保持和平时,恼怒的长老拒绝了。

弗雷德里克·亨德里克一点儿也不打算像厄伊滕博哈特和埃皮斯科皮厄斯希望的那样,说服荷兰省三级会议,撤销他们禁止抗辩派祷告会的法令。另一方面,亲王也没有像他的异母兄弟之前那样,在反抗辩派的要求下去强制执行法令。于是,随之而来的是各地明显不一的反应。在反抗辩派依然占优势的地方,如哈勒姆、莱顿、恩克赫伊曾、乌得勒支、奈梅亨和坎彭,镇压阿明尼乌派秘密集会的行为依旧以总三级会议和各省三级会议的名义继续着，如从前一样。而在政治上的阿明尼乌派占优势的地方，抗辩派集会公开举行的规模越来越大，很快就接近彻底开放的状态了。在荷兰省较大的阿明尼乌派城镇中，代理委员会和三级会议都难以插手。不过，一些抗辩派的骚乱中心呈现出另一种风景，这主要是因为这些地方有驻军守卫。这样的城镇有奈梅亨、赫斯登、乌得勒支、斯洪霍芬和奥德瓦特。一个新问题出现，在这种情形下，反抗辩派城镇的议事会能否要求军队指挥官查禁阿明尼乌派集会，就像他们在莫里斯统治时期做的那样呢？于是，1626年2月成为一个转折点。当时，弗雷德里克·亨德里克给乌得勒支的军官下令，不得再用军队镇压抗辩派的和平集会。[55] 这一变革在1627年4月得到确认，当时斯洪霍芬的反抗辩派议事会要求用军队镇压秘密集会。亲王下令，军队不得用于驱散秩序井然的集会，只能用于"政治骚乱和暴乱的情况"。[56]

通过建立新的平衡，新执政实际上站在了阿明尼乌派一方，或者至少是站在政治上的阿明尼乌派一方。他必须限制抗辩派的发展，而同时又刻意鼓励政治上的阿明尼乌派在各城镇议事会里夺回权力。不管在何处，阿明尼乌派都成了一股势力。弗雷德里克·亨德里克力图提高他们的地位，驱赶"教会"派。1626年8月，格劳秀斯记录道，这位新执政正在支持霍伦、阿尔克马尔、豪达和布里尔几个身陷权力斗争的阿明尼乌派摄政官。[57] 1626年12月，年轻的卡尔顿抱怨道："在乌得勒支和代尔夫特……一些满腹仇恨的阿明尼乌派分子由于市民的支持而被拉入治安法庭，但他们其实也是奥伦治亲王选中的，在改革时期曾因阿明尼乌主义而被已故的亲王撤换。"[58] 类似的，1627年年初在奈梅亨，[59] 弗雷德里克·亨德里克颠覆了莫里斯1618年介入的成果，重建了阿明尼乌派势力。不过，从更长的时间来看，反抗辩派还会在奈梅亨重占上风，在豪达也是如此。[60] 1625—1627年间打造的新政权建立在各派系的微妙平衡上，不过仍是偏向阿明尼乌派。

然而，在各省掌权人的层面上，最为显著的特征是新政权与莫里斯政权有着极强的连续性。莫里斯的团队中，只有两人随着弗雷德里克·亨德里克的上台而被撤换，一是弗朗索瓦·范埃森（暂时的），二是阿德里安·曼马克。而莫里斯此前已经放弃对埃森的恩宠。两名公开的阿明尼乌派成员进入地方权力的核心圈子，成为执政的心腹。一是莫里斯的政敌、屈伦博赫伯爵弗洛里斯二世，二是米德尔堡的议长、诗人和政治家西蒙·范博蒙特（Simon van Beaumont，1574—1654年）。[61]（近来，米德尔堡的政治上的阿明尼乌派开始崭露头角）但大多数情况下，为弗雷德里克·亨德里克掌管各省和各区会议的政治领袖就是过去莫里斯政府里的那些，这证明各省的势力结构和关系网络——不管是摄政官还是贵族——依然基本上独立于执政。范登鲍霍尔斯特依然主导着荷兰省的贵族院，普洛斯掌控着乌得勒支省三级会议，范哈索尔特控制着上艾瑟尔省三级会议。在莫里斯统治时期，霍森·沙费尔在格罗宁根地位显赫，并且与格罗宁根城和奥默兰土地贵族都保持着良好关系。在弗雷德里克·亨德里克统治时期，他依然位居要职。1625年10月，与英格兰协商组建联盟的总三级会议委员会包括如下成员：德伊克、范登鲍霍尔斯特、沙费尔、兰德韦克和屈伦博赫伯爵。[62] 同时期与丹麦组建同盟的事宜由一个"七人委员会"负责，成员包括范哈索尔特、兰德韦克、沙费尔和屈伦博赫伯爵等。[63]

如今，大多数城镇要么与这一派关系紧密，要么与那一派紧密结合。阿姆斯特丹、鹿特丹、多德雷赫特和阿尔克马尔如今已是阿明尼乌派城镇，不过阿姆斯特丹依然由于该城的反抗辩派势力而动荡。相反，哈勒姆、莱顿和乌得勒支以及一众小城镇，依然是坚定的反抗辩派城镇。但也存在另一类城镇——弗雷德里克·亨德里克的政治举措在当地并没有产生清晰的影响，反而只带来了持续多年的冲突和动荡。在代尔夫特、豪达和奈梅亨这些城镇，执政的介入暂时削弱了反抗辩派的优势，但从中期来看，并没能真正改变他们的优势地位，结果便是骚乱的产生，以及随之而来的反抗辩派复辟，豪达的情况尤为突出。在1626—1628年间的乌得勒支，亲王颠覆反抗辩派的尝试得到该省贵族院的支持，但最终没能瓦解主导乌得勒支城政治的反抗辩派市长约翰·范韦德（Johan van Weede）的影响力。在此次斗争期间该省仍有投票权的4座城镇中，阿默斯福特和迪尔斯泰德附近的韦克支持乌得勒支的阿明尼乌派；雷嫩（Rhenen）和蒙特福特（Montfoort）则支持反抗辩派。[64]在乌得勒支城，部分是出于对该城强大天主教势力的回应，反抗辩派还在热切地追求该城的权利，与贵族院争夺深陷分裂的三级会议和乌得勒支省的控制权。

但是，在17世纪20年代末，阿姆斯特丹最为动荡。1627年，鹿特丹公然挑战其他荷兰省城镇，拒绝镇压抗辩派的集会。[65]但是对于鹿特丹反抗辩派的支持力量是零星的。阿姆斯特丹的形势截然不同。随着阿明尼乌派加紧对城镇议事会的控制，并争取控制城市民兵，该城的紧张对立渐增。经1628年2月选举而崭露头角的市长们，领导着该城的阿明尼乌派，他们以安德里斯·比克尔（Andries Bicker）和雅各布·德格雷夫（Jacob de Graeff）为首，将在接下来的几十年里主导阿姆斯特丹的政治。该城的讲道者由斯毛特领导，他们因阿姆斯特丹放弃先前的立场而愤怒，不满市政当局对异议宗教秘密集会更开明的政策，于是毫不掩饰地煽动民众反抗摄政官。1628年3月8日，抗辩派的祷告会再次被骚乱破坏。市长十分清楚自己处境危险，因知晓民兵中存在的深刻分裂，于是请求执政亲临阿姆斯特丹，恢复安宁。弗雷德里克·亨德里克在两名代理委员会成员——分别属于抗辩派与反抗辩派——和一群贵族的陪同下抵达。[66] 亲王要求双方做出解释：市长归咎于反叛的讲道者煽动民众，宗教法院则归咎于议事会宽容阿明尼乌派集会。一群反抗辩派大商人，还有西印度公司阿姆斯特丹分公司的董事，还向执政请愿，要求恢复他异母兄弟的政策，禁止抗辩派聚会。亲王劝诫双方保持克制。

但是，亲王到访的效果很快消失。市长们用著名的、曾在1618年被清洗出民兵团体的阿明尼乌派成员扬·克拉斯·弗洛斯韦克（Jan Claesz. Vlooswijck）顶替一名反抗辩派成员担任民兵队长，新一轮骚乱暴发了。弗洛斯韦克连队的部分成员当下就拒绝在这个被他们称为"不敬神的自由之徒"手下服役，随后这些成员也被开除出民兵团体。800人的阿姆斯特丹城市民兵如今处于危险的动乱中。煽动性小册子公然面市，它宣称城市民兵团体是人民、公共教会和城市特权的真正捍卫者，追忆了民兵团体在1578年推翻天主教市议事会时起到的决定性作用。反叛的反抗辩派民兵团体和市民公然反对市长，他们组建起以医生卡雷尔·莱纳茨（Carel Leenaertsz）为首的代表团，于1628年12月向海牙行进，正式向荷兰省三级会议揭起抗议，执政听取了他们的诉求。[67] 请愿者声称自己代表阿姆斯特丹市民，他们抱怨该城议事会违背了4月当着执政之面许下的承诺——维护公共教会，并"包容、友好"地对待民众。[68] 他们不仅谴责近来对阿明尼乌派秘密集会的宽容，还谴责对阿姆斯特丹天主教教徒的宽容。他们声称，这些天主教教徒如今享受的自由比1578年以来任何时候都多，他们举行着"迷信的偶像崇拜仪式，好像他们在西班牙一样"，这些仪式定期在该城的40座不同宅邸中举行。

请愿者还抨击了阿明尼乌派当前治理阿姆斯特丹的宪政原则。这时的意识形态斗争围绕格劳秀斯1622年秘密出版的《为荷兰省合法政府辩白》(Apology for the Legitimate Government of Holland)展开。该书主张，七省在各自边境内皆享有完全的主权，包括处理教会事务的主权。[69] 1622年11月，总三级会议查禁该书，荷兰省的一些城镇也坚决禁止该书流通。但是，反叛的市民抱怨，该书在阿姆斯特丹重印了两次，自由地流通，仿佛这是1618—1619年事件及其相关宪政观点的官方定本。他们斥责格劳秀斯的作品极具煽动性，有损总三级会议、执政和公共教会的威严。

与格劳秀斯类似，阿明尼乌派阿姆斯特丹市议事会认为，民兵团体就其性质而言完全归属市政。在他们看来，它既不代表人民，也不代表同盟，无权要求捍卫公共教会，或向荷兰省三级会议或执政请愿。面对这样大规模的抗议，高度警惕的市长请求执政派军队帮助他们恢复秩序。执政调动了6个常备军步兵连。异议领袖被逮捕。莱纳茨遭到审讯，被罚以重金，并被判处永久流放。[70]民兵团体遭到进一步清洗，被要求重新宣誓效忠。

阿姆斯特丹民兵团体兵变遭到镇压，执政派军队支持议事会，这导致人们对同盟、公共教会和城市民兵团体作用的讨论进入白热化。神学-政治小册子从印刷机中倾泻而下。站在各个阿明尼乌派城镇议事会对立面的，是越来越恼羞成怒的莱顿、哈勒姆、豪达和乌得勒支的反抗辩派议事会。[71] 荷兰省三级会议反抗辩派拒绝谴责阿姆斯特丹民兵团体的行为,尽管民兵违抗了摄政官的政令。现在,荷兰省陷入了比其他任何省份都要深刻的分裂中。[72] 不过,考虑到共和国险恶的外部局势,双方都不希望争执加剧到可能严重动摇政权或损害国家机制的程度。

1625—1628年间,联省依然处于外部遭到围堵、内部压力巨大的形势中。贸易萧条和黯淡的战争局势都没怎么得到缓解,甚至压根儿没有缓解;从某些方面来说,这两个问题还恶化了。[73] 哈布斯堡扩大了他们在德意志北部的势力。1625—1629年间,经济萧条仍在持续,瑞典与波兰在波罗的海冲突导致的禁运和贸易转移也依然如故;与此同时,西班牙人对河道的持续封锁还在增强,他们的海上攻势也在升级。从敦刻尔克和奥斯坦德出发的私掠船在北海和英吉利海峡俘获了众多荷兰船只,导致荷兰运费高涨,而且,在1625年后,尤其是1627年,这些私掠船还严重损害了荷兰的捕鲱船队。虽然如此,最重大的危机如今结束了。第一,弗雷德里克·亨德里克在应对难题时游刃有余,他比莫里斯更为坚定果断。第二,更为重要的是,夺取布雷达之后,西班牙人不能再继续他们的陆地攻势。在那一阶段,共和国似乎已经陷入严重的困境,而西班牙的大臣们明白这一点。但是,低地国家战争重启给西班牙财政施加的压力是巨大的;贝亨和布雷达这两次战役给西班牙造成了难以承受的人员损失和物资开销,就连奥利瓦雷斯伯-公爵都承认必须放弃进一步的攻势。1625年5月,马德里的国务会议同意停止针对荷兰的陆地攻势,命令佛兰德军队转为防守状态,并将西班牙提供的经费削减六分之一。第三,尽管西班牙的河道封锁行动让共和国与南尼德兰和莱茵兰的内河贸易陷入瘫痪,但

第21章 1621—1628年:身陷重围的共和国

在大多数民众看来，这些损失被它导致的共和国内部的食品过剩弥补了。事实上，西班牙的行动使食品价格骤降，让经济拮据的城市居民松了一口气。

1628年年末到1629年年初，有迹象显示，低地国家的军事态势即将发生根本转变。1626年之后，西班牙的佛兰德军队在攻占布雷达之后开始缩编，而此时荷兰的常备军却在增加。西班牙国王的财政状况逐步恶化时，荷兰总三级会议的财政却因为1623—1624年开征的新消费税和法兰西的资助而有所缓解。此前的荷兰一直单打独斗，但在1625年，英格兰与共和国结盟，加入对西战争。1628年，西印度公司舰队在皮特·海因（Piet Heyn）领导下取得轰动一时的胜利，他们成功在古巴海岸的马坦萨斯（Matanzas）俘获了墨西哥的珍宝船队，从中截获的价值1 100万荷兰盾的白银大大改善了西印度公司的发展前景。这让西班牙人的命运堪忧，同时激励了荷兰人。但是，最具决定性的因素，要数因曼图亚领地继承战争（1628—1631年）而爆发的法西战争。它迫使西班牙将大批资金和军队转移到意大利，而这些资金和军队原本将投入低地。[74] 对于西班牙来说，正是这场灾难性的曼图亚纠葛，使联省在17世纪20年代末相当突然地（尽管也是暂时地）在低地国家取得了对西班牙军队的普遍优势。

在处于攻势的1621—1625年间，西班牙的佛兰德军队人数多达7万至8万人，而到1628年，这一数字只剩5万。[75] 西班牙依然维持着在低地国家的强大驻军，规模最大的位于布雷达、斯海尔托亨博斯、韦瑟尔，还有安特卫普（参见表26）。但是，现在并没有充足的陆军去驻守那些稍显分散的基地，军队的装备也不如前些年好。

表26　1626—1628年西班牙在共和国周围的驻军圈

（单位：人）

驻地	1626年12月	1628年2月	1628年4月规划的未来军队规模
林根	2 000	1 353	2 200
格罗	1 500	（1627年失守）	
韦瑟尔	2 500	3 077	2 750
莱茵贝格	800	1 695	1 800
杜塞尔多夫	600	581	200
盖尔登	400	400	400
鲁尔蒙德	400	506	?
斯海尔托亨博斯	1 500	2 730	2 500
布雷达	2 000	4 067	2 500
安特卫普及赞德弗利特	600	3 518	2 360
许尔斯特	600	844	1 500
萨斯-范-根特	600	500	600
布鲁日和布鲁日—根特运河	1 400	580	400
达默	1 000	546	
奥斯坦德	1 000	166	800

注：此表呈现的是有确切报告的、驻扎在共和国周围的西班牙主要的固定驻军军力，以及奥利瓦雷斯伯-公爵和斯皮诺拉等大臣于1628年4月在马德里拟定的、适用于持久消耗战的驻军军力。

数据来源：AGS Estado 2041, *consulta of the Cosnejo de Estado*, 10 Mar. 1627; AGS Estado 2321, 'Relación de los oficiales y soldados', Mar. 1628; AGS Estado 2320, 'Relación de la gente de guerra de guarnicion que se ha ajustado que es necessario que aya en los presidios de los estados de Flandes', Apr. 1628.

第21章　1621—1628年：身陷重围的共和国

与此同时，执政和国务会议在1626年3月说服总三级会议，将荷兰的兵力增加7 000人，即从4.8万人增至5.5万人。由此，荷兰军力首次与佛兰德军队相当，或者略大于后者。不久之后，荷兰军队就在恩斯特·卡齐米尔的率领下夺取奥尔登扎尔，清除了上艾瑟尔的西班牙人。次年，总三级会议投票决定进一步扩军至5.8万人，于是荷兰军队的规模如今比佛兰德军队大得多。[76] 1627年，经过短暂的围城，弗雷德里克·亨德里克拿下格罗，由此清除了海尔德兰阿赫特胡克的西班牙人。不过，从1627年到1628年的大部分时间里，整体局势依旧对西班牙更有利。[77] 因为在1627年，神圣罗马帝国皇帝和天主教联盟的军队向德意志北部挺进，决定性地击败了丹麦国王。哈布斯堡现在控制着整片德意志北部地区，荷兰的形势似乎处在16世纪80年代以来最为岌岌可危的状态。[78] 由此，在1628年的大部分时间里，总三级会议被迫将军力集中在东北部，他们命令指挥官严防死守。天主教联盟军及皇帝的分遣队进入东弗里斯兰，占领紧邻荷兰边界的地区。尽管没有发生军事冲突，但局势万分紧张。总三级会议停止了荷兰驻军地之外、运往埃姆斯河河谷的物资流。奥利瓦雷斯伯—公爵在马德里力图安排帝国与西班牙的联合行动，即跨越埃姆斯河、入侵格罗宁根及其外围地区。在1628年的大部分时间里，这对荷兰来说似乎是非常真切的威胁。[79]

意识形态和17世纪20年代的荷兰大宽容辩论

由于缺少执政的支持，反抗辩派全靠自己的力量去影响公众，因此特别重视宣传。结果，通过印刷品进行的意识形态斗争愈演愈烈。

厄伊滕博哈特斥责反抗辩派人士，认为他们虽然拒绝了西班牙国王的信仰，却采纳了国王的不宽容政策；[80] 对此，反抗辩派抨击抗辩派是"伪善之人"，因为在1618年之前，他们统治乌得勒支、鹿特丹、豪达、霍伦、阿尔克马尔、蒂尔和扎尔特博默尔时毫不宽容，拒不允许"我们派的"哪怕一个讲道者存在。反抗辩派主张，阿明尼乌派根本不算是真正的宗教流派，而是个政治派系。阿明尼乌派人士故意分裂公共教会，想要削弱同盟、控制国家。比克尔和德格雷夫或许会宣称自己是公共教会的成员，但反抗辩派的宣传让人民相信，两人是"伪君子"，是上述有害的阿明尼乌派和奥尔登巴内费尔特派的成员，相信他们直到1618年都在破坏同盟。[81] 同时，在反抗辩派自己控制的城镇，城镇议事会用他们能掌握的一切手段进行镇压活动。按照帕斯希耶·德菲热内的说法，1618年被安插到莱顿掌权的人如今成了荷兰省最为凶残的迫害者，他们在狂热打压该城的阿明尼乌派观点，无情地对自己的市民进行罚款、放逐。[82]

17世纪20年代晚期，主要的反抗辩派论辩家包括阿姆斯特丹的阿德里安·斯毛特和雅各布斯·特里赫兰（Jacobus Trigland）、海牙的罗索斯（Roseaus），以及代尔夫特的亨里克斯·阿诺尔迪（Henricus Arnoldi）——作为一个反宽容宣传家，（他的观点可能）最成体系。[83] 阿诺尔迪受邀撰写南荷兰省宗教会议1628年7月的抗议书，以向荷兰省三级会议请愿，要求采取强制手段禁止抗辩派秘密集会。阿诺尔迪谴责抗辩派人士是政治领域和神学领域的破坏分子，因为他们造成国内的骚乱——阿诺尔迪在此援引了近来鹿特丹、豪达、代尔夫特、瓦尔蒙德、乌赫斯特海斯特（Oegstgeest）和哈泽斯沃德的骚乱——并传播了贝拉基和索齐尼的观点。[84] 他认为，如今联省的宽容已经过时，当务之急是停止宽容政策。

在1629年出版于代尔夫特的小册子《论良心的压迫》(Vande Conscientie-dwangh)中，阿诺尔迪系统地论述了自己的观点。引人注目的是，阿诺尔迪公然将大起义和乌得勒支同盟的原则作为其不宽容哲学的基础。他否认集会、礼拜、出版和教育的自由，（与科恩赫特不同）并坚持称这与乌得勒支同盟尊崇的良心自由并不冲突。[85] 他总结道，抗辩派人士如今要求的宽容不仅与他们1618年之前的立场并不一致，而且有悖于反西班牙大起义的真正初衷，与沉默的威廉和大起义的一代人所争取的"自由"并不相容。阿诺尔迪指出，无论是总三级会议还是各省三级会议，都未曾赋予"这片土地上的路德宗和门诺派实践其虚伪信仰的自由，给不敬神的犹太人的（权利）更少：他们能在某些地方举行仪式，不过是世俗政权睁一只眼闭一只眼的结果"。[86] 应当遭到总三级会议和各省三级会议严厉镇压的也不只是抗辩派。阿诺尔迪承认路德宗和门诺派可以安全地得到宽容，"只要他们保持沉默，不关注政治事务和公共教会，避开所有针对联省国家的阴谋"。[87] 但是他认为，宽容犹太人有害于任何基督教社会，"因为犹太人侮辱了基督之名"，因此他们在任何地方都不应得到宽容对待。

阿诺尔迪正确地认识到，抗辩派如今要求的宽容与1618年之前阿明尼乌、格劳秀斯和厄伊滕博哈特主张的宽容有着根本区别。他同样正确地辨识出埃皮斯科皮厄斯才是新宽容理念的真正缔造者，而非厄伊滕博哈特。在阿诺尔迪看来，无论阿明尼乌派在要求什么，他们的新原则都不出自"上帝之语或《圣经》……而是来自迪尔克·福尔克特松·科恩赫特的作品"[88]——在许多摄政官看来，这是个更具毁灭性的指控。阿诺尔迪指出了埃皮斯科皮厄斯、厄伊滕博哈特、德菲热内和其他要求宽容的抗辩派倡导者的前后矛盾，指责他们在1618年之前对反抗辩派始终毫不宽容。他还奚落抗辩派给摄政官列举的宽容带来的好处。阿诺尔迪坚持认为，援引国王斯特凡·巴托雷（Stephen Bathory）治下的波兰作为加尔文宗、路德宗和天主教和平共存的模范，是荒谬的，因为波兰这片土地长期处于不稳定和骚乱的状态。[89]

参与新思想宣传运动的所有抗辩派领袖都支持宽容。他们全都要求普遍的宽容，而不是抗辩派独享的宽容。只有身在巴黎的格劳秀斯坚持主张狭义的宽容概念，这是他在1618年之前就宣扬的。他坚持称，凌驾于社会大众宗教生活之上的公共教会或国教，对社会和国家稳定而言是必要的。[90]尽管他承认，他曾服务的政权曾出于现实考量而"默许"路德宗和门诺派的秘密集会，但他否认这些教会享受的宽容有任何原则根基，也不认为它们应当得到这样的宽容。在格劳秀斯看来，相比宗教少数派组织活动的自由或个人公开秉持异议的自由，公共教会不可挑战的优势地位对全社会的福祉更为重要。他推崇内部宽容的国教：它的教义有弹性的内核——它坚决反对强迫个人的良心，但它的制度强大有力，覆盖社会的绝大部分成员。因此，格劳秀斯的宽容仅仅是尽可能容许公共教会内部的神学纷争。这是他在早前的论著《梅莱修斯》（*Meletius*，1611年，直到晚近才出版）中主张的宽容，也是他毕生坚持的宽容。格劳秀斯的宽容基本上类似于上一代的利普修斯和斯卡利杰尔的宽容，它将神学纷争置于公共福祉的需要之下，尽可能将异议教派维持在次要、不引人注意的位置。格劳秀斯在1614年所写的有关犹太人宽容的论著非常吻合这一框架。总体来说，他认为基督教社会宽容犹太人是正确的，但是他反对赋予犹太人完全的信仰自由,并且施加了严格的限制,以确保犹太人不能宣传自己的信仰、让基督徒改宗,或发表反基督的观点。[91]

但即便是格劳秀斯,也对大宽容讨论有所贡献。这场讨论开始于弗雷德里克·亨德里克执政之初,17世纪20年代末期是最为激烈的决定性阶段(尽管它还将贯穿整个17世纪30年代)。格劳秀斯建议还滞留在联省境内的意识形态盟友,以将宽容扩展至路德宗信仰的方式开启运动。格劳秀斯发现路德的关于意志和恩典的教义与阿明尼乌的类似,他相信,在共和国内实现对路德宗的更多宽容这件事本身,将最终促使荷兰省三级会议同意建立独立的抗辩派教会。[92]

与此同时,厄伊滕博哈特主张更广泛的宽容,他的同僚们也是如此,其中就包括帕斯希耶·德菲热内。后者在他这些年发表的小册子中激烈谴责反抗辩派的不宽容和"加尔文式狂热",斥责所有的宗教迫害都会毁坏人类自由和经济繁荣。与厄伊滕博哈特和埃皮斯科皮厄斯类似,他援引17世纪20年代困扰荷兰省和泽兰省的商业和产业萧条作为例证,认为它们充分地证实了宗教迫害的有害影响。德菲热内将经济的萧条归咎于对阿明尼乌派大商人和工匠的打压——一些人因此选择流亡。[93] 厄伊滕博哈特和德菲热内不仅要求对抗辩派的宽容,还强烈要求对其他教派的宽容。甚至到最后,厄伊滕博哈特在1639年致弗雷德里克·亨德里克的小册子中竭力主张在联省实现对天主教信仰完全的、无限制的宽容。[94] 不过,在17世纪20年代末到30年代的抗辩派宣传家中,只有埃皮斯科皮厄斯可以说是发展出了全面的宽容理念,与过去的前提条件决裂。他要求给所有教派、所有人无限制的礼拜自由和良心自由,认为宗教多样性和信仰多样性是天经地义的。[95]

他还公开支持宽容天主教礼拜活动——有别于秘密集会,这在科恩赫特之后还是首次,也在厄伊滕博哈特之前。埃皮斯科皮厄斯复兴了科恩赫特的观念,支持更宽广的宽容观念,这一传统将在17世纪晚些时候菲利普斯·范利姆博赫(Philippus van Limborch)的作品中得到延续,并最终影响到洛克。

在关键著作《自由宗教》(*Vrye Godes-dienst*,1627年)和《为抗辩派信仰辩护》(*Apologia pro Confessione Remonstrantium*,1629年)中,埃皮斯科皮厄斯表现出的与厄伊滕博哈特和德菲热内的差别在于,这个阿姆斯特丹人从神学当中发展出宽容原则,并努力将这些观念编织成前后一致的整体。按照埃皮斯科皮厄斯的论述,基督徒大体都认同其信仰的要义,当前的神学争论大部分是非必要的,人们不需要也不可能在这些问题上达成共识。诸多不一致的观点或许都是合乎逻辑地从《圣经》中推理而来的,这意味着,信仰的多样性是无害的,而且事实上在上帝眼中有着一定的正当性,每种信仰都包含着部分真理。[96]因此,每个个体对《圣经》的看法在其他个体、教会和国家眼中都应该是正当的。由此,埃皮斯科皮厄斯把理解《圣经》时的分歧提升成了积极的善,而对于阿诺尔迪和反抗辩派来说,多样性就是瘟疫。从一开始,埃皮斯科皮厄斯的宽容就与个人自由,与禁止任何既定教会内部的强制,当然也与对各个教会礼拜的宽容紧密联系在一起。

埃皮斯科皮厄斯的《自由宗教》记录了两个人的对话,一个是抗辩派人士,一个是反抗辩派平信徒。在此后20年的时间里,荷兰人日常生活中的交谈都受其影响,尤其是二人在市政厅、小酒馆和客运驳船上的对话。故事中的反抗辩派认为,如果只允许一个教会在国家支持下公开举行宗教仪式、传教、宣传、教授其信仰,那么社会将会更稳定、国家将会更强大。与此相对,埃皮斯科皮厄斯笔下的阿明尼乌派人士坚持认为,只有允许所有教派自由礼拜、自由传教和教学,才能将社会从积压已久的紧张和挫败中解放出来。当存在多种观念和信仰,但只有一种对《圣经》的理解能够公开表达时,这种紧张和挫败是不可避免的。[97] 在国家强制推行某一信仰而禁止其他信仰的地方,不满和幻灭必然会在公共教会内外,在那些内心拒斥这一信仰的人身上生长。而与此同时,在各异议教会内部,教会权威为了保持教义统一和信仰纯洁而压制内部对信条的批判,这样的行为也是错误的,而且侵犯了个人的合法自由。因为没有哪个人的良知或思想是高于他人,或足以评判他人的。[98] 每个人都能平等地进入上帝的世界,接触上帝的真理。迫害,乃至通过任何强制手段强加的宗教权力,都是错误且有害于社会的。这不仅因为它会催生不满、扰乱政治和经济生活,还因为强制性本身压制了对《圣经》的真正探究,将个人降低为没有思想的普罗众生,甚至更糟糕的伪善者——他在内心拒斥自己公开主张的东西。[99]

在埃皮斯科皮厄斯看来,宽容会增强国家的实力,因为只有公民都心满意足的国家才是安全的,而这只能在良心、研究和宗教活动全都自由、不受限制的地方才能实现。在自由的社会里,没有人会埋怨国家,没有人想要颠覆它。正相反,它的公民无论信奉什么,都会珍惜和捍卫国家。因为,对国家的憎恶将孕育阴谋和颠覆活动,令公民不愿意支持国家,而这种憎恶不过是不宽容和缺乏自由的产物。他坚持,只有"自由的思想和心灵才愿意支持公共利益"。[100] 在与西班牙和南尼德兰交战期间,荷兰天主教教徒的敌意带来了危险,埃皮斯科皮厄斯如何让自己的观念与现实相符呢?他不惧艰险,主张天主教教徒应当与其他人享受一样的礼拜自由,唯一的前提是采取政治防御措施。为了保卫国家,埃皮斯科皮厄斯提议,天主教教徒必须"宣誓自己将作为忠实的和正直的臣民行动,遵守国家法律",并且在治安法官面前宣誓效忠,"公开声明摒弃所有让他们违背誓言的教义"。[101]

在埃皮斯科皮厄斯的宽容下,没有宗教纪律和教会权威,那么公共教会如何得以存在呢?埃皮斯科皮厄斯在《辩护》中回答,公共教会,或者说任何教会,都有权基于精神上的权威,推行有关信仰和行动的纪律,这一点抗辩派人士并不否认。他们否认的只是,公共教会,或者说任何教会,可以合法或者在没有世俗权威支持的情况下强迫或惩罚其成员。[102] 教会唯一正当的权力,就是教导和劝诫,施加纯精神上的影响。[103] 此外,也只有这样的权威能够催生出真正、真诚的顺从。因此,世俗权威不仅无权将任何教会强加给人民,也无权干涉神学领域、个人生活方式和私人道德。

17世纪20年代晚期的荷兰大宽容辩论在整个国家引起反响,也一直与更广泛的政治辩论相互影响。在宪政方面,反抗辩派最能干的宣传家是希利斯·德赫拉赫斯(Gillis de Glarges)。他是哈勒姆的新任议长,也是因莫里斯政变而得以崭露头角的少数南尼德兰人之一。德赫拉赫斯要求总三级会议清洗阿姆斯特丹市议事会,就像1618年做的那样。他谴责格劳秀斯,坚持认为总三级会议是部分主权人。[104] 有趣的是,他也反对格劳秀斯的以下原则:摄政官的城镇议事会享有"代表"荷兰省各城镇市民,并为之发声的绝对权利。他提醒读者,阿明尼乌派曾愉快地支持阿尔克马尔和吕伐登在1609—1610年间的民众骚乱,因为当时的骚乱符合他们的利益。在德赫拉赫斯看来,市民应当在某些特定环境中表达自己的观点。格劳秀斯不为所动,他在1629

年5月给厄伊滕博哈特的信中重申，无论是反西班牙的大起义，还是乌得勒支同盟，都没有改变或削弱各城镇议事会和各省的权力与特权，其他省份无权插手荷兰省事务或更换荷兰省城镇的治安法官，不过荷兰省帮助其他省份"保护它们的权利和权威"则是正当的。[105] 格劳秀斯巧妙的法学修辞有时近乎模棱两可，不过其核心仍是他炽热的信念：他狭义上的宽容与社会的福祉和稳定，只有放在合适的共和国统治精英手中，才能安全；所谓合适的精英即摄政官，人们不能质疑摄政官的权威。格劳秀斯认为，只要将暴政移除，人民就再没有正当理由介入政治领域。

第22章

1629—1647年：迎来胜利的共和国

1629—1632年：胜利的弗雷德里克·亨德里克与分裂的摄政官

直到1628年年末的这个冬季，当天主教联盟军开始撤退时，人们才清晰地意识到曼图亚战争根本上改变了低地国家的战略平衡。从1604年开始，荷兰一直处于守势，而它现在突然间有机会去打破西班牙对共和国的包围圈。布鲁塞尔的伊莎贝尔公主从1629年2月起就变得极其焦虑。她警告腓力四世，如果荷兰围攻布雷达或斯海尔托亨博斯，"我们根本无法解救任何一个"。[1]

弗雷德里克·亨德里克急于从西班牙的困境中获益。但此时，他有被国内困境阻挠的危险。发动大规模攻势必然需要额外的军队、装备、补给，因此需要额外的资金。但是，经历了近来阿姆斯特丹的骚动后，反抗辩派城镇根本无心合作。在当前的形势下，反抗辩派城镇更倾向于耗资更少的静态战争，直至其视之为阿明尼乌派复兴威胁的活动被镇压。在1629年2月商讨战争经费时，荷兰省三级会议因意识形态战线发生分裂。阿姆斯特丹和鹿特丹支持执政对资源的要求；考虑到需仰赖执政的保护，两城不可能拒绝该要求。与此相对，反抗辩派城镇——莱顿、哈勒姆、恩克赫伊曾、埃丹和斯洪霍芬坚持,在"宗教和政权"拥有可靠的根基之前,不应该发动攻势。[2] 于是,反抗辩派城镇力图阻碍执政的战略计划,并将之作为与抗辩派和政治上的阿明尼乌派斗争的武器。奥伦治亲王必须步步紧逼,通过动员范布劳克霍芬市长来拉拢莱顿,进而为自己赢得多数票。[3]

获得资金之后,执政招募了额外的军队,这让荷兰军队在1629年4月增长到7.7万人,基本为佛兰德军队的1.5倍。执政指挥一支2.8万人、配备着大批炮兵辎重的陆军,冲击斯海尔托亨博斯。绝望中的伊莎贝尔公主乞求皇帝支援。蒙泰库科利(Montecuccoli)伯爵率1.6万援军赶到。神圣罗马帝国军队与西班牙人一道发起转移注意力的攻势——穿过艾瑟尔河,直插荷兰腹地。自斯皮诺拉1606年的攻势之后,这是荷兰人最为惧怕的战术,而西班牙人也是到这时才有重启这一战术的打算。西班牙人希望通过跨过艾瑟尔河,在荷兰省散布足够的恐惧,迫使弗雷德里克·亨德里克退兵。但弗雷德里克深陷于围城战。荷兰省三级会议紧急征募5 000名城市民兵,将他们派往南部诸要塞替换那里的正规军,正规军随后奔赴艾瑟尔前线。阿姆斯特丹派了500人到赫斯登和斯滕贝亨。[4] 荷兰省还借用了数千海员和西印度公司的军队,这些人原是准备在次年发动入侵巴西的行动时用的。紧急状态下,总三级会议手下据称有12.8万人。当帝国军队进军到阿默斯福特时,该城很快投降,城内天主教崇拜得以短暂恢复。但是,当荷兰军队在遥远的后方突击进攻并拿下韦瑟尔时,哈布斯堡的入侵行动崩溃了。位于莱茵河下游的韦瑟尔是西班牙在克莱沃地区的主要堡垒。该城的陷落切断了西班牙的补给线,迫使位于乌得勒支和海尔德兰的帝国军队和西班牙军队退回艾瑟尔边境;不过,他们在那里仍对共和国造成威胁。

经过5个月的围城后，斯海尔托亨博斯3 000人的驻守部队在9月投降。

这是个轰动性事件，它极大地打击了西班牙的声望，引发了马德里深重的沮丧之情。[5] 韦瑟尔和斯海尔托亨博斯双双失守，是西班牙自1588年无敌舰队溃败以来首次在欧洲遭受的真正意义的大规模挫败。尼乌波特战役虽然战败，但也还是证明了西班牙在低地国家一直占据战略优势，西班牙的步兵依然精锐。而1629年的战败是"划时代的"，它说明如今享有全方位战略优势的是荷兰，至少在曼图亚战争继续时如此。西班牙曾向斯海尔托亨博斯投入了大批资源，建造了能设计出的最大规模、最繁复的要塞——充分利用了荷兰人的设计。这座城市还是反宗教改革重镇，是北布拉班特唯一一个天主教驻地。此外，它也是西班牙要塞链条上的一环；1629年之前，这条驻军链从佛兰德海岸延伸到林根，包围着联省（参见表26）。[6] 该城的陷落使链条中间出现豁口。西班牙人的要塞再不能对共和国造成有力的战略威胁。腓力四世因此深受打击，因而放弃了1621年以来他在低地国家追求的所有目标。他罢免了奥利瓦雷斯伯-公爵，并决心通过提供一份长久且无条件的（这是第一次）停战协定，从尼德兰的泥沼中抽身。现阶段，为避开主权这一棘手问题，停战协定比全面和平更可取。

然而，在所有西班牙军队和帝国军队撤到艾瑟尔河以外之前，总三级会议拒绝谈判。[7] 在军队撤退时，总三级会议将腓力四世的长久、无条件停战的提案分发给七省的三级会议。这标志着荷兰黄金时代分歧最多的政治辩论的开始。所有人都以某种方式参与其中，几十种或支持或反对停战的小册子四处流通，小酒馆和客运驳船上充斥着议论。弗雷德里克·亨德里克在总三级会议和其他会议上的发言，暗示他支持停战。[8] 一些观察者认为，这只是一种策略，目的在于误导西班牙人，并使反抗辩派城镇陷入遭受经济损失的恐慌中——现代历史学家也有这种看法。但是如果我们仔细查看亲王雇用哪些人将他的意见带给各省三级会议以及城镇议事会，并仔细观察过它们的会议议程，事情就会很明晰：亲王真诚地在追求停战，满足于如今赢得的荣誉和占领斯海尔托亨博斯带来的战略安全。[9] 在上艾瑟尔，斯韦德·范哈索尔特几天之内就赢得了赞成票。弗雷德里克·亨德里克的管理人也同样迅速地获得了海尔德兰各区的同意，甚至根本没给正式讨论留下时间；普洛斯在乌得勒支主持事务，也取得了同样的结果。诚然，弗里斯兰和格罗宁根否决了议案；但这是无视亲王意见的结果，而非亲王造成的，这一点在沙费尔对格罗宁根城议事会的讲话中清晰可见。[10] 可以预计，泽兰也反对停战，但是是在驳斥了亲王的管理人西蒙·范博蒙特的情况下实现的。后者竭力争取赞成票的行动让该省的摄政官和大商人大为光火。[11] 可以明确证明亲王支持停战的一个事实是，荷兰省贵族院首领范登鲍霍尔斯特和荷兰省新任大议长雅各布·卡茨（1629—1631年；1636—1652年）都为争取停战而奔走，而两人都完全臣服于弗雷德里克·亨德里克。[12]

但弗雷德里克·亨德里克及其宠臣的行动被荷兰省内的政治分裂所阻碍。此时的分裂比1618年以来任何时候都激烈。1629—1630年间的停战辩论表明，各城镇议事会的神学与政治分裂如何深刻地影响着国家的决策和整体战略。荷兰省三级会议分裂为主战的反抗辩派与阿明尼乌派，这致使他们最终无法就停战达成任何决议。贵族院（反映着亲王的意愿）和阿明尼乌派城镇——阿姆斯特丹、鹿特丹、多德雷赫特、阿尔克马尔以及代尔夫特决定支持停战。[13] 然而，反抗辩派城镇顽固抵制。12月，弗雷德里克·亨德里克试图通过对荷兰省三级会议发表演说打破僵局；他力劝道，停战的事宜应当与对"政权与宗教"的商讨相分离。[14] 反抗辩派不同意。莱顿人坚持主张，在商定出"有关国内事务更公正的法令"之前就开启与西班牙谈判是不可取的。他们指的是强制执行禁止抗辩派秘密集会的既存法令，以及非公共教会成员不得担任市级和省级官职的原则。[15] 哈勒姆、斯洪霍芬、斯希丹和另外一些城镇也强烈要求在展开与西班牙的谈判前，先获得"公正的教会法令"。

在荷兰黄金时代的政治中，辩论通常还受到经济考量的影响。阿姆斯特丹和鹿特丹支持停战，是因为战争对贸易和航运的有害影响。但是，泽兰省内这一类的纺织业城镇和东西印度公司的态度也同样与他们的经济利益相关。十二年停战期间，泽兰因对南部的过境贸易的崩溃而损失惨重。但1621年以来，随着荷兰海军封锁佛兰德海港，这项对泽兰繁荣至关重要的贸易得以复兴。[16] 泽兰仇视任何新停战协定的背后，实际是对再次滑入停战时期经济萧条的恐惧。与之原理相似，哈勒姆和莱顿也受益于对佛兰德海港的封锁，以及1621年再次引入的战时关税，因为这些措施共同阻碍了羊毛和其他原材料从荷兰转运港流向南尼德兰——北尼德兰主要的产业竞争对手。与此同时，（大幅）提高进口税也阻碍了南部精致纺织品的流入。于是荷兰纺织业城镇得到双重保护，并且免于佛兰德和布拉班特的竞争。[17]

与此同时，西印度公司如今正准备入侵巴西，倘若停战，他们就必须停止在新世界和西非的军事攻势。这一考量可能在阿姆斯特丹起不到什么作用，这里的统治团体还没原谅西印度公司1628年站在反抗辩派一方反抗议事会的行为；但在泽兰和众多持有大量西印度公司股份的内陆城市，这是个相当重要的因素。1629—1630年间关于停战的论战让两个团体之间的利益冲突更为尖锐:一方是从事欧洲贸易的大商人,这类贸易正值萧条期,需要和平;另一方是殖民公司。威廉·于塞林克斯完全认可这一点,在1629—1630年间发布的小册子中,他主张,尽管战争确实严重损害了他们在欧洲的贸易,[18]但从长远来看,荷兰整体的贸易只有通过扩大殖民地贸易才能繁荣和安稳,因为荷兰在欧洲水域的贸易和航运总是很轻易因为各国国王的野心和反复无常而遭到损害。

在各省、城镇议事会之外,最为激昂的群体照旧是公共教会的讲道者。一些讲道者要求征服更多西属尼德兰的领土,他们与阿明尼乌派市议事会意见分歧严重。他们公然在讲坛上抨击停战的提案,直言反对奥尔登巴内费尔特派摄政官。在鹿特丹,市长警告讲道者,如果他们不住手,自己将对他们采取严厉措施。[19]在阿姆斯特丹,市议事会为斯毛特的煽动性布道而光火,于1630年1月将他驱逐出城。这激起了公共教会内的骚动,另外两名阿姆斯特丹讲道者——特里赫兰和克洛彭堡(Cloppenburg)也离开该城,以示愤慨。反停战的城镇特意选择在这一时刻在荷兰省三级会议推行新拟定的法案,要求禁止抗辩派秘密集会。它们试图联合各小城镇,但遭到阿姆斯特丹、鹿特丹以及遵照执政的意愿行事的贵族集团的激烈反对。哈勒姆市议事会于是采取了极其非常规的手段,发起政治运动。他们出版了反对西班牙停战议案的决议,该文本激烈批判某些城镇议事会,严称它们"驱逐"归正会讲道者和其他"正直的人",反而准许阿明尼乌派,甚至天主教教徒,"悄悄进入"民兵团体和治安法院,进而在政府和社会上散布分歧、骚乱和破坏。[20]

哈勒姆对阿姆斯特丹的公开抨击中,还包含着露骨的威胁:民众骚乱将逐步升级，直至联省的"政权和宗教"再次建立在莫里斯和多德雷赫特宗教会议确立的安全和"神圣"的基础上。哈勒姆的长老们认为，共和国的麻烦来自反抗辩派1618—1619年取得的成果遭到践踏。相反，在巴黎观望事态的格劳秀斯将如今的僵局引作证据，表示是莫里斯政变让荷兰省陷入分裂和瘫痪，因为政变清除了荷兰省经验丰富的领导人，让该省衰退得像弱小省份那样虚弱。[21] 在格劳秀斯看来，莫里斯政变"让荷兰省屈服于无知之人"，在此，他指的是哈勒姆的加尔文宗狂热者，以及德伊克这样的无能之辈。

形势陷入彻底的死局：1629年12月7日，荷兰省三级会议分裂成5比5，剩下的城镇都持中间立场。[22] 执政打破僵局的努力无果。然而，几个月之后，与哈勒姆的预料相反，民众骚乱并没有升级。事实上，在1630年，对立的神学与政治集团之间的冲突逐渐衰减。很明显，斯毛特和克洛彭堡煽动民众对抗阿姆斯特丹摄政官的行动起到了相反效果。竞争派系之间的对抗仍在继续，但不再强烈，因为经过20多年无休止的紧张对抗和党派冲突，民众逐渐对没完没了的论战感到厌倦，也厌烦了由此造成的荷兰省三级会议的虚弱。抗辩派思想和宽容思想依然引人争议，但不再催生足够大的骚乱，进而导向紧张局势。阿明尼乌派城镇议事会逐渐加强了对城市的掌控，因此民众的反抗辩主义势头减弱。反抗辩派城镇只能坚持自己的立场，强行推动阻碍运动，但不能指望国家和教会中的冲突能立刻得到解决。

执政从头到尾支持停战。1630年6月，腓力四世在布鲁塞尔的新任首席大臣艾托纳侯爵（Marqués de Aytona）向马德里保证，弗雷德里克·亨德里克正竭力推动停战协定的通过，但受到一些荷兰省城镇"傲慢无礼之徒"的阻碍。[23] 1630年8月，英格兰派驻海牙的公使确定，亲王"此前和现在都倾向于停战"。[24] 他这样解释当时表面上令人困惑的局势：是阿明尼乌派城镇在支持弗雷德里克·亨德里克为之后的军事行动增加额外经费的要求，而反对停战的反抗辩派拒绝每一项经费要求。据他观察，阿明尼乌派正刻意增加赋税，由此"普通人将难以承受，而决定要求和平"；而反抗辩派"见此情形，决不会同意征收此项百一税，也不会同意发起攻势，除非是为了防守，他们今年也并不打算将军队投入战场"。[25] 反抗辩派想要的是持久、静态的战争，这样的战争将比弗雷德里克·亨德里克在1629年发动的进攻战耗资少。

荷兰省的僵持状态使执政无法在1630年发起军事行动。他不得不退而修缮韦瑟尔和斯海尔托亨博斯的防御工事。与此同时，让荷兰省动弹不得的神学与政治分裂还在继续。1630年夏，阿姆斯特丹和鹿特丹（受到弗雷德里克·亨德里克的幕后支持）批准了抗辩派领导人的请求——如今对抗辩派祷告会的禁令应当正式解除。反抗辩派动员自己的势力进行抗议。政治上的阿明尼乌派在贵族集团的分会中获胜，战胜了德伊芬福尔德领导下的反抗辩派；[26] 但是在总三级会议中，抗辩派则没能获得足够多的城镇的支持。多德雷赫特（颇为讽刺地）和代尔夫特支持阿姆斯特丹和鹿特丹。而此外鲜有其他城镇支持。如今，抗辩派集会可以在阿姆斯特丹、鹿特丹以及海牙毫无阻碍地举行。但是这仍非荷兰省大部分地区的情况：豪达和一些小城镇与哈勒姆、莱顿联手，坚持主张荷兰省对抗辩派秘密集会的禁令应当延续，并且要像哈勒姆和莱顿主张的那样执行得当。尽管阿明尼乌派的提案遭到挫败，多数派却无力限制抗辩派思想以及更广泛的宽容思想在阿姆斯特丹和鹿特丹的传播。

1630年9月，抗辩派思想和宽容思想都取得了重大胜利，当时阿姆斯特丹的抗辩派在议事会的支持下，建成了自己的公共教堂，埃皮斯科皮厄斯为之揭幕。17世纪30年代早期，在一些荷兰省大城市中，抗辩派思想再次成为城市生活中被认可的一部分。1618年以来，抗辩派领导人的画像遭到普遍禁止，甚至不能出现在私人宅邸，而如今它们得以重现。米希尔·范米勒费尔特（Michiel Van Mierevelt）1631年绘制了厄伊滕博哈特的肖像，并且制作了大量副本以供销售。伦勃朗则在1633年4月创作了厄伊滕博哈特的画像，不久后增加了一版蚀刻画——与伦勃朗的大多数肖像画作品不同，这幅画被大量复制和传播。[27]

不过，人们的怒火在1630年的平息并没能消除荷兰省摄政官之间的分歧。威尼斯大使向威尼斯元老院报告，荷兰省三级会议因为他所谓的阿明尼乌派与"戈马尔派"之间的分裂依然处于完全瘫痪的状态。[28] 为了打破僵局，执政计划在1631年赢取另一场轰动性军事胜利。起初，哈勒姆和莱顿再次反对执政对额外经费的要求，[29] 但是，在阿姆斯特丹、鹿特丹和多德雷赫特的支持下，执政最终获得了发动攻势所需的现金。他打算像莫里斯在1600年做过的那样，大举进军佛兰德，包围并夺取布鲁日或敦刻尔克，彻底羞辱西班牙。[30] 阿姆斯特丹、鹿特丹，还有泽兰省三级会议都渴望进军敦刻尔克，因为从17世纪20年代中期以来，南尼德兰海军和私掠船一直以此为基地，发起对荷兰航运和捕鲱业的攻击。从规模来说，此次进军让莫里斯1600年的行动黯然失色。弗雷德里克·亨德里克率3万军队，携带80门野战炮和堆积成山的各类物资，率领至少3 000艘内河战舰沿河而下，直击佛兰德。这次行动令人印象深刻地展现了联省的整体力量，以及荷兰共和国在组织、调动军队和装备方面无可比拟的效率。执政在艾曾代克登陆,长驱直入布鲁日-根特运河,在整个佛兰德造成恐慌。然而,大规模的西班牙军队抵达执政后方,激起了执政与驻战地的荷兰省代表之间的争执。后者坚持,执政绝不能强行进军,拿军队和国家来冒险。代表还坚持,在这样关键的时刻,必须是总三级会议的代表,而不是执政说了算。[31] 愤怒的弗雷德里克·亨德里克下令撤退,于是此战在这样大规模的花费和筹备之后一无所获。在他看来,让他蒙羞的不是西班牙人,而是荷兰省代表。1631年夏,伦勃朗将他的画室从莱顿搬到阿姆斯特丹;这个夏天还预示着,荷兰省即将作为一个制衡力量,成为执政的竞争对手。一旦该省的神学与政治对抗有所缓和、一定程度的团结得以恢复,这将是必然的结果。

不过,荷兰省内的冲突尚未完结。一个无助于缓和反抗辩派忧虑,也无助于亲王管理三级会议的事件发生了,格劳秀斯试图返回共和国,并在这里重启人生。5年前,在荷兰省反抗辩派势力比如今要强的时候,厄伊滕博哈特和埃皮斯科皮厄斯就已获准归来。但是,他们都是教会人士。格劳秀斯则是政治家,他比任何人都能代表奥尔登巴内费尔特政权的原则。在反抗辩派看来,格劳秀斯不仅是异端,还是国家的叛徒。

从劳弗斯泰因*城堡传奇般地逃脱后,时间已然过去10年半,11月,这位政治家兼学者抵达鹿特丹。这一轰动性消息传到海牙时,民众已然由于剩余抗辩派讲道者的出逃而愤怒。这些人自莫里斯时期就被囚禁——也是在劳弗斯泰因城堡,传说他们的出逃得到了现任执政

---

* 原文为 Loevestein,与前后文的 Louvesteion 拼写不一致。——译者注

的默许。格劳秀斯在鹿特丹第一次出行是去游览该城的著名雕像,以"展示我对伊拉斯谟的怀念之情,他那样有效地指明了宗教改革的正确方式"。[32]

在1631年10月至1632年4月之间形势紧张的6个月里,格劳秀斯一直留在荷兰省,希望获准永久定居。他明白,执政会(尽可能)避免逮捕他,并依靠他的友人和阿明尼乌派办事。他首先在鹿特丹落脚,而后是代尔夫特(他的父母依然居住于此,政治上的阿明尼乌派如今在该城占据优势),最终前往阿姆斯特丹——他认为该城是免于敌对压力的最安全的地方。[33] 在代尔夫特时,范米勒费尔特绘制了他的画像,这幅画像随后被雕刻并广泛传播。

阿明尼乌派在荷兰省三级会议中提议大赦格劳秀斯。反抗辩派则采取行动阻碍这项议案。[34] 为争取格劳秀斯大赦而奔走的人中,最为积极的一个是鹿特丹市长赫拉德·范贝克尔(Gerard van Berkel)。1628—1630年间,弗雷德里克·亨德里克通过他来保持与伊莎贝尔公主的秘密联系。幕后,这一行动得到亲王一些扈从的支持,主要是范博蒙特,此外还有厄伊滕博哈特和剧作家霍夫特。最终,6座荷兰省城镇以及贵族集团投票支持允许格劳秀斯留下。但哈勒姆、莱顿和豪达又一次展现出他们的反抗辩派决心,以及他们能联合近乎所有小城镇的能力,尤其是狂热的埃丹、斯洪霍芬和恩克赫伊曾。在格劳秀斯的问题上,阿明尼乌派在省三级会议中以7比12的票数失败,格劳秀斯除了赶紧离开,别无选择。

1632年,弗雷德里克·亨德里克成功实现了他自1629年以来就竭力争取的第二轮大规模打击。他做了充足的准备。为了煽动如今在西属尼德兰鲜明的、日益增长的不满,在阿明尼乌派盟友的帮助下,执政说服不情愿的总三级会议,要求它发布公告,宣布在1632年落入总三级会议之手的所有地区,天主教的公共礼拜仪式将获准继续,得到宽容。[35] 随后,他用这份公告引诱亨德里克·范登贝赫伯爵参与反西班牙阴谋。这项阴谋可以让南部贵族在荷兰入侵的时候反抗西班牙,而又不会受到背叛天主教信仰的控诉。

5月22日,总三级会议颁布"宣言",号召南尼德兰各省揭竿而起,打碎"西班牙人沉重、不可容忍的镣铐",并承诺在投靠三级会议的城镇和地区,天主教教士将获准留下,并保留自己的教堂和财产。宣言令布鲁塞尔的西班牙大臣大为惊恐,因为当时西班牙军事力量在低地国家处于低水平,主要靠的是南部的反宗教改革和天主教力量,来保障西班牙人有力量应对荷兰压力。弗雷德里克·亨德里克观察到,他的原定目标安特卫普得到了强力巩固,于是转而进攻马斯河河谷。[36] 6月初,他率领3万人夺取芬洛,不久后又攻占鲁尔蒙德、锡塔德和施特拉伦(Straelen)。根据投降条款,天主教信仰得到完好无损的保留,教会财产和教会收入仍由天主教教士掌管:各座城镇只需要交出一座教堂,供归正会崇拜使用。[37]

6月8日,执政占领要塞城市马斯特里赫特周围的围城阵地。范登贝赫伯爵在列日举起反西班牙起义的大旗,发布宣言,力劝南部贵族起义,控诉西班牙人对国王治下各省的贵族展现了不可容忍的傲慢。其他南部贵族也在策划反抗西班牙,但拒绝追随范登贝赫,与荷兰人共谋,他们更愿意与红衣主教黎塞留而不是异端合作。[38] 于是,弗雷德里克·亨德里克以宗教宽容为武器,在南部掀起广泛起义、最终颠覆西班牙在低地国家的政权的计划,大体告吹。

不过，马斯特里赫特的围城战胜利了。西班牙人又一次遭受了重大羞辱。在解救马斯特里赫特的无望行动中，西班牙人召集了普法尔茨军队，神圣罗马帝国皇帝也额外派出了帕彭海姆（Pappenheim）将军指挥的军队。但荷兰人的防御工事太过强大，难以攻破，解救该城的所有尝试皆以失败告终。与此同时，荷兰人连续不断地炮轰马斯特里赫特的堡垒，将他们的战壕和地下竖井慢慢向前推进。8月20日，弗雷德里克·亨德里克突然发动地雷战，将城墙炸开数道裂口。三天后该城投降。与芬洛和鲁尔蒙德一样，它争取到公开举行天主教崇拜、保留大部分教会财产的权利。

欢庆活动席卷联省。教堂的钟声在大地上回荡。冯德尔在1629年就为庆贺攻占斯海尔托亨博斯而创作了气势磅礴的诗歌，还广泛赞颂了弗雷德里克·亨德里克宽容且温和的行动。如今，他发表的凯旋之诗《欢迎弗雷德里克·亨德里克凯旋赞歌》（*Stedekroon van Frederick Henrick*）赞颂执政，将他的举动与1579年帕尔马公爵攻占该城后进行的残忍洗劫和不宽容相对比。冯德尔颂扬弗雷德里克·亨德里克是马斯特里赫特的解放者，更是宽容与和平的战士，因为他力图终结与西班牙、与天主教的持久战争——诗人早在1629年的诗中就曾讨论过这一主题。[39] 布鲁塞尔的公主绝望地试图撑起国王治下的尼德兰。在生命的最后几个月，公主派遣她信任的中间人、艺术家鲁本斯前往马斯特里赫特，向弗雷德里克·亨德里克和"战地上"的荷兰代表们递交新版的秘密停战协议。[40] 但执政并不在意鲁本斯，转向了更有利可图的和平道路。

1632—1633年间的南北谈判

1632年夏战败之后,西班牙在南部的权力相当衰弱,甚至让伊莎贝尔公主难以抵抗南部各省要求召集自己的总三级会议的压力。南部的总三级会议如期于9月在布鲁塞尔举行,这将是他们在西班牙统治之下的最后一次集会。各省代表大多力主立刻谈判结束战争,以"保全"南部诸省和天主教信仰。[41] 以阿尔斯霍特公爵和梅赫伦大主教为首的布鲁塞尔总三级会议代表团,随后在马斯特里赫特与北部总三级会议的"战地代表"会面,提出议和。议和根据的是腓力四世1629年授予伊莎贝尔公主的权力。事实上,对于如今伊莎贝尔公主被迫批准的这场谈判,腓力四世和奥利瓦雷斯伯-公爵从未批准,他们还秘密撤回了1629年授予她的权力。奥利瓦雷斯伯-公爵一直将两个总三级会议此后的谈判进程,视为对王权的篡夺,认为它给西班牙国王造成了严重威胁,因此,他从一开始就在暗中破坏谈判。[42] 但是,西班牙当前在低地国家的军事力量已经相当衰弱,在能够把强劲的增援部队调来之前,奥利瓦雷斯伯-公爵和国王除了暂时在表面上赞同,别无他法。1632—1633年的整个谈判过程中,奥利瓦雷斯伯-公爵的关注点主要是在南部重建西班牙权威,而不是寻求与荷兰的和解。

与此形成鲜明对比的是,弗雷德里克·亨德里克试图抓住此次机会,希望在军队依然站在他这一边时,吸引南部各省到马斯特里赫特谈判。因此,他渴望北部各省批准立刻为全面和平而谈判。这在海尔德兰、上艾瑟尔和乌得勒支这些传统上"主和"的省份没有问题,他惯常的"管理人"几天之内就拿到了授权。[43] 但泽兰、弗里斯兰和格罗宁根依旧反对,荷兰省三级会议则与此前一样深刻分裂。代理三级会议致信各城镇议事会，要求他们在三天之内以最快速度回复。所有阿明尼乌派城镇都照做了，贵族院也是如此，这反映出弗雷德里克·亨德里克的意愿。另一方面，尽管只有莱顿完全反对谈判，[44] 但其他反抗辩派城镇也只允许总三级会议驻马斯特里赫特的代表听取布鲁塞尔三级会议的提议，仅此而已（霍林赫姆和皮尔默伦德是例外，在抗辩派秘密集会一事上，它们与这些反抗辩派城镇投了一样的票，但如今在和平谈判的问题上，它们站在阿姆斯特丹、鹿特丹和多德雷赫特一边）。

事实证明，立刻在马斯特里赫特开启谈判一事所面临的阻碍是难以排除的，因为弗里斯兰、格罗宁根、泽兰，以及荷兰省的反抗辩派城镇都坚持主张，无论如何，它们只能接受"三级会议对三级会议"的谈判，西班牙国王应当排除在外。[45] 在执政和阿明尼乌派城镇看来，这种要求毫无意义，因为如果没有西班牙国王参与其中，显然根本不可能实现和平。对于阿姆斯特丹来说，将西班牙包含在内至关重要，因为该城的主要目标就是恢复与伊比利亚半岛的贸易，以及通过西班牙，恢复与西属美洲的贸易。

直到1632年11月（斯宾诺莎此时出生于阿姆斯特丹），联省总三级会议才同意谈判。1632年12月，谈判在海牙开启。阿德里安·保（赖尼尔之子）曾在1631年4月接替雅各布·卡茨成为荷兰省大议长——他被认为是阿明尼乌派和反抗辩派都能接受的折中候选人，联省代表团由他率领。这个代表团的其他主要成员包括范登鲍霍尔斯特、博蒙特，以及弗雷德里克·亨德里克的代理人、担任泽兰省三级会议第一贵族的约翰·德克纳伊特（Johan de Knuyt）。在这一阶段，执政与阿德里安·保的关系良好。[46]

北部联省一方提出众多达成和平的先决条件，包括（在反抗辩派城镇的坚持下）要求归正会在南部诸省得到宽容。一开始，双方之间存在鸿沟，但渐渐地，到了冬天那几个月，双方都陆续做出让步，放弃了许多原本的要求。当然，作为弱势方，南部代表团开始的要求少，做出的让步多。他们坚持的唯一一个重大要求是西印度公司撤出他们在1630年征服的巴西地区。这是伊莎贝尔公主坚持要求的，代表们也清楚，若非如此，西班牙国王必定会否决他们签署的所有协定。作为交换条件，布鲁塞尔三级会议将交出布雷达，并给西印度公司提供现金赔偿。[47] 荷兰人的要求较多，尽管迫切渴望和平的阿明尼乌派城镇和执政保证，许多要求很快就会被舍弃。但是，随着越来越多地写在最初清单上的要求被保摒弃，他的反抗辩派同僚变得越来越愤慨。北部最初的一项要求是对佛兰德港口实行联合管理，这一措施是为了确保在和平时期，这些港口的交通费和关税与斯海尔德河收取的相当，进而防止泽兰的过境贸易转移到佛兰德海岸。当荷兰省的主和城镇主张舍弃这一要求时，泽兰人愤怒异常。[48] 1633年4月，保呈交了一份新需求清单，这份清单比南部代表最初面对的那份温和得多。这些条件是在联省总三级会议以4比3的微弱优势下勉强通过的——战胜了泽兰省、弗里斯兰省和格罗宁根省的反对意见。然而，荷兰省和乌得勒支省的反抗辩派城镇发出越来越多的批判声。乌得勒支省三级会议支持弗雷德里克·亨德里克和荷兰省的阿明尼乌派，这里的贵族集团和小城镇联手战胜了严厉的反抗辩派占据的乌得勒支城。[49]

荷兰如今已极大程度地缓和了最初的要求，但他们依然坚持兼并广阔的迈赖（参见地图10），宣称它是斯海尔托亨博斯的司法附属地；而阿尔斯霍特和布拉班特三级会议希望将它留在南部。此外，荷兰要求得到布雷达和盖尔登的关税保证；同时，考虑到西班牙拒不认可西印度公司在巴西获得的利益，荷兰人要求仅将和平限定在欧洲，而继续东西印度的战争。这几个月来，弗雷德里克·亨德里克（像1629年一样）一直宣称在重大问题上保持中立，并拒绝在各个会议上声明自己是否倾向达成和平。然而，在1633年春，形势比1629—1630年更明朗：执政正与阿明尼乌派城镇一道努力通过谈判结束战争。[50] 共和国已经不再处于危险中。因为瑞典人在1630年介入德意志战争，哈布斯堡在欧洲中部的优势地位已经极大地被削弱。黎塞留治下的法兰西也对西班牙在欧洲的霸权构成越来越强的挑战。从弗雷德里克·亨德里克和阿明尼乌派城镇的角度看，联省可以安于自己的荣誉，享受此前的胜利果实，并从法兰西与西班牙、瑞典与神圣罗马皇帝之间日渐升级的冲突中受益。4月，在一次剑拔弩张的会议上，泽兰派往总三级会议的代表团斥责奥伦治亲王过于偏向和平，忽视了泽兰的利益。弗雷德里克·亨德里克承认，如果能达成声誉好又稳妥的协定，他支持和平；[51] 但他许诺，他既不会牺牲"国家"的根本利益，也不会牺牲泽兰的特殊利益——也就是佛兰德海港的关税。到1633年6月，谈判到了崩溃的边缘。阿明尼乌派城镇极力要求为了和平做出更多让步。这给亲王施加了压力，他必须明确，自己准备与荷兰省的阿明尼乌派携手走多远。他表示，照他的看法，如果要实现和平，对方必须在三个根本性问题上让步：交出整个迈赖；提供关税保证；承认西印度公司在巴西取得的胜利。

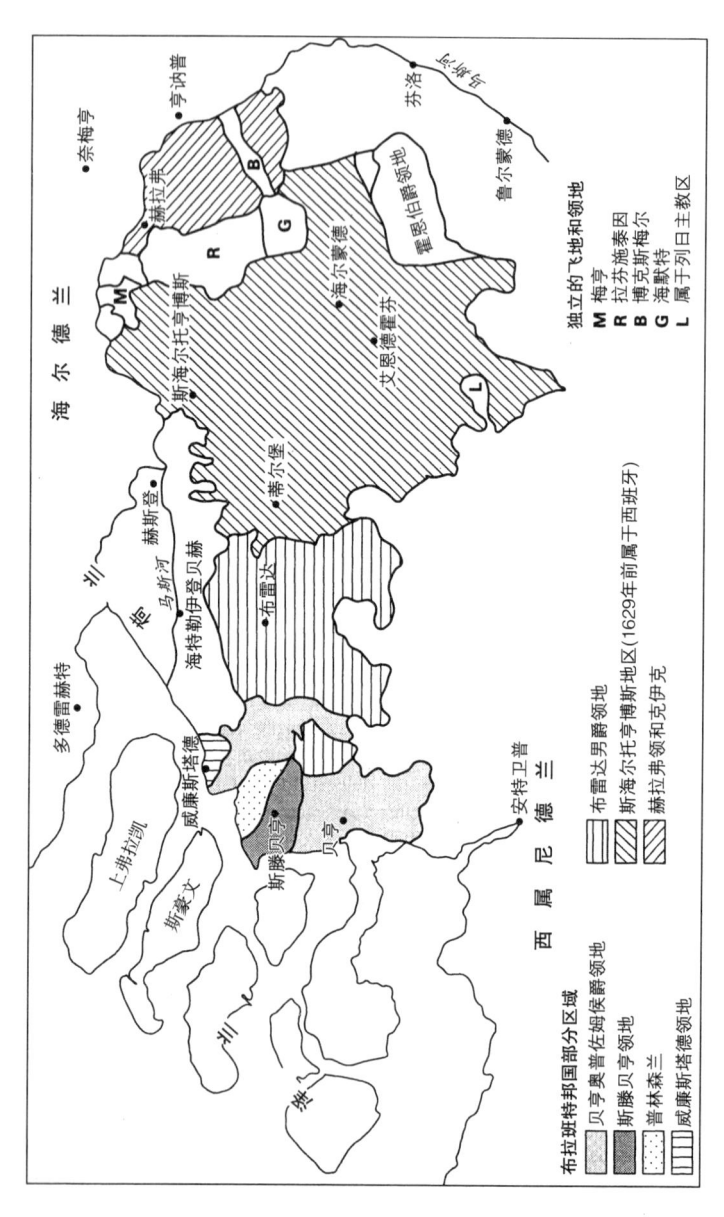

地图 10　1629年后的荷属布拉班特

此时此刻，在弗雷德里克·亨德里克的执政期内，第一次出现了他与阿明尼乌派城镇的重大分歧。[52] 阿姆斯特丹、鹿特丹和多德雷赫特出于贸易的考虑，非常迫切地要求达成和解，为了实现和平，愿意比执政做出更多让步。此前从1632年9月到1633年6月，贵族院、阿姆斯特丹和鹿特丹控制着荷兰省三级会议中的绝大多数，不断推动顽固的反抗辩派城镇——哈勒姆、莱顿、豪达和恩克赫伊曾在一个又一个问题上让步。[53] 在那一阶段，阿明尼乌派是荷兰省和乌得勒支省三级会议中的大多数，但主要原因是执政的支持。而此后，在1633年夏，主和的多数派在迈赖、佛兰德港口和巴西的问题上分裂。同年8月，执政与阿姆斯特丹和阿明尼乌派划清界限，他在总三级会议中宣称，假如布鲁塞尔总三级会议不在一个月之内就他谈到的三个问题做出让步，谈判就立即中止。[54] 在1633年8月以前，黎塞留还看不到引诱弗雷德里克·亨德里克与法兰西结盟、共同对抗西班牙的前景。1633年3月，驻海牙的法兰西大使确定，亲王确实想与西班牙和解。直到1633年夏末，法兰西外交官才感知到荷兰政治格局发生根本转变的信号。[55] 突然间，弗雷德里克·亨德里克不再对法兰西和瑞典的诱惑充耳不闻。

最晚从6月开始，执政与荷兰省阿明尼乌派的关系就出现了破裂。当时阿姆斯特丹市议事会决心敦促荷兰从巴西撤退，条件是西班牙对西印度公司做出补偿，而不是让和谈崩溃。[56] 鹿特丹和多德雷赫特同样指示各自派驻荷兰省三级会议的代表，做出更多重大让步以终结"这场悲惨、难以负担的战争"。这意味着它们也准备放弃巴西。[57]

到8月，荷兰省各城镇必须决定，如何应对执政的建议——如果他提出的三个条件得不到满足，就中断与布鲁塞尔总三级会议的谈

第22章　1629—1647年：迎来胜利的共和国　　623

判。哈勒姆、莱顿和各小城镇接受了弗雷德里克·亨德里克的建议。但阿姆斯特丹否决了，鹿特丹也是如此，这两地议事会坚持称谈判不应废弃，"在上帝的帮助下，我们会找到通往和平之路"。[58] 此时，执政与阿德里安·保之间爆发激烈争执，后者站在阿姆斯特丹和鹿特丹一边，希望将谈判继续下去。[59] 亲王与主和城镇之间的分歧再不能隐藏，而这会改变荷兰政治的整体基调。这一局面倒很符合法兰西的胃口。1633年11月，奥伦治亲王积极动员他在荷兰省三级会议和乌得勒支省三级会议中的友人，共同对抗阿明尼乌派阵营。

由此，在1633年秋，两个总三级会议的和谈转变为执政与阿明尼乌派对荷兰省三级会议，进而也是对共和国控制权的斗争。因此，只有从此阶段开始，才能说荷兰省阿明尼乌派再次成为先前奥尔登巴内费尔特时期那样的"三级会议派"，因为从此开始，他们主张荷兰省在同盟中的霸权，主张联省总三级会议高于执政。自从1618年以来，局势还从未这样彻底地回到原点。暂时而言，执政依然掌握大局。但是，荷兰省三级会议中的主导派系又一次与执政、与加尔文宗正统派相龃龉。另一个相似之处在于，自奥尔登巴内费尔特倒台以来，荷兰省三级会议首次出现一位精力充沛的大议长，他率领荷兰省三级会议反对执政。

1633年12月2日，荷兰省三级会议就是否中止与南部总三级会议的谈判进行表决。保胜利了：只有3座反抗辩派（如今也是奥伦治派）城镇——哈勒姆、莱顿、豪达以及追随执政转变的贵族院按照亲王的建议投票。[60] 其余城镇暂都追随阿姆斯特丹、鹿特丹和多德雷赫特。但是，奥伦治亲王在乌得勒支和海尔德兰获胜了，事实证明他对这些地区的贵族院的影响力依然是决定性的。12月9日，在亲王面前，总三级会议以

5比2的票数同意中止和谈。与1618年类似，执政在5个省份的支持下对抗仅有1个省（这次是上艾瑟尔）支持的荷兰省。[61]

按照法兰西大使的说法，弗雷德里克·亨德里克在8月与荷兰省阿明尼乌派发生首次冲突之后摇摆了数月，才最终转向主战派和反抗辩派。[62]他有充足的理由犹豫。1625—1633年间，他势不可当的权威主要基于荷兰省的内部分裂以及他与阿明尼乌派城镇的联盟。他挑唆阿明尼乌派对抗反抗辩派，利用荷兰省内的冲突，让自己成为各派势力的仲裁者。当时，阿明尼乌派除了仰赖他的恩宠和庇护别无选择。相较而言，新形势给执政带来了难以估量的风险。保可以在荷兰省三级会议中动员起足够的支持力量，去妨碍亲王的行动。这使得亲王要为自己的军事行动争取资金变得更为艰难，他开始变得过度依赖法兰西。一直以来，奥伦治亲王都受到抗辩派和其他非加尔文宗人士的支持，同时也在面对反抗辩派隐蔽的反对。如今的危险在于，没有哪一派别会无条件地支持他。心灰意冷的人中就包括冯德尔。[63] 1632年之前，他创作了无数首诗歌，赞颂亲王是宽容、温和的英雄，当然也是战争英雄；1633年之后，冯德尔断然停止了这类活动，甚至在1647年执政去世时，冯德尔也没有为他发表一个字——一般当杰出人物去世时，这位共和国最负盛名的诗人会写作悼亡诗赞颂他们。这让他在1647年的沉默尤为惹眼。

1633—1640年：弗雷德里克·亨德里克与摄政官各派系

1633年是弗雷德里克·亨德里克执政期的重大分水岭。（这一年，伦勃朗为执政创作了两幅巨型画作——《升起基督的十字架》和《被解下十字架的基督》)[64]正是这一年，执政舍弃了迄今为止一直支持着他的派系同盟，转而支持"主战派"和反抗辩派。同样正是这一年，奥尔登巴内费尔特时代的"三级会议派"传统复生，执政与荷兰省三级会议之间的对抗再次成为荷兰政治的中心主题。在与保最终决裂前，亲王进行了漫长而痛苦的思索。他从一个意识形态集团倒向另一个并非冲动或偶然。这一过程开始于有关巴西和迈赖的争执，但真正的原因是反抗辩派在普通民众中得到的支持在减弱，而阿明尼乌派摄政官则信心倍增。在17世纪30年代初之前，荷兰省的阿明尼乌派仍不足以挑战弗雷德里克·亨德里克，他们需要执政的支持和庇护才能生存。但到1633年，已经成为荷兰省三级会议领导团体的阿明尼乌派不再需要依赖执政，他们有充足的信心追求共和国内的霸权。于是1633年成了荷兰黄金时代的一个关键转折点。

1634年，弗雷德里克·亨德里克与荷兰省主和城镇之间的斗争，发展成了以对法关系为焦点的激烈争执。1633年秋，局势已然明朗，替代与西班牙议和的方案就是与法兰西结盟。路易十三给予荷兰亲密的伙伴关系和诱人的津贴，但同时要求各种交换条件，包括在接下来的年月中，限定共和国必须与西班牙对抗并臣服于法兰西。与法兰西的联盟很可能有利于执政和"主战派"，也可能会无限期地将荷兰省的影响力最小化。阿明尼乌派城镇尤其反感的是该条约的一项条款——作为对津贴的回报，联省不得与西班牙议和，除非与法兰西国王"一道或获得（法兰西国王的）同意"。[65]两个派系为了争取荷兰省小城镇的支持都不其厌烦地对其进行游说。保自夸，在反对联盟的问题上，他获得了荷兰省三级会议中大多数代表的支持；奥伦治亲王则认为，支持他的不过是四五个受自私的商业利益驱使而不顾国家真正利益的城镇。[66]

事实证明，斗争是漫长而艰辛的。奥伦治亲王在荷兰省三级会议中的活动管理人是范登鲍霍尔斯特和弗朗索瓦·范埃森：前者让荷兰省贵族院转向哈勒姆、莱顿和豪达；后者深受黎塞留重视，如今全然重获亲王恩宠。[67]他们逐渐赢得了小城镇的支持。范埃森后来承认，在很长时间里，游说的结果都是难以确定的，他有时感到成功无望。他后来评论道：阿明尼乌派用尽一切手段阻碍结盟、挫败执政，并宣扬法兰西"对这个国家的威胁比西班牙更甚"。[68]阿姆斯特丹驻海牙的代表抗议道：假如荷兰省同意这个联盟，规定共和国只能与法兰西一道参与对西班牙的谈判，那么阿姆斯特丹将否决这一决议，拒不考虑它规定的义务。该城还坚持，其反对意见必须写入三级会议的决议。[69]

亲王在荷兰省只以微弱优势获得支持，但在其他地方就容易多了。普洛斯说服乌得勒支省贵族院与反抗辩派的乌得勒支城一道支持执政。[70]范哈索尔特转变了上艾瑟尔的立场。海尔德兰倒向这一阵营。泽兰、弗里斯兰和格罗宁根早已确定同意支持执政。[71]

在新形势下，执政的统治效力比从前更有赖于各省领导人的机敏。弗雷德里克·亨德里克的管理人不需要信奉特定的神学，也不需要意识形态的一致性，但必须能娴熟地处理与地方各派的关系，利用当地的冲突适当施与恩宠和分派官职。于是，执政的管理人都是奥伦治家族长久以来的支持者，是贵族，而不是影响仅限于特定城镇的摄政官。势力和庇护关系才是关键，因此亲王舍弃阿明尼乌派而支持反抗辩派的转向——无论在神学和意识形态方面多么三心

第22章　1629—1647年：迎来胜利的共和国

二意——并没有在其心腹圈子中造成什么变化。只有一两个人有所变动。范博蒙特是个太过坚定的阿明尼乌派成员，因此不能被继续任用；[72] 而1633年之前因身为狂热反抗辩派而不能被任用的范埃森，如今重返政坛。但亲王的其他友人，包括前阿明尼乌派成员、屈伦博赫伯爵弗洛里斯，都跟着他改变了立场。范哈索尔特在1643年去世前，一直主导着上艾瑟尔代理三级会议，并且数次作为上艾瑟尔的"战地代表"随军。作为对他的一个回报，亲王在1633年西班牙撤离林根伯爵领地、该地重归荷兰控制后，任命他担任这里的德罗斯特。林根是重要的天主教飞地，范哈索尔特在此当政并因腐败而出名。与从前一样，普洛斯·范阿姆斯特尔管理乌得勒支，沙费尔管理格罗宁根，屈伦博赫伯爵管理奈梅亨区，反抗辩派摄政官福斯贝尔亨与知名腐败分子德克纳伊特一起管理泽兰。1634年，总三级会议成立秘密委员会，以敲定与法兰西的联盟，委员会成员包括范登鲍霍尔斯特、普洛斯、屈伦博赫伯爵、德克纳伊特、保和威廉·里珀达（Willem Ripperda）。[73] 里珀达是上艾瑟尔贵族，他迎娶了范登鲍霍尔斯特的女儿，并在上艾瑟尔担任范哈索尔特的代理人，随后接替后者成为上艾瑟尔的领导人物。这些地方管理人是弗雷德里克·亨德里克权力的具体体现。

这一时期及接下来的几年里，总三级会议秘密委员会体系在弗雷德里克·亨德里克的统治下处于巅峰时期。该体系基于令荷兰省陷入瘫痪的分裂和执政的优势地位。[74] 此前，在奥尔登巴内费尔特和莫里斯时代，总三级会议成立过几个秘密委员会，但总是短期委员会。它们为斟酌具体问题而设，通常仅是汇报情况但不做决定。八人委员会就是这样的例子，1608年它被任命草拟《十二年停战协定》，当时的成员中两人来自荷兰省，其余六省各派一人。这些委员会与17世纪30年代早期之后弗雷德里克·亨德里克治下那些秘密委员会的区别在于，新委员会在外交、军事事务的特定领域享有全权，而且只要委员会自己认为必要，就可以一直享有这种权力。[75] 正如历史学家曾以为的那样，单一、常设的总三级会议秘密委员会从未出现过，但是各个委员会有许多交叠之处，被选出来的总是同一批人——大多是亲王在各省的管理人及其代理人，正如在战地陪伴执政的"战地代表"。

弗雷德里克·亨德里克自己监督这些秘密委员会，在挑选其成员方面享有主要发言权。通常，委员会包括八九名成员，其中荷兰省的代表有两三名，其余省份各有一名。这些人并不会在任何场合下都自动遵从亲王的命令。意见的分歧是存在的——不过不多。秘密委员会的一个典型（和重要）特征是，荷兰省大议长并不是举足轻重的人物，有时候他甚至根本不是秘密委员会成员。于是，在权威和共和国内部的权力分布方面，1618年革命的成果大体上依然完好无损。秘密委员会的确保证了荷兰省的霸权被剥夺，也确使总三级会议在执政的领导下团结一致。

权力和影响力如今集中在协助执政且受执政恩宠的一群地方领袖手中。这必然意味着各省三级会议的持续衰弱。弗雷德里克·亨德里克治下，共和国的政治体系由庇护关系、恩宠、宫廷纽带和贵族地位塑造，特征是尽力控制公开讨论的规模。这一体系还因受贿而受到外国操控，比起基础更广泛、更具协商性的决策方式，当下的这种政治体系更易于呈现此特征。在秘密委员会占有座席的人，或者说重要人物，总是同一批，而该体系又是由总三级会议的书记官科内利斯·米斯

（Cornelis Musch）负责协调，于是外国外交官很容易把他们拉入贿赂网络。1636年成立了一个续订法荷联盟协约的秘密委员会，其成员包括范登鲍霍尔斯特、哈索尔特、普洛斯、沙费尔、德克纳伊特、卡茨和屈伦博赫伯爵。协约签订后，黎塞留给他们送了大笔现金作为礼物，金额根据每个成员对法兰西利益的效用而定。[76]范登鲍霍尔斯特和普洛斯各自收到1万里弗；卡茨收到6 000里弗；德克纳伊特得到5 000里弗；最大一笔款项——2万里弗——给了因腐败而出名的总三级会议书记官米斯。这个人物对法兰西极其有用，对弗雷德里克·亨德里克也是如此。他因为掌管书信、记录，而得以控制联邦会议。弗雷德里克·亨德里克的管理人发挥的影响力让他们得以积累巨额财富。到17世纪30年代末，范埃森成了海牙排名第二的富人，仅次于执政。米斯的贪婪几近"传奇"。17世纪40年代明斯特和会期间，一名瑞典外交官将里珀达描述为"吝啬鬼"，他根据谁给出的礼金更高，在法兰西和西班牙之间来回摇摆。

1635年5月，法兰西对西班牙宣战。根据2月在巴黎达成的协定，总三级会议有义务在1636年与法兰西联合进攻南尼德兰。他们将再次给南部提供宗教自由的待遇，并鼓励南部起义。[77]假如南部诸省起义，它们还会得到自由，按照瑞士模式，成为由独立邦（Cantons）组成的同盟国家。不过佛兰德海港、那慕尔和蒂永维尔（Thionville）将并入法兰西；布雷达、上海尔德兰（盖尔登）和万斯（Waes）地区（许尔斯特）将并入共和国。而假如南部诸省依旧忠于西班牙，并且被征服，那么协约同意，它们将被法兰西和联省瓜分：法语诸省和西佛兰德并入法兰西；安特卫普、斯海尔德河口、根特、布鲁日和梅赫伦并入联省。[78]

第二个方案尤其令保和三级会议派担心，他们极其厌恶直接与法兰西接壤的想法，也反感共和国因兼并布拉班特和佛兰德部分地区而扩大的可能性（后一种安排必将提升执政的权力，而进一步削减荷兰省的权力）。阿姆斯特丹无疑还担心以下可能：安特卫普从斯海尔德河的封锁中解脱，重夺此前的巨大商业份额，而荷兰省的利益将因此受损。不过按照在巴黎达成的方案，计划中的瓜分行动对加尔文宗正统派而言同样令其不悦。因为在移交给联省的地区，总三级会议许诺，将依照天主教如今的状态保留"全部罗马天主教信仰"，所有的大教堂、教堂、修道院和天主教教会的其他建筑和资源都将留在天主教手中。黎塞留甚至拒绝在允许加尔文宗信仰举行公共仪式这点上退让，他认为如果答应这一条件，他将严重冒犯教宗和其他反哈布斯堡的天主教政权。法兰西愿意让步的只是，在家里进行的私下的加尔文宗信仰活动将被容许。共和国内，归正会情绪激愤。海牙的荷兰归正会讲道者（*predikant*）罗萨乌斯当面告诉弗雷德里克·亨德里克，在这样的基础上，不征服安特卫普比征服它要好。

但事实证明，所有这些都是理论上的，西属尼德兰是颗铜豌豆，比预想的更难击垮。法兰西派军穿越西属尼德兰的南部边境。但西班牙人既没有屈服，也没有（像通常预计的那样）把主要精力放在对抗法兰西上，进而降低对荷兰战线的重视。情况正好相反。此前，西班牙人已在德意志讷德林根（Nördlingen）战役（1634年）中战胜了瑞典人；红衣主教兼王子（Cardinal Infante），即腓力四世的弟弟，又作为新任西属尼德兰总督，带着另外的1.1万西班牙军队和新拨付的经费抵达尼德兰。奥利瓦雷斯伯-公爵的战略于是变为：利用西班牙在尼德兰重振的战力猛力打击荷兰（对法兰西则只进行单纯的防御

第22章　1629—1647年：迎来胜利的共和国

战),迫使荷兰单独、尽早与西班牙人议和。[79] 据西班牙人预计,一旦荷兰这边的情况落定,法兰西(如今在军事和财政上不如西班牙强大)也将开启谈判,因为那时法兰西将在战略上处于劣势。结果,尽管法兰西从1635年起就持续入侵南尼德兰,但西班牙在接下来的关键几年里,却依旧坚持集中打击荷兰,而不是法兰西。[80] 西班牙大臣之所以偏向于对荷兰发起攻势,而对法兰西维持守势,是因为西班牙人盘算着这是击败法兰西和共和国联盟的最佳方案;此外,还因为他们必须保卫安特卫普、根特和布鲁日,而这些城市更容易遭到荷兰的侵犯,而不是法兰西。他们降低了阿图瓦、埃诺和卢森堡的优先次序,因为这些省份缺乏同等重要的城市。另外,攻击法兰西而防卫荷兰容易导致城市落入异端之手,相反的战略则不会。最后,从荷兰夺取的土地日后可以并入西属尼德兰,可以作为国王的领地对待;然而从法兰西夺取的任何土地,必定会根据最终的和平协定归还。[81]

17世纪30年代末,佛兰德军队人数已超过7万人,此时它比八十年战争开启以来的任何时候都要强大。[82] 在南尼德兰强大防御网络的协助下,红衣主教兼王子有力地阻挡了法荷联军1635年的入侵。侵略行动一退散,西班牙人就从他们的固定驻军地涌出,发动钳形攻势,包围迈赖和克莱沃,围困住马斯河河谷中的荷兰驻军地。荷兰民众为形势的急转直下而震惊。1635年7月26日,来自盖尔登的西班牙军队夺取了据称不可战胜的申肯尚斯(Schenckenschan)碉堡。这座堡垒坐落于莱茵河的一座岛屿上,就在荷兰与德意志边境稍南之处,它是荷兰防御圈上至关重要的一环,控制着沿莱茵河北岸进入荷兰腹地的通道。在接下来的几周里,西班牙人夺取了迈赖的大部分地区,哈布斯堡的帝国军队赶来后,西班牙与帝国联军攻占克莱沃,他们扩展的阵地与申肯尚斯联结在一起。

弗雷德里克·亨德里克放下其他事务，召集大军从三面包围申肯尚斯，他打算整个寒冷的冬季都在外扎营，以收复这座堡垒。接下来的几个月里，西班牙人继续战斗以维系他们对克莱沃沿线通道的控制。奥利瓦雷斯伯-公爵向红衣主教兼王子保证，守住申肯尚斯比攻占巴黎更重要（绝没有在开玩笑）。[83] 因为，如果西班牙人巩固了他们对该地的控制，他们将能毫无障碍地进入海尔德兰和乌得勒支，位于马斯河河谷的荷兰驻军将被围困，荷兰人"将不得不如我们所愿地议和或停战"。[84] 海牙艺术家赫里特·范桑滕（Gerrit van Santen）绘制了轰炸申肯尚斯的戏剧性场景，这是该世纪最大规模的冬季攻势。今天，这幅画被挂在阿姆斯特丹的国家博物馆中。

正是在这个关键节点，在西班牙占领着申肯尚斯之时，鲁本斯带着他"对政治事务难以抑制的偏好"获得了红衣主教兼王子的授权，开启他为荷西停战而进行的最后一次也是最重大的一次努力。到这时，这位伟大艺术家在海牙已背负了"满腹诡计"的中间人之名，需要受到密切监视。法荷之间的条约禁止荷兰与西班牙代表进行非正式接触；为了规避这一条款，唐费尔南多同意了鲁本斯的计划——佯称到阿姆斯特丹旅行，以检查一批新近到来的意大利绘画，鲁本斯随身携带着声称是运往伦敦途中的画作。[85] 一到阿姆斯特丹，鲁本斯就设计展开与二级会议关键人物的秘密会谈。奥伦治亲王和法兰西大使很快就明白了鲁本斯的目的。鲁本斯率先申请了进入荷兰省的通行证，但这项申请需要由总三级会议发给荷兰省三级会议，而这触发了执政的友人与阿明尼乌派之间没有结果的争执。随后，各方将这一申请交由执政裁决，执政虽然十分欣赏鲁本斯的画作，但拒绝他进入联省。

第22章　1629—1647年：迎来胜利的共和国

1636年年初，奥利瓦雷斯伯-公爵明确下令防卫法兰西，同时越过申肯尚斯，发起入侵费吕沃和上艾瑟尔的攻势，以拓宽荷兰防卫圈上的裂口。1636年的马德里并没有打算入侵法兰西，只是西班牙人随后进军科尔比（Corbie）一举，造成法兰西境内普遍的恐慌。实际上，这完全是权宜之计，根本不是奥利瓦雷斯伯-公爵战略的组成部分。弗雷德里克·亨德里克从内河战舰和两岸炮轰申肯尚斯。经过残酷的轰击，申肯尚斯被迫于1636年4月投降。奥利瓦雷斯伯-公爵所谓的"国王在这片领土上拥有的最精美的珠宝，用来解决国王事务的要塞"就此丧失，他哀叹道："这是对整个西班牙的重大打击。"[86]他力劝红衣主教兼王子尝试重夺申肯尚斯，并加强海尔蒙德（Helmond）和艾恩德霍芬（Eindhoven）的防卫，以巩固西班牙对迈赖的占领。[87]

1635年入侵西属尼德兰的法荷联军惨败，西班牙势力的复兴，以及荷兰在迈赖和克莱沃的挫败，都是对亲王以及对法荷联盟支持者的严峻考验。对于执政而言，同样遭到挫败的还有他如今在管理荷兰省三级会议时遭遇的困境。显然，从此以后，荷兰省摄政官将成为弗雷德里克·亨德里克最为棘手的难题。为了让荷兰省中立，执政的首要任务是用一个愿意听命于他的无足轻重之人，顶替保荷兰省大议长的职位。1636年3月，保第一届任期期满时，机会来了。为了排除保这个障碍，总三级会议派他前往巴黎担任公使，并且一直拒绝批准他返回，直到他已来不及为自己的连任拉票。[88]在保缺席时，范埃森、范登鲍霍尔斯特和卡茨，外加哈勒姆和莱顿的议长，共同决定三级会议选出一位更令执政满意的候选人。3位候选人分别是：阿尔克马尔的阿明尼乌派成员南宁·范福雷斯特（Nanning van Foreest）；哈勒姆的反抗辩派成员德赫拉赫斯；雅各布·卡茨——1631年选举时，他被保击败，部分原因正因为他是泽兰人。没有一位候选人争取到足够的选票进而直接胜出。而后，卡茨当选——事实上是被执政选中。[89] 亲王选择卡茨时，明白这一人选意味着什么。卡茨以诗作闻名，是个慈爱、温文尔雅的人；不过，其他作家和知识分子对他的资历有所质疑，格劳秀斯更是蔑视他，因为他曾主张温和节制，却赞同反抗辩派的严厉政策。[90] 他的诗歌赞颂加尔文宗的观念和受威廉·特林克、霍德弗里德斯·奥德曼斯神学影响的第二次宗教改革，尽管有些人认为这些东西与他作品中的浪漫底色并不相符。[91] 不过，在弗雷德里克·亨德里克眼里，重要的是他是个谦逊的公职人员；他曾担任米德尔堡和多德雷赫特（1623年以来）的议长，却没有成为领导或独立行动的倾向；而且，他缺乏基本外交事务的相关知识。他的谄媚以及与执政宠臣的联系，让他成为执政眼中的理想人选。（卡茨的一个女儿嫁给科内利斯·米斯——被奥伦治亲王任命为布雷达德罗斯特的另一个要人）卡茨完美地完成了自己的任务。或许有的时候，他更像对抗荷兰省的大议长，而不是代表荷兰省的大议长。1637年12月，他甚至在18座城镇中有15座城镇赞成的情况下拒绝"敲定"收缩军队规模的决议，仅仅因为弗雷德里克·亨德里克反感此项决议。[92]

但是，一个谄媚的大议长加上顺从的贵族集团依然不够。大部分时间里，执政可以依靠哈勒姆和莱顿领导的城镇团体支撑自己的权威；但是，荷兰省内已经没有足够多的反抗辩派城镇来让三级会议保持17世纪30年代早期的那种分裂状态，旧的神学争论也不像以前那样能引起分裂。简而言之，执政已无法阻止荷兰省三级会议的大多数成员竭力争取裁军和削减开支的趋势。1621年以来的第一轮重大裁军计划由荷兰省三级会议在1636年年末至1637年年初的冬天强行通过。[93]

1629年征召的军队被解散,早些时候(1628年)增加的军队被裁撤了20%。在执政的操控下,荷兰省虽然暂时屈服于执政的战争政策和荷法联盟,但是也能通过削减军事预算来弱化执政的政策。

1636年12月以来,荷兰军事开支遭到削减;1637年重夺布雷达之后,弗雷德里克·亨德里克的军事运势也开始衰落。上述过程发生时具有一个特点,即在它们发生的同时,开始于17世纪30年代初的经济增长也获得了动力。如果说17世纪20年代荷兰经济和政治的基调是萧条和黯淡,那么17世纪30年代中期和后期的基调则是财富和投机买卖的增长。1630年之后,荷兰贸易的基本结构并没有改变。[94]整个第三阶段(1621—1647年),荷兰海外贸易体系一直呈现如下特征:在欧洲南部的贸易严重萎缩,贸易的重心转向殖民地贸易、纺织品出口和对农业的投资,以及泽兰到南尼德兰的过境贸易的繁荣。但是到17世纪30年代,在大体相同的框架下,20年代最为不利的形势让位于极其有利的环境,新环境给现存的每一项主要贸易增添了新活力。环境的改变有几方面的原因:第一,西班牙对埃姆斯河到斯海尔德河沿线的封锁解除(1629年);第二,波兰与瑞典战争及其对波罗的海贸易的破坏告终(1629年);第三,法兰西与西班牙战争爆发(1635年)。战争产生了重要影响,它关闭了南尼德兰与法兰西之间的边界,切断了途经加来和布洛涅(Boulogne)的航道,迫使佛兰德和布拉班特的城市更多地经由荷兰人控制的河道和斯海尔德河口进行进出口贸易。[95]这对西属尼德兰的贸易和产业造成了消极影响,导致南部复兴缓慢,因为这让南部不得不支付联省总三级会议对过境贸易征收的沉重的战时通行费和关税;另一方面,这让泽兰享受了整个黄金时代最为繁荣的岁月。荷兰17世纪30年代中期和后期的经济繁荣还缘于其他几个因素：德意志的局势日益恶化；对来自荷兰转运港的物资和粮食的需求增加；东印度公司重新在亚洲扩张；17世纪30年代中期，西印度公司成功在他们殖民的巴西北部地区开发了繁荣的糖出口贸易。

然而这次繁荣没有根本性的贸易重构，新投资渠道也有限。因为限制荷兰欧洲贸易的主要因素仍在，如西班牙的禁运政策、高额的运费、敦刻尔克私掠船的攻击、难以进入意大利和黎凡特地区（这些地区的贸易依然由英格兰人控制）。无疑正是这一点，让繁荣显著带上了投机的一面。

于是，自信的恢复很快转变成某种狂热。17世纪30年代晚期开启了整个17世纪阿姆斯特丹交易所里东印度公司股价最惊人的暴涨。[96] 阿姆斯特丹分公司的股价在1615—1630年间经历了缓慢的爬坡后，到1630—1639年间翻了1倍，且增长主要集中在1636年之后，1640年又进一步增长了20%。1636年3月，股价是票面价值的229%；1639年8月，这一数字高达412%；几个月之后又飙升至500%。阿姆斯特丹的大型宅邸市场也出现了类似的现象。富人宅邸的价格事实上在17世纪30年代早期出现下滑，但随后激涨，更是在17世纪30年代末期经历了该世纪最为剧烈的两次增长之一（另一次出现在17世纪50年代末）。[97] 1636—1637年间的郁金香狂热需要在这一背景之上进行理解。郁金香园艺领域最初的繁荣和对郁金香球茎的投机活动是安逸感日益增长的标志，也是伴随着安全的实现、繁荣的恢复而来的，与之相伴的还有在投资机会有限的环境中，大量过剩资本的迅速累积。到1630年前后，郁金香仍是稀缺品；到17世纪30年代中期，廉价的郁金香品种有着广阔的市场，郁金香热迅速在荷兰城市社会的中间阶层中蔓延。当时，投资东印度公司和西印度公司、排水工程和豪宅需要大笔资金，这些是专属富裕阶层的投资。在这样的时代，拥有大量需求且品种激增的郁金香球茎满足了广泛的地方投机需求，成为小城镇交易者、酒馆老板和园艺师的最爱，这被恰当地描述为"股票经纪活动的仿冒品"。[98]

到1637年，弗雷德里克·亨德里克自己的年收入达到丰厚的65万荷兰盾，这得益于农业的繁荣（他的大部分私人资金来源于北布拉班特和南荷兰省的农场地租）和林根、布雷达的收复。[99]正是在17世纪30年代中期和晚期，执政开启了他在宫殿、艺术收藏和私人花园方面最为宏伟的工程。他在洪瑟勒斯代克（Honselaersdijk）的休息寓所于1638年落成；赖斯韦克的宫殿建于1634—1638年间；比伦的城堡与布雷达的城堡一样，从1637年开始翻新。海牙的努儿登堡宫和执政在三级会议大厦的驻地都得到重建；也是在17世纪30年代，他的美术馆里收藏了洪特霍斯特、普伦堡、鲁本斯、范德伊克和莫雷尔瑟的作品，伦勃朗和利文斯的作品也零星地点缀其中。执政在花园和挂毯方面掷下重金。1638年，他为艺术作品支付的一笔重要开销高达2 200荷兰盾，这是为购买4幅挂毯画付给洪特霍斯特的酬劳。[100]阿马利娅·冯·索尔姆斯的珠宝收藏华丽壮观。执政宫殿里的招待和日渐奢华的宴饮活动，将势力强大的贵族更紧密地与执政及其恩惠绑在一起。

然而，虽然共和国不断增长的财富为精英商人、执政宫廷和主要贵族日渐增长的奢华提供了资金，为东印度公司1638年入侵锡兰和西印度公司17世纪30年代末远征西非、巴伊亚（Bahia）提供了动力，但弗雷德里克·亨德里克却发现自己在低地国家的国政方面以及在担任军事指挥方面越来越受限。他的部分困境在于，他与荷兰省反抗辩派城镇的联盟明显是个权宜之计。考虑到他的过去，即便他愿意放弃先前对宗教和思想事务的宽容政策，人们也很难视他为加尔文宗正统派的支持者；反抗辩派也难以无视这样的事实，即执政侵害了他们1618年之后在莫里斯统治下获得的利益。1637年的军事行动中，亲王用相对小规模的军队拿下布雷达。这或许只是因为红衣主教兼王子（与早前的命令相反[101]）将主力部队从荷兰前线调往阿图瓦迎击法军。共和国对这次胜利回应冷淡，这表明荷兰再没有哪个主要的思想派别称颂执政的功绩。反抗辩派不满他在新征服地区的宗教政策。冯德尔依然保持沉默。惠更斯从执政在布雷达的营地致信霍夫特，力劝他发表胜利之诗，庆贺攻占布雷达，就像他曾为夺取斯海尔托亨博斯做的那样。惠更斯评论道，新胜利的价值不下于以往的任何胜利。但霍夫特仍旧默不作声。[102]

执政确实调整了自己在征服地区的宗教政策。他不像在1632年和1635年那样，要求总三级会议给予天主教信仰宽容，并且在挣脱西班牙枷锁、臣服共和国的地区，允许天主教教会保留其教士、建筑和收入。在新近重夺的布雷达男爵领地，他没有批准对天主教的宽容，拒不给予天主教崇拜比1625年以前所准许的更多的自由，于是天主教仪式再次被限定在莫里斯曾允许的两个女修道院内。[103]然而，执政依然是宽容观念的支持者，事实上他与法兰西的联盟也要求他如此。如果说他在正式意义上对布雷达颁布与1625年之前相同的法规，那么他对守法的要求显然宽松得多：他允许一些天主教神父留下，指示他的新德罗斯特准许天主教教徒秘密集会。他在新近收复的林根伯爵领地维持着宗教政权，它得到乌得勒支的荷兰天主教传教团的承认，同时也得到了例外宽容。[104]

1633年之后的形势给加尔文宗正统派制造了困境。如今，对执政的批判态度要比以往更不符合他们的利益。他们感到必须支持执政，共同对抗讨人厌的阿明尼乌派。然而他们的态度仍不温不火，因为他们内部存在一股不认同的潜流。如果执政和统治集团不在政策方面做出根本性改变，那么在宗教问题上对不宽容和高压政策的偏离之潮显然无法得到逆转或遏制。暂时来看，也毫无逆转或遏制的前景。不过，加尔文宗正统派，包括一些荷兰省摄政官，在地方层面上坚持拒绝向宽容和宗教自由的趋势屈服：他们在自己管辖的城镇和社群中继续抵制这一趋势。1633年6月，莱顿的治安法庭召唤该城的斯豪特，要求他解释有关该城打击天主教和抗辩派秘密集会的记录为什么有这么多错漏；斯豪特回复道，由于附近海牙地区的天主教教徒和抗辩派获准不受阻碍地集会，市民们开始期待莱顿也有同样的政策。[105] 治安法庭驳斥道，莱顿不会像海牙那样，莱顿的天主教教徒和抗辩派永远不得集会。[106] 与此类似，哈勒姆、豪达和一些小城镇也保留着不宽容的政策。

总三级会议不再给予南尼德兰人天主教宽容。但也没有任何迹象显示，执政是为了加尔文宗信仰而战。加尔文宗正统派认为这一点令人难以接受。"联省正在进行什么类型的战争？"1637年一名反抗辩派小册子作者问道。然后，他带着厌恶的情绪自问自答道："自由派的战争。"[107] 作者认为这是国家弊病的显著症状。他哀叹马斯特里赫特对天主教的公开宽容，抱怨执政允许在1629年从西班牙人手中夺回的、加尔文宗主导的城镇韦瑟尔举行天主教仪式。他对荷兰省各个城镇议事会感到绝望；在他看来，里面充斥着"自由派、阿明尼乌派、无神论者和隐藏的耶稣会会士"。[108] 他坚持认为"同盟"和宗教改革正受到颠覆，并且评论道，近年来天主教的祷告会变得普遍、公开，不仅阿姆斯特丹和鹿特丹如此，海牙、多德雷赫特和其他城镇亦是如此，荷兰省乡村也未能幸免。这一点上，他确实是正确的。1638年的一份天主教报告写道，恩克赫伊曾如今有大约1 300名天主教教徒，而20年前这个数字几乎为零。[109] 在多德雷赫特，自从莫里斯亲王过世后，议事会对天主教教徒和门诺派宽容了许多，[110] 代尔夫特、霍伦、阿尔克马尔，甚至乌得勒支的情况都是如此。

不过，弗雷德里克·亨德里克依然是反抗辩派加尔文宗革命所创造的政治体系的继承者。亲王及其扈从依旧牢牢掌握大权，在与法兰西的联盟下坚持作战。1638年，奥伦治亲王在试图夺取安特卫普以南、斯海尔德河岸的堡垒时，严重受阻：他的部分军队在6月的卡洛战役（Battle of Kallo）中遭遇突袭和溃败，数百名士兵战死，2 500人的军队连带着80艘内河驳船被俘。这场被范埃森称为"重大灾难"的事件过去两个月后，亲王在夺取盖尔登时又遭遇重大挫败。当时，帝国军队突然出现，迫使亲王颜面扫地地撤退。奥伦治亲王在1639—1640年军事行动中无功而返，他多次试图夺取盖尔登和许尔斯特，但都以失败告终。1640年，未果的许尔斯特围城战中，弗里斯兰执政亨德里克·卡齐米尔遭受致命创伤。

因此，虽然弗雷德里克·亨德里克在1637年重夺布雷达，但他在17世纪30年代晚期的军事成就相较于1629—1633年时取得的那些依旧显得平淡无奇。事实上，是东印度公司在亚洲的胜利令执政的功绩黯然失色。东印度公司在1638—1641年从葡萄牙人手中抢占了锡兰沿海的大部分地区，1641年又攻占马六甲。而这些胜利又被执政的表亲约翰·毛里茨·范拿骚-锡根（Johan Maurits van Nassau-Siegen）伯爵的功绩超越。这位西印度公司的巴西总督（1637—1644年），极大地扩张了荷兰控制的巴西北部地区。荷兰人将巴西划分为14个舰长管区，其中7

个由约翰·毛里茨纳入西印度公司治下,虽然他最大规模的行动未果。1638年的那场行动中,他率领3 600名欧洲士兵和1 000名印第安人组成的军队攻打巴伊亚,行动的失败给尼德兰属巴西的前途造成了灾难性的影响。另外,也是约翰·毛里茨将远征军从巴西调往非洲,去攻占几内亚海岸的埃尔米纳(Elmina,1637年)以及安哥拉(1641年)。

让弗雷德里克·亨德里克1637年后取得的所有成就黯然失色的,还有海军将领特龙普在1639年的胜利,他摧毁了奥利瓦雷斯伯-公爵耗费数年苦心建立起来的巨型舰队。此前,奥利瓦雷斯伯-公爵将它派往英吉利海峡,期望从荷兰手中夺取海上霸权。1639年的西班牙舰队拥有近100艘战舰,其中包括一些附随的英格兰运输船,它们载着超过2万人的西班牙和意大利军队前往佛兰德。在比奇角(Beachy Head)附近的海域进行首次交战后,西班牙舰队到英格兰海岸的唐斯(Downs)避难。查理一世当时正与西班牙交好,因而试图保护被击败的西班牙舰队。他警告荷兰人,不要"在他自己的地盘上"冒犯他。但是特龙普收到执政的秘密指令,要求他无视英格兰的反对,于是特龙普在10月21日发动袭击,大获全胜。

1640—1647年:争夺共和国领导权

但是,如果说日渐衰老的执政的军事成就有所衰减,那么他对巩固自己的宫廷和王朝的热情以及主导荷兰政局的意愿,则丝毫没有衰减,这主要是通过气势宏伟的建筑工程和艺术作品实现。

随着岁月的流逝,亲王的宫廷风格和宫廷建筑日渐宏伟。1636

年，路易十三将法兰西官方对执政的称谓形式从"阁下"（Excellence）升级为"殿下"（Altesse），这一称谓通常只为次要君主及其亲属保留。1637年1月，总三级会议追随这一模式，将亲王的称谓从"阁下"（Excellencie）变更为"殿下"（Hoogheid）。[111] 更令亲王在欧洲宫廷中声望大增的，是亲王在1641年成功安排了他的儿子兼继承人与英格兰的查理一世之女联姻。这是奥伦治家族与斯图亚特家族的第一次联姻，也是奥伦治-拿骚家族首次实现与重要王族的联姻。新娘玛丽公主和她身边的贵妇人都认为这是下嫁。假如查理一世当时不是诸事繁杂，不是急需获得一切帮助，那么他会不会同意这桩婚事就值得怀疑了。不过，这场联姻无疑大大提升了奥伦治-拿骚家族的地位。当时，总三级会议和荷兰省三级会议都没人提出反对，这桩婚姻被视为离间英格兰与西班牙的方式，因此在政治上对共和国有利。[112]

亲王还通过将更多执政职位堆积到自己身上，而获得更高地位。1632年恩斯特·卡齐米尔去世后，执政第一次试图争取格罗宁根和德伦特的执政之位，未果。然而，恩斯特·卡齐米尔的儿子，弗里斯兰、格罗宁根和德伦特执政（1632—1640年）亨德里克·卡齐米尔去世后，奥伦治亲王进行了第二轮尝试。这次他通过事先在地方贵族中发展自己的门徒而为自己铺好了路：1639年，他确保自己的门徒鲁洛夫·范埃赫滕（Roelof van Echten）被德伦特省三级会议选为德罗斯特。此外，格罗宁根的许多土地贵族将亨德里克·卡齐米尔视为格罗宁根城的盟友，这样的事实同样对奥伦治亲王有利。听闻亨德里克·卡齐米尔在许尔斯特战死的消息，亲王的朋友便开始在北部游说，为他拉票。在范登鲍霍尔斯特的催促下，总三级会议以5省（包括荷兰省）对2省的投票通过决议——派一支代表团去弗里斯兰和格罗宁根，劝说两省任命弗雷德里克·亨德里克为下一任执政，以便优化两省之间的军事协作，加强共和国的团结。[113] 弗里斯兰和格罗宁根（两省都投票反对派遣代表团）的代表抗议道：两省是享有主权的省份，应该自行决定执政人选而不受总三级会议干涉。[114] 这项进程在弗里斯兰完全失败。弗里斯兰省三级会议赶在代表团抵达前火速解决问题。弗里斯兰存在特殊主义；讲道者也不满亲王对天主教教徒和抗辩派的宽容态度。支持亨德里克·卡齐米尔之弟威廉·弗雷德里克的弗里斯兰贵族们有力地利用了这两大因素，甚至总三级会议代表团抵达时才发现，威廉·弗雷德里克已然当选弗里斯兰执政。代表们飞奔至格罗宁根，这里的决定尚未达成。

弗里斯兰省三级会议也派出了代表团，呼吁格罗宁根维持一个多世纪以来（1536年以来）的传统，与弗里斯兰共同拥戴一位执政。然而，经过激烈的游说活动，得到任命的是亲王。不久之后，德伦特省三级会议同样把弗里斯兰代表团的要求抛诸脑后，选择了奥伦治亲王。此外，1640年11月，总三级会议还任命亲王为韦德和韦斯特沃尔德两片公地的执政。[115] 1640年11月，亲王前往荷兰东北部接受自己的新头衔。在格罗宁根，陪同出行的亲王之子，即未来的威廉二世，获得了继任权，或者说接任其父执政职位的权力。这种以世袭为基础、提前授予继任权的实践是新近的创新。1631年，它（由范哈索尔特提议）开始在上艾瑟尔实行，而后（在范登鲍霍尔斯特提议下）被荷兰省采用，其他省份随后效仿。[116]

1640年，弗雷德里克·亨德里克获得了更多的执政职位和声誉。然而，这些身份在某种程度上起到了政治上的反作用。[117] 莫里斯曾享有威廉·洛德韦克的全力支持，共和国整体也从他们的密切合作中受益。与此相反，弗雷德里克·亨德里克力图夺取威廉·弗雷德里克的弗里斯兰执政之位，并且事实上夺取了后者在格罗宁根、德伦特和韦斯特沃尔德的执政之位。这样的境遇是他的弗里斯兰表亲不太可能谅解的。[118] 两位执政的关系从一开始就很恶劣。

光鲜的表象之下是衰弱的现实。1640年的军事行动失败后，奥伦治亲王发现自己与荷兰省三级会议的关系再度陷入困境。[119] 关系恶化是因为大多数城镇强烈要求进一步裁军，它们叫嚷着要彻底解散1628年征募的50个连。加泰罗尼亚起义和西班牙国王深陷困境的消息不过强化了荷兰省三级会议的态度。阿姆斯特丹坚持，西班牙不再构成真实的威胁，可以安然裁撤荷兰军队。[120] 亲王费了九牛二虎之力才暂时延缓了军队的遣散工作。

1629年到1633年8月，执政一直"倾向于"与西班牙和南尼德兰和谈，或达成新的停战协定。此后，他受困于主战的立场，被法荷联盟条款限制，消极回应所有来自布鲁塞尔的秘密联络。随着荷兰省三级会议中对联盟政策的反对意见日增，亲王变得比以往更渴望最大限度地施加对总三级会议及其秘密委员会的影响力，确保来自布鲁塞尔的每次接洽都由他信任的心腹专门负责，并尽可能少让三级会议成员参与其中。1635年的冬季，红衣主教兼王子派一位公使到克莱沃的克拉嫩堡（Kranenburg）谈判。公使发现和自己对峙的只有一名荷兰代表——唯利是图的科内利斯·米斯。

即便弗雷德里克·亨德里克没有严密地掌控克拉嫩堡谈判，它也不太可能得出什么成果，因为控制着申肯尚斯的奥利瓦雷斯伯-公爵自信满满，他要求荷兰彻底放弃荷属巴西，部分撤出荷属东印度，并将马斯特里赫特、芬洛、鲁尔蒙德和莱茵贝格归还西班牙，以换取长久停战，

第22章　1629—1647年：迎来胜利的共和国　　645

并取得布雷达和申肯尚斯。这些要求根本不可能得到满足。[121] 西班牙随后丧失了申肯尚斯，又于1637年丢了布雷达，虽然红衣主教兼王子在同年重夺芬洛和鲁尔蒙德。

1637年之后，来自布鲁塞尔的接洽变得愈加频繁，而弗雷德里克·亨德里克却比以往更渴望阻止西班牙煽动荷兰省三级会议的内部分裂。1639年2月，红衣主教兼王子向马德里汇报，荷兰省的主和情绪高涨，且持续增强。但此时的他也承认，自己也很受困扰，要如何绕开弗雷德里克·亨德里克对总三级会议及其秘密委员会的铁腕控制，以便与荷兰省的主和派联络。[122] 加泰罗尼亚和葡萄牙起义之后，西班牙大臣热切期望将联省分离出法荷联盟——如果真有可能的话，与此同时红衣主教兼王子也使出浑身解数促成此事。但是执政又一次老练地阻断了所有沟通渠道，同时他得到了米斯兢兢业业的支持——米斯掌控着总三级会议的所有通信，而他的勤恳也得到巴黎慷慨的补偿。1641年3月，红衣主教兼王子悲观地向马德里报告称，只要奥伦治亲王依然与法兰西绑在一起，并且控制着总三级会议，他就找不到任何与荷兰达成协议的方法。[123] 正如布鲁塞尔观察到的，荷兰省三级会议依然处于瘫痪状态。

尽管奥伦治亲王在执政的第一阶段（1625—1633年）"倾向于"与西班牙议和，又在第二阶段（1633—1646年）反对议和，但各个阶段内都潜藏着重要的政治连续性。荷兰共和国是荷兰省三级会议的创造物：在1618年以前，荷兰省三级会议一直毫不费力地主导着虚弱、分裂的弱小省份。然而在十二年停战期间，荷兰省却陷入分裂，这让整个国家面临着解体和混乱的威胁。稳定和团结是由莫里斯的1618年政变恢复的。这证明联省的运行方案还有可替代的基础。尽管联省依然依靠荷兰省的财富和资源,但也有可能塑造成一个非共和制、非协商式的准亲王政治体制,其中执政及其心腹掌控国家的决策和运行。从表面上看,这一替代方案实现了各省更紧密的团结、提高了总三级会议的地位。省主权在奥尔登巴内费尔特时期还是半真实的存在,而1618年之后,在莫里斯和弗雷德里克·亨德里克治下,它几乎形同虚设。但是,莫里斯制造的体制存在一个根本性的缺陷:它依赖荷兰省的分裂。如果荷兰省不再分裂,它就难以运行。荷兰省刚要恢复团结,"亲王"体制就难以运转。[124] 因为该体制的本质就是否认荷兰省对联省的主动领导权。

随着荷兰省内部的分歧减少,亲王的权威相应衰减。需要执政帮助且顺从于他的荷兰省派系必定是弱势派系。这便是1633年大逆转出现的原因。到17世纪30年代初,阿明尼乌派都是荷兰省的弱势派系,而1633年之后,他们成了强势的一方。

1641年间,亲王抵挡住了要求进一步裁军的压力。尽管如此,他利用西班牙当前绝望困境的努力却只得到了微薄的成果:1641年,他仅攻占了亨讷普。该地属于于利希,1635年红衣主教兼王子夺取该地,并修筑了防御工事。1641年年末至1642年年初的冬天,阿姆斯特丹在荷兰省三级会议中领导了新一轮运动,力图削减开支和军力。除了贵族集团忠实地站在执政一方,其余几乎所有三级会议成员都支持阿姆斯特丹,尽管亲王得到泽兰省和乌得勒支省的强力支持[125],但最终不得不接受裁军方案——将军队从7万人裁至6万。这一消息令巴黎沮丧。"他的权威大减。"法兰西驻海牙的大使评论道。[126]

荷兰省日渐强硬的立场不仅限于开支和军力方面。[127] 如今荷兰省比17世纪30年代时更为团结;即便亲王日渐恶化的健康状态没有

第22章 1629—1647年:迎来胜利的共和国

更严重地妨碍他工作，亲王也还是无法阻止荷兰省在国家事务中发挥更积极的作用。他依然保留着从前那批心腹，但从此以后，亲王都在争取避免或尽量减少内讧，尽力打造一种折中之法，期望能包容荷兰省已然增强的地位，同时尽可能多地保留17世纪30年代打造的准君主制制度。1641年12月，亲王与三十年战争的主要参与者一致同意，在明斯特和奥斯纳布吕克开启和谈。这一决定有利于亲王。如今，有了正式谈判机制，法兰西、瑞典、荷兰、西班牙和神圣罗马帝国皇帝都参与其中。尽管在好些年里都没有出现真正的谈判，但这一机制有助于执政名正言顺地继续阻碍布鲁塞尔与海牙之间直接进行试探性和谈。虽然在1641—1644年间并不存在实质性的和谈进程，但弗雷德里克·亨德里克及其盟友如今可以宣称，他们正遵照法荷联盟的协定，跟法兰西一道，与西班牙和谈。

削减亲王权力的关键一步是对总三级会议秘密委员会的渗透，而这种渗透出现在荷兰开始商讨派往明斯特和会的荷兰代表团的组织形式及其任务之后。[128] 1643年8月，荷兰省三级会议给派驻总三级会议的代表拟定了新的指令，禁止他们在总三级会议及其委员会里继续讨论战争、和平、停战和向外国派遣外交使团的相关事宜，除非收到荷兰省三级会议指示。[129] 这打破了弗雷德里克·亨德里克体制，顺利让荷兰省三级会议在17世纪40年代中期逐渐占据上风。其他省份很快追随荷兰省的领导，给它们在总三级会议的代表下达了新指示。

此前，执政曾展现出充沛的领导力，但政治局势的转变和他衰退的健康状况，给他执政期的最后几年平添了一股动荡不定、优柔寡断的气氛。他自己的扈从分歧也越来越多，尤其是在与荷兰省妥协的程度这一问题上。[130] 1643年的政治议程上最主要的议题就是给派往明斯特和会的荷兰代表团的指令。经过详尽的商议，总三级会议同意与西班牙和解，前提是：腓力四世交出整个迈赖地区（迈赖的大部分领土仍在西班牙军队手上）；承认荷兰在东西印度取得的胜利；同意永久关闭斯海尔德河到海洋的交通；满足泽兰省在佛兰德港口关税方面的要求；解除针对荷兰航运和贸易的封锁。[131] 此前西班牙已承认联省主权独立。总三级会议投票同意保持敌对状态，直至西班牙国王批准在明斯特达成谈判协定。

但是，荷兰的全权代表要完全遵从这些条款，还是可以稍做修改？对此，联省依然存在分歧。到1644年3月，7个省份中6个表示同意，联省并非所有条件都要完全得到满足。[132] 但泽兰人依然坚持，一旦西班牙否决任何条件，全权代表就必须中止谈判。这是因为泽兰人担心，假如其他省份被引诱舍弃有关佛兰德港口关税的条件，泽兰与南尼德兰的过境贸易将受损。泽兰提醒总三级会议，在十二年停战期间，泽兰的转口贸易被转移——正是荷兰省商人"通过佛兰德各海港，向布拉班特、佛兰德和其他省份供应联省的商品，甚至包括鲱鱼"，而绕过泽兰和斯海尔德河口。[133]

明斯特和会的进程让弗雷德里克·亨德里克在生命的最后几年里得以缓和荷兰省内对西班牙、南尼德兰和法兰西相关问题的纷争。英格兰的内战在荷兰省与亲王之间引发一些分歧，但这并非严峻的难题。但是，在丹麦桑德海峡和荷兰波罗的海贸易的问题上，丹麦与荷兰爆发了严重冲突。1638年，丹麦-挪威国王克里斯蒂安四世开始实行一套严厉的反荷兰重商主义政策。他大幅增加了对通过桑德海峡进出波罗的海的外国船只征收的通行费——其中占比最大自然是荷兰。[134] 最终，总三级会议向哥本哈根派去一名高级大使，要

第22章 1629—1647年：迎来胜利的共和国

求取消增加上述通行费政策，撤销丹麦在格吕克施塔特对易北河贸易新开征的通行费，并且解决荷兰与丹麦之间关于斯匹次卑尔根岛（Spitsbergen）周边捕鲸基地的持久纠纷。丹麦国王驳回了这些要求，转而与西班牙订立同盟条约，开始配合西班牙封锁荷兰，并对离开汉堡和易北河、前往西班牙的船进行检查、颁发许可证。[135] 而总三级会议在好些年并未采取行动。到1644年，北荷兰省的大商人、船长和海员之中积累起滔天愤怒之情，阿姆斯特丹坚持主张派舰队去迫使丹麦人就范。弗雷德里克·亨德里克表示反对，并宣称更为重要的是集中精力应付对西班牙的战争以及维持荷兰海军对佛兰德海港和私掠船基地的封锁。[136] 这一事件最令人瞩目之处在于，荷兰省三级会议整体不愿意像阿姆斯特丹和西弗里斯兰各海港那样，给予波罗的海贸易这样高的优先地位。南荷兰省各城镇，包括鹿特丹，并不认为波罗的海如此重要。在这个关键节点，它们认同泽兰的意见，即维持针对佛兰德私掠船和海港的最大海军压力，要比派舰队对付丹麦人更重要。[137] 最终的结果是妥协。大部分舰队留在英吉利海峡。而临时组建的第二舰队最终在1645年夏被派往丹麦，其中包括6艘从东印度公司雇来的舰船。舰队迫使哥本哈根做出屈辱的让步，降低了通行费，虽然此时该政策已实行了7年。

在英格兰内战问题上，弗雷德里克·亨德里克比荷兰省三级会议更同情查理一世的事业，但是他没有采取行动，积极介入，而是满足于保持做些无关紧要之事的支持姿态。[138] 迄今为止，17世纪40时代中期荷兰政治中最为重要的事宜，是要与西班牙和南尼德兰签订什么样的条款。弗雷德里克·亨德里克渴望在和谈达成以前，在南部取得某些令他威名远扬的终局性胜利，并由此争取最大限度推迟削减军事开支和军力。然而，达成和平和削减战争开支的双双延迟令荷兰省日渐焦躁。在1644年的军事行动中，亲王夺取了萨斯范亨特，随后该地并入荷属佛兰德，与次年最终拿下的许尔斯特情况相似。然而，1646年春，荷兰省拒绝批准当年的军事预算，除非遗留问题——实现与西班牙的和解——得到解决。[139] 8月，亲王最后一次尝试夺取安特卫普，但以失败告终。但这时，他已开始与荷兰省协作，以促使明斯特的荷西谈判顺利完成；这违背了法兰西的意愿，也违背了总三级会议一些成员的意愿。[140] 当约翰·德克纳伊特（亲王个人，也是泽兰派驻明斯特的全权大使）开始与荷兰省的首要全权大使阿德里安·保合作，而不是按照泽兰的意愿阻碍谈判进程时，西班牙的全权大使首次意识到，执政正在助力推进和谈。

如今年老体衰的执政的默许，并不意味着联省内再不存在反对与西班牙和解的重大势力，尽管荷兰省中只有莱顿依然坚持反对（哈勒姆首先、豪达其次随其改变立场，与其他城镇达成一致），[141] 弗里斯兰和格罗宁根也在1646年10月停止作对。

弗雷德里克·亨德里克的一些扈从极不乐意打破与法兰西的联盟，认为此后共和国的事务就将由阿德里安·保和如今阿姆斯特丹的杰出人物安德里斯·比克尔主持。亲王的儿子兼继承人威廉依然激烈反对，他向法兰西大使保证，他依旧是"法兰西坚定的盟友"。[142] 反对与西班牙和解的声势在泽兰、乌得勒支和海尔德兰的聚特芬区依然强劲，鲁尔蒙德区的许多讲道者的态度亦是如此，他们渴望将南部从西班牙和教宗手中解放出来，想在那里推行宗教改革。按照亚历山大·范德卡佩伦（Alexander van der Capellen）的说法，海尔德兰就和谈条款发生的争执大多源于各区对该省领导权的争夺。卡佩伦是聚特芬区的一名主要贵族，后来成为威廉二世的重要拥护者。[143] 在总三级会议的政治中，聚特芬区和奈梅亨区向来采取相互对立的立场，就像十二年停战期内，奈梅亨区站在奥尔登巴内费尔特一边，而聚特芬区站在反抗辩派一边。阿纳姆区当时采取了中间立场，1646—1648年间也是如此。1647年，聚特芬区不仅强烈要求完全兼并迈赖和上马斯，还要求西班牙一并交出上海尔德兰（或鲁尔蒙德）区。鲁尔蒙德此前是海尔德兰的第4个区，而如今仍是西属尼德兰的一部分，并且自16世纪80年代以来就被再度天主教化。与此相反，奈梅亨区反对兼并上海尔德兰的要求，并且整体上支持荷兰省。[144]

反对意见足够广泛，各省、区之间的分歧也足够鲜明，因而能够极大地推迟和约的落定和批准。1647年3月14日，弗雷德里克·亨德里克辞世，但持续整个1647年，并延伸到1648年头几个月的复杂争论并没受什么影响。这时，荷兰省在联省中的主导地位已经不可挑战，但是，这是一种存于争执、辩论和共和国两极分化中的霸权。共和国分化为两个对立的意识形态阵营，同时，它们在地方层面上也是相互竞争的势力和庇护网络。

弗雷德里克·亨德里克在去世前的3天，最后一次接见了来自总三级会议和荷兰省三级会议的代表团；他结束会谈时说："我是三级会议的公仆。"[145] 在他弥留之际，围聚在他卧榻旁的是众多共和国政治舞台上的新星，他们包括：代表荷兰省的雅各布·卡茨、惠更斯、代尔夫特狂热的奥伦治派讲道者约翰内斯·胡塔尔斯（Johannes Goethals）——他后期出版了有关执政最后岁月的详细记录。执政的葬礼于5月10日在代尔夫特举行。筹备期间，执政的友人与荷兰省三级会议就葬礼级别问题发生分歧。[146] 亲王一方希望由总三级会议付费，展现盛大、凯旋般的排场，以赞颂已故亲王，教化公众。但荷兰省坚持应遵循沉默的威廉（1584年）和莫里斯（1625年）公共葬礼的先例，做更为庄重朴素的布置。彼得·坡斯特为葬礼过程绘制了8幅插画，随后于1651年出版。送葬队伍的一大特色是20匹巡游马匹，它们驮着象征奥伦治-拿骚家族众多领主身份的盾徽，包括布雷达、赫拉弗、海特勒伊登贝赫、比伦、艾瑟尔斯泰因、莱尔丹、林根、莫厄斯（Moeurs）、费勒和弗卢辛的盾徽，当然也包括奥伦治、拿骚和迪茨（Diez*）的盾徽。跟在棺材之后的是威廉二世和包括大选帝侯在内的其他家人，而后肃穆而行的是总三级会议和国务会议成员，走在最后的是荷兰省三级会议成员。送丧队伍中包含了数量多得惊人的贵族和高级军官，这向公众展示出执政宫廷享有何种程度的影响力。[147]

---

* 原文为Dietz，疑误。——编者注

第23章

1590—1648年：艺术与建筑

艺术的繁荣

荷兰大起义是政治和宗教领域的革命，同时也是艺术与建筑领域的革命。战争摧毁了成百上千的城堡、教堂、修道院和其他城市建筑。大起义包含着对天主教教会的镇压，这意味着要没收教会建筑和艺术珍品，并为市政用途对它们进行再分配。新公共教会——归正会在教会建筑和教堂装饰方面采取了与前任截然不同的策略。大起义还导致城市民兵团体的扩大及其地位的提升，他们成了大起义的捍卫者与领导者。大起义还塑造了一种新的政治修辞，它要求以新颖的城市艺术形式取代从前那种。

然而，并不能说1572年标志着荷兰开启了艺术和建筑的黄金时代。相反，1572—1590年是动荡和剧变的时代，那时既没有资源也没有需求去进行大量的艺术创作。大起义的头些年里，所有事情都要靠着有限的预算进行。北尼德兰几乎没有富裕的大商人，仍有闲钱的官员也不太可能在这样动荡的时代投资艺术。军事的紧急状态意味着，如果哪里需要重修城门和部分城墙，那么这些工作必须迅速、廉价地完成，而且大部分时候只能参照1572年之前的设计。哈勒姆就是个例子。[1]与此同时，大批被没收的天主教教堂意味着新公共教会并不需要新建筑。到那时为止，大起义的英雄和英雄功绩还不能用昂贵的艺术作品来赞颂和纪念。

1566年、1572—1574年、1577—1580年，以及某些内陆省份在1590—1594年间的破坏圣像浪潮，导致绘画、圣像和雕塑的大面积毁坏。幸存的最为上乘的宗教艺术品交由市政保管，在筛除天主教元素过于鲜明的作品后，剩下的艺术品得以在市政建筑，尤其是市政厅里展览。[2]由此诞生了一种崭新的城市艺术特性，它充分利用1572年之前的绘画，包括路加斯·范莱登、扬·范斯霍勒尔、马尔滕·范海姆斯凯克和安东尼·范布洛克兰特（Anthonie van Blocklandt，1534—1583年）的作品。这些画作强调的是市政官员与公众之间的互动，而不是教会与信徒之间的关系。在代尔夫特，16世纪艺术大师的画作在整个黄金时代里填满了市政厅，[3]这排除了新市政委托创作的必要性，该城此后几乎没有委托创作艺术品。莱顿市长的房间里挂着路加斯·范莱登的作品，该城依然深深以这位艺术家为荣。[4]

在16世纪七八十年代，艺术作品百花齐放的准备工作就已就绪。这一繁荣时期开始于16世纪90年代，与荷兰开始在"高利润贸易"领域取得霸主地位同期发生。在这个黄金时代，艺术领域的成就和创新大规模、高强度地推进，历史上其他任何时期和地域都不能企及。它的实现，不仅因为新意识形态和宗教体系的创建，还因为在16世纪80年代，依然相对贫穷的北尼德兰积累了丰富的艺术技艺，有大量风格各异的艺术家。1585年前后，大量流亡艺术家从南部到来，他们多是新教徒，或者至少被迫适应了新教的文化环境。他们带来了诸多遗产——安特卫普、布鲁日和根特精湛的艺术技艺和训练方式，这些城市数个世纪以来都属于欧洲首屈一指的艺术中心。与此同时，虽然北尼德兰本土的艺术特征和取向出现转变，诞生于各个工作室的训练方式和艺术技艺依然存在连续性，尤其是来自范海姆斯凯克和范布洛克兰特画室的那些。范海姆斯凯克在16世纪70年代初依然活跃于阿姆斯特丹和哈勒姆。范布洛克兰特则是乌得勒支的艺术荣光，16世纪90年代，他依然通过亚伯拉罕·布卢马特（Abraham Bloemaert）这些学生，极大影响着该城的艺术繁荣。[5]

鉴于16世纪90年代以前的资源如此有限，本地画室都在艰难维持，来到北部的大批流亡艺术家生活就更不容易，这无疑导致一大部分安特卫普、根特和布鲁日的艺术家选择留在南方。大多数流亡者起初举步维艰，伦勃朗的一个学生萨米埃尔·范霍赫斯特拉滕（佛兰德移民的孩子）在将近一个世纪后回忆，当时许多流亡者经常沦落到去做底层的苦力和杂役。[6] 由此导致的一个结果是，早在1590年之前，就出现了大量廉价的印刷品以及大批制作粗劣、售价低廉的蚀刻画，其中描绘着大起义的英雄或西班牙的暴行。另一个结果是，城市可以低价雇到大量的艺术人才，从而满足临时性的装修、布置市政庆典等工作。这让城镇议事会能够将艺术用作影响公众的宣传工具，通过各式各样的纪念活动和庆典，赞颂大起义、自由和地方忠义精神。莱斯特伯爵及其英格兰随从为这些表演和展览的精致而震惊：他们于1585年12月抵达北尼德兰后进行的从米德尔堡到乌得勒支的行程也因为上述活动而丰富有趣。1586年3月进入哈勒姆时，莱斯特伯爵遇到的是一组令人眼花缭乱的凯旋门、庆典金字塔和寓言方尖碑，它们描绘着哈勒姆在1572—1573年围城战期间的英雄主义和苦难遭遇。[7] 莱斯特伯爵造访泽兰省、荷兰省和乌得勒支省的盛大仪式也通过大批量制作的印刷品而向公众重现。

不过，当时也有艺术创新。一开始，一系列相互孤立的艺术突破仅有有限的影响，[8]但是从16世纪90年代开始，它们便为荷兰艺术的现象级增长和多样性提供动力。尤为突出的是哈勒姆的三巨头：两个北尼德兰人科内利斯·科内利茨·范哈勒姆（Cornelis Cornelisz. van Haarlem，1562—1638年）和亨德里克·霍尔齐厄斯（Hendrik Goltzius，1558--1617年），一个南尼德兰人卡雷尔*·范曼德。他们发展出了新观念、新技术和新方法。1590年之前，最为重要的成果就是科内利斯·科内利茨令人惊叹的民兵群体肖像画；[9]1583年创作这幅画时，他年仅21岁。此画开启了栩栩如生的民兵画像的传统，这一流派而后将在弗兰斯·哈尔斯的民兵群体画中达到极致。另一个重要成果是霍尔齐厄斯著名的沉默的威廉的肖像画。这幅画创作于1581年，勾勒了带有英雄象征符号的表框，既是艺术也是政治宣传的杰作。

因此，在16世纪90年代，当"高利润贸易"的急剧繁荣导致整体局势发生转变，大批物资变得唾手可得时，大量技艺纯熟得令人瞠目的艺术天才早已就位，这让艺术作品有可能如洪流般倾泻而出；在数量、质量和种类上，没有哪个社会、哪个时代能够与之比肩。人才集中的现象出现在数座城镇中。在乌得勒支，亚伯拉罕·布卢马特（1564—1651年）、约阿希姆·维特瓦尔（Joachim Wttewael，1566—1638年）和保卢斯·莫雷尔瑟是黄金时代初期该城绘画领域的三根台柱。代尔夫特有米希尔·范米勒费尔特（1567—1641年），他是金匠

---

* 原文有 Karel 和 Carel 两种拼写方式。——译者注

之子，16世纪80年代初在乌得勒支的范布洛克兰特那儿接受训练。19世纪的评论家比斯肯·许埃特（Busken Huet）认为他是黄金时代的第一位伟大艺术家；[10]他又因训练了莫雷尔瑟，而反哺了乌得勒支。16世纪90年代，范米勒费尔特在代尔夫特确立起自己作为荷兰省首屈一指的肖像画画家的名声。这些艺术家全是北部人。但是也有许多艺术家来自南部。在阿姆斯特丹，一开始是移民艺术家占据上风。[11]汉斯·范德费尔德（Hans van de Velde）——著名的埃萨亚斯的父亲——从安特卫普移民而来，在1586年成为阿姆斯特丹市民。戴维·芬格博斯（David Vingboons，1576—1632年）是荷兰黄金时代早期的重要人物，也是建筑师菲利普斯·芬格博斯的父亲。他来自梅赫伦，16世纪90年代在阿姆斯特丹接受其艺术家父亲的训练。鲁兰茨·萨弗里（Roelant Savery，1576—1639年）来自科特赖克，16世纪90年代，在阿姆斯特丹他哥哥手下接受训练。南尼德兰的一支流派——典雅的园林宴会场景画——向北部风格转变，这主要发生在17世纪头20年的哈勒姆，这一转变尤其受到来自南部的艺术家和南部移民后代的推动，特别是戴维·芬格博斯、埃萨亚斯·范德费尔德和迪尔克·哈尔斯（Dirk Hals）。[12]

另外一些南部艺术家最初迁往德意志，16世纪80年代，那里的前途看起来比北尼德兰更为光明；1590年之后，形势有所改善，他们又搬往北尼德兰。流亡者最为敬重的一个同代人希利斯·范科宁克斯洛（Gillis van Coninxloo，1544—1607年）迟至1595年才从德意志迁往阿姆斯特丹定居。一些南部艺术家最初留在安特卫普，1585年之后，当荷兰艺术领域获得惊人势头时，才迁往北部。另一种情况是，技术娴熟、相对富裕的南部工匠观察到16世纪90年代商业繁荣为绘画创造了新机遇，于是引领儿子投身艺术事业，弗兰斯·哈尔斯（1581年至1585年间—1666年）和迪尔克·哈尔斯两兄弟的情况或许就是如此。哈勒姆最伟大的画家弗兰斯·哈尔斯在1586年前后与父母一同从安特卫普来到该城。据称，他约在1600年前后在范曼德那里接受训练，不过他有记录的最早的画作迟至1611年才出现。[13]

因此，与精英商人类似，黄金时代的荷兰艺术精英也是本地人与移民的混合体。由南尼德兰艺术传统转变或修改而来的流派确实在联省的艺术洪流中占据了重要地位。然而，当时乌得勒支、哈勒姆、代尔夫特和莱顿的领导性人物往往是北尼德兰人而非南尼德兰人，莱顿的摄政官兼画家伊萨克·范斯瓦嫩堡（Isaac van Swanenburg，1538—1614年）就是典型代表。此外，北尼德兰新一代艺术家的训练和发展方向大体上也遵循范布洛克兰特、布卢马特、米勒费尔特、彼得·拉斯特曼（Pieter Lastman）和范斯瓦嫩堡的传统，而不是安特卫普流派的传统。

16世纪90年代艺术品的产量同时在七八个中心激增，这当然与社会的发展不无关系，是后者让前者成为可能、得以持续。在短短几年的时间里，荷兰变得比以往富庶、安全得多；城镇开始迅速发展，富裕的精英商人崭露头角。这些社会变革共同催生了一系列活动：兴建建筑，为世俗用途翻修抄没的修道院，委托创造数目众多、种类繁复的艺术作品，职业收藏的迅速成形。这些趋势一起助燃了艺术史无前例的蓬勃发展。另一个相关现象就是专业奢侈品产业的兴起，这对北部来说是新兴事物，也为艺术和艺术家提供了更广阔的空间。这些行业中，最为著名的是挂毯编织业和亚麻花缎业。前一行业从安特卫普转移到米德尔堡，尤其是代尔夫特，安特卫普市长之子弗朗索瓦·斯

第23章 1590—1648年：艺术与建筑

皮林（François Spiering）在代尔夫特发挥着带头作用。后一行业编织出图案繁复的精致亚麻布，它从科特赖克转移至哈勒姆。[14] 亚麻花缎成了哈勒姆城市荣誉的一个象征，弗兰斯·哈尔斯在他1616年创作的第一幅大型民兵群体画中，描绘出了尤为精美的亚麻花缎（藏于哈勒姆的弗兰斯·哈尔斯博物馆）。

16世纪90年代，荷兰省、泽兰省和乌得勒支省的摄政官开始安排昂贵的公共艺术委托项目。就挂毯编织业的情况来说，这些项目必定落到掌控着这一技艺的南尼德兰人手中。这一领域的大型项目包括：一组6张的巨型挂毯，它们描绘着泽兰人在大起义中发挥突出作用的围城战和阵地战，是泽兰省三级会议为了装饰他们在前米德尔堡大修道院中的会议厅而下令制作的；[15] 一组12张的挂毯，它们由总三级会议于1610年委托制作，是送给法兰西公使皮埃尔·让南（Pierre Jeannin）的礼物。让南在达成《十二年停战协定》的谈判中发挥了突出作用。一些建筑领域的委托项目也交给了南尼德兰人，其中尤为著名的是佛兰德人利芬·德凯（Lieven de Key，约1550—1627年）。他在16世纪90年代和17世纪头10年指挥了哈勒姆和莱顿的诸多建筑工程。尽管专业技能至关重要，背景和人脉关系也不容小觑。这一点在绘画领域尤其值得注意，报酬最为丰厚的公共委托项目给的不仅是荷兰省本地人，而且是那些与各城镇及其摄政官精英关系密切的人。在莱顿，范斯瓦嫩堡既是议事会成员，也是该城的重要艺术家，他决定着谁能得到什么项目。那些资助最多的项目，包括描绘莱顿纺织业复兴的一系列画作，都分给了他本人。[16] 哈勒姆有众多天赋异禀的移民，但价值最高的委托项目几乎都落入科内利斯·科内利茨之手；他是本地人，还娶了一位市长的女儿。他为市议事会创作了一系列大型绘画，包括前修道院中的一些带有鲜明反西班牙和反天主教特色的壁画。这座修道院从天主教教会手中抄没而来，如今为增强城市荣誉感的新目的而服务。议事会将它改造成哈勒姆的亲王府，供执政和其他出身高贵的客人下榻。同时，哈勒姆城镇议事会也把它作为仓库，储藏从前著名艺术家的画作，尤其是马尔滕·范海姆斯凯克的作品。[17] 保卢斯·莫雷尔瑟也是当地反抗辩派成员，17世纪20年代成为乌得勒支市议事会成员。他收获丰厚，能拿到各种委托任务，其中尤为重要的包括设计新城门，以及借弗雷德里克·亨德里克与阿马利娅·冯·索尔姆斯成婚之际，为阿马利娅绘制肖像。留存下来的一幅重要的民兵群体画——绘于1592年的代尔夫特民兵画——由雅各布·威廉斯·德尔夫（Jacob Willemsz. Delff，约1550—1601年）受委托创作。在南部移民涌入之前很久，他就获得了代尔夫特的市民资格（尽管他事实上来自豪达而非代尔夫特）。

建筑学与建筑的繁盛

在沿海地区，所有主要城镇都在1585年之后迅猛发展，许多市政建筑——市政厅、民兵营、拉丁语学校和孤儿院如今都已太过狭小，需要翻修。与此同时，因为"高利润贸易"的突飞猛进和新精英商人的兴起，北部有史以来首次需要大批量修建和装修豪华的大商人宅邸。这股建筑领域的火热狂潮一直持续到1621年。

如前文所述，教会建筑的发展情况与其他建筑的截然不同，不过阿姆斯特丹是个例外，当时该城正以绝无仅有的规模发展。这里建造了3座重要的新教堂，设计师是来自乌得勒支的亨德里克·德凯泽。他成了阿姆斯特丹市政专用的建筑师和雕塑家；在他那个时代，他是北尼德兰最为著名的建筑师和雕塑家。除了上述教堂和哈勒姆的"新教堂"（New Church，1613—1615年），16世纪末和17世纪头三分之一的时间里，共和国的建筑几乎全是世俗性质的。

并非所有的著名工程都受荷兰省和泽兰省委托建造。1590年之后的稳定也在其他省份催生了少量著名建筑。弗拉讷克在1591—1594年间建造了一座精美的市政厅；聚特芬在停战期间开始建造它的城市地标——著名的酒馆塔（Wijnhuistoren）。但是内陆城镇太过萧条，1609年之前没能兴建大规模公共建筑，只有荷兰省和泽兰省由于经济增长和城市扩张引发了大规模的新建筑浪潮。

最重要的成果包括阿姆斯特丹的新东印度大楼（East India House，1606年）、交易所（1608—1611年）和哈勒姆门（1615—1618年），它们皆按照亨德里克·德凯泽的设计建造。哈勒姆的重要成果包括新民兵馆（1590年）、亲王府、贩肉大厅（1599年）、过秤房、"新教堂"，以及市政厅的附属建筑（1620—1622年），它们由利芬·德凯设计；老人之家（1608年）也是如此，它今天成了弗兰斯·哈尔斯博物馆。[18]16世纪90年代，各类新建筑在莱顿拔地而起，新市政厅是其中之一。[19]代尔夫特在"新教堂"里建起了沉默的威廉的大理石陵墓，这项工程由亨德里克·德凯泽负责执行。代尔夫特的市政厅也修筑起新的门面。同样令人叹为观止的是新修的精英商人宅邸。十二年停战时期，这些豪华的宅邸沿着阿姆斯特丹新修的宏伟运河——绅士河依次建起。巴托洛蒂宅邸属于最奢华的那类，它依照德·凯泽的设计，于1621年竣工。[20]

在17世纪二三十年代的萧条期，公共建筑和私人建筑行业都出现萎缩，荷兰建筑风格摒弃了1621年之前那种雄心勃勃、奔放外向的自信，代之以17世纪20年代中期发展出来的肃穆、"古典"风格。建筑风格转变的主要先锋人物是哈勒姆的建筑师兼画家雅各布·范坎彭（1595—1657年）。他以自己首个重大受委托项目——科伊曼斯宅邸开启这一潮流。这是供两位精英商人——巴尔塔萨·科伊曼斯（Balthasar Coymans）和扬·科伊曼斯（Jan Coymans）使用的住宅，于1625年建于阿姆斯特丹。[21] 另外两位领军人物是执政的秘书康斯坦丁·惠更斯和哈勒姆建筑师兼画家萨洛蒙·德布雷（Salomon de Bray，1597—1664年）。17世纪30年代中期，惠更斯在海牙与范坎彭一道设计自己的住宅。布雷也是新古典主义潮流的热切倡导者。莫里斯宫（Mauritshuis）是荷兰古典主义建筑风格最著名的例子，它也是今天海牙的主要艺术博物馆。莫里斯宫的工程开始于1633年，由范坎彭负责设计，惠更斯也在其中发挥了重要影响。

1621—1647年间城市发展速度的放缓缘于八十年战争的重启，以及17世纪二三十年代相对萧条的坏境。（至少在1635年之后）继续推进重大工程的两座城镇——哈勒姆和莱顿都是纺织业城市，这并非偶然，因为它们从战争中获益，而荷兰省的沿海城镇则大多遭到冲击。17世纪30年代后期以来，精致布行业给莱顿带来新的繁荣，该城建筑的大时代随着精致布行业的兴盛而开始。最为出众的建筑要数雅致的八角形玛勒教堂（Marekerk）和贩布厅（Cloth Hall，1639—1640年）。前者始建于1639年，是莱顿首座主要的新教教堂。后者则是建筑史上的里程碑，标志着古典主义从用于私人和皇亲贵胄的住宅转向用于市

第23章　1590—1648年：艺术与建筑

政和商业。[22]

荷兰艺术与建筑在17世纪三四十年代的一个重要方面，就是执政弗雷德里克·亨德里克各类宫殿的工程。海牙中心的新宫殿努儿登堡宫由范坎彭设计，于17世纪40年代建造和装潢；17世纪40年代末，著名的豪斯登堡宫也开始动工，这是一座位于海牙附近、设在丛林之中的郊区别墅。作为荷兰古典主义建筑首屈一指的代表之一，豪斯登堡宫在1645—1647年间由彼得·坡斯特设计和建造。坡斯特受惠更斯和弗雷德里克·亨德里克的庇护，受教于范坎彭，而范坎彭几乎参与了所有执政宫殿的工程。[23] 彼得·坡斯特原是画家，他的父亲是玻璃绘师，他的弟弟弗兰斯·坡斯特（Frans Post）则跟随拿骚的约翰·毛里茨伯爵前往累西腓，成了在巴西工作的、最著名的荷兰艺术家。彼得·坡斯特与范坎彭、菲利普斯·芬格博斯和阿伦特·范斯赫拉弗桑德（Arent van's Gravesande）并称为荷兰黄金时代古典主义建筑的四大支柱。

芬格博斯在17世纪30年代末期成为阿姆斯特丹大商人和权贵豪华宅邸的首要设计师，他早期颇具影响力的设计是米凯尔·保的宅邸，它于1638年建在绅士河畔，紧邻巴托洛蒂宅邸。1642年，他为阿姆斯特丹最富裕的人之一——小约安·波彭（Joan Poppen the Younger）建造了一座宏伟的宅邸。芬格博斯也为阿姆斯特丹的富人设计乡村别墅，不过——可能因为他是天主教教徒——他从没在阿姆斯特丹以外的城镇获得重大赞助，在阿姆斯特丹城内也没能接到重要的市政赞助。阿伦特·范斯赫拉弗桑德的情况截然不同，他是另一个在惠更斯培育的建筑业环境中、在给执政的服务中学会这一活计的天才建筑师。他的首个大型受委托项目是建造海牙的塞巴斯蒂安射击场（Sebastiaensdoelen）民兵馆（1636年），并由此声名鹊起。他早期的另一项重要成就是为米德尔哈尼斯（Middelharnis）设计的市政厅（1639年），这座建筑体积虽小却气势宏伟。米德尔哈尼斯之后，斯赫拉弗桑德主要担任莱顿的城镇建筑师，设计了这里的贩布厅（1640年）和玛勒教堂。玛勒教堂雄伟壮丽，它的设计受到威尼斯著名的安康圣母教堂（Santa Maria della Salute）的影响，但风格显然是荷兰式的。

绘画的专门化

17世纪早期，联省（主要是荷兰省和乌得勒支省）艺术产量的规模令人震惊。从代尔夫特家庭财产清单上的绘画数目推测，到1650年，荷兰省大约有250万张画作。确实，大多数是副本或劣质图画，但是也有相当大比例（大约10%）的画作品质精良。[24] 在17世纪的荷兰共和国，绘画是一个重要产业，当然也是艺术。为数众多的画作（通常质量一般）不仅为荷兰市场生产，也会出口到欧洲各地，尤其是德意志，那里存在一类新教城市文化，并在一定程度上与荷兰城市社会品味相投。在17世纪20年代早期，没几个外国统治者对荷兰的艺术生产有兴趣，不过丹麦的克里斯蒂安四世是个例外。

17世纪早期的荷兰艺术世界里，既有刺激大批量生产平庸艺术作品的因素，也有鼓励谋求极致艺术效果的因素。要满足内行的精英商人和摄政官的要求，画出高质量、原创性的作品，需要更多的时间和更精湛的技艺。不过这样的画作能卖出高得多的价格,竞争依然激烈。到十二年停战时期,荷兰最杰出的艺术家们不仅要相互竞争,而且他们的作品还要与从意大利、德意志和南尼德兰大量涌入的艺术品竞争,以赢得鉴赏家和富人的关注。阿姆斯特丹成了欧洲艺术品贸易的中心,就像荷兰转运港成了整个"高利润贸易"的中心。代表英格兰、法兰西、德意志和斯堪的纳维亚半岛地区收藏家的买手,来到阿姆斯特丹购买各类画作,而不仅是选取荷兰艺术品。过去,世俗画在欧洲意味着为统治者和高级贵族创作,这些人偏好神话、田园和军事题材。然而,16世纪90年代以来,大商人和摄政官的财富在荷兰迅速积累,而这带来了新局面。新鉴赏标准全面推行,那些成功取悦摄政官和精英商人的人获得高额报酬,这两点既催生出全新的压力和机遇,又赋予荷兰黄金时代艺术独特气质。

尤其令人瞩目的是,荷兰艺术的专业化程度变得前所未闻。[25] 鉴于买主众多,艺术家不得不在保证质量的前提下最大限度地增加产量,大多数艺术家因而竭力在特定的绘画门类下呈现最新颖、最精湛的艺术效果。如果在某种文化环境中,昂贵画作的买主相对较少,而这类买卖也只能消化少量画作,那么艺术家完全没有必要越来越专门化。但荷兰的社会环境不同,自16世纪90年代开始,猛然有数量前所未有的买家购买数量前所未有的优良画作。城镇和乡村都新建和翻修了大批量属于贵族、市政和商人的建筑与宅邸,它们又都需要精致的装饰品,由此出现了激励创新和引入更多艺术品类的持续动力。一些收藏家喜欢关注特定类型的画作。但对于富裕的收藏家和鉴赏家来说,更常见的做法是搜寻各类藏品。莱顿人文主义者彼得鲁斯·斯克里弗厄斯（Petrus Scriverius）就是典型代表。他收集描绘宗教场面、神话主题、静物、花卉、风俗、海景和肖像的各类画作。[26]

黄金时代第一波艺术浪潮中，最声望卓著（也是最昂贵）的画作是大型的、浓墨重彩的神话场景画，它们主要在哈勒姆和乌得勒支创作。黄金时代早期，1621年之前，这两座城市是北尼德兰处于领头地位且最具创新性的艺术中心。这股壮观的"晚期风格主义"神话艺术浪潮在16世纪90年代涌现，作品出自哈勒姆的科内利斯·科内利茨、范曼德（公开追求画作的高尚和英雄色彩）和亨德里克·霍尔齐厄斯的画室，乌得勒支的亚伯拉罕·布卢马特和稍后的约阿希姆·维特瓦尔（1566—1638年）及保卢斯·莫雷尔瑟的画室。[27]他们最热爱的主题源于希腊神话，画得最频繁的是："狄安娜与阿克特翁"，这股狂热在伦勃朗1634年（于安霍尔特水上城堡）创作的杰作中达到极致；"维纳斯与阿多尼斯"，这一主题科内利茨在1600—1630年间画了至少8次；以及"帕里斯的裁判"。这些为富裕大商人和摄政官创作的画作，以嬉闹的裸体女神和美少女为特征，带有性暗示的色彩；1609年之后，它们在反抗辩派圈子里遭到严厉批判。[28]它们主要盛行于哈勒姆和乌得勒支这两座抗辩派城市，这显然不是巧合。在反抗辩派的阿姆斯特丹，伦勃朗的老师彼得·拉斯特曼（1583—1633年）也在停战时期画过一些神话场景画作，不过他给女神穿上更多衣物，削减了色情元素。1618年之后，这一种类依然存在，但陡然衰落。英格兰大使达德利·卡尔顿爵士1616年记录道，在哈勒姆，"画家是最奇特的，比如一个叫科内利斯的人物画画家，他在色彩方面非常出色，但比例方面有问题"。[29]在17世纪的头20年里，哈勒姆和乌得勒支超越阿姆斯特丹成为艺术中心；卡尔顿甚至说，在阿姆斯特丹，有许多精良的画作，"但没几个优秀画家，这个地方堆满了货物和其他东西，它是个仓库而不是工坊"。[30]

哈勒姆尤其处在艺术创新和专门化浪潮的前沿。最杰出的创新人物之一是亨德里克·科内利茨·弗罗姆（Hendrik Cornelisz. Vroom，1566—1640年），他在16世纪90年代发展出了现实主义海景画。弗罗姆付出了巨大努力去锤炼他的专业技能。有一次，他在济里克泽附近海域的风暴中航行，以改进他画的暴风雨透视图。[31] 他描绘船只、海洋的新现实主义为他赢来了名声和利益，他成了蜚声国内外的名人。"弗罗姆以描绘船只和所有属于海洋的东西而闻名，这一方面他的确绝世无双。"卡尔顿1616年评价道，他为弗罗姆的画作卖出的高价而震惊。[32] 那个时代，弗罗姆拥有处理为数众多的船只的独特技艺，于是他经常描绘当时重大的海上事件，还曾接受委托，为米德尔堡多幅历史题材挂毯绘制底图。他还创作了莫里斯军队1600年乘船穿越斯海尔德河河口入侵佛兰德的雕版画，这一作品大卖，增加了他的财富。弗罗姆也是城市全景画的发明者之一，这类画作广受摄政官喜爱。[33] 早期城市景观的一件精品之作，是弗罗姆1615年创作的阿姆斯特丹全景图，它突出了该城新建的哈勒姆城门。

可以说，哈勒姆最著名的画家弗兰斯·哈尔斯发明了自然、生动的肖像画题材，捕捉到人们转瞬即逝的情绪。他率先描绘了特定时刻的众多个性人物。哈勒姆创造的另一个新题材是"欢乐的伙伴们"，它描绘打扮华丽的宴饮者，他们毫不掩饰地享受世俗欢愉。这一主题主要由弗兰斯·哈尔斯的弟弟迪尔克·哈尔斯以及鹿特丹的天才艺术家威廉·布伊特文（Willem Buytewech，1591—1624年）发展。后者于1612年来到哈勒姆。不过，哈勒姆另一个更为持久的流派是现实主义风景画派，它在1614年前后由埃萨亚斯·范德费尔德（1587—1630年）发展而成。他是荷兰黄金时代首屈一指的创新者之一。范德费尔德从科宁克斯洛、芬格博斯和布卢马特的旧式风景画传统出发，做出重大改变。他把想象的风景改变为真实可见的风景，前者描绘虚幻的世界，后者则反映未遭破坏的荷兰边远地带的真实风景。[34] 他创作的"现实主义"风景，不仅有绘画，还有一系列影响深远的蚀刻画。很快就有其他艺术家紧随其后，生产了大批风景画印刷品。

尽管不再像16世纪那样是不可匹敌的中心，但在整个荷兰黄金时代艺术发展的第一个重要阶段（1590—1621年），乌得勒支仍然是创新的重镇。乌得勒支的一个专长就是所谓的意大利式风景画，它们通常描绘色彩温暖、浪漫的地中海风景，早期还常常有神话人物点缀其间。这一画派的主要缔造者是科内利斯·范普伦堡（1586—1667年）。他从神话画作中发展出了这一流派。不过，乌得勒支艺术主要还是因为把卡拉瓦乔风格的明暗对比运用到风俗画中而著名，这一手法塑造出光线对比强烈的舞台式质感。[35] 乌得勒支卡拉瓦乔派的三大代表人物是亨德里克·特尔·布吕亨（Hendrik Ter Brugghen，1588—1629年）、赫里特·范洪特霍斯特（1590—1656年）和迪尔克·范巴比伦（Dirk van Baburen，约1594—1624年）。他们都曾作为年轻艺术家，在意大利待过很长时间。他们发展出的艺术风格中渗透着意大利的影响，但又并非单纯地模仿意大利风格。特尔·布吕亨是布卢马特的学生，他最具原创性，是这一风格的真正发明者。洪特霍斯特1620年才从意大利返回乌得勒支，比特尔·布吕亨晚6年。他尤以擅长描绘烛光下的夜景著名。洪特霍斯特和范巴比伦在17世纪20年代，即反抗辩派的革命之后，描绘了众多妓女和妓院的景象。这些图景的意图并不是煽动情欲——妓女大多穿着衣服——而是想戏剧化地表现色情和贪腐的危险，这一信息是通过丑陋、贪婪的老鸨突显的。[36]

1621—约1645年：黄金时代艺术发展的第二阶段

荷兰黄金时代艺术和建筑发展的第一个重要阶段大致结束于1621年。荷兰世界贸易霸主地位从第二阶段（1609—1621年）到第三阶段（1621—1647年）的转变，内含整个商业、产业和零售业诸多方面的根本性重构。[37]荷兰艺术的发展步伐和方向与经济的繁荣和城市的重建紧密相连，因此也必然深受其影响。

影响艺术的，部分是17世纪30年代早期遭遇萧条、紧缩的贸易困境，它急剧削减了开销和需求。于是，荷兰黄金时代绘画发展"中间阶段"（1621—1645年）的一个特征就是转向小型、廉价的画作和更朴素的主题。新阶段的另一个特征是题材的转变。停战时期优雅的"花园宴会"和"欢乐的伙伴们"这类题材逐渐消失，取而代之的是战争场景、遭遇战以及以酒馆、妓院和卫兵室中的士兵为特色的场景画。另一特色是色彩和色调的转变。17世纪20年代早期荷兰海外贸易最剧烈的转变源自与西班牙、葡萄牙、加勒比海和西属美洲殖民地的贸易崩溃，荷兰与南欧的贸易也在普遍衰落。结果，美洲和地中海的颜料，包括靛蓝和胭脂红，坎佩切（Campeche）和巴西的木材，都成了荷兰省稀缺、昂贵的商品，[38]

来自意大利和黎凡特的各种土质颜料，以及制造颜料的稀有材料也是如此。受外国颜料和釉料的骤然短缺影响最为严重的是明亮的红色、蓝色和黄色。

17世纪20年代早期，图画变成单色，大多数情况下是棕色和灰色，这是一个普遍现象，蔓延至许多种类的画作中。[39]停战时期鲜艳、浓重的色彩相当突然地让位于朴素的色调和色彩，新色调渗透进了荷兰艺术的整个领域。静物画的转变引人注目，1621年之前拥有华丽、浓重的色调和明亮色彩的花卉画，被朴素的静物画取代，后者画的是厨房的餐具、成堆的奶酪、书籍这些可以用黄棕色和灰色描绘的物品。还有用棕色色调绘制的所谓单色宴会画，这方面威廉·克拉斯·海达（Willem Claesz. Heda，1594—1680年）和彼得·克拉斯（Pieter Claesz，1597—1660年）是顶级能手。[40]

风景画也出现了类似的情况，在海牙工作的埃萨亚斯·范德费尔德转向小型、朴素、用色暗淡的景观。不过，在17世纪二三十年代，将单色调风景画发挥到极致的主要是他的学生扬·范霍延（Jan van Goyen，1596—1656年）和萨洛蒙·范勒伊斯达尔。[41]同样的转变也出现在海景画中，它们的主题更为微观，画布也缩小了不少，上面通常画着恶劣天气中的单艘船舶或是渔船。画作使用所谓的"调性－氛围"（tonalistisch-atmosphärisch）手法，以阴暗的灰色区域取代了弗罗姆和范维林亨（Van Wieringen）宏大、色彩华丽的全景图。[42]这种新海景画风格主要经由扬·波尔塞利斯（Jan Porcellis，1584—1632年）和随后的西蒙·德弗利赫（Simon de Vlieger，1601—1653年）发展起来。波尔塞利斯是南部来的移民，他是人们所知的17世纪工作于联省的天才艺术家中，为数不多的一开始是在极度贫困中工作的人之一。但就他的情况来说，艺术也被证明是实现富裕的康庄大道。他的新风格很快让他声名鹊起，到1629年，他已拥有3座房子。

与此同时，在昂贵的颜料和釉料得以继续使用之处，画家为之投入大量的时间和精力。这催生了"精美画"的概念，它是一种为鉴赏家创作的精致优美、色彩斑斓的艺术品。这类艺术最初由伦勃朗于17世纪20年代晚期在莱顿发展起来，[43] 随后，在30年代得到赫里特·道（1613—1675年）及其门生的发展，此时伦勃朗已经摒弃了它。如果说在荷兰黄金时代艺术发展的早期，哈勒姆和乌得勒支是艺术创新的两大中心，那么到17世纪二三十年代，莱顿和阿姆斯特丹开始崭露头角。除了"精美画"的创作方式，另一项技法也可以归功于伦勃朗，他率先使用了突显姿态和姿势的手法，以彰显"历史画作"的戏剧效果。伦勃朗的大弟子赫里特·道1628年开始跟随他学习。道采用流畅、精致优美的画法，这是那一时期伦勃朗的典型标志。1631年，伦勃朗前往阿姆斯特丹，而道留在莱顿，成了那里首屈一指的画家。到1640年，道优美的"精美画"风格已经让他成了城市自豪的象征。[44] 由于每幅画都需大量细致入微的工作，加上名声在外，道只为愿意出极高价格的收藏家绘画。

伦勃朗精湛的技艺迅速得到共和国最高层的注意，在一个为艺术鉴赏做了如此充分准备的社会，情况也很难不是如此。[45] 1629年，伦勃朗年仅23岁时，他的天赋就得到康斯坦丁·惠更斯的注意。惠更斯转而又让伦勃朗得到执政的关注。17世纪30年代，伦勃朗事实上部分成了宫廷画师，1632年尤其如此。那年他在海牙待了很长时间，为众多名人画肖像画，其中包括阿马利娅·冯·索尔姆斯和惠更斯的兄长莫里斯。他还为执政画了几幅大型作品，同时依然是阿姆斯特丹一流且最受追捧的画家。这些年间，他收入丰厚，与吕伐登市长之女结婚，还买下一座精致的宅邸，里面装满他收藏的珍奇艺术品、盔甲和外国珍宝。伦勃朗是当时最杰出的技艺精湛、才华横溢的荷兰艺术家，这一名声在整个黄金时代都没有丧失。但是他也被认为是一个古怪、难以相处的人，容易惹恼委托人。他的《夜巡》(*The Night Watch*，1642年)是所有荷兰民兵画像中最著名、最伟大的画作。该画因构思独特、技艺精湛和富于戏剧性效果而备受推崇；[46] 不过它可能激怒了一些委托人，因为他们为这幅画付了钱，却隐于黑暗的阴影中。或许，是他古怪的生活方式，更可能是他的观念，使他得不到阿姆斯特丹摄政官的宠爱，让该城最为重大的委托项目没能分派到他手上，并使他在17世纪40年代逐渐隐退到孤身一人的状态。一些迹象显示伦勃朗或许曾持有奥伦治派的观念：他在17世纪30年代末创作的政治寓言画《国家的和谐》(*The Concord of the State*)，虽然确切含义依然存疑，但仍可以视作对阿姆斯特丹的批判，因为画中阿姆斯特丹的形象在联省中的存在过于突出，破坏了同盟的团结。[47]

伦勃朗是那个时代的顶级天才和最伟大的艺术家。他多才多艺，既是绘画大师，也是蚀刻画和素描大师；他精于《圣经》场景、风景画、风俗画，当然还有名人肖像画和群体肖像画。他最具天赋的弟子卡雷尔·法布里蒂乌斯（1622—1654年）同样多才多艺，不过他的事业被代尔夫特的火药爆炸悲剧性地中断了。[48] 然而，专门化仍是那个时代更常见、收益更好的做法。埃马纳埃尔·德维特（Emanuel de Witte，约1617—1692年）是阿尔克马尔一名学校教师的儿子，在

17世纪40年代的事业初期，他作为一个综合性画家寂寂无闻；17世纪50年代，他聚焦"教堂内景"之后，才获得成功。[49] 大多数人从一开始就专攻一技，并且鲜少到专业领域之外冒险——如果真的有过的话。

旧画派慢慢演化发展的同时，新绘画大师往往意在加强现实主义，展现比以往更精密的效果。备受争议的艺术家扬·托伦修斯作为静物画领域"奇迹般"的画家（厄伊滕博哈特在给格劳秀斯的信中这样称呼），在荷兰省，基本上也唯独在荷兰省广为人知。而后他于1627年在哈勒姆被捕，因亵渎神明的言论、伤风败俗的行为和绘制淫秽图画而受审——他的一幅画作展现了一只脚搭在膝盖上的裸女。[50] 他的贡献在于开创了绝美的新现实主义，这一风格备受康斯坦丁·惠更斯推崇。[51] 海景画、风景画和家庭画也像景物画一样朝着越来越现实主义的方向演变。与此同时，积极进取的艺术家还发展了新的专业技能和角度。17世纪第二个25年中出现的新鲜种类，包括教堂内景画、外景画［由范坎彭的友人彼得·萨恩勒丹（1597—1665年）发展出来］、卫兵室图景和动物画。动物画是保吕斯·波特（Paulus Potter，1625—1654年）尤为擅长的领域。多德雷赫特的重要艺术家阿尔贝特·克伊普（Aelbert Cuyp，1620—1691年）专于绘画阳光照射的景象，通常画中还有牛。在阳光照射的森林景象方面，乌得勒支艺术家赫尔曼·萨夫特勒芬（Herman Saftleven，1609—1685年）是公认的大师，他可以一丝不苟地描绘阳光穿透枝叶的景象。彼得·德霍赫（1629—1683年）在职业生涯早期专长描绘卫兵室的场景。[52] 哈勒姆画家菲利普斯·沃弗曼（Philips Wouwerman，1619—1668年）通过绘画成百上千的骑兵盔甲而积累了大笔财富，这一领域显然有无穷无尽的需求。阿姆斯特丹画家阿尔特·范德内尔（Aert van der Neer，1604—1677年）不知疲倦地在两个专业领域劳作，分别是冬季景观和月下风景。

黄金时代的艺术和艺术家捕捉到当时荷兰市民身边所有的物质、社会和文化现实，描绘了艺术家自己的家庭、市民世界、乡村环境以及周边的事物——内陆一侧的士兵以及另一侧的船舶和海洋。在17世纪欧洲的其他地方，人们很可能居住在某座城镇、某个地区，不能目睹、感受外面的世界如何运行。荷兰社会则截然不同，因为共和国是世界贸易的转运港，到处都是船只和海洋的痕迹。因为渔业是荷兰生活的根本，它一直提醒人们防御圈和固定驻军的存在，提醒人们自身与其他邻近城镇有不可避免的联系。在这样的社会中，人们不能不持续感受陆地与海洋的互动，城镇与乡村的互动，一座城镇与下一座城镇的互动，士兵、海员与市民的互动，奇异事物与平凡事物的互动以及外国与本土的互动。艺术通过容纳所有上述内容，将它们展现在每户人家的墙壁上、酒馆中和公共建筑内，进而明确加强了每个人的所见所感。

但艺术绝非原封不动地映照拥挤的现实。事实上，它竭力根据信仰、回忆和文化价值观，来改编和诠释荷兰当时的物质世界和社会环境。因此，艺术同样追求逼真地描绘《圣经》的世界和希腊罗马神话的世界，描绘由对消逝的过去的追忆和有关异域的朦胧观念所滋养的虚幻世界。意大利风景画描绘的虚幻世界就属于后一种，这些画作洒满阳光、温暖和煦，带着一丝异域风情。这一领域由普伦堡和尼古拉斯·贝尔赫姆（Nicholas Berchem，1622—1674年）率先开拓，而后由卡雷尔·迪雅尔丁（Karel DuJardin，1622—1678年）、约翰内斯·林格尔巴赫（Johannes Lingelbach，1622—1674年）和扬·巴普蒂丝塔·韦尼克斯（Jan Baptista Weenix，1621—1660年）扩展。从这个角度说，范霍延和范勒伊斯达尔的现实主义风景画呈现的也是虚幻世界，因为17世纪的联省乡村环境大多高度人工化，大部分是密集的农业圩田，荷兰省、泽兰省和弗里斯兰省的情况尤其如此。[53] 风景画艺术家的任务就是到沙丘、河口或内陆省份的边远地区，捕捉未受破坏的生态区，为观众重现如今基本已消失不见的自然环境，抚慰他们的失落感。

政治则通常不是鼓励艺术家描绘的领域，至少不能直接描绘。不过在这方面，贩夫走卒也知道事态发展，他们遭到匿名小册子接连不断地"轰炸"，在酒馆和客运驳船上听着有关政治和神学的讨论。另一方面，有钱有势的人则非常喜欢微妙的政治隐喻。由此，现实生活的这一侧面也渗透到艺术中，不过往往是以隐晦的方式。我们仅知道极少数艺术家的政治和神学立场，其中包括反抗辩派的阿德里安·范德芬纳（1589—1662年）。他创作赞颂、美化执政莫里斯和弗雷德里克·亨德里克的画作，还生产一些攻击性极强的版画，猛烈抨击奥尔登巴内费尔特和阿明尼乌派。但是，在黄金时代的荷兰艺术中，通常很难发现政治信息，现代学者只能臆测。即便如此，1629—1632年，共和国与西班牙进行停战谈判时，一连串"参孙与大利拉"主题的画作问世——其中包括伦勃朗及其早期对手利文斯的作品——也不太可能纯属巧合。当时许多人也在争论西班牙的提议是否只是一个诡计，目的是诱使荷兰减少防卫力量。[54] 鉴于人们现在知道伦勃朗的《参孙与大利拉》是画于停战谈判开始后的1629年，而不是（伪造的签名所显示的）1628年，艺术与政治之间有联系的可能性更大了。[55] 此外，这些"参孙与大利拉"主题的画作都是为执政及其扈从所画。

切实让艺术和政治相互靠近的重大事件就是荷西明斯特和会的落定，以及随之而来的庆典。黄金时代最伟大的艺术家之一赫拉德·特尔·博赫（Gerard ter Borch，1617—1681年）在1646—1648年间陪同荷兰代表团进驻明斯特，担任该事件的非官方艺术记录者。[56] 他画了许多与会者的肖像画，包括阿德里安·保和西班牙全权代表佩尼亚兰达（Peñaranda），当然也画了著名的明斯特市政厅批准仪式（藏于英国国家美术馆）。在共和国内，主要城镇都举办了庆典，并用艺术增强气氛，只有莱顿是个例外，它拒绝参与庆祝。在哈勒姆，范坎彭设计的科林斯式"和平"圣殿在亲王府的花园中建起，今天依然伫立其中。在阿姆斯特丹，庆典以前所未有的规模持续了两个月。大坝上竖起三座露天舞台，以供历史和政治寓言剧演出和露天表演使用。其中一出剧由抗辩派诗人和讲道者赫拉德·布兰特（Gerard Brandt）编写，歌颂古代巴达维亚人在反抗罗马人、争取"自由"的斗争中获得的胜利。冯德尔的"和平"戏剧《荷兰塔勒》（*Leeuwendaalders*，或雄狮塔勒，原是一种货币名称）多次上演。该城2名民兵指挥官科内利斯·维特森（Cornelis Witsen）和约安·海德科珀（Joan Huydecoper）都是阿姆斯特丹政界的重要人物，他们定制了大批华丽的民兵肖像画，描绘庆祝明斯特和会的宴会。描绘维特森及其手下的画作由巴托洛梅乌斯·范德赫尔斯特（Bartholomeus van der Helst，1613—1670年）绘制。后者是17世纪中期最受追捧的阿姆斯特丹肖像画家之一。画作还附有扬·福斯（Jan Vos）的诗作，它阐明这些参与者不仅在庆祝共和国的胜利，还在庆祝和平与和解。

第23章　1590—1648年：艺术与建筑

第24章

1572—1650年：智识生活

新文化的塑造

大起义劈开了一道鸿沟，北部由此独立于南部，这制造了两种异质且相互敌对的文化，而此前只有一种文化存在于尼德兰。结果便是根植于宗教分裂的二元性，它渗透到教育和文化生活的方方面面，文化领域也出现了南北分裂，它与经济和政治领域持续了数个世纪的分裂类似。1585年之后，无论在法语省份还是荷兰语省份，南尼德兰的文明都专属天主教，宗教严格地控制着教育、思想和图书审查，甚至南部文化内部基本没有重大的紧张对立，唯一的例外来自詹森派的论战。南尼德兰文化还迅速整合到更广泛的反宗教改革的教育、艺术、思想和审查制度体系下，该体系遍及欧洲大陆大部分地区，与德意志教会邦国和罗马的文化关联尤为密切。与此相对，北部的文化世界发展成了一个不稳定的混合体，包裹着新教与天主教的冲突、人文主义与宗教的对抗以及反加尔文主义的新教异见。它们分裂着社会的思想和教育，创造了一种新型的欧洲文化。这种文化充满强劲且不可化解的内部冲突。所以一种充满活力的文化诞生了。即便开始不稳定，它也在众多方面与邻近的新教和天主教地区的文化大不相同。

大起义和宗教改革的经验以及伴随这些伟大进程而涌现的大批敌对的意识形态和神学小册子，自然会急剧提升公众对诸多思想议题的认识。它们提出了各种问题，如政治和教会权威的性质，《圣经》的地位，起义、宽容和良心自由的对错，最重要的是如何挽救纪律和道德的崩塌。

将这些根本议题拉入公共领域完全不符合于斯特斯·利普修斯（1547—1606年）的趣味。这位16世纪晚期低地国家乃至欧洲最具声望的学者认为，先前的哲学，至少是罗马时代之后的哲学，无法应对低地国家战争造成的破坏和困局。为了在宗教和政治剧变中保留道德，他开出药方，[1] 即一个新斯多葛主义的伦理、政治体系。对受到大起义影响的那一代荷兰教育者、作家、诗人和艺术家而言，这个体系格外有吸引力。但是，利普修斯认为这是给人文主义学者和高雅人士，而非给大众的处方。他的所有书籍，包括关键的伦理著作《论恒久》（1584年）都只以拉丁语出版。此外，他也以荷兰语发表出版物，意图将对某些根本问题的讨论带到普通人的脑海和客厅中。他在这些作品里批判科恩赫特主张的宽容和宗教自由——利普修斯本人反对这样的宽容。[2] 然而，当有人建议利普修斯以荷兰语而不是拉丁语概述自己的新斯多葛主义哲学时，他高傲地回复道，他并不希望自己的学问被旅店老板和水手讨论。

不过，利普修斯对大众化和民众参与的恐惧与16世纪80年代的文化和意识形态现实相矛盾。他相信，真正的学术需要脱离社会和普通人的关注。[3] 为了耕耘自己的学识和文字，他追求一种"安然的宁静"，拒绝投身公共事务，即便在私人交谈中，他也在表面上回避大起义提出的宗教和政治方面的核心议题。[4]

然而，利普修斯对身边这类争论和意识形态狂热的厌恶，促使他在《论恒久》中表达了一套不以《圣经》为基础、中立于交战各教会之间的伦理观念，解答了当时急需解决的一个根本问题。对生活在加尔文宗信徒中的秘密天主教教徒、生活在天主教教徒中的秘密新教徒以及不信教者来说，这是一套理想方案。利普修斯与爱之家庭有联系，萨哈菲亚很快就评论道，《论恒久》也可以被理解为对唯灵论的学术性掩护，被理解为不见诸社会的私人宗教的伪装。[5] 利普修斯拒斥科恩赫特在伦理和精神问题上启蒙国人的追求。不过，他的著作恰恰满足了他身边新兴文化中的这股冲动。

利普修斯的新斯多葛主义不可能局限在他的拉丁语象牙塔之中。《论恒久》刚刚出版，就有两种荷兰语译本面世。其中一种由著名出版商克里斯托弗·普朗坦的女婿翻译，序言是扬·范豪特（Jan van Hout）给斯多葛派人士的赞歌。范豪特是莱顿的议长，是该城政界的显要人物，也是荷兰新文学和思想文化领域的领导人。他还是诗人、藏书家和荷兰语拥护者；他崇拜利普修斯，也崇尚沉默的威廉和大起义，渴望动员大起义背后的人民。1586年，他组织庆典，庆贺莱斯特伯爵进入莱顿。那场典礼以利普修斯关于塔西佗的论述收尾。[6] 一份包装精美的《论恒久》当场被呈递到莱斯特伯爵手中，这标志着利普修斯不仅对新生的莱顿大学意义重大，对共和国也意义重大。然而，利普修斯私底下一直忧心忡忡，他很快就对莱斯特伯爵感到失望，正如此前对安茹公爵感到失望一样。他担心，假如他一直留在北部，而西班牙又在战争中获胜，那么他的名声会遭到无可挽救的损害。在那个节骨眼上，这样的前景似乎极有可能实现。利普修斯显然在好几年的时间里都在考虑离开北部，转向天主教会，并最终于1591年付诸实践。[7]

《论恒久》预告着一场更大规模的探索，即设法逃离大起义和旧信仰崩塌造成的道德混乱。科恩赫特通过《伦理的技艺》（1587年），宣传他为个人、为人民构建的伦理体系。这本小册子的目标读者是普通民众。他的伦理观念也零星体现在他的说教戏剧中，这些戏剧赞颂他所谓的"基督教哲学"，但他既没有明确支持某个特定基督教分支，也没有公开批判某个教派。[8] 斯泰芬在《城市生活》（1590年）中阐释了给人民的道德解决方案，强调秩序和纪律是首要需求。另一个信奉严格纪律的先知人物是亨德里克·劳伦斯·施皮格尔（Hendrik Laurensz Spiegel，1549—1610年），他被社会普遍崩溃的威胁刺激了。施皮格尔是阿姆斯特丹权贵，又是大商人、诗人，他仰慕利普修斯，是科恩赫特的朋友，但拒绝承认1578年阿姆斯特丹"变革"的合法性，终身都是天主教教徒。在一首宏大的道德、英雄主义长诗《心镜》（Hertspiegel）中，施皮格尔表达了一种禁欲的、非《圣经》的道德哲学，强调要将严格教化年轻人作为虔诚社会的根基。[9] 这是一首亚历山大体的诗歌，写于1600年前后，不过到1614年才出版。与友人范豪特和科恩赫特类似，施皮格尔非常关注提升、精练荷兰语，以使它成为配得上严肃文学的工具。通过与重要作家、艺术家和学者的联络，施皮格尔发挥了广泛的影响力。受他影响的包括小霍夫特和卡雷尔·范曼德。后者是从佛兰德流亡到哈勒姆的艺术家，在1604年出版的关于艺术的著作中，曼德力劝同伴艺术家，将他们的创作建立在循规蹈矩的生活上，避免感官享乐和混乱的生活方式，斩断妇女与艺术家之间的传统联系。[10]

北尼德兰新文明的缔造者渴望让荷兰的文化、教育符合新拉丁人

第24章 1572—1650年：智识生活　　　　681

文主义作品的崇高标准。正因为宗教信仰令人绝望的分歧，范豪特、科恩赫特、斯泰芬和施皮格尔这类人十分严肃地诉诸人民，期望重建社会的秩序和纪律，在缺乏且暂时不可能建立坚实的宗教基础的地方，充分利用好现状。他们争取动员人民，在道德、政治和所有其他方面武装人民，促使他们在摆脱西班牙暴政的伟大任务中取得永久胜利。斯泰芬在莫里斯亲王眼中地位极高，也是共和国一流的科学家、数学家和工程师。他也认为在人民当中宣传应用科学是有益的，于是以荷兰语出版了数种科学著作。[11] 例如，他在《论小数》（*De Thiende*，1585年）中强调小数的用处，尤其是它能在土地测量、水利设施管理和防御工事布局方面提高精确度。[12]

而与此同时，这些新文化的缔造者，尤其是斯泰芬，不仅希望人们循规蹈矩，还希望人们面对教会事务的混乱状态时，保持对权贵权威的恭敬，不卷入政治，保持顺从。新荷兰文化在根本上呈现出引人注目的多种价值观混合的状态，它融合了伊拉斯谟的宽容、良心自由、表面上的顺服，还强调教育和文学的至高道德目的。这样的特性在阿姆斯特丹市长科内利斯·彼得斯·霍夫特之子——权贵兼作家彼得·科内利斯·霍夫特（1581—1647年）的人生和作品中得到极致体现。霍夫特也是新斯多葛主义者、政客和禁欲的道德家，他渴望在超越宗教神学纷争的同时振奋人心。[13] 他还是冯德尔之前最具禀赋的荷兰语作家，写下了黄金时代一些极为优秀的荷兰语诗歌和散文。他不仅意图将荷兰书面语精练到与最典雅的法兰西书面语和意大利书面语比肩的水平（当时只有后两种现代语言享有充当思想和文学媒介的国际声望），还希冀通过宣扬罗马共和国文学和哲学中的禁欲观念，灌输对秩序和纪律的敬意，减缓神学激情和政治紧张。

霍夫特是个温和的奥伦治派，他相信，对他渴望的秩序而言，一个超越社会分歧的"杰出首领"是必不可少的。他察觉到奥尔登巴内费尔特及其盟友所选道路存在的危险，但随后也为莫里斯没能维持超越宗教纷争的立场而深感失望。

他在戏剧《海拉特·范维尔森》(*Geeraerdt van Velsen*，1613年)中首次掌握了寓言式思想剧的技法。该剧讲述的是荷兰伯爵弗洛里斯五世时期的暴政，但也描绘了起义反抗暴政带来的危险。整个17世纪，这出剧一直受到阿姆斯特丹剧院常客的欢迎。更典型的是戏剧《巴托》(*Baeto*，1617年)。当时抗辩派与反抗辩派的斗争正接近白热化，该剧主张内部冲突是最糟糕的罪恶。戏剧描绘了理想的主角，他对社会、对国家的责任感相当强烈，甚至愿意为了更大的利益而牺牲自己的利益。作为真正的新斯多葛主义者，霍夫特总是超然于纷争之上，但莫里斯政变之后，他断定再不能直接劝诫大众，断定戏剧不再能为他的文学和哲学目的服务。[14] 1618年之后，霍夫特转向他伟大的历史写作——包括顶级政客法兰西的亨利四世的传记以及荷兰大起义史。权贵作家霍夫特在某种意义上结合了利普修斯和科恩赫特的遗产，反映了处于黄金时代中心的荷兰社会和政治上的矛盾情绪。

大学和城市高等学校

在北尼德兰，人们有意识地追求独特的文化，这推动了1575年2月大河以北的第一所大学在莱顿的建立。这所荷兰省高等学府在布雷达谈判前夕建成，鲜明地支持荷兰省与泽兰省的政治、宗教分离主义。[15]

第24章　1572—1650年：智识生活　　683

新机构一方面要教育摄政官和贵族，训练为起义国家工作的官员和专业人士；另一方面要为公共教会提供讲道者，公共教会也倾向于尽可能多地从大学毕业生里招募讲道者。[16] 尽管新教会的需求是个有利因素，但正如荷兰省三级会议的决议所显示的，它绝非首要动机。一开始的计划就是，新学术机构不能只提供神学和法学，还应力图吸引人文主义研究、数学、医学和历史学方面最优秀的学者和专家。[17] 教会必定希望将新大学置于自己，特别是南荷兰省宗教会议的监管下。但是奥伦治亲王和三级会议明确否决这类正式联系，让新大学独立于教会的势力，这是欧洲其他大学都不能比拟的。

大学的章程将掌控权授予7位校监，其中3位由三级会议任命，4位是莱顿市长。这确保（1618年以前）大学可以规避狭隘的宗教趋向，而严格的加尔文宗信徒所谓的"自由"观念也得以盛行。[18] 事实上，在建校初期，加尔文宗正统派并没有占据主导地位，在校监和教授之中尤其如此。无论是利普修斯，还是16世纪80年代莱顿大学的另一根"顶梁柱"博纳芬特拉·维尔卡纽斯（Bonaventura Vulcanius）都不是虔诚的加尔文宗信徒，而1584年被任命为罗马法教授的托马斯·所修斯（Thomas Sosius）显然是个天主教教徒。普朗坦在1585年记录道，天主教学生在莱顿没有遭受任何压力，而荷兰省天主教复兴运动的领袖萨斯鲍特·福斯梅尔也在哀叹天主教教徒乐意到莱顿学习。[19]

然而，在这个时期，这种自由精神让大学很虚弱，神学院尤其如此。一开始，新学院并不像沉默的威廉和道萨（Dousa）期望的那样繁荣，鉴于到1590之前，起义国家能否幸存都仍有疑问，这并不令人惊讶。但是莱顿大学在严格的加尔文宗信徒中也没什么好名声，他们大多更喜欢海德堡和日内瓦，这就让问题加剧了。值得注意的是，在大批新教徒从南部涌入的16世纪80年代，莱顿大学的学生人数事实上减少了。威廉默斯·鲍达尔修斯，未来的反抗辩派神学家和翻译家，就是到莱顿大学学习的为数不多的移民之一。[20] 但是，他只在那里短暂停留，随后便转到共和国的第二座大学——1585年启用的弗拉讷克大学。1586年5月，莱顿组建了由校监、教授和市长组成的委员会，以思考大学为何表现欠佳以及如何扭转颓势。[21] 严格的加尔文主义者阿德里安纳斯·萨哈菲亚（约1532—1613年）在1584年被任命为神学教授，如今是尊敬的校长。他认为学校失败的原因一是西班牙近来取得的军事胜利，这让国家处于不安全状态；二是新建的弗拉讷克大学，它转移了一部分莱顿的生源。然而，市长则指责教授不称职，尤其是萨哈菲亚的缺勤，他时常外出，到乌得勒支与莱斯特伯爵商谈，而非在校教学。[22] 利普修斯受命拟订改革方案，而这项指令本身也没有给予正统观念太多关注。利普修斯提议拓展教学的领域，引进更多古典学问和哲学。[23]

北部大学的衰弱状态一直持续到16世纪90年代早期，在利普修斯离开莱顿时更是衰落到极点。潜在的神学学生对它们敬而远之，其他学科则没什么生源。事实证明，萨哈菲亚是个彻头彻尾的灾难性人物。1587年，他试图煽动一场支持莱斯特伯爵的政变，夺取莱顿城，结果一团糟，他的事业也随之终结。学校创建的最初12年里（1575—1587年），仅有131名学生登记到莱顿大学学习神学。弗拉讷克大学也没什么活力。这所大学由弗里斯兰省三级会议和执政创建，第一年只吸引到36名学生，16世纪80年代后期的学生则更少。它幸存下来，而且似乎确实有可能实现三级会议的主要目的——为该省的事业培训年轻的弗里斯兰人。不过在初期，弗拉讷克大学招收的几乎都是弗里斯兰人和奥默兰人。[24]

第24章　1572—1650年：智识生活

16世纪90年代初,军事和经济形势出现转变,其他情况也有所变化,大学的情况急剧改善。突然之间,共和国变得安全了,有大笔资金可以提供给新教授岗位,购买书籍,支持院系发展。学生人数陡增。1591年,荷兰省三级会议在莱顿创建了"三级会议学院",以安置30名得到荷兰省和泽兰省补助津贴的神学学生。[25] 莱顿的学术作品出版和销售忽然繁荣;16世纪90年代,莱顿大学图书馆成了欧洲新教地区藏书最可观的图书馆之一。大学在1587年就决定模仿比萨、帕多瓦(Padua)、博洛尼亚、佛罗伦萨和莱比锡(Leipzig)等地的大学建造植物园——比萨大学于1543年建造了欧洲最早的植物园,但植物园的规划、珍稀品种的获得和种植要到1594年才实现。阿拉斯本地人卡罗吕斯·克卢修斯(1526—1609年)曾于16世纪七八十年代在维也纳和法兰克福工作,此时已成为欧洲植物研究领域最著名的专家——他同意担任植物园的负责人,并于1593年抵达莱顿。克卢修斯的《稀有植物史》(*Rariorum Plantarum Historia*,1601年)是北尼德兰出版的首批重要科学著作之一。弗拉讷克大学的声誉也有所提高:从1590年到17世纪中期,它的学生人数逐年递增。

莱顿大学的学生人数在1590年约为100人,到17世纪40年代则超过500人。尽管莱顿大学在绝对数字上总是拥有比弗拉讷克大学更多的学生,但一直到17世纪60年代,这两所大学实际上是以相同的速度、经过相同的阶段扩张的。[26] 弗拉讷克大学的学生总数一直是莱顿大学的四分之一左右。莱顿大学到1609年已经成了欧洲规模最大的大学之一,到17世纪40年代,则是新教世界最大的大学。在1626—1650年这近25年里,在莱顿大学注册的学生人数达1.1万,相较而言,不列颠规模最大的大学剑桥大学注册人数为8 400人,德意志最大的大学莱比锡大学则为6 700人。[27]

不过，比起学生规模，更引人注目的是莱顿大学国际性的人员构成。牛津大学和剑桥大学几乎是专属于不列颠的大学，莱比锡大学和海德堡大学则是德意志的大学；而莱顿大学、弗拉讷克大学和（稍晚的）乌得勒支大学则是国际性的新教大学，这种类型的大学事实上只短暂地存在于近代早期的北尼德兰。在莱顿大学处于巅峰状态的近25年里（1626—1650年），其学生超过半数来自共和国之外，他们主要来自德意志各地（3 016人）、不列颠（672人）和斯堪的纳维亚半岛（621人）；[28]此外，三十年战争期间，莱顿大学还从法兰西（434人）、波兰（354人）和匈牙利（231人）吸收了数量可观的学生。与此形成对比的是，来自意大利（19人）、西班牙（3人）和葡萄牙（3人）的学生非常少。大约从1620年起，弗拉讷克大学也成为国际性大学。在这方面，笛卡儿是其中之一，1629年他曾短暂地在此学习。1590—1624年间，弗拉讷克大学75%以上的学生都是荷兰人（其中三分之二来自弗里斯兰和格罗宁根）；而到1625—1650年间，弗拉讷克大学近半数的学生都是外国人，主要是德意志人。[29]这些德意志人和荷兰大学中的其他外国学生中的许多人随后在自己的祖国或其他地方功成名就。德意志巴洛克时期的一位重要作家安德烈亚斯·格吕菲乌斯（Andreas Gryphius）就在莱顿大学停留了6年（1638—1644年），并在那儿写下了众多诗作。

荷兰第三所大学——格罗宁根大学，于1614年8月由该省二级会议创建。它的建立，部分是为了将一些学生分流出弗拉讷克大学，部分是为了防止格罗宁根青年染上莱顿大学盛行的阿明尼乌主义。尽管格罗宁根大学的国际声誉从未能与弗拉讷克大学媲美，但它仍吸引到了数量相当多的学生，其中包括许多来自邻近的德意志地区的学生。格罗宁根大学的奠基人是神学家兼历史学家乌博·埃米乌斯（1547—1625年）。他的父亲原是东弗里斯兰路德宗的牧师，而后在日内瓦受泰奥多尔·德贝扎（Théodore de Beza）劝导，改信加尔文宗。到16世纪80年代，乌博·埃米乌斯已经成为东弗里斯兰加尔文宗领袖，也是著名的反门诺派论辩家和杰出学者。1594年，共和国夺取格罗宁根后，新归正会议事会邀请埃米乌斯前来改革该城久负盛名的拉丁语学校。他的影响力遍及这片地区，他帮助塑造了这里的精神生活，还写作了大量有关格罗宁根、弗里斯兰和东弗里斯兰的历史著作。格罗宁根市议事会将宣扬埃米乌斯的名声作为提升该城声望的方式。在埃米乌斯去世时，该城为他举办了震撼人心的公共葬礼，还将他的肖像悬挂在公共建筑中。

按照时间顺序，乌得勒支大学在荷兰排在第四，但从一开始，其地位就仅次于莱顿大学。1602年以来，为乌得勒支建立一所省立大学的提案就一直在讨论中，但是三级会议大多数成员更希望将它设在阿默斯福特，而不是该省首府。这项计划之所以被长期搁置，部分原因是贵族集团和该省小城镇不愿看到乌得勒支城在该省的主导地位进一步提升，部分原因是莱顿大学位置太近而起到抑制作用。而后到1632年，乌得勒支城公布了建立所谓的高等学校的计划，将之作为建立大学的第一步，并向三级会议寻求财政支持。三级会议的一些成员依然认为阿默斯福特是更理想的地点。[30] 结果，乌得勒支城自行推进该计划，在1634年设立高等学校，并请求三级会议批准它在两年后转变为完全的大学。由此，乌得勒支大学成了本质上具有城市特性，而非省特性的大学。著名讲道者希斯贝特斯·富修斯被任命为神学院主席，在许多年里都是教授中的领导人物。

大学的迅速增长还制造了对城市学院或新型"高等学校"的需

求，它们为上过拉丁语学校的男孩做好上大学的准备，重点是打磨他们的拉丁语。这类机构的建立是17世纪三四十年代的代表性现象。这类学校中较为有名的是代芬特尔高等学校（上艾瑟尔、泽兰和德伦特从没建起大学），它在约翰内斯·弗雷德里克斯·赫罗诺维厄斯（Johannes Fredericus Gronovius）担任校长期间（1642—1658年）声望最高。赫罗诺维厄斯是德意志人文主义者，也是福修斯[*]的追随者，后来成了共和国一流的古典文献学家。引人注目的是，赫罗诺维厄斯任期内注册进入代芬特尔高等学校的450名男孩中，超过20%是外国人，其中包括58名德意志人、4名丹麦人和至少27名匈牙利人。[31] 另一所著名的高等学校位于多德雷赫特，它建立于1635年，第一任校长是科学家伊萨克·贝克曼（Isaac Beeckman，1588—1637年）。不过，最负盛名，也最引人争议的，要数1630—1631年建立的阿姆斯特丹高等学校，或者称雅典学园。它的目的也是为该城青年上大学做准备。阿明尼乌派议事会知道他们可以招到一些著名学者，这些学者因为抗辩派观念被彻底或部分清洗出莱顿大学。阿姆斯特丹议事会吸纳了他们，并由此将莱顿大学的光环转移到阿姆斯特丹高等学校。对这一策略，莱顿大学试图通过荷兰省高等法院进行阻挠，但未果。福修斯在1631年被任命为校长，薪金是（前所未闻）的2 500弗洛林——乌得勒支大学建校初年给校长的薪金是1 300弗洛林，富修斯的薪金则是1 200弗洛林。[32] 雅典学园还把教授职位授予了同样备受争议的人文主义者卡斯帕·巴莱乌斯（Caspar Barlaeus，1584—1648年）。

加上1648年建立的哈尔德韦克大学，荷兰共有5所大学，它们都设

---

[*] 该段内"福修斯"与"富修斯"是不同人物，不可混谈。——编者注

第24章 1572—1650年：智识生活

在各省，而非公地上。但是高等学院在公地上也得以建立，它们部分算是市政机构，同时又由总三级会议通过国务会议联合赞助。[33] 在这些地方，它们属于一种奇异的现象。它们的目的是把未来的归正会讲道者和管理人员送入大学，因此受到以著名加尔文宗学者为首的总三级会议资助，分到了丰厚的资源和气派的场地，但它们普遍缺少学生。大河以北和外国的年轻人鲜少乐意到公地上学习，而当地人——大部分是天主教教徒——视它们为新教堡垒而避之不及。斯海尔托亨博斯的高等学校建于1636年，创立者为该城新成立的归正会议事会，它的第一任校长是著名的胡格诺派教授萨米埃尔·马雷修斯（Samuel Maresius, 1599—1673年）。他此前是色当的教授，而后成为格罗宁根大学的神学元老。对手布雷达的学校于1646年启用，它主要由执政推动建立，执政渴望把自己的男爵领地城镇打造为北布拉班特的文化中心。[34]

虽然上大学的学生大多学习神学、法律，或近代早期的第三大职业学科——医学，但是最伟大的学术声望来源于卓越的人文主义研究——古典文献学、《圣经》研究和哲学。这些领域的名望会极大提升大学和城市学院及其所在地区的国际地位，吸引远道而来的学生，尤其是斯堪的纳维亚半岛和德意志路德宗地区的学生，而荷兰神学院对这些地方的学生丝毫没有吸引力。

荷兰晚期人文主义

16世纪80年代，利普修斯是莱顿乃至整个荷兰省文化界的荣光。弗拉讷克大学可以与利普修斯媲美的是约翰内斯·德鲁修斯（1550—

1616年)。与克卢修斯、巴莱乌斯、斯泰芬和其他17世纪早期的共和国杰出知识分子类似,德鲁修斯是来自南部的流亡者。这位著名哲学家原先拥有莱顿大学的教职,而后在1584年被吸引到弗拉讷克大学,尽管沉默的威廉曾试图通过劝说莱顿大学校监给德鲁修斯涨薪,来阻止他离去。[35] 德鲁修斯精于希腊语、希伯来语和其他近东语言,尤其是古叙利亚语,他最终使弗拉讷克大学享誉全欧,吸引到远在苏格兰和瑞士的学生。与利普修斯一样,德鲁修斯回避神学和宗教事务,专注于古典文学和哲学研究。

莱顿大学的校监们为德鲁修斯的出走和弗拉讷克大学的发展而烦恼,于是大幅提高了教授的薪资。但是,这也没能阻止利普修斯在1591年离去。为了填补利普修斯的空缺,校监们不遗余力地寻找价值相当高的学者,还动员荷兰省三级会议伸出援手。三级会议和校监将他们的目光投向著名的法兰西人文主义者约瑟夫·于斯特斯·斯卡利杰尔(Joseph Justus Scaliger, 1540—1609年),在接触他时还寻求了法兰西国王的帮助。斯卡利杰尔描述了自己如何被"烦扰"了两年,而后才同意前去,薪资是史无前例的1 200荷兰盾——利普修斯离开时年薪是1 000弗洛林——另一个条件是不得要求他讲课。[36] 斯卡利杰尔是个易怒之人,他厌恶大多数教授,还喜欢在同事写的书籍的空白处标注上毒辣的评论。在荷兰省,他可抱怨的东西太多了,尤其是寒冷、食物、酗酒和过高的租金。[37] 但是对于三级会议、大学和莱顿城而言,花高昂费用把斯卡利杰尔和他的大书房安置到运河边、大学对面的一处宏伟豪华的宅邸中,还是物超所值。因为斯卡利杰尔的名声赋予了三者荣光。

斯卡利杰尔不讲课。但是在教导尤为优秀的一小部分学生时,他创立了研究古典和近东文本的新文献学研究标准，这胜过欧洲其他地方的任何成就。[38] 他坚持要将对古代语言和手稿的广博知识，作为高级学术研究的基础；跟这一点一样著名的是他描绘自己所鄙夷的同事时惯用的辞藻："他不懂语言。"一般认为，斯卡利杰尔是那个时代最伟大的《新约》专家，他整理出古典作家作品的精良版本，包括卡图卢斯的、提布鲁斯的和普罗佩提乌斯的。除了传奇般地精通拉丁语和希腊语，他还对希伯来语、古叙利亚语、阿拉伯语和其他他认为与《圣经》研究相关的语言和文学的研究，注入了重大精力，其中甚至包括科普特语和埃塞俄比亚语。他在莱顿写就的大作，包括伟大杰作《年代学词典》（*Thesaurus Temporum*，1614年）。这本著作建立了古代历史的整体编年框架，是斯卡利杰尔编写优西比乌（Eusebius）的评注版文本时创作的。

斯卡利杰尔的主要遗产在于他对自己天资聪颖的学生的影响。通过这些学生，斯卡利杰尔在共和国内外，对古典、《圣经》学术研究和近东语言研究发挥着持久影响。他最为杰出的学生包括：格劳秀斯，11岁的他于1954年来到莱顿大学，是个公认的神童；彼得鲁斯·斯克里弗厄斯（1580—1655年）；丹尼尔·海因修斯（Daniel Heinsius，1580—1655年），他于1598年来到莱顿大学，成为斯卡利杰尔首名弟子。1605年，25岁的海因修斯被任命为莱顿大学希腊语教授。他效仿斯卡利杰尔，推出了诸多古典作家文本的精良学术版本，包括贺拉斯的作品和亚里士多德的部分作品。尽管海因修斯也同样闻名欧洲，但他没有带来重大革新，也缺乏导师的深度。[39]

在近东研究方面，斯卡利杰尔首屈一指的学生是托马斯·埃珀尼厄斯（Thomas Erpenius，1584—1624年），后者在1613年被任命为东方语言学教授。他的《阿拉伯语语法》(*Grammatica Arabica*，1613年)在此后两个世纪欧洲的阿拉伯语研究中占据核心位置；迟至1771年，该书还在德意志重版。他还编写了一本阿拉伯语的《新约》，于1616年出版。埃珀尼厄斯吸引了众多学生，巩固了莱顿大学作为欧洲近东研究卓越中心的地位。他在1624年因感染鼠疫去世，此后，他的明星学生雅各布斯·霍利厄斯（Jacobus Golius，1596—1667年）承袭了这一传统。[40] 1622—1625年间，霍利厄斯在游历北非、叙利亚和君士坦丁堡的旅途中，收集了300多份阿拉伯、波斯和土耳其的中世纪手稿，构建了莱顿大学著名的近东文献收藏的核心。霍利厄斯还为激发莱顿大学的应用天文学研究贡献良多，他提升了人们对科学史的兴趣，研究了传播希腊科学知识的中世纪阿拉伯文献。由此，霍利厄斯帮助推进了科学与人文学科之间的亲密互动，这种互动正是17世纪荷兰文化的特征。不过，他的巅峰成果还是《阿拉伯语词典》(*Lexicon Arabicum*，1654年)。迟至19世纪，它依然为西方的东方学专家所用。霍利厄斯的首要追随者是来自利珀（Lippe）的威斯特伐利亚人勒维纳斯·瓦纳（Levinus Warner），后者最终成为常住君士坦丁堡的荷兰人，为莱顿大学收集了更多的近东手稿。

　　大学和拉丁语学校深入参与城市和省份的生活，这将它们置于阿明尼乌派与戈马尔派冲突的风暴中心。几乎所有遵循伊拉斯谟和利普修斯传统的重要人文主义者和《圣经》研究者，都厌恶周围日渐增强的教条主义和加尔文主义狂热。海因修斯日后不断抨击抗辩派，尤其是埃皮斯科皮厄斯，而且担任多德雷赫特宗教会议的拉丁语秘书。但即便是他，也没有在1618年前宣称自己是戈马尔主义者。他随后遭到格劳秀斯、福修斯和巴莱乌斯叱责,并非因为他是狂热的加尔文主义者,而是因为他背叛朋友,是个卑鄙的机会主义者,[41] 他们谴责他是伪君子、酒鬼和"好色之徒"。他们在学术界的共同导师和领路人斯卡利杰尔——一直都是伊拉斯谟的仰慕者——在晚年明确表达了自己也赞赏阿明尼乌,蔑视戈马尔。[42]

奥尔登巴内费尔特倒台之后,新荷兰省三级会议在1619年2月更换了莱顿大学的校监,并且在7月设立委员会,以清除各个院系中的抗辩派。许多顶尖教授都是目标人物。1615年之前曾任三级会议学院抗辩派摄政官的彼得鲁斯·贝修斯(Petrus Bertius)立即被解除教职;巴莱乌斯在7月被免去三级会议学院副校长的职务,8月被撤掉教授职务。逃离共和国的埃皮斯科皮厄斯被视为辞职。福修斯在三级会议学院摄政官的职位被撤,但保住了教职,不过他的作品遭到南荷兰省宗教会议的审查。新校监在1619年8月致信乌得勒支省三级会议,宣称自己已将莱顿大学"此前的混乱"消除,请求乌得勒支省重新派学生到莱顿大学学习。[43]

荷兰省和乌得勒支省的拉丁语学校也经历了类似的清洗。乌得勒支著名的希罗尼米斯学校有300多名学生,这里的校长和教员全被撤职,新教师中包括年轻的科学家、狂热的反抗辩派成员伊萨克·贝克曼,他在1619年11月成为这所学校的副校长。[44] 类似的清洗还发生在哈勒姆、莱顿、豪达和鹿特丹。鹿特丹的抗辩派被撤职后,贝克曼的同为严格加尔文主义者的兄弟被任命为该城拉丁语学校的校长。

1618—1620年的清洗并未结束共和国文化精英之间的争执。到17世纪30年代,乃至其后,指责与讥讽依然弥漫于荷兰的文化生活中。而随着1625年弗雷德里克·亨德里克执政期的开始,社会出现了更多的妥协与和解的余地。毕竟，反抗辩派还能欣赏某些人文主义研究，只要他们避免敏感的神学问题就行。康斯坦丁·惠更斯是执政宫廷中反抗辩派的支柱，也是文学界的领袖人物。他同许多人一样渴望弥合创伤，创建以学术和广博闻名的、和谐且充满活力的荷兰文化。莫里斯去世后不久，他就向巴莱乌斯伸出了援手。惠更斯欣赏巴莱乌斯的新拉丁语诗作，而后者此时正在莱顿当私人教师，生活拮据。惠更斯帮他争取了撰写拉丁语宫廷诗的任务。首批诗作之一便是《胜利的不列颠》（*Britannia Triumphans*，1625年），用以庆贺英格兰查理一世的婚礼。

惠更斯、霍夫特、巴莱乌斯和福修斯等人力图结束学术和文化停滞状态，超越神学分歧。在这方面，一个相当重要的文化现象是一个文学和文化团体的出现，它被称为"默伊登团体"（Muiden Circle, Muiderkring），核心人物是政治诗人、剧作家兼历史学家霍夫特。作为位于阿姆斯特丹附近的默伊登城堡的德罗斯特，霍夫特的身份让他能够十分便利地定期组织作家和学者聚会。此外，他还是个顶级政客，唯有他能在所有神学争论中保持中立，并且与双方都保持着友谊。霍夫特多年主持着一个小团体，成员包括惠更斯、巴莱乌斯和福修斯，他力图带领荷兰文学和文化界突破此前乏味的论辩，进入文艺、形而上学和诗歌研究的新世界。[45] 他们刻意营造一种精致的轻浮之风，但又避免过度，同时他们还用内部讨论和文学追求真理的方式，取代争论。惠更斯赞赏约翰·多恩（John Donne）的玄学派诗作，渴望赋予荷兰诗作类似的深度。与此形成对比的是，霍夫特在默伊登团体活跃的时期放弃了诗歌创作：在17世纪三四十年代，他集中精力处理长期萦绕在他脑海中的政治和伦理问题，写作荷兰大起义的历史——它标志着荷兰黄金时代散文写作的巅峰。[46]

思想和文化方面，阿明尼乌派与戈马尔派的纷争以陷入僵局告终。从17世纪30年代起，诗歌、历史写作、神学和人文主义学术都竭力以一种将二者联系在一起的方式打破困局。福修斯十分审慎地默默推进研究。整体而言，从17世纪20年代末开始，荷兰人文主义研究的重心转为更细致地理解《圣经》和基督教早期文本的历史、语言学和宗教语境，而回避此前的争论。

这种新的敏锐体察，回归了利普修斯、德鲁修斯和斯卡利杰尔的审慎，在神学分歧的双方身上都有所体现。胡格诺派教授路易·德迪厄（Louis de Dieu）是1619年被任命到莱顿大学顶替抗辩派的加尔文宗正统派人士之一。1627年，他发表了古叙利亚语版的《启示录》及其拉丁语译本，这些成果以海因修斯在斯卡利杰尔的书稿中发现的一份手稿为基础，德迪厄没有在作品中发表具有争议的评论。在接下来的3部作品（分别出版于1631年、1634年和1646年）中，德迪厄发表了针对《新约》的《批判》（Animadversiones），同样回避了所有有可能引起分歧的神学议题，在阐释难解之处时，他只采用了斯卡利杰尔的方法，即将古代版本与相关的希伯来语、古叙利亚语、阿拉伯语、埃塞俄比亚语和希腊语文本相比较。与此类似，海因修斯在1618年之后的主要贡献是《新约》的《规范》（Exercitationes，1639年），它同样避开教义问题，仅在语言和历史方面展开讨论，不过其中隐含着他对国定本《圣经》中荷兰语译本《福音书》的批判。[47]

诚然，海因修斯的谨慎并没能使他的著作免遭福修斯、格劳秀斯和他在莱顿大学的新同事、胡格诺派教授克洛德·萨尔马修斯（Claude Salmasius）的批评。但这些新争论源自个人而非意识形态的敌意，尽管其中也有一些重大的语言学问题。[48]在后来变得鼎鼎有名的学术争论中，萨尔马修斯主张，《新约》是以希腊化时代通行的标准希腊语写作的，并严厉批判海因修斯的观点——《新约》使用的是渗透了希伯来语和其他近东成分的犹太化希腊语。[49] 福修斯强烈支持萨尔马修斯，他控诉海因修斯盗用了斯卡利杰尔未发表的笔记却又不承认。

与此同时，格劳秀斯也完善了自己的《圣经》注释，他在这一领域的重要著作是针对《旧约》和《新约》的《评注》(Annotationes)，它们同样都是主要创作于17世纪30年代的作品。格劳秀斯对《新约》的评注（1641年）无疑在深度、学识和原创性上超越了德迪厄和海因修斯。但在这些评注中，人们也可以察觉到同样的决心——用语言学的方式阐释《圣经》的难点和晦涩之处，避开教义问题，像对待古典时代的作品一样，对待这一文本。

活跃于1625年之后的荷兰人文主义者开创了一种以语言学专业技术为基础、在教派上保持中立的阐释《圣经》的新方式。由此，他们至少创造了在不同教派团体之间搭建桥梁、真诚对话的可能性。尽管如此，我们必须承认，事实证明，在荷兰黄金时代实现真正的教派间对话是不可能的。方法就在眼前，但大多数时候，加尔文宗、抗辩派、天主教教徒和犹太人不可能打破教派教条的思维模式。

这种桥梁的搭建不过证明了上述可能性有多小。阿姆斯特丹的犹太拉比梅纳什·本·伊斯拉埃尔（Menasseh ben Israel，1604—1657年）就是个典型例子。1631年，福修斯搬到阿姆斯特丹，之后两人成了朋友。阿明尼乌派的格劳秀斯和巴莱乌斯敬重梅纳什，正统派的萨尔马修斯和康斯坦丁·朗珀勒（Constantijn L'Empereur，1591—1648年）也一样。朗珀勒从1627年起担任莱顿大学的希伯来语教授。梅纳什的著作《调和者》(Conciliador，1632年）调和了希伯来语《圣经》文本中的显性矛盾。该书以西班牙语出版，得到赛法迪犹太人共同体的首肯，也得到福修斯和巴莱乌斯的赞赏。两位学者还力劝梅纳什出版拉丁语版本，这通常不对犹太学者开放，也不是犹太学者的追求。梅纳什筹备着拉丁语文本的出版，并且请求荷兰省三级会议准许他把这部作品献给他们。三级会议随即将拉丁语文本送往莱顿大学神学院，后者的回复是，该书充满"犹太寓言"。三级会议否决了梅纳什的请求，但并未查禁他的作品。尽管他把出版地点从阿姆斯特丹变成法兰克福，但梅纳什出版拉丁语本的决心仍惹恼了加尔文宗信徒和赛法迪犹太人共同体的长老——赛法迪犹太人共同体的政策是不允许可能激怒公共教会的犹太出版物存在。

福修斯评论道，梅纳什愿意与基督教学者讨论问题，这在犹太人中是个例外，但也正因如此，他没能"得到同信仰之人的多少敬重"。[50]这是事实。但另一个事实是，福修斯，以及更为正统的加尔文宗信徒，如朗珀勒，无法与犹太教和拉比教义学者进行真挚的对话。福修斯的态度中弥漫着让犹太人改信基督教的愿望。朗珀勒虽然是个希伯来语教授，但他忽略了当时荷兰犹太人的思想发展，不能走出传统、教条的反犹主义。[51]

不过，荷兰晚期人文主义还是有许多令人赞叹之处。它不仅大幅改善了学术研究的工具，还创造了新型的欧洲文化环境。虽然说它没能促成各个教派之间的真诚对话，也不可能在当时的环境下这样做，但不可否认，它助长了一种更温和的思想氛围。在这种氛围中，相互对抗的神学和哲学体系在日常生活中的共存不仅是可想象的，而且是既成事实。每个人都必须适应这样的现实，各种各样的宗教传统和文化体系可以在其中各自繁荣发展。

机械论世界观的兴起

利普修斯和斯卡利杰尔的晚期人文主义观点,避开教义,强调研究,诉诸新斯多葛主义和其他非基督教的伦理和政治体系。这类观点从根本上说是16世纪末以来,盛行于西欧的"怀疑论危机"的一种症状。[52] 这可能是近代早期欧洲思想最具决定性的转变。我们最好将它理解为新教与天主教世界普遍陷入僵局的结果。到16世纪的第三个25年,这种死局笼罩了法兰西、德意志、低地国家、不列颠、瑞士和欧洲中东部。[53] 利普修斯和斯卡利杰尔可以被视为1570年之后的近代早期思想危机的典型代表人物,但科恩赫特、斯泰芬、霍夫特、福修斯和格劳秀斯(鉴于他非教条的伊拉斯谟式宗教改革观点)全都以各自的方式充当着"怀疑论危机"的发言人。到17世纪三四十年代,几乎所有站在荷兰文化生活前沿的人,都在试图应对新教与天主教之间、加尔文宗与路德宗之间、阿明尼乌派与戈马尔派之间的僵局。在文化精英中,普遍趋势是存在越来越多地诉诸利普修斯和斯卡利杰尔的方法和观念。这意味着现存权威十分虚弱,也意味着到17世纪三四十年代,荷兰文化界的环境有可能对推翻和替换整个现存的神学、哲学和科学的思想体系一事,持接纳的态度。

当然,科学和数学从一开始就在大起义打造的荷兰高等文化中获得了公认的地位。自1575年莱顿大学建立以来,这些学科就是荷兰学术生活的重要组成部分,并且通过斯泰芬,在整个荷兰高等文化圈中获得普遍认可。17世纪初,这些学科的领导性人物是数学家鲁道夫·斯涅尔(Rudolf Snellius,1546—1613年)。他是奥德瓦特人(与阿明尼乌一样),在德意志接受训练,受到拉米斯主义的强烈影响。从1580

年开始，斯涅尔一直在莱顿大学开课，教授数学，以及他个人版本的拉米斯主义。彼得吕斯·拉米斯（Petrus Ramus，1515—1572年）是个胡格诺派逻辑学家，巴黎圣巴托罗缪之夜大屠杀的受难者。他发明了后亚里士多德时代的逻辑和知识体系。该体系虽然简陋，却在16世纪晚期和17世纪初的欧洲广受欢迎，因为它确实是一种系统整合所有知识分支的方法，并且强调理论与现实应用的关联，这一特征尤其吸引斯涅尔。斯涅尔的儿子威利布罗德·斯涅尔（Willibrord Snellius，1580—1626年）也是一流数学家拉米斯的仰慕者，他延续了父亲和斯泰芬构建的传统，将数学应用到各种科学问题中。威利布罗德曾随伟大的丹麦天文学家第古·布拉赫（Tycho Brahe）受训，他的一些作品属于数学和天文学领域。不过，他主要因为在光的折射方面所做的突破性实验而闻名于世，这一领域的至高成就就是折射定律的表述，它也被称为斯涅尔定律。威利布罗德·斯涅尔的大部分作品并未发表。根据福修斯和惠更斯的说法，笛卡儿后来利用了斯涅尔在光学方面的发现，却未完全承认这件事。

直到17世纪30年代中期，荷兰的科学和科学观念都是沿着斯泰芬和两位斯涅尔教授描绘的战线默默发展，没有掀起波澜。哥白尼的天体系统观念在荷兰共和国较早得到相对友善的接纳，但是对哥白尼观点的认识依然局限在小圈子内。[54]乌博·埃米乌斯批评斯泰芬采纳哥白尼的立场，但是并不存在公开的辩论。这只是日后进展的"早期低语"。情况要到1633年教宗谴责伽利略之后才有所变化。这一事件使讨论变得激烈，提高了人们对科学事件的认知度。阿姆斯特丹的雅典学园开设教授日心说观点的课程后，情况更是如此。1636年的个别场合中，阿姆斯特丹归正会宗教法院表示要警惕对哥白尼学说和伽利略学说兴趣的突然高涨，并且谴责在阿姆斯特丹教授日心说的行为。

这不仅标志着哥白尼宇宙观开始在荷兰社会迅速、广泛传播，也标志着教会和大学中出现对抗它的强劲势力。这一对立很快就与更广泛的冲突相连。冲突的一方是坚持传统亚里士多德式科学和哲学的加尔文宗正统派；另一方是新科学、新哲学和新神学潮流的综合体，日心说是其中不可或缺的一部分。[55] 乌得勒支大学的执事希斯贝特斯·富修斯将在17世纪四五十年代的激烈论战中，充当加尔文宗正统派和亚里士多德哲学的主要发言人。同时，在打击哥白尼、伽利略及两人宇宙观的运动中，他也是主要拥趸。

小斯涅尔之后，克里斯蒂安·惠更斯（Christian Huygens，在17世纪50年代声名鹊起）之前，最为杰出的荷兰科学家是伊萨克·贝克曼。贝克曼是斯涅尔的学生、斯泰芬的崇拜者，他擅长科学的各种实际运用，尤其是泵，同时也精于纯数学。他最早是商人，后来担任乌得勒支、鹿特丹和多德雷赫特等地高级学校的教师，完全在大学环境之外追寻自己的事业和做研究。1618年，他在布雷达首次与笛卡儿会面，随后便深刻参与这位伟大法兰西哲学家"以数学法则为基础，建立完美整合的机械论世界观"的进程中。[56]

机械论世界观是一种抽象模型，尘世间所有的现实都借此简化为扩展、质量和运动这些能以数学方式表达的术语。机械论世界观最早在1630年前后出现在笛卡儿和贝克曼等人的脑海中。笛卡儿担心招致天主教会的审查，便从1628年起永久定居于共和国，在这片土地上，他可以自由地发展自己的体系。在剩余职业生涯的大部分时间里，笛卡儿都在荷兰领土上居住、工作，直到1649年。我们或许永远都难以确切地知道贝克曼究竟发挥了多大的作用。但是贝克曼的日记（以及笛卡儿的行为）清晰表明，贝克曼显著影响了笛卡儿，并且在一些方面走在笛卡儿前面。[57] 1630年，笛卡儿愤怒地与贝克曼决裂，拒不承认其体系部分来自贝克曼。但是贝克曼确实缺乏，而笛卡儿拥有的，是将贝克曼的数学洞见整合到综合的哲学体系里的能力。1637年出版《谈谈方法》（Discours de la méthode）时，笛卡儿已经安稳地踏上了通往被证明是最具革命性的17世纪科学哲学体系的道路。加尔文宗正统派越来越焦躁、警惕的富修斯用越来越仇视的目光，追踪着笛卡儿的进展。

到17世纪30年代晚期，笛卡儿哲学已然在大学和公共教会的文化领袖中引发了争论。1639年，富修斯在乌得勒支大学组织了一系列有关无神论主题的神学辩论，区分了"坦率的"无神论与隐藏在自然神论背后的无神论。瓦尼尼（Vanini）和笛卡儿被引为后一种无神论的主要例子。富修斯谴责笛卡儿犯有双重罪，因为他的哲学体系建立在怀疑的基础上，并且摒弃了所有传统的（亚里士多德式）科学和哲学，包括证明上帝存在的现存证据。[58]

一开始，富修斯的攻击效果甚微。笛卡儿的科学-哲学-神学体系在大学里得到医学教授亨里克斯·雷吉乌斯（Henricus Regius, 1598—1679年）的支持。笛卡儿对富修斯只展示出蔑视。1642年3月，他本人向朋友梅森（Mersenne）确证，雷吉乌斯的"弟子品尝了我的思考方式，他们如此蔑视那些鄙俗之人，甚至可以公开嘲笑他们"。[59] 然而富修斯固执己见，意图在教会和三级会议里掀起轩然大波，以迫使省三级会议和城镇议事会令其敌人闭嘴。他发展了几条战线，重点煽动格罗宁根大学的哲学教授马尔滕·斯霍克（Maarten Schook）发表（据说是）压倒性的驳斥言论，并动员乌得勒支议事会打压笛卡儿——笛卡儿是该城为人熟知的人物。乌得勒支议事会在整个17世纪40年代依然由反抗辩派掌控，因而承担了富修斯的事业。斯霍克的《笛卡儿哲学》(*Philosophia Cartesiana*，1642年）强烈谴责笛卡儿：抨击他研究生物科学的数学路径；指责他跟大卫·约里斯和亵渎神明的静物画画家托伦修斯一样，"诱骗"老百姓；控诉他不坚持使用拉丁语术语，而是用法语出版作品，取悦非学术界的人群，意图以此打压所有哲学。[60] 斯霍克毫不犹豫地将笛卡儿称为"无神论者"，称他为新"瓦尼尼"。

笛卡儿明确告诉他在法兰西的朋友，斯霍克的书是可鄙的，如果只是他个人的处境陷入危机，那么他根本不会费神去回应。然而，他解释道："因为富修斯"，笛卡儿视他为该书真正的作者，"控制着城里的平民百姓，那里又有许多正直的人希望我安好，而（富修斯）权威的削弱会让他们生活得更自在"，所以笛卡儿感到自己必须为了他们加入论战，以削弱富修斯的地位、增加哲学思考的"自由"。[61] 笛卡儿主义与亚里士多德主义之间的战争如今不仅渗透到荷兰科学、哲学和神学的所有领域，还开始侵入城市政治和党派斗争；不仅存在于市议事会和大学，还存在于三级会议、宗教法院和其他领域。因为富修斯在乌得勒支的势力主要来自归正会的平民百姓和他动员的宗教法院，于是笛卡儿主义现在难以与乌得勒支乃至共和国正在进行的广泛的意识形态斗争和政治斗争分离。尽管笛卡儿在荷兰省度过了漫长的时光，但他并没有掌握荷兰语，难以理解用荷兰语进行的公共论战的错综复杂之处。虽然如此，他希望他的回应能在友人的帮助下以荷兰语呈现，从而最大可能地打击富修斯的声望。他以致富修斯的公开信的方式回应斯霍克，宣称富修斯是个愚昧的偏执狂，不懂科学和哲学，滥用自己校长的权力去妨害学术。但是这一回应只是激怒了舆论，令当局警惕。

满溢出乌得勒支的群情激奋[62]开始令笛卡儿担忧。1643年,他救助友人康斯坦丁·惠更斯,并通过惠更斯请求执政保护自己和雷吉乌斯。他担心雷吉乌斯会失去教授职位,变成"哲学的第一位殉道者"。[63]他告诉惠更斯,先前他相信"这些省份是如此自由",现在他认为处于主宰地位的是宗教裁判所的精神,乌得勒支尤其如此。雷吉乌斯没有遭到撤职,但大学确实命令他远离哲学,将自己的讲座内容限制在医学领域。[64]乌得勒支议事会也采取了针对笛卡儿的措施,最终导致弗雷德里克·亨德里克插手保护他。

弗雷德里克·亨德里克在世时,笛卡儿是安全的,而且在法兰西大使的帮助下,确实能够做出反击,并取得一些成效。他向格罗宁根大学当局呈递了对斯霍克的投诉。这份诉状得到那里的新任校长萨米埃尔·马雷修斯的支持。马雷修斯属于加尔文宗正统派,但也是富修斯的大敌。斯霍克遭到斥责,被迫承认富修斯曾怂恿他写作攻击笛卡儿的作品。[65]1644年,在莱顿讨论的哲学论题中,笛卡儿也得到了友善的对待,他在那里的主要盟友是年轻睿智的数学家弗兰斯·范斯霍滕(Frans van Schooten,1615—1666年)。他从1636年开始就与笛卡儿交往密切,为笛卡儿的一些作品绘制图表,还将《几何学》(*Géométrie*,1638年)译成拉丁语。在17世纪40年代中期,正是范斯霍滕给年轻的约翰·德维特和克里斯蒂安·惠更斯(康斯坦丁·惠更斯之子)教授数学:这也无疑传递了一些他对笛卡儿的崇敬。

联省有关笛卡儿的争论开始得比其他地方更早,并且达到了其他地方不可比拟的激烈程度。在西属尼德兰,1650年的鲁汶明显出现了一股对笛卡儿科学和哲学的热情,但同时也存在广泛的消极声音。到

1652年，鲁汶大学的主要人物对笛卡儿的观点进行了整体谴责。笛卡儿主义并没有完全从南尼德兰各省消失。但它也没有上升为南部文化的中心议题。直到1662年，布鲁塞尔的教宗公使才敦促鲁汶神学院谴责笛卡儿的一系列论点；1663年，笛卡儿的作品才被纳入禁书目录。[66]但是，这没能根除莱顿大学人文院系中的笛卡儿学说，也没有在文化界掀起波澜。南部的反应一直较弱。

在北部，有关笛卡儿的争论不仅渗透到学术生活中，还成了上层文化界和政界的重要议题。在敌对派系的意识形态争论中，笛卡儿问题绝没有将神学逐出中心舞台。但笛卡儿与富修斯之间的争论确实让哲学和科学成为思想世界对抗的重要方面。两个相互对抗的思想世界以敌对的神学体系为基础，它们渗透到两个派系中，又塑造着两个派系。在荷兰的大环境下，对"新哲学"和笛卡儿截然相反的态度成了政治意识形态的一部分，这种情况产生于17世纪40年代早期，并一直延续到18世纪初。

到17世纪40年代中期，笛卡儿实实在在感觉到了危险。伽利略命途多舛，哥白尼的日心说引得群情激奋——这在17世纪30年代中期的荷兰省还在继续发酵。意识到这些，笛卡儿撤回了他在《哲学原理》（1644年）中对日心说的公开支持。[67] 1647年弗雷德里克·亨德里克去世，此后这位伟大哲学家的忧虑不断加深。新执政与他父亲的想法截然不同，并与加尔文宗正统派结盟。在弗雷德里克·亨德里克去世后不久写作的书信里，笛卡儿评论道，联省不再能提供"自由的"哲学思考所必需的宁静，而这正是他到荷兰省寻找的东西。他发现自己没能享受平静，反而卷入了"神学家的斗争队伍"，而这些神学家意图在公众面前中伤他。到1647年末，乌得勒支和莱顿都掀起了对笛卡儿观点的全面攻击。他沮丧地预言道，他的富修斯派敌人将首先让大学理事会谴责自己的体系，而后将凭借学术上支持，让宗教法院谴责自己，最后，他们将在宗教法院的支持下，迫使摄政官命令自己闭嘴、查禁自己的书刊。[68] 1649年9月，随着威廉二世运势的不断上升，幻灭的笛卡儿登上了前往瑞典的船。

博雷尔主义和"第三势力"

对怀疑论危机的一种回应是"新哲学"和机械论世界观，另一种是富修斯的观念——一种根植于宗教正统思想和现存教会权威，与传统的亚里士多德科学一致的反笛卡儿主义。

但同时还存在第三种回应，它被恰当地称为"第三势力"。[69] 这种回应同样出现在1626—1650年，起初主要出现在英格兰。第三势力的基础是对《圣经》的激进的唯灵论理解，根植于神秘主义的方法论。它否认整个现存的权力和学术秩序，通过融合启示真理、神圣启发和科学知识而获得确定性，其方法似乎常常令拥有现代思维的人目瞪口呆。这些特性在荷兰的环境中表现得尤为明显。当时在联省的中心人物是亚当·博雷尔（Adam Boreel，1603—1665年）。他是米德尔堡摄政官家族的后代，17世纪30年代在英格兰的经历深刻影响了他。博雷尔和"博雷尔主义"（17世纪40年代末之后，这一术语在荷兰省普遍使用）不承认任何既存教会是真正的基督教会，但同时又认为所有既存教会，包括犹太教会，掌握着部分真理。[70] 真正的基督教会是小型的非正式团体，不受教士和有组织的教会的统治，其成员是为了追求纯粹的使徒式基督精神而聚集在一起。公共教会及其讲道者只是基督精神腐败、堕落的残余物。在博雷尔的真正的基督教会中，存在普遍的讨论自由和思索自由，所有成员都是平等的。博雷尔在《法律与证言》(Ad Legem et Testimonium)一书中陈述自己的观点。该书1645年出版于阿姆斯特丹，不久之后博雷尔便在该城永久定居。[71]该书使得归正会极度仇视博雷尔。

博雷尔曾在莱顿学习，他发现现存的学社友会（Collegiant）活动中，有许多吻合自己观念的因素。于是，17世纪40年代晚期，他与自由派门诺派团体一道，在阿姆斯特丹建立了自己的"学院"，并从上述自由派门诺派群体和莱茵斯堡派这类抗辩派圈子中招收学员。不过他也一直努力建立与路德宗、犹太教、贵格会，甚至是天主教信徒的联系。他努力探寻《启示录》隐藏起来的绝对确定性，为犹太人改宗真正的基督教会做好准备：为此博雷尔尤其重视研究希伯来语和后《圣经》时代的犹太文学。他在米德尔堡的密友就包括赛法迪犹太人拉比犹大·莱昂·泰普洛（Judah Leon Templo），在阿姆斯特丹的密友包括梅纳什·本·伊斯拉埃尔。博雷尔多年来奋力筹备一系列希伯来语、拉丁语和西班牙语版本的犹太律法书《密西拿》及其评注，不过只有他口授的希伯来语版本真正出版了，而且为了不引起正统犹太人的惊恐，他的名字也没有出现在扉页上。[72]

博雷尔在阿姆斯特丹的重要唯灵论盟友是神秘主义的千年至福说信奉者彼得鲁斯·泽拉里厄斯（Petrus Serrarius，1600—1669年）。他原是荷兰瓦隆教会的讲道者，因为被施文克费尔德的唯灵论吸引而在1628年遭教会驱逐。泽拉里厄斯可能是在科隆时（1626—1628年）习得这些理论的。1630年定居阿姆斯特丹之后，他发展了自己的神学，主张有组织的教会是无效的，宣扬存在不为人知的真正的基督教会，认为它终将改变世界，打开荣光的新时代。[73]

博雷尔和泽拉里厄斯的观点还为期盼千禧年的观念添砖加瓦。17世纪四五十年代，千禧年说日益成为北欧"第三势力"的典型特征。尽管泽拉里厄斯在这方面走得显然比博雷尔要远，但后者也频繁与信奉千禧年说的团体接触，他的作品还被盟友以千禧年说的角度解读。[74]博雷尔和泽拉里厄斯的一位亲密伙伴是荷兰-苏格兰千禧年说信徒约翰·杜里（John Dury，1596—1680年）。他在科隆和其他德意志城市以及荷兰省和不列颠停留了很久。他同样是共和国"第三势力"圈子的重要人物。1635年冬，他与笛卡儿进行了长时间会谈。其间，杜里竭力攻克后者的怀疑论，尽管他对自己"理解（《圣经》的）绝对正确方式"也有所怀疑。[75]杜里没能给笛卡儿留下深刻印象，但是他诠释《圣经》篇章的方式，将神学与科学、哲学融合成一个和谐的、令人欣欣鼓舞的整体的热情以及类似于博雷尔的路线，影响了联省、德意志以及不列颠的许多人。杜里和泽拉里厄斯都赞同博雷尔神秘主义的科学观，这体现在始终不渝地执迷于炼金术实验和奇异的医疗方式。[76]对这些人来说，科学意味着借助化学的帮助，揭示自然隐藏的真理，这一过程类似于通过深邃但难懂的方式，揭示属灵真理和神圣《启示录》的秘密。

对炼金术的热情超越了信仰，超越了政治的藩篱，注入许多17世纪欧洲名人的灵魂中。其中尤为重要的是1647—1656年间担任西属尼德兰总督的利奥波德·威廉（Leopold Wilhelm），他一度将布鲁塞尔变为著名的炼金术实验中心。在博雷尔主义者及其盟友的宗教观和科学观中，炼金术热情也是中心元素。例如，在泽拉里厄斯与持异见的布拉班特人弗朗西斯库斯·梅屈里纳斯·范赫尔蒙特（Franciscus Mercurinus van Helmont，约1614—1698年）的友谊中，炼金术就处于核心位置。后者是著名的神秘主义者和炼金术士，声名传遍欧洲。他的父亲约翰内斯·巴普蒂丝塔·范赫尔蒙特（Johannes Baptista van Helmont，卒于1644年）也是重要的炼金术士，作品集于1648年在阿姆斯特丹出版。小范赫尔蒙特受到犹太神秘主义和贵格会的吸引，多年来时常造访荷兰省，并与博雷尔和泽拉里厄斯培养了友谊，成为激进宗教异议、神秘主义和伪科学世界的坚定支持者。

第三势力的重要国际性人物——如杜里、范赫尔蒙特以及定居于英格兰的德意志人塞缪尔·哈特立伯（Samuel Hartlib）——承认，在他们传播知识和宗教真理、为荣光岁月的到来做准备的计划中，联省，尤其是阿姆斯特丹起到了中心作用，这里不仅是整个世界的转运港，也是书籍、印刷、观念、宗教和"看到上帝之光"的人的世界中转站。通过将科学、新教育方式与新技术结合在一起以理解启示真理，进而寻求救赎——研究这种途径的一个杰出支持者便是扬·阿莫斯特·夸美纽斯（Jan Amost Comenius，1592—1670年）。他是来自捷克的流亡博学者，摩拉维亚弟兄会的领袖。夸美纽斯因为哈布斯堡重夺波希米亚-摩拉维亚而遭到流放和精神重创，他在波兰度过了余生的许多岁月，随后在1656年永久定居于荷兰省。但是在这之前很久，他的品格、先知般的政见以及将科学与启示真理相融合的教育理念，就已经为博雷尔主义者和泽拉里厄斯熟知。[77]夸美纽斯力图构建一个普世的知识体系，彻底重整科学与信仰，他也同样否定整个现有的权威秩序、教会和学术知识。

夸美纽斯早期在荷兰省碰到的重要人物之一是笛卡儿。当时是

1642年，他自己描述了如何与笛卡儿一道，在莱顿附近的乡村漫步了4小时。笛卡儿即便不认同夸美纽斯的观点，也敬重其人品。他阐述了自己的哲学；夸美纽斯则驳斥笛卡儿的"全知"，坚持"所有通过思考和反思获得的人类知识本身都是不完美的"，只有通过神圣的启发和祷告，才能获得真正普世的知识体系。[78]他们言辞友好地分别，谁也没说服谁。夸美纽斯的最后一部，也是最具雄心的作品，是综合性的《问答录》(Consultatio)，旨在解决人类的问题。它主要创作于17世纪60年代的阿姆斯特丹。夸美纽斯最后的安息之地位于纳尔登。

就其本质而言，博雷尔主义和第三势力确实是17世纪中叶荷兰文化世界的边缘现象。各个现存教会和学校对他们充满敌意，由此他们也缺少官方的支持，这些都证明了其边缘性。然而，第三势力也确实反映出了当时欧洲的思想环境，包括荷兰的思想环境的一些根本推动力，它本身也是这一思想世界不可或缺的重要因素。泽拉里厄斯主要参与神学和思想问题的论战，论战范围之广令人震惊。他也是斯宾诺莎多年的亲密伙伴。归正会的重要神学家，包括共和国两位最有名的教授约翰内斯·霍恩贝克（Johannes Hoornbeek）和萨米埃尔·马雷修斯都将博雷尔视为一大威胁，以至认为有必要发表长篇大论来驳斥他的观点。最后，第三势力最关切的议题，即神学、哲学与科学的调和，虽然是神秘主义版本的调和，究其根本来说，也是17世纪荷兰整个文化界所关注的中心议题的一种变体。

第三部分

黄金时代晚期,1647—1702年

地图11 黄金时代的联省共和国

第25章

1647—1650年：威廉二世执政期

在共和国史上，威廉二世的执政期虽短暂，但十分重要。因为它制造了从1618年到德维特政权倒台的1672年之间共和国最严峻的危机。17世纪30年代到40年代早期这段冷静期之后，荷兰政治先前的意识形态紧张的局势在威廉二世时期也得到部分恢复。

在弗雷德里克·亨德里克执政时期，尤其在他1633年转变路线之后，荷兰社会的政治和意识形态冲突的战线在某种程度上变得模糊混乱。加尔文宗正统派憎恶弗雷德里克·亨德里克对天主教教徒、抗辩派，以及1642年之后对笛卡儿信徒的宽容，厌恶他有意保护这些人不受狂热的归正会讲道者的迫害。但他们更蔑视荷兰省各城镇的"自由派"摄政官，深感在1633年之后的执政与三级会议派的斗争中，必须支持执政。但是，在威廉二世治下，政治对抗的战线再次变得与意识形态战线、神学战线一致，像莫里斯治下那样。冲突蔓延到整个社会，市政机构和省三级会议中都存在敌对派系。

威廉二世首次亮相政治舞台是在1645年，当时他的父亲病重，他本人则试图在法兰西大使的支持下，夺取对陆军的控制权，以此抗击西班牙人。对此，弗雷德里克·亨德里克拒不允许，并且在自己最后两次陆地战役中（1645—1646年），刻意打碎儿子获取军事指挥权的愿望。[1]在父子关系日益恶化的同时，越来越衰弱的执政开始与阿德里安·保和比克尔家族合作，这些人如今实际指挥着共和国。就威廉而言，他依靠着康斯坦丁·惠更斯这类依然反对与西班牙议和的亲王的扈从。在弗雷德里克·亨德里克1647年3月去世后，奥伦治宫廷依然分裂。法兰西公使曾提及"母亲（阿马利娅·冯·索尔姆斯）及其党羽"与"儿子及其属下"的分裂。前一派与摄政官合作，护卫奥伦治-拿骚家族的利益与名声，以及弗雷德里克·亨德里克的遗产。[2]新执政与母亲发生激烈争执，其中一项争执内容是弗雷德里克·亨德里克的遗嘱。遗嘱的一项条款规定，如果威廉二世去世时没有留下合法子嗣，那么奥伦治-拿骚家族的所有遗产应当转移到他的长姐、勃兰登堡选帝侯之妻路易丝·哈丽雅特一脉。[3]同时，阿马利娅还支持与西班牙和谈的活动，而她的儿子公开反对这项即将签订的和约。

尽管从一开始威廉二世亲王高傲与易怒的秉性就展露无遗，但因为没有在战场上担任过指挥，亲王起初并没有什么实力去左右共和国的政治进程。1647—1648年间，荷兰省的霸权地位看似是不可挑战的。当时，人们很难想象这位执政在两年内就能动员起一个对抗荷兰省摄政官的强劲联盟，并将共和国推向内战的边缘。

明斯特和会的最后阶段，反对荷兰省的主要声音并非来自奥伦治派阵营，而来自那些地方既得利益偏向于延续战争的省份和地区。[4]泽兰和乌得勒支尤其如此。泽兰担心，和平会摧毁它与南尼德兰的过境贸易，就像1609年的停战那样；乌得勒支也同样坚决反对。乌得勒支省三级会议受反抗辩派的乌得勒支城主导，认为总三级会议的全权代表没能从腓力四世那儿，特别是在迈赖、上马斯和鲁尔蒙德区，以及西印度公司的问题上争取到足够的让步。此外，乌得勒支还坚持，共和国应当遵守同盟协定规定的义务，在法兰西解决它与西班牙的分歧之前，拒绝推进和谈。[5] 这一观点得到海尔德兰部分地区的支持，这些地区照例在意见上有严重分歧：聚特芬反对荷兰省，奈梅亨支持，而阿纳姆内部意见不统一。[6]

漫长的明斯特和会的最终决议——批准和约的79项条款——于1648年春在海牙和明斯特敲定。5个省份违背执政4月给出的建议，投票批准。但是考虑到这一决定的意义重大，仍有两省反对的结果并不足以服众。荷兰省摄政官给乌得勒支省三级会议及其成员施加压力，特别是对阿默斯福特城。最终乌得勒支省屈服了，6个省份不顾泽兰的继续抵制，签署了和约。威廉二世无力影响这一进程，故意在斗争的关键时刻远离海牙，这样他在政治上的软弱无力就没有那么明显了。[7] 泽兰最终不得不就范，在其他省份的决议落定几周之后，宣布与西班牙和解。

人们"可以"也"确实"将接下来的和平庆典看成荷兰省战胜奥伦治家族的部分标志，并且看成该省新近赢得共和国领导权的标志。阿姆斯特丹颁发的庆祝纪念章宣告和平的意味胜过了军事荣耀。纪念章刻意刻上了含义模糊的铭文："无数次胜利换取的一场和平（*Pax una triumphis innumeris potior*）。"人们普遍将它理解为对已故弗雷德里克·亨德里克的奚落。摄政官如今公开赞扬奥尔登巴内费尔特，还有言论称，政治完全回到了1618年之前的原点，荷兰省三级会议的准则再次占据上风。奥尔登巴内费尔特的生平传记于1648年由作者匿名出版，它是献给鹿特丹治安法庭的作品，因为按照作者的解释，1618年以来，鹿特丹这座城市在最坚决地捍卫着"良心自由"。[8]

人们慢慢才发现，荷兰省终究不能稳固掌权，其中部分原因是

第25章　1647—1650年：威廉二世执政期

执政强劲的势力。但是造成荷兰1649—1650年政治危机的核心原因，还有荷兰省的内部纷争和各省的冲突，它们最终令威廉二世得以分化荷兰省，并与反对荷兰省的其他省份联盟。一些冲突在本质上是经济性的。如果说荷兰省的商业和工业受益于和平带来的经济作用（参见后文731—733页），那么对其他省份来说情况并不相同。与1609年类似，泽兰省经济急剧萧条，原因正如泽兰省三级会议的解释："斯海尔德河、萨斯河（Sas）、兹韦恩河（Zwijn，将泽兰与布鲁日、根特和安特卫普相连的水道）上的所有贸易和商业每一天都在递减，向佛兰德各海港转移。"[9] 因为对佛兰德海岸的海军封锁的解除，商人能够再次从荷兰省，或用荷兰省的船只绕过泽兰省和斯海尔德河口，直接从波罗的海向南部供应盐、酒、鱼、谷物及波罗的海海军补给品。与此同时，驻军和军事开支的锐减将经济衰退传播到从代尔夫宰尔到斯勒伊斯整个内陆防御圈上。荷兰省没能将西印度公司从巴西当前的灾难性困境中拯救出来，这也增加了该省的不满情绪，泽兰省和格罗宁根省的情况尤其如此，[10] 这两个省对西印度公司的投资占比比荷兰省的都要高。

  这些截然不同的转变造成的不满随后因又一轮的歉收而加剧。歉收源于夏季的凉爽和潮湿，而后果则是面包价格飞涨。这一现象波及整个欧洲。对于主要依靠面包养家糊口的贫困工匠来说，生活水平在1648—1650年急剧下滑至17世纪的最低点。比起劳动者在1621—1631年经历的萧条，尽管时间短得多，但这一次衰退同样显著。[11] 当时的一些小册子宣称，高昂的食品价格和阴沉的天气标志着上帝对不敬神的明斯特和约的不悦。西班牙派驻联省的首位大使安托万·布伦（Antoine Brun）1650年2月的报告称，联省共和国内部日益增长的不稳定和动乱的因素主要不是执政或军事，而是工匠群体，或者说受到讲道者煽动的普通工匠。[12] 一个月以后，他在给马德里的报告中再次提到这一点。布伦评论道，共和国的大多数平民百姓认为自己比战时更贫困潦倒，因为如今面包价格奇高。[13] 历史学家利厄韦·范埃特泽马（Lieuwe van Aitzema）也认为共和国1650年的宪政危机中，平民是关键要素。他强调，荷兰省外的平民百姓大体上都反对荷兰省，而荷兰省内的舆论则严重分裂。[14]

另一个因素是加尔文宗正统派日渐狂热的情绪。[15] 1649—1650年发表的最为激进的反荷兰省的小册子，常常由强硬派讲道者撰写，他们公然将面包价格高涨、泽兰经济崩溃和在巴西的溃败归因于上帝对摄政官的愤怒，因为后者没能全力保护公共教会，并且给予天主教和新教异端亵渎神明的宽容。

此时，一系列议题让摄政官与教会的关系陷入泥潭。一个尖锐的问题是宗教改革在公地上的推进有限，而推进宗教改革是荷西和解之后的重大事宜。明斯特和会期间，对被共和国兼并的最大一块领土迈赖，西班牙曾试图只交出"暂时的主权"，力图保护这片土地上的300座教堂和男女修道院，以及它们的土地和收入；[16] 要不是其他省份和教会激烈反抗，荷兰省摄政官很可能会默许西班牙的要求。最终，西班牙交出了"完全的主权"；随着和约得到批准，预谋已久的、对迈赖的新教化也开始了。[17]

到1648年，共和国才开始采取重大举措，对迈赖以及其他兼并地区和林根进行新教化。此前由于战争的进行，归正会讲道者不可能在荷兰军队设防的地区之外活动。为了促进新兼并地区的宗教改革，总三级会议接受各省宗教会议的意见，不设立新的宗教会议机构，而将公地置于现存各宗教会议的管辖下。[18] 由此，荷属佛兰德和贝亨依然归泽兰省宗教会议管辖，布雷达男爵领地归南荷兰省宗教会议管辖；而迈赖虽然分裂成两部分，却全都划归海尔德兰省宗教会议管辖。七省通过总三级会议联合对公地行使主权。为了保证公地的新教化运动能作为七省的集体行动，在共同的基础上推进，他们建立了一个领导委员会，委员会成员是来自各省宗教会议的代表。

从建制方面说，宗教改革运动如今在公地上得以迅速推进。在迈赖，总三级会议把300座天主教教堂和修道院悉数抄没，没收了它们的收入，剥夺了它们的圣坛和圣像。[19] 主要的教堂都被刷白，并重新举行启用典礼，为归正会信仰所用。这些地区设立起宗教法院，学校和城市图书馆里归正本的《圣经》和教理问答取代了天主教书籍，天主教学校的教师也被撤职。总三级会议指派给迈赖的首批14名讲道者在和约签订后的两周内就到位了。他们的人数在1648年年末增至36人，1649年年末增至52人。[20] 该人数已接近历史上的最大值。在归正会处于鼎盛时期的18世纪，教会在迈赖拥有的讲道者总人数从没超过60人。与此同时，总三级会议还安排了51名归正会学校教士去运营迈赖的学校。

类似的变革也在其他新近获取的公地上展开，马斯特里赫特和上马斯是例外，这两地的天主教信仰得到总三级会议1632年颁布的公告的保护，天主教会完好无损。在执政能施加特殊影响力的地方，改革还获得了新动力。弗雷德里克·亨德里克对待自己领地上的天主教教徒格外宽容。威廉二世本人是出了名的风流，在生活方式上绝不是加尔文宗信徒；但与父亲不同，威廉二世重视与公共教会的联盟，将加尔文宗正统派视为自己权威的宝贵支柱。和约刚一签订，亲王就指示布雷达的德罗斯特"立刻、毫不迟疑地"推行"剥夺教堂所有圣像和天主教装饰品"的政策，并且将归正会讲道者安置到城外的男爵领地上。[21] 1648年之前，公地上的归正会讲道者不能到驻军城镇的城墙之外活动。于是，尽管荷兰人在16世纪90年代—1625年间，以及1637—1648年间，在这一地区占据上风，但是布雷达男爵领地大部分地区和斯滕贝亨领地（参见地图10）的宗教改革运动事实上要到1648年才开始。在许尔斯特、萨斯范亨特和其他新近兼并的荷属佛兰德地区，情况也是如此。威廉二世还在自己的林根伯爵领地推广宗教改革，命令德罗斯特吕特赫·范哈索尔特（Rutger van Haersolte）清除这里的天主教教士（他的父亲曾批准这些人留下），没收教堂，安置归正会讲道者。[22] 林根是天主教占主导的地区，又夹在明斯特采邑主教的两大片领地之间，这里的反宗教改革运动取得了彻底的胜利；鉴于此，林根的改革加剧了共和国整个东部地区归正会与天主教的紧张冲突，以及共和国与采邑主教领地的冲突。[23]

但是事实很快显示，没收教堂、安插归正会讲道者、引入国定本《圣经》和归正会学校并不足以改变这些地区的信仰。16世纪末以来，西属尼德兰和采邑主教领地上的反宗教改革攻势已经奋力将这些地区重新天主教化。战争的终结预示着宗教改革将降临公地的不设防城镇和乡村；但对天主教神父来说也意味着他们要从天主教占领区撤回，重新在乡村和城镇百姓中树立自己的威信；对地方民众而言，则意味着将他们藏匿的圣器和圣像拿出来，重建自己的宗教文化。[24] 驻军和军事巡逻队的削减不过是鼓励了上述潮流。

新教在公地上遭遇的失败催生了联省全境公共教会内部的强烈挫败感。归正会宗教会议认为，只有总三级会议采取更强硬的措施，新近兼并地区的宗教改革才能取得胜利。他们担心，天主教会在这样广阔且战略意义重大的地区胜出，是共和国无力承受的。1648年6月，总三级会议发布公告，禁止天主教教士进入公地。[25] 西班牙抗议道，这有违和约条款，毕竟和约保护人们在双方领土上的行动自由。在宗教会议要求施行强硬措施的压力日益增强时，荷兰省一些摄政官发出了反对之声。这些摄政官厌恶宗教会议决定公地政策的方式，不满他们要求施行强硬措施所带来的压力，以及对荷兰与西班牙的关系产生的负面影响。一项重要议题是将天主教教徒从公地的所有市政或行政职位上清除。这一议案在宗教会议的支持下提出，得到一些弱小省份的支持，但遭到荷兰省三级会议的反对。荷兰省三级会议的多数派反对这一措施，抗拒执政的命令，以及莱顿和哈勒姆的建议。[26]

加尔文宗正统派信徒在盛怒之下向奥伦治亲王求助，后者则十分乐意伸出援手。[27] 布雷达的天主教教徒向亲王请愿，请求缓和男爵领地上的反天主教攻势时，亲王明确拒绝了。由此，强硬派讲道者，如海牙的雅各布斯·斯特蒙德（Jacobus Stermond），赞颂亲王是归正会的"保护人"，是虔诚的英雄，丝毫不想要他父亲给予天主教教徒的宽容。[28] 但是这样的姿态也刺激了更多的欲求。在米德尔堡，马克西米利安·特林克（Maximilian Teellinck）于1650年发表对亲王的倡议，劝说不要止步于充当布雷达和迈赖宗教改革的支持者，而要在整个共和国发动一场新的宗教改革运动，一场对社会、道德和政治的革新，消灭荷兰省阿明尼乌派摄政官的权力——他们"控制着手下各城的宗教法院，选取讲道者"，并以此稀释教会的势力，削弱"风纪的实践"。[29] 热烈称颂威廉二世的人也总是斥责主导着荷兰省三级会议的阿明尼乌派，尤其是阿姆斯特丹市长安德里斯·比克尔。他们斥责后者"肆无忌惮地"阻碍"斯海尔托亨博斯[*]的迈赖最为必要的宗教改革"。[30]

在荷兰省，即便是斯特蒙德这类宽容政策的尖锐反对者，或约翰内斯·胡塔尔斯这类狂热的奥伦治派，在布道时，也不得不避免公开批判摄政官。[胡塔尔斯在代尔夫特当了33年的讲道者（1640—1673年），并为弗雷德里克·亨德里克做了临终祷告]但在荷兰省之外，在世俗权威站在讲道者一边的地方，讲道者走得更远。[31]最直言不讳的一个讲道者是亚伯拉罕·范德费尔德（Abraham van de Velde）。在乌得勒支大教堂做的一系列布道中，他公然诋毁荷兰省摄政官，斥责《明斯特和约》是"该下地狱的和约"，有悖于共和国责任，它令上帝如此不快，以至于从那以后雨绵绵不绝。[32]

表27 荷兰常备军的规模，1642—1661年

（单位：人）

年 份	步 兵	骑 兵	总 数
1642年			超过70 000
1643年	53 480	6 950	60 430
1647年（议案中的）	34 550	4 250	38 800
1648年	30 790	4 340	35 130
1650年	26 250	3 000	29 250
1661年	21 790	2 605	24 395

数据来源：Ten Raa and De Bas, *Het Staatsche leger*, iv. 158 and v. 407, 409, 441—444.

---

[*] 原书为Den Bosch，是's-Hertogenbosch的简称。——编者注

经济正在重构，弱小省份经济萎靡，普通民众生活水平下降，公地的宗教改革遭遇挫败；在这样的背景下，荷兰省与执政之间就进一步裁军发生的争执成了意义重大之事，尽管1646—1648年间已然裁撤的数量（参见表27）远大于正在商议的1649—1650年准备裁撤的数量。1646年以来，有关陆军规模和总三级会议军费开支水平的讨论一直没有间断。1647年，弗雷德里克·亨德里克去世前不久还力劝总三级会议同意，将未来和平时期的常备军规模固定在3.9万人，即1642年总三级会议在册士兵数目的一半多。但是保、比克尔和荷兰省三级会议的核心圈子却渴望小得多的军力。到1648年，陆军人数减少到3.5万；但荷兰省摄政官依然觉得这太多了，并竭力要求进一步裁军。

分歧在1649年演化为冲突，当时荷兰省要求将军队裁减至2.6万人。[33] 亲王的回应是，共和国如今的领土远远大于1609年的，因而相应地需要更多军队，来驻守当前组成共和国外围防御圈的15个设防城镇和33座要塞。他坚持主张，荷兰省要求的裁军，将危害国家安全。[34] 1649年年初，双方都有所妥协，大体上弥合了裂缝。然而到了夏天，僵局再现。当时军队已经裁减至29 250人，是自1590年以来的最低水平。双方议案的差距也缩减到仅仅几百人。[35] 但是双方都拒绝再做任何退让。

显然，如今真正的问题并不是陆军的规模，而是谁控制着共和国。按照《乌得勒支同盟协定》的约定，荷兰省作为一个"主权"省份，是否有权在未经总三级会议同意的情况下，解散它供养的那部分陆军？这一宪政问题引发了一系列最根本的议题。[36] 如果一个省份可以无视总三级会议、国务会议和执政，单方面解散由它分担的军队，那么上述每个机构都不再有弗雷德里克·亨德里克时代那样的权威了。

进一步说，摄政官在17世纪和18世纪通常将联省整体称为"这个国家"，而且至今为止它（确实）是一个"国家"；但如果从此以后，各个省份可以独自征募和解散军队，那么联省就不再是一个国家，而是多个"国家"的集合体。[37] 一些奥伦治派小册子阐述着这样的观点。

这一宪政维度不仅对各省政治精英、总三级会议官僚机构和执政意义重大，对陆军、海军、公共教会和普通民众也是如此。正如狂热的讲道者亚伯拉罕·范德费尔德的评论，如果格劳秀斯是正确的，每个省份享有"完全的主权"，那么每个省份都有权自由地按自己的意志行事，不仅是在军事和开支问题上如此，在宗教政策上亦然。"三级会议"派的省主权观念隐含着对多德雷赫特全国宗教会议的颠覆，对整个公共教会概念的颠覆：公共教会意味着它得到了同盟的支持，同时天主教会在所有省份和公地上受到普遍禁止。[38] 主要出于这个原因，格劳秀斯的学说遭到加尔文宗正统派阵营的痛斥。

到1649年夏，事态变得明朗，荷兰国家内部的天平开始向摄政官的对手倾斜。威廉二世早在1649年，即他发动政变的数个月前，就决意用军队摧毁荷兰省，夺取国家控制权。早在1649年10月，他就向弗里斯兰执政威廉·弗雷德里克吐露，假如荷兰省继续一意孤行地解散陆军部队，自己就准备发动政变以拯救同盟和自己的权威。[39] 威廉·弗雷德里克的日记显示，执政依靠的不仅是6个弱小省份的支持，还有荷兰省内部日益扩大的裂痕。事实上，要实现共和国内部权力关系的长久转变，分裂荷兰省是唯一办法。这是莫里斯政变的经验，也是弗雷德里克·亨德里克到17世纪40年代中期之前能维持其权威的奥秘。威廉二世盘算着，在真正的较量中，事实上仅仅会有6个坚定支持新政策的荷兰省城镇会与自己对抗，它们是阿姆斯特丹、多德雷赫特、代尔夫特、哈勒姆、霍伦和梅登布利克。他预言，到考验力量的时候，荷兰省贵族院和大概7个荷兰省城镇会与他联盟。[40] 在1649年秋，他就计划通过逮捕被他视为三级会议派骨干的那些摄政官，让三级会议派陷入瘫痪。当时，他就列出计划逮捕的9位名流，其中包括4个阿姆斯特丹人——阿德里安·保、安德里斯·比克尔、科内利斯·比克尔（Cornelis Bicker）和安东尼·乌特亨斯·范瓦费伦（Anthonie Oetgens van Waveren）。

一开始，两位执政打算在1650年初采取行动。但他们意识到自己有必要在最有利的时机发动政变，最大限度地动员起支持力量，在荷兰省内制造尽可能多的分歧。威廉二世明白普通民众在"拉开帷幕"上的作用至关重要，他希望通过连珠炮似的宣传小册子制造攻势，让摄政官名誉扫地，进而煽动民众反抗摄政官。[41] 要到民众彻底揭竿而起，摄政官陷入惊恐之时，亲王才调派军队出其不意地夺取阿姆斯特丹，抓捕反对派。这一计划的一个奇特之处在于，一支军队被派驻泰瑟尔岛，以打消英国议会派舰队经此地前往阿姆斯特丹，进而解救三级会议派的任何企图。威廉二世公开宣称的目的是重建他作为执政的权威，制伏荷兰省，清洗阿姆斯特丹的阿明尼乌派、亲摄政官的讲道者，用奥伦治正统派的讲道者顶替他们。执政可以利用这些正统派讲道者来说服人民，支持自己的权威。

只有为数不多的人知晓这一阴谋。但很明显，共和国被一场危机吞没，与英格兰的情况类似，这场危机能够引发内战；而假如威廉二世获胜，他将否决《明斯特和约》，与法兰西（以及英格兰的保王派）结盟，遏制阿姆斯特丹——荷西和约的主要支持者和保证人。远在马德里的西班牙国务会议看得尤其清楚。于是，马德里方面决定，假如共和国的情势走向极端，或导向内战，那么布鲁塞尔当局应当尽其所能地协助荷兰省,对抗其他势力。[42]

亲王抓住每个机会增加心理压力。荷属巴西情势的恶化在泽兰、格罗宁根和乌得勒支引起越来越强的愤怒,这一罪责牢牢扣到了荷兰省头上。[43] 性情暴躁的海军将领维特·德维特(Witte de With)出身贫寒,持有反奥伦治观点。他和手下的数位船长被捕,原因是他率领部分与他一同被派往巴西的船只离开环境恶劣的殖民地返回荷兰,但事先未从总三级会议和执政那儿得到如此行事的指令。阿姆斯特丹的海事委员会根据奥伦治亲王的命令将维特·德维特手下的一些船长关押。这激怒了该市市长们,他们坚称在阿姆斯特丹,没有市治安法庭的批准,不得逮捕任何人。随后海事委员会迅速释放了囚犯。然而,维特·德维特本人仍是执政的囚徒,被羁押在海牙。

奥伦治亲王威廉二世在1650年7月,即政变前一个月的所作所为简直是厚颜无耻。他教唆出版了一份伪造的文书,谎称是阿姆斯特丹与英国议会的秘密协定,约定假如联省爆发内战,英格兰将派遣一支舰队和1万人的军队帮助荷兰省对抗执政和总三级会议。[44] 这份文书是1650年直接得到执政及其扈从赞助的数份宣传出版物之一。

在荷兰省就单方面解散陆军部队进行投票的前几周,冲突双方都给依然摇摆不定的人施加了极大的压力。阿姆斯特丹被指控在影响其他荷兰省城镇上的行事打破了公认的惯例:阿姆斯特丹不仅坚定了多德雷赫特的决心,还试图说服哈勒姆、豪达和斯希丹这些内部分裂的城镇。[45] 与此同时,荷兰省内部的分裂如预期那样扩大。4月,奥伦治亲王威廉二世向威廉·弗雷德里克保证,阿姆斯特丹和多德雷赫特如今不过勉强地控制着三级会议中的多数,仅有10票对9票的优势。这个数据近乎准确——假如阿姆斯特丹不依赖哈勒姆和斯希丹,关键的

第25章　1647—1650年:威廉二世执政期

决议根本不可能通过。[46]事实证明,威廉二世在1649年10月做出的预言准确得惊人。1650年5月,解散军队的决议以11比8的微弱优势通过,贵族院和7座城镇——莱顿、鹿特丹、恩克赫伊曾、豪达、霍伦、霍林赫姆和斯洪霍芬一致反对。

此后不久,代理委员会给荷兰省供养名单上的12支骑兵和31支步兵连队的首领发函,下令解散部队。次日,亲王和国务会议通知总三级会议,他们已经指示所有的军官无视任何特殊省份的命令,只遵从总三级会议和作为同盟总司令的执政的指令。当时总三级会议以5省赞同、2省(荷兰省和海尔德兰省)反对的投票结果通过关键决议,授权亲王作为总三级会议委员会的首领,进入各个曾投票支持单方面裁军的荷兰省城镇。这样做的目的是强迫这些城镇承认,他们的决议违反同盟条约,是无效的,并同意从今往后遵守"国家公认的程序"。[47]

威廉二世力图利用这个总三级会议大型巡视的程序,展示自己的权威、权力和人气,并且明目张胆地动员支持自己的公众,逼迫荷兰省摄政官退让。在近代早期的环境里,这是试图将平民大众当作政治的决定性工具而使用的关键实例。但是,荷兰省的民众不像其他省份的那样坚定支持亲王威廉二世。在巡视的第一座城市多德雷赫特,他取得了一些成果,毕竟这里的行会一贯是奥伦治派。这是一座被纷争困扰的城市,摄政官彻底陷入恐慌,执政在总三级会议代表,以及由400名贵族和士兵组成的护卫队的陪同下进城。他的得力助手、泽兰省贵族院成员、狂热的奥伦治和加尔文宗正统派支持者亚历山大·范德卡佩伦宣读了亲王给议事会的致词,明确无疑地表达了亲王对多德雷赫特一城和对荷兰省整体的不满。

然而,多德雷赫特之后,亲王意图制造的势不可当的压力并没有成形。代尔夫特同意亲王进城并聆听他的演讲，这是出于对他本人的敬意；但该城拒不允许他的军事护卫进入。阿姆斯特丹发消息称，奥伦治亲王威廉二世可以以执政的身份受到接待，但不是以总三级会议巡视团首领的身份，因为荷兰省此前投票反对巡视的议案。[48]亲王进入阿姆斯特丹后发现，所有城市民兵都在游行队伍中，而且市长们拒不允许他宣读致词。他相当震怒，甚至直接冲出城市，没有留下参加为他准备的舞会。

1650年7月30日，威廉二世亲王不顾荷兰省在最后时刻做出妥协的尝试，发动政变。他手下的军官以总三级会议的名义，在三级会议大厦逮捕了6名主要摄政官，包括多德雷赫特市长雅各布·德维特（约翰·德维特之父），哈勒姆议长阿尔贝特·勒伊尔（Albert Ruyl）。海牙部署了军队，以维持秩序。与此同时，亲王从海尔德兰驻军中调来的1.2万总三级会议军队，在威廉·弗雷德里克的指挥下，趁夜聚集到阿姆斯特丹。一个例行从汉堡前往阿姆斯特丹的邮递员在骑行途中经过了正在行进的军队，就立即发出警报。当市长们收到他的警报时，军队已经近在咫尺。阿姆斯特丹刚刚能及时关闭城门，召集城市卫队。威廉·弗雷德里克并不打算强行攻城。军队在城外安营扎寨，等待执政下达命令。这一插曲确实有其荒唐的一面。不过，虽然没能以迅雷不及掩耳之势夺取该城，但奥伦治亲王威廉二世如今还是能站在优势地位参与谈判。结果证明，亲王如今成了国家的主人。[49]他的两个主要反对者——安德里斯·比克尔和科内利斯·比克尔被清洗出议事会。该城着手废除荷兰省解散军队的命令，并且同意接手新军队和制定开销标准要在总三级会议中经七省共同批准。阿姆斯特丹一屈服，执政及其军队便离开了。

第25章　1647—1650年：威廉二世执政期

为了替自己的政变辩护，奥伦治亲王给各省三级会议和荷兰省之外的主要城镇的议事会致信。[50] 在弱小省份，舆论普遍是支持的。相当大一部分人显然怀揣着对阿姆斯特丹的嫉妒和不满之情，要不就是直接的敌视。对阿姆斯特丹所遭受的羞辱，乌得勒支二次宗教改革的领袖范洛登斯泰因表达出愉悦之情。[51] 亲王心满意足地收到了满是奉承的回复，特别是对于泽兰省三级会议的祝贺。[52] 然而，荷兰省外的一些政治精英暗示了他们对亲王所作所为的不安，甚至是不赞同。奥伦治派和加尔文宗正统派的据点聚特芬，对打压阿姆斯特丹政变的支持并非全心全意，一些人甚至敢于批判范德卡佩伦，因为他自己的省份投票反对巡视，而他却加入了亲王的巡视队伍。

小册子大战继续如火如荼地进行着。[53] 1650年与1618年、1672年一起构成了黄金时代的三个巅峰时期，这些年荷兰出版商发行的政治和神学-政治小册子在数量和激烈程度上都达到顶峰。大多数论点都关于省主权。三级会议派秉持格劳秀斯和奥尔登巴内费尔特的精神，坚持联省的主权只存在于各个省份自己手中。奥伦治派和富修斯派主张，各省在共同加入同盟时，就各自放弃了部分主权，而创造了一个"至高无上的整体主权"——现代作者会把这称为联邦政府。[54] 奥伦治派和富修斯派认为，这个"整体主权"掌握在总三级会议手中，从某种意义上说总三级会议的定义要包括"三级会议和尊贵的殿下"。亚伯拉罕·范德费尔德与其他二次宗教改革的理论家类似，坚持称联省是个"主权共和国"，"各省份的特殊主权"居于其下。[55] 奥伦治派嘲讽三级会议派理论家喜欢援引瑞士联邦的例子，认为它是与联省类似的由享有主权的独立邦组成的（防御性）同盟。奥伦治派并非毫无道理。瑞士的例子此时吸引了三级会议派——后来也吸引了彼得·德拉库尔和乌尔里库斯·许贝尔（Ulricus Huber），这是因为瑞士也有一个共同的三级会议，但它能行使的权力甚少，各个独立邦的主权依然不容挑战。奥伦治派将瑞士斥为不相关的案例，因为它没有维持大型的常备军或海军，每个独立邦还奉行各自的宗教政策；而在荷兰共和国，所有省份必须遵照多德雷赫特宗教会议的决议，支持同一个公共教会。奥伦治派认为，联省组成了统一的共和国。他们否认执政是个君主式的人物，因为这与真正的共和国体制不相容。但他们主张，共和国天然地需要一个"杰出首领"，在这一点上共和国与威尼斯和热那亚类似，它们同样有各自的"总督"。[56] 社会上充斥着赞同和贬斥格劳秀斯的意见，它们（包括贬斥的意见）都代表着一种意识形态的简略表述形式；简而言之，它们让小册子作者和评论家得以阐述自己对整个政治、教会和神学问题所形成的复合体的观点。

威廉二世通过政变无疑改变了共和国内的权力平衡，这与莫里斯1618年的做法颇为类似。接下来的几个月里，荷兰省三级会议依然默不作声。威廉二世亲王把逮捕的6名摄政官囚禁在劳弗斯泰因，即曾经关押格劳秀斯的地方。再没有人反对他的固定军队标准、军费开支，以及他制定的外交政策。威廉二世亲王运用自己的权力拉近了与法兰西的关系，制造了与西班牙的冲突。[57] 他还加紧了对反对派摄政官的钳制，其中一个重要措施就是怂恿总三级会议调查荷兰派去明斯特的全权代表，以确定他们是否接受了西班牙人的贿赂。回想奥尔登巴内费尔特的命运，保如今深陷忧патогенез。他恳求西班牙大使，严加看管他与西班牙大臣的联络信件和与他有关的信件，同时恳请西班牙官员在提到他时，不要带着"赞扬，而要显得极为冷漠"。[58]

但是，不管这位年轻的执政的最终意图是什么，他很快就过世了，还来不及巩固自己带来的变局。有几个月的时间，"正义的爱国者"（奥伦治派和虔诚的加尔文宗信徒这样称呼自己）一直处于狂喜的情绪中。然而，这种狂喜戛然而止。1650年10月，威廉二世高烧不退，随后被证实染上了天花。11月6日，执政在海牙过世。许多归正会信徒相信这场政变是上帝为了保卫国家和教会的利益而进行的神圣干预，他们完全没有预料到会失去敬爱的威廉二世亲王。对他们而言，亲王的去世是毁灭性的，而且无法解释。震惊和沮丧之情延续了数个月。因为随着亲王的去世，刚刚才建立，而且看似坚固的新政治秩序和公共教会的前景顷刻崩塌。突然之间，三级会议派再次掌权，第一段无执政期开始。奥伦治派唯一的安慰是威廉二世期盼已久的儿子威廉三世在1650年12月出生了，仍然有一部分民众感恩戴德地庆贺他的诞生。

第 26 章

社会

经济

17世纪40年代，经济生活开始发生急剧转变，这是海外贸易和航海活动整体重构的结果。1647年前后，共和国与西班牙的战争停止，共和国世界贸易霸主地位的第四阶段（1647—1672年）开启。这一阶段包含着海上贸易模式的大幅转变，这些变化又转而波及共和国经济、社会和文化的方方面面。[1] 在1621年以来的第三阶段里，共和国海外贸易陷入衰退期（1621—1632年），而后又在17世纪30年代复苏，不过1621年丢失的"高利润贸易"并未全部夺回。整体而言，1621—1647年是一段增长迟缓的时期，欧洲贸易方面的挫败从两个方面得到补偿：一是德意志和南尼德兰对荷兰供应的各类补给品的需求，二是殖民地贸易的利润。

共和国贸易和航海活动的新阶段主要由国际形势的转变而塑造，时间是在三十年战争和八十年战争行将结束的1646—1648年。普遍重构的主要决定性因素包括：西班牙解除禁运政策（1647年）；佛兰德结束针对共和国船只的私掠活动（1646年）；共和国与西班牙在新世界的冲突中止（1647年）；共和国的运费和海运保险费骤降，并且得以长期维持低价；共和国海军解除对佛兰德海岸的封锁（1647年）；战争终结，德意志地区和北尼德兰的军队解散。

尽管共和国的波罗的海大宗货运业以及农业遭到破坏，但17世纪40年代经济普遍重构的主要结果，乃是共和国"高利润贸易"及其所支持产业的复苏和扩大，因此蒙受损失的主要是英格兰、汉萨同盟和威尼斯。阿姆斯特丹重启了此前与西班牙的直接贸易，它利用自己在商品、航运和运费上的优势，以及自己的财力，控制了这一领域的大部分贸易，包括把西班牙的津贴汇给南尼德兰，承运西班牙的羊毛和染料这些出口商品，（1630年以来）这些生意都掌握在英格兰人手里。同时，阿姆斯特丹与意大利和黎凡特的贸易也强势复兴。这些贸易的基础是运费的降低，以及共和国船只能够更安全地进入地中海这一条件。1645—1669年威尼斯和土耳其的战争也帮助了荷兰人。战争使威尼斯人在黎凡特地区的航运陷入瘫痪，让共和国得以夺取威尼斯先前扮演的大部分中间角色。此外，荷兰现在能够大规模参与西班牙官方的跨大西洋贸易——贸易路线经加的斯（Cadiz）直达西属美洲殖民地。17世纪40年代末，共和国还（暂时）夺取了加勒比海航运的控制权，这得益于英格兰内战，这场战争破坏了伦敦与英格兰加勒比海殖民地的贸易。1647年之后，共和国在西班牙、西属美洲、黎凡特地区和加勒比海贸易所获得的巨大势头，又反过来给予了阿姆斯特丹对众多关键原材料的商业控制权，它们包括西班牙的羊毛、土耳其的马海毛、西属美洲的染料、威尼斯治下的达尔马提亚（Dalmatia）地区的水银，还有加勒比的糖。这让共和国生产高价值出口商品的行业实力大增。而后这种商业控制权又让荷兰共和国能够深度渗透欧洲的其他重大市场，如法兰西和俄国的市场。以1650年之后共和国与俄国北部的贸易进一步加强为例，它实质上是共和国海外贸易体系和荷兰省工业普遍提升的副产品。[2]

"高利润贸易"自17世纪40年代末以来不断扩张，并且持续繁荣到18世纪初，这一点着实是正确理解荷兰黄金时代的基础。因为事实上，共和国17世纪和18世纪的每一个重要出口制造业（除了精制盐和莱顿的"新布料"）都在17世纪40年代晚期到18世纪早期（有的到18世纪中叶）发展至顶峰，而制造业的表现直接且必然地与"高利润贸易"体系相关联。于是，细布的生产在17世纪四五十年代不断增长。相比廉价的各"新布料"行业，细布生产业价值更高，雇佣人员也更多。相当贵重的羽纱、丝绸、棉布和荷兰细亚麻布的产量也在增长。[3] 荷兰省的鲸脂加工业、制陶业（代尔夫特）、造纸业、卷烟业、帆布业、烟斗制造业（豪达）和一系列其他制造业到17世纪40年代（末）才真正开始占据重要地位；此前就已繁荣的精制糖产业在17世纪40年代之后进一步扩张。[4] 砖瓦制造业的历程也是类似，它在17世纪上半叶稳步增长，在下半叶发展至顶峰，并持续繁荣到18世纪早期。[5]

共和国经济在17世纪40年代末的结构性变革源于国际关系的变化，又得到一系列经济因素的加强。这些变革引发了共和国海外贸易和出口导向的制造业的根本重构。另一方面，同样的变革也对内陆经济造成了深远影响，不过带来的是截然不同的结果。共和国在17世纪40年代末开始的贸易和制造业的增强与扩张，主要影响的是荷兰省，外加种植烟草的内陆地区，以及（稍晚一些的）特文特和迈赖的纺织业地区。与此形成鲜明对比的是，固定驻军削减，泽兰省与南尼德兰省过境贸易的衰败，这与"高利润贸易"和制造业的扩张一样，都是八十年战争和三十年战争结束所带来的结果。共和国众多边远地区和泽兰省的经济由此陷入萧条。结果，荷兰省大部分地区与大部分边远

第26章 社会

地区在经济活力上的鸿沟急剧扩大，这种经济结构和繁荣程度方面的差异将对社会生活，乃至政治和文化造成深远影响。

核心地区的加速发展和边远地区活力的普遍倒退都根植于八十年战争和三十年战争的和谈进程。先前，从16世纪90年代以来，驻防城镇和军事要塞构成的防御圈从东北部的代尔夫宰尔延伸到西南部的斯勒伊斯，它们构成共和国外围地带经济活力的主要源泉。直到17世纪40年代中期，驻守部队的士兵数量占这些要塞人口的相当大一部分，而且经常是大部分。它们包括斯勒伊斯、阿尔登堡、萨斯范亨特、许尔斯特、艾曾代克、贝亨、斯滕贝亨、威廉斯塔德、赫斯登、布雷达、斯海尔托亨博斯、赫拉弗、马斯特里赫特、奈梅亨、阿纳姆、杜斯堡、聚特芬，还有更北部的库福尔登、贝灵沃尔德、布尔唐和代尔夫宰尔，以及边境之外、由荷兰人驻守的神圣罗马帝国城镇。这些地区及其腹地的经济必然严重依赖驻守部队，他们规模庞大、位置固定、定期得到军饷，而且一直需要补给和装备。花在驻守部队、防御工事、储备物资、武器弹药，以及驻军食物、马匹和粮草上的钱，占了共和国军事开支的大部分。因此，外围防御圈上的开销代表着大笔资源从共和国充满活力的核心地带转移到边远地区。这些省份中，只有在上艾瑟尔，驻军体系才不是地方经济中至关重要的因素。

驻军的缩减开始于1642年，当时在荷兰省的推动下，1629年以来一直维持的军力水平首次遭到整体削减。[6] 到17世纪40年代中期，裁军已经显著影响了驻军城镇的经济。而1647—1651年，更大规模的裁军随着荷西和解而到来。这次裁军相当猛烈。1632年之后共和国最大的驻守部队驻扎在马斯特里赫特，这支驻军从1639年的5 300人缩编到1651年的2 500人，不及原来的一半。[7]聚特芬的驻军人数是海尔德兰第二，仅次于奈梅亨；这里的驻军人数从17世纪40年代早期的约1 450人缩减到1651年的区区560人。[8]考虑到许多军人还有配偶和孩子，裁军造成的社会和经济影响是广泛且深远的。当然，有些地区受到的打击更严重，例如奈梅亨遭遇的磨难就比阿纳姆多，[9]但是整体而言，影响都是剧烈的。包括驻守部队在内，奈梅亨1645年的人口超过1.4万，到1660年，这一数字缩减到不足8 000，略多于原来的一半（参见表28）。这种规模的人口损失，不仅让城市，也让其整片腹地陷入瘫痪。马斯特里赫特的人口从1645年的2.3万人减至1655年的1.8万。

诚然，和平给外围地区带来的影响不都是消极的。与邻近的德意志地区和西属尼德兰来往的陆路和水路交通如今受到的干扰减少，边境通行费降低，战争本身带来的毁坏也已停止。但是停战的因素在荷兰的境况下不如在邻近的德意志那样重要，因为它对德意志的生活结构产生了极为不同的影响。在德意志，军队会蹂躏乡村、洗劫村庄。而在低地国家，战争大体是静态的，并且通过协定，两边都放过了对方的乡村和谷物。大规模、固定、定期支付军饷的驻守部队所导致的结果是，士兵不进行抢劫和掠夺，反而可以持续稳定地为食物、服装、马匹、粮草和妓女付费，刺激着当地农业、贸易和手工业。此外，一些主要驻军城市，如贝亨、布雷达和库福尔登，位于远离河流和贸易要道的位置上，难以参与1647年后的跨境贸易增长。就算比起之前，如今有更多的内河船只在莱茵河、马斯河和斯海尔德河上通行，这也往往只是让多德雷赫特和鹿特丹受益，而不是更靠近边境的驻军城镇。

表28　1620—1699年奈梅亨的年平均出生人口数和人口总数

（单位：人）

时　间	年平均出生人口	人口总数
1620—1629 年	474	13 500
1630—1639 年	456	13 000
1640—1649 年	458	13 100
1650—1659 年	292	8 357
1660—1669 年	290	8 250
1670—1679 年	371	10 600
1680—1689 年	456	13 200
1690—1699 年	362	10 350

数据来源：Engelen, *Nijmegen*, 12—13.*

结果，和平带来的补偿鲜少能抵消裁军的影响。突然之间，需要供养的士兵少了许多，流通的现金也减少了。这里不再需要那么多食物和粮草，也没那么多客人光顾商店和酒馆。啤酒消费下跌得令人错愕。布雷达是受创最重的城镇之一。这里为支付啤酒消费税而缴纳的田税从1641年的2.1万荷兰盾，缩减至1655年的仅仅9 800荷兰盾。[10] 1640—1651年间，为使用布雷达过秤房而缴纳的田税（一个有效的经济活动指标）下跌了不止三分之一（参见表29）。在所有驻军城镇，几乎每一项经济活动都急剧衰退，包括裁缝、马鞍、靴子和皮带制造，旅馆经营和卖淫，其中建造和修缮防御工事尤其如此。弗美尔的一个叔叔是军需供应商和工程师。17世纪三四十年代，他辗转过多个要塞工作，《明斯特和约》签订不到两年，他就宣告破产了。[11] "该城的居民发现自己处于十分萧索凄凉的境遇中。"布雷达治安法庭1649

---

* 表内数据为原文表格数据。——编者注

年明确告诉国务会议。[12]

表29　1640—1660年为使用布雷达过秤房缴纳的年度税费

（单位：荷兰盾）

1640—1641年	1 200	1650—1651年	800
1641—1642年	1 110	1651—1652年	705
1642—1643年	1 200	1652—1653年	545
1643—1644年	1 145	1653—1654年	480
1644—1645年	1 100	1654—1655年	410
1645—1646年	930	1655—1656年	430
1646—1647年	890	1656—1657年	460
1647—1648年	930	1657—1658年	540
1648—1649年	940	1658—1659年	640
1649—1650年	760	1659—1660年	710

数据来源：GA Breda afd. 1 1a H 2001 and H 2002.

驻军城镇的市民竭力减缓这些影响，主要采用的是城镇衰落时的惯常手段——强化行会的势力，以限制外来竞争和行会成员间竞争。1648年，聚特芬的渔业行会从议事会那里获得裁定，禁止非行会成员在该城司法辖区内捕鱼。[13] 1651年3月，布雷达议事会批准该城起重机和码头工人的诉求，加紧了对工作实践的规范，规定给来自多德雷赫特和鹿特丹的集市驳船卸货至少需要4人，给装载葡萄酒的驳船卸货至少需6人。议事会解释道，因为"贸易萧条，行会成员越来越贫困，现在几乎难以维持生计"，所以有必要防止某些码头工人抢走所有的工作，而其他人及其家人一无所有。[14]

另一种策略是设立高等教育机构，吸引周边地区，乃至遥远地区（但愿如此）的学生。布雷达高等学校于1646年9月开学。1648年，海尔德兰省三级会议决定,将哈尔德韦克学院升级为省级大学。奈梅亨议事会没有对这样的事实惊惶失措,他们于1655年做出决定:建立自己的高等学校且目标明确地要吸引海尔德兰其他地区的学生。[15]考虑到哈尔德韦克被视为阿纳姆区的资产,而不是海尔德兰全省的资产,奈梅亨区的弱小城镇和贵族院同意给予这座新的城市学院财政支持。

然而摄政官明白,改善的真正且唯一前景,在于驻守部队的增加。1650年夏,亲王威廉二世刚刚发动颠覆阿姆斯特丹摄政官的政变,奈梅亨议事会就恭贺他"拿下了荷兰省",并请求亲王"派大批军队……到这边的驻军地"。[16]直到1672年持久战重启,驻军城镇才开始复兴,但有迹象显示,即便那时也不是全面的复兴。

1674—1713年间的驻军规模也比1647年到法兰西入侵的1672年间的规模大得多。此外还有诸多翻新工程。[17]1674—1702年间,贝亨、布雷达、赫拉弗、马斯特里赫特和其他诸多要塞的防御工事都根据欧洲最先进的设计方案,广泛得到重修。设计者是"荷兰的沃邦"门诺·范库霍恩(Menno van Coehoorn,1641—1704年),他是威廉三世最信任的指挥官和首席工程师,也是"库霍恩臼炮"的发明者。不过,人口和经济活动还是没能恢复到1647年之前的水平,因为1672—1713年的战争并不像1590—1647年的那样处于静态;另一个原因是,17世纪70年代中期之后,特别是在1689—1713年间,军队大多驻扎在西属尼德兰要塞,而不是荷兰的要塞。17世纪90年代,奈梅亨的人口和出生率依然远远低于1621—1647年的水平(参见表28)。

并不是所有的共和国内陆地区都在1647年之后受到经济重构的负面影响。在特文特、阿纳姆和斯海尔托亨博斯的迈赖这些内陆地区，负面影响被增强的海外贸易体系带来的积极影响所抵消。17世纪40年代末之后，荷兰商业和航运的增强（波罗的海贸易除外）给制造业，以及经济作物的种植注入了新动力，并且这些刺激作用绝不仅限于沿海地区。在迈赖地区，从17世纪50年代起，莱顿和哈勒姆的纺织业企业家就在海尔蒙德、蒂尔堡和艾恩德霍芬内部及周边地区提供纺线和织布的工作，将初级的工作分包给各个村舍，希望借此提升莱顿和哈勒姆成品毛布和亚麻的产量。在上艾瑟尔的特文特区，亚麻布行业在17世纪最后25年发展得尤为兴盛，邻近的萨兰地区上的农民为其提供亚麻。[18] 在阿纳姆区和东乌得勒支，烟草种植业在1647年后急剧扩张。这些烟草在阿姆斯特丹的工场中，与质量更好的美洲烟草混合、卷制。该地1710年出口的烟草制品大约是1675年的3倍。[19]

由此，对于共和国内陆地区而言，1647年之后荷兰经济生活的大面积重构具有双重效果：一方面它让1647年作为经济活动中心的城镇和地区陷入萧条；另一方面，又刺激了1647年之前无足轻重、人口稀少、经济停滞的地区。在沿海的西部地区，经济重构的影响也是双重的。因为形势的变化刺激了荷兰的贸易体系和制造业，使得1647年之后"高利润贸易"领域的活动大增，出口导向型制造业扩张；但同时又导致了传统大宗货运业的萧条。1647年后衰败的还有泽兰对西属尼德兰的过境贸易。在战争时期，这里的过境贸易曾不自然地繁荣，因为当时荷兰对佛兰德海岸实行海军封锁，阻碍了船只直接通过海运给佛兰德港口提供补给。

荷兰大宗货运业的衰落，特别是传统的谷物、原木和盐贸易的衰落，部分归因于德意志战争的终结及其给整个北欧的农业和生计造成

第26章 社会

的影响。此前，西弗里斯兰和弗里斯兰的*船长，将主要来自霍伦、恩克赫伊曾、梅登布利克和哈灵根的谷物、肉、鱼和乳制品，运往汉堡、不来梅、施塔德和埃姆登。这些补给品乘船沿易北河、威悉河和埃姆斯河而上，运到德意志北部和中部的军队和驻军那里。而随着德意志境内军队解散，德意志农业逐步恢复，上述需求逐步消退。这些粮食的运输在1650年之后迅速缩减。与此同时，波罗的海的谷物运输也在收缩，这种局面的产生部分原因是如今不需要给德意志提供补给，部分原因是赫梅尔尼茨基起义（Chmielnicki troubles）期间（1648—1651年）和随后的瑞典入侵时期（1655年），波兰和乌克兰的粮食种植区遭到蹂躏。另一个因素是西属尼德兰和英格兰出口到荷兰的农产品增加，这也使得荷兰省内的农产品价格下跌。大宗货运业的缩减转而导致西弗里斯兰地区造船业的显著衰退。[20] 不过，这纯属地方现象，并且被阿姆斯特丹、鹿特丹，尤其是赞（Zaan）地区造船业的进一步发展超额抵偿。赞是阿姆斯特丹以北的工业带，1647年之后随着荷兰贸易的普遍增强，该地才真正兴盛起来。1650年之后霍伦和恩克赫伊曾人口的进一步衰减，加上德意志对西弗里斯兰乳制品的需求的降低，又对赞北部地区造成了农业萧条的额外影响。[21]

随着大宗货运业衰退，以西弗里斯兰地区为基地的船队也在收缩，其速度比整个贸易衰退得更快。西弗里斯兰港口损失的一些人员移民到阿姆斯特丹，不过大多数人转移到瓦登群岛和弗里斯兰海港，这意味着这是一场从大船向小船的转变。[22] 霍伦和恩克赫伊曾的大宗货运船队由大型和中型的福禄特帆船组成。但是，事实证明，随着货

---

* 原文为"West Frisian, and Frisian"是当时两个不同的行政地区。——编者注

物量和利润的减少，小型船只更适合贸易。穿梭于波罗的海的弗里斯兰船队主要由小型船只组成，载重通常不到20拉斯特[*]。从荷兰前往波罗的海的总航次从17世纪40年代的每年1 200次，下降到50年代的895次，60年代的681次，到70年代仅剩595次。[23] 与此同时，小型船只占到绝大多数，弗里斯兰和瓦登群岛的份额激增。荷兰穿越丹麦桑德海峡的运输业中，西弗里斯兰的份额从17世纪20年代的30%降低到40年代的20%，到60年代衰减到只有15%。

但是1647年后荷兰海上贸易和航运扩张的主流趋势，远胜过1650年后荷兰波罗的海大宗货运业的迅速衰退。整体而言，尽管英格兰和法兰西对荷兰深恶痛绝，但到1672年法兰西入侵和随后共和国内爆发战争（1672—1677年）之前，荷兰的商业、航运和航运的雇工数一直在扩大，这期间仅有短暂中断。在1672—1677年间，海外贸易体系和荷兰主要城镇遭到严重破坏，荷兰经济开始进入长期退化。尽管如此，荷兰的"高利润贸易"和制造业还是得以复兴，在17世纪80年代，重夺大部分失地。作为一支强劲的海上和制造业势力，荷兰省要到1688年前后，才开始陷入持久、不可挽回的衰退。当时九年战争（大同盟战争）的开始给荷兰经济造成诸多恶劣后果。但即便那时，主要城镇的经济活力和人口也没有从1672年的巅峰大幅滑落，它们在17世纪80年代再度增长，直至1720年。[24] 大体而言，荷兰经济的黄金时代从1590年一直持续到1740年左右。

尽管一些"高利润贸易"，尤其是（1688年之后的）黎凡特贸易和（1700年之后的）西班牙贸易，在17世纪末遭遇急剧衰退，荷兰

---

[*] 1拉斯特大致相当于2吨。——编者注

第26章 社会

贸易体系在世界贸易中的整体影响力减弱，但大多数"高利润贸易"和相关制造业在17世纪70年代之后一直保持着良好发展，少数情况下还在继续扩大。与此同时，虽然一些与荷兰1647—1672年间的世界贸易霸主地位密切相关的产业在1700年前有所衰落（尤其是羽纱制造业），另一些行业停止增长（如莱顿的细布制造业和鲸鱼制品加工业），但整体而言，到18世纪初之前，制造业的多样化还在持续，一些传统行业，如造纸业和细亚麻业仍在持续发展。传统的制造业城镇——哈勒姆、莱顿和代尔夫特在1688年之后显然已从高峰滑落，但阿姆斯特丹和鹿特丹的产业依然运转良好。赞工业带拥有数百座工业风车，加工着种类激增的商品，直至1720年左右才发展至顶峰。赞的造纸用风车从1650年的5座，增加至1670年的17座，1690年的26座，1700年又增至36座。赞地区供加工和制造使用的风车总数从17世纪中叶开始陡增，1620年攀升到40座左右，1640年增至160座，1731年则达到584座。[25]

人口

从17世纪40年代末到出现灾难性破坏的1672年，经济的重构引发了活跃度的一些根本性转变，以及随之而来的沿海和内陆地区人口活力的根本变化。整体的结果是：在经济持续扩张的地区，即荷兰省（北区和西弗里斯兰港口除外）、费吕沃、特文特和海尔蒙德-蒂尔堡地区这一大片领土，人口大规模增长，同时伴随着城市化的推进；而同时，在从前以大宗货运业或驻军作为经济推动力的萧条地区，人口减少，城镇发展停滞。就共和国整体来看，人口呈微弱增长趋势，并且到1688年之前，一直存在进一步城市化的动力。1688年之后，共和国陷入了新一轮欧洲大规模战争。然而，对我们理解当前进程和日后的发展方向而言，更为重要的并非整体趋势，而是经济扩张地区与经济收缩地区之间日渐增大的差距。

1647—1672年间，主要城市的人口以惊人的速度增长。此后，1672年入侵造成的灾难性后果骤然逆转了这一趋势，以至于这些城市在随后的1672年至1678年左右在各个方面显著衰退。然而，这并不标志着荷兰黄金时代城市化进程的终结，因为紧接着到来的是普遍的经济复苏，它在17世纪80年代中期产生苗头，并将荷兰主要的城市中心人口拉回，或更可能是略微超越1672年前达到的人口水平。最后，荷兰城市的长期衰弱和共和国的去城市化进程，要到1688年随着全面战争重启才开始。[26]

共和国在经济发展全盛时期的总人口估计达到195万。1700年的总人口与此大致相等，或略低。与此同时，共和国最大的30座城市的人口之和在总人口中的占比，从1650年的约36%上涨到1688年的38%左右。[27]同一时段内，在这30座城镇中，前八大城市的人口占比从61%攀升到64%以上，荷兰省前五大城市的人口几乎都在增长。（参见表30）

受到商业繁荣的刺激，最大的城市阿姆斯特丹在1647—1672年间人口增长最快。其人口从17世纪40年代末的约15万涨到1672年的20万，增幅约33%。[28]经过17世纪70年代的些许下滑，阿姆斯特丹再次开始扩张，1700年的人口又增至20.5万左右。第二大城市莱顿的人口从1647年的大约6万增至1672年的7.2万，随后在70年代下跌，1688年又恢复到约7.2万，此后在九年战争时期再次滑落，1700年跌至6.3万左右。阿姆斯特丹在共和国总人口中的占比从1647年的8%，涨到

1700年的近11%。

在乡村，南荷兰省人口的增长被北区的人口损失抵消。荷兰省之外，17世纪40年代到18世纪早期的主导趋势是人口的增长。不过弗里斯兰是例外，该省人口从1670年左右就开始下降。[29] 就我们所知，弗里斯兰人口在17世纪60年代到1714年间减少了12%，即从14.7万人减至12.9万人。该省主要港口哈灵根的人口从1689年的8 823人衰减到1714年的7 100人。多克姆也经历了人口锐减，不过省会城市吕伐登的人口从1689年的1.35万增长到1714年的1.57万。然而，弗里斯兰（以及赞以北的荷兰省地区）乡村人口的缩减，并不能代表1650年之后荷兰人口的整体发展趋势。在大多数内陆地区，人口的发展趋势是稳定增长的，不过（鉴于荷兰省之外，城市经济呈停滞状态）城市的人口情况并不如此。上艾瑟尔的人口增长可观，从1650年的不到7万人，发展到1720年的10.7万人。[30] 上艾瑟尔的3个区的人口都有大幅增长，特文特区尤为显著。受阿尔默洛（Almelo）、恩斯赫德和奥尔登扎尔亚麻布产业发展的刺激，特文特人口在上艾瑟尔总人口中的比重从1650年的少于25%，增长到1720年的高于30%。同时，三大城镇的人口总和在该省总人口中的占比在1500年左右曾高达38%，但这一数字到1600年就降为30%，1675年减至28%，1720年低至24.5%。

表30　1635—1700年荷兰省主要城市的人口（估算）

（单位：人）

	1635年	1647年	1672年	1688年	1700年
阿姆斯特丹	120 000	140 000	200 000	200 000	205 000
莱顿	55 000	60 000	72 000	72 000	63 000
哈勒姆	42 000	45 000	50 000	50 000	40 000

(续表)

	1635 年	1647 年	1672 年	1688 年	1700 年
鹿特丹	20 000	30 000	45 000	50 000	45 000
代尔夫特	21 000	21 000	24 000	24 000	19 000
海牙	16 000	18 000	30 000	30 000	30 000

数据来源：Hart, *Geschrift en getal*, 118; Posthumus, *Geschiedenis*, iii. 882; Wijsenbeek-Olthuis, *Achter de gevels*, 27; Nusteling, *Welvaart en werkgelegenheid*, 234—5; Nusteling, 'Periods and Caesurae', 92—112; Mentink and Van der Woude, *Demografische ontwikkeling te Rotterdam*, 38—39.

德伦特的人口也在大幅增长，海尔德兰的大部分地区、东乌得勒支和迈赖的工业区也是如此。在17世纪最后25年，德伦特家庭数量的增长比近代早期任何时段都要迅速，从1672年的4 938户增长到1692年的5 629户。不过，德伦特的人口扩张也仅在乡村地区出现。[31] 与上艾瑟尔的主要城镇类似，库福尔登陷入停滞，它在该省人口中的占比显著降低。类似的去城市化和乡村强劲发展模式也在海尔德兰的阿纳姆区出现。整体而言，该区的人口数从1650年的4万增长到1749年的5.4万左右。这一增长速度比1500—1650年间快得多。[32] 然而，阿纳姆城区本身在1650年约有6 000人，此后人口急剧缩减，到1749年才恢复到大约5 600人；同时，哈尔德韦克的人口从3 000衰减至2 350左右。阿纳姆区5座城镇的人口总和在该区总人口中的占比在1650年为32%，一个世纪之后跌落到仅剩26%。[33] 在联省这片土地上，沿海地区一直在城市化，直到荷兰经济长期增长和城市化的趋势在1688年出现普遍逆转（参见前文741页）；同时，从17世纪40年代起，去城市化进程也一直在内陆省份进行。

第26章 社会

工作与移民

荷兰省各城在1647—1688年间令人惊叹的发展（尽管1670年有些许倒退）并非源于自然的扩增，而是源于经济的发展。经济发展推动了城市的活力，也扩大了对劳工的需求。经济扩张还使得荷兰省从别处吸纳人口。在荷兰省，从17世纪40年代末以来，海洋和城市经济经历了25年的持续发展，这导致荷兰省城市经济需要比以往任何时候都多的劳动力——波罗的海贸易的萧条也没能抵消这种需求。这意味着，1647—1672年间，"高利润贸易"和城市制造业的扩张所催生的活力和工作岗位的增长速度，远高于波罗的海大宗货运业的萧条所削减的活力和工作岗位的衰退速度。这看似惊人，但在需要的水手人数方面，甚至情况也是如此。因为地中海和殖民地贸易、鲸鱼捕捞业（Whale fishery）和海军所创造的工作机会的速度，比波罗的海大宗货运业削减工作机会的速度快得多（参见表31）。到1672年，波罗的海贸易雇用的船只少了数百艘，水手少了数千人，[34] 而"高利润贸易"确实也只需要为数不多的船。但是，在高利润贸易中，每艘船所需的人员数目要大得多。黎凡特贸易使用"大型船"运输从士麦那（Smyrna，今伊兹密尔）来的马海毛、棉花和生丝，一些船配备的人员多达每艘200人。驶向加的斯的东印度船舰装载着纺织品和香料，准备把它们再出口到西属美洲殖民地，而后载着白银、染料和羊毛归来。它们同样载着大批水手。同时，鲸鱼捕捞业和海军的雇工数也陡增。结果，尽管"母贸易"衰落，荷兰船舰在1635—1670年的雇工数一直大幅增长，增幅可能高达50%。（参见表31）

表31 荷兰船舰的雇工数（估算）

（单位：人）

	1610 年	1635 年	1670 年	1725 年
欧洲贸易	20 000	21 500	25 000	20 000
渔业（鲸鱼捕捞业除外）	6 500	7 000	5 500	4 000
鲸鱼捕捞业	0	1 000	8 000	8 000
东印度公司	2 000	4 000	9 000	11 000
海军	3 000	7 000	11 000	3 500
新世界贸易	1 000	2 500	3 000[a]	2 000
总数	33 000	44 000	64 500	52 500

a 包括库拉索岛三桅帆船舰队上的水手。

数据来源：PRO SP 84/166, fo. 217. 'Navigation of the United Netherlands'; Lucassen, 'Zeevarenden', 132; Bruijn and Lucassen, *Op de schepen*, 14; Van Royen, *Zeevarenden*, 25.

荷兰船舰雇工数上涨的同时，制造业也需要更多劳动力，而其他经济领域并没有足够多的劳动力流出，以填补这些增长。因此，从荷兰民众中找到足够多的劳动力是不可能的，而与此同时，在荷兰港口找工作的外国人的比例猛增，他们主要是丹麦人、挪威人和北德意志人。[35] 外国水手被签约雇用到各个经济部门，但人数最多的还是在工资最低的地方，包括东印度公司、西印度公司和海军。17世纪50年代，东印度公司雇用的外国水手人数猛增，占比超过了总员工数的40%。[36] 这一数字曾在60年代下滑，而后从80年代开始复增。海军变得严重依赖外国人。1664年，在第二次英荷战争前夕，英格兰驻丹麦兼挪威的大使称："所有的挪威水手都到荷兰人那里服役了，因为本土缺少工作机会，如果（丹麦国王）命令他们返回故土，荷兰将无法让他们的舰队下海。"[37] 虽然如此，在共和国个别地方，成年男性人口中依然有极大比例在当水手，弗里斯兰男性的近六分之一都是如此。在西弗里斯兰，尽管大宗货运业衰落，但这一占比依然高达四分之一。名列前茅的是泰瑟尔岛、弗利兰岛（Vlieland）和瓦登群岛的其他岛屿，这些地方可雇用的男性劳动力大半都在海上讨生活。[38]

虽说1647年后的经济重构提升了船舰的雇工数，但制造业领域劳动力的扩增更是显著。莱顿1671年出口的布料达到13.8万匹的峰值。[39] 而除了出口数量的大增，布匹的质量也出现了根本转变：从轻薄、廉价的布料，转变成细布和羽纱。相比过去的细哔叽（注：羽缎）和台面呢行业，新布料行业的劳动力更为密集。莱顿运转的织布机数量在1614—1647年间没什么增长；但在1647年后迅速上升，从1648年的2 675台，上涨到1661年的3 505台，1671年还达到了更高的数字。[40] 到1654年，莱顿纺织业三分之二以上的劳动力受雇于染呢和羽纱行业，仅有三分之一受雇于传统的廉价行业，雇工总数则陡然攀升。

阿姆斯特丹、莱顿、哈勒姆、代尔夫特、豪达、海牙、鹿特丹和赞地区的劳动力不断增长，与商船、渔业和海军对人力需求的上涨同步。应对劳动力需求的唯一方式就是从这些主要城镇之外——内陆省份和外国——引入大批人口。莱顿的工场主、经济学作家彼得·德拉库尔在1661年写道："事实上，没有外国居民和移民的持续涌入，我们的制造业、渔业、商业和航海业，以及靠此为生的人，都会难以为继——产业的增长和变革将慢得多。"[41] 这是正确的。荷兰省的主要城镇与当时欧洲其他地方的主要城镇类似，经常出现死亡率高于出生率的情况。如果外来人口停止涌入，或大幅减少，那么主要城镇的人口就会迅速出现灾难性缩减。[42]

考虑到1670年之前,瘟疫的暴发一直是重要的不利因素,1647—1672年间荷兰省所有主要城镇的扩张显得更引人注目。袭击荷兰的传染病致命且持久。在1663—1666年传染病流行期间,彼得·德拉库尔记录道,瘟疫已经在荷兰省"逗留"了相当长的时日,在这些年里,死亡人数一直是正常时期的两3倍。1655年,莱顿暴发瘟疫,据说它在6个月内夺走了1.1万人的生命,占该城人口的20%左右。如果说这是整个黄金时代最严重的瘟疫,那么1663年侵袭该城的疾病则是不同寻常的持久,它一直盘桓到60年代末,虽然致死率没那么高。

最后一次大规模瘟疫流行于1663—1669年间,它开始于阿姆斯特丹,起初并没有造成什么影响。然而,1664年间,瘟疫的影响持续加强。眼看瘟疫和英荷战争近在咫尺,英格兰大使5月评论道:"阿姆斯特丹上周死于瘟疫的人数高达338人,如果内部的瘟疫照此发展下去,外部又与国王陛下交战,那么他们正在建造的那座大型新城镇就显得毫无必要了。"[43] 他指的是当时正在进行的、雄心勃勃的阿姆斯特丹扩建工程。然而,进行中的大规模城市重建工程并未停止,考虑到双重危机都在加深,这更加引人注目。7月29日,唐宁报告称:"上周阿姆斯特丹有739人死于瘟疫,而且疫病广泛扩散到整个国家,甚至侵入小镇和村落,它还在向安特卫普和布鲁塞尔蔓延。"[44] 在阿姆斯特丹和莱顿,至暗时刻在1665年已经过去;但在别处,它尚未到来。在恩克赫伊曾、弗卢辛和聚特芬这些广阔的地方,传染病要到1666年才发展到顶峰,那年也是伦敦大瘟疫暴发的时刻。1669年最后一波流行病席卷莱顿,带走了5位教授的生命,其中包括科齐乌斯。(参见表32)

第26章 社会

表32　1624—1667年瘟疫期间荷兰主要城市的死亡人数和千人死亡率

死亡人数（人）/死亡率（‰）

年份	阿姆斯特丹	莱顿	鹿特丹	恩克赫伊曾	乌得勒支
1624年	11 795/112	9 897/200	—	—	—
1625年	6 781/60	—	2 500/115	—	—
1635年	8 177/60	18 000/320	3 500/140	—	共 4 000/140
1636年	17 193/140		—	2 495/131	
1652年	—	—	—	1 526/85	—
1653年	—	—	—	1 280/71	—
1654年	—	10 529/165	—	1 060/64	—
1655年	16 727/125	11 591/174	2 200/63	—	1 000/30
1663年	9 752/60	—	—	—	—
1664年	24 148/120	—	2 450/61	—	共 1 300/40
1666年	—	—	—	1 115/67	
1667年	—	—	—	1 000/61	—

数据来源：Noordegraaf and Valk, *De gave Gods*, 54—55; Willemsen, *Enkhuizen*, 111; Lois, *Cronycke*, 150; Rommes, 'Pest in perspectief', 265.

到17世纪末，主要行业雇用了大约10万人，占共和国总人口的5%以上，其中不包括受雇于船舰的人，这类无产阶级只能靠持续不断的大批移民维持。在阿姆斯特丹，生于外国而在该城结婚的人数到17世纪40年代就发展至峰值了，此后这一数字一直保持在较高水平，减少的部分则由日渐增多的、来自联省其他地区的人，特别是上艾瑟尔人和海尔德兰人填补。因为实际上，内陆省份人口的增长规模要比那里的人口净增长所显示的还要大。事实上，东部省份为维持荷兰转运港和海外贸易体系所做的重大贡献在于，它们提供了荷兰省经济发展所依赖的部分外来人口。在阿姆斯特丹结婚的外来人口中,海尔德兰人和上艾瑟尔人的占比从17世纪第二个25年的20%,增长到18世纪第一个25年的42%。(参见表33)

表33 1672—1700年荷兰城市制造业劳动力(估算)

(单位:人)

部门	雇工人数	部门	雇工人数
毛纺织业	35 000	造纸业(赞和费吕沃)	2 000
其他纺织业	20 000	糖精炼厂	1 500
造船业	8 000	其他精炼厂	1 500
啤酒业	7 000	帆布制造业	1 500
豪达烟斗制造业	4 000	煮皂业	1 000
烟草工场	4 000	煮盐业	1 000
代尔夫特陶器和砖瓦	4 000	印刷业	1 000
酿酒厂	3 000	共计	94 000

数据来源:Van Zanden, 'Economic van Holland', 603; Israel, *Dutch Primacy*, 356.

尽管来自内陆省份的外地人有所增长,阿姆斯特丹的大多数外来人口依然是外国人。17世纪50年代,有6 677名外国人在阿姆斯特丹登记结婚;相比之下,这一时期新近从阿姆斯特丹之外的省份迁入共和国的仅有4 252人。[45] 17世纪90年代,这两个对照数字分别是5 503和3 932。阿姆斯特丹的外国移民大多是德意志新教徒,但是也有一定人数的斯堪的纳维亚半岛人和德意志(和葡萄牙)犹太人。相较而言,莱顿既没吸引到什么斯堪的纳维亚半岛人,还排挤犹太人;不过,相比阿姆斯特丹,该城吸引到了更多的南尼德兰人。在17世纪40年代末和50年代，瓦隆移民在羽纱行业中发挥了至关重要的作用，他们主要来自列日、里尔和瓦朗谢讷。[46] 莱顿还吸引到大批德意志移民，包括路德宗、天主教和加尔文宗信徒；在这一点上，阿姆斯特丹和哈勒姆与之类似，米德尔堡则截然不同。莱顿的葡萄酒交易商让·德帕里瓦尔（Jean de Parival）本身就是来自洛林（Lorraine）的移民。他在17世纪50年代写道，染呢行业的所有部门，包括布匹裁剪师，都是以威斯特伐利亚人和其他德意志人为主。[47] 类似的，在17世纪80年代中期和晚期，荷兰省的主要城镇还吸引了多得不成比例的胡格诺派，或者说确实相当大批的胡格诺派涌入联省。

东印度公司相当高比例的士兵和水手来自内陆省份和德意志西北部地区。1642年，范塔斯曼发现在往新西兰的航行中，许多非荷兰省人在他手下工作（而范塔斯曼本身是奥默兰人）。[48] 这些人退休后，常常到巴达维亚定居，范塔斯曼就是例子。与此类似，东印度公司在南非的殖民者成分也能反映出内陆省份和德意志西北部人口的主导地位。荷兰在新尼德兰的殖民者状况也是如此；在一定程度上，苏里南（Surinam）的情况也类似。开普殖民地（Cape Colony）在第一任总督扬·范里贝克（Jan van Riebeeck，1652—1662年在职）的治理下缓慢发展，但是殖民的方式则主要根源于内陆省份和德意志西北部地区。1644年编制的殖民者调查报告上列有303名白人，荷兰省和泽兰省人只占少数。说荷兰语的荷兰本土人大部分来自内陆省份，超过三分之一的殖民者是德意志人或斯堪的纳维亚半岛人。[49] 这样的人口模式随后持续贯穿荷属南非殖民史。迟至1806年，估计仅有50%的白种人是荷兰殖民者的后代，剩下的多是德意志人（27%）或胡格诺派（17%）。

胡格诺派的涌入

1685年法兰西颁布废止《南特敕令》的《枫丹白露敕令》，随后胡格诺派教徒拥入联省。在荷兰史上，这是个颇具深意的因素，不过并不是人们通常所设想的那种深意。近来学者们估计，《枫丹白露敕令》颁布后的10年里，定居共和国的胡格诺派流亡者人数在3.5万—5万，[50] 但此前人们很可能认为不到3.5万。胡格诺派移民至多占荷兰总人口的2%左右，占据前30大城市总人口的大约7%。即便这不是大部分的城市人口，数量也十分可观，而且由于许多移民相对富裕，并掌握高超的技艺，他们对城市经济更有价值。

胡格诺派移民涌入时，正值商业和制造业从1672—1677年战争的打击中恢复的时候。主要城镇的人口数量还没有完全恢复到1672年的水平，同时17世纪60年代宏大的城市扩建工程也影响着城市，这两个因素相结合意味着：在所有主要城镇，包括阿姆斯特丹，房租显著低于过去，找寻住所和工作场所相对容易。[51] 换言之，不管从移民还是从东道主社会的角度看，胡格诺派来得正是时候——他们到来前，社会已经裂出一道口子，而他们极其适合去填补。

荷兰省和泽兰省城镇竞相争夺胡格诺派信徒，以及他们的钱财和技术，内陆城镇同样是竞争对手。由于在1672—1674年间遭受法兰西和明斯特人的占领或围城，乌得勒支、阿默斯福特、代芬特尔、兹沃勒、奈梅亨、阿纳姆、聚特芬和格罗宁根受到的破坏比沿海城市更甚，它们如今饥渴地寻求移民和新活力。泽兰和弗里斯兰两省的萧条和人口损失困扰都日益加深，两省三级会议都在积极找寻刺激本地经济生活的办法，并纷纷对制订计划吸引胡格诺派信徒而表现出热切的兴趣。1686年2月，弗里斯兰省三级会议决定，给10位愿意定居该省的胡格诺派牧师提供薪资，并帮助成立胡格诺派教团。[52]

在附属于荷兰归正会的瓦隆教会宗教会议监督下，设立说法语的加尔文宗教团，或者说事实上是扩大公共教会，是最受欢迎且能吸引胡格诺派移民的办法。荷兰省和泽兰省的大部分主要城镇最早获得"瓦隆"团体和教会是在很久以前，在16世纪80年代南尼德兰人大批涌入期间。有些团体甚至来得更早。至少从1577年开始，多德雷赫特就存在一个说法语的加尔文宗教团。随后，许多驻军城镇也得到了"瓦隆"教会的驻扎，马斯特里赫特是在1633年，奈梅亨在1644年，许尔斯特则在1649年。1640年之前，已有25个"瓦隆"教团和35位奉职的讲道者居于瓦隆宗教会议管辖下。[53] 但是到1685年，许多教团都已衰落；于是在17世纪80年代末，在一些城镇致力于设立瓦隆教团时，那些早就拥有这类教团的城镇已经在努力为他们提供更好的场地、设施和更高的讲道者薪金了。新"瓦隆"教团在各地兴起，包括：海尔德兰的阿纳姆（1684年）、聚特芬（1686年）、蒂尔（1686年）、哈尔德韦克（1687年）、扎尔特博默尔（1687年）和杜斯堡（1688年）；弗里斯兰的哈灵根（1686年）、斯内克（1686年）和弗拉讷克（1686年）；泽兰的费勒（1686年）和托伦（1688年）；公地上的卡德赞（1686年）和贝亨（1686年）。[54] 甚至是德伦特省三级会议为了与德温厄洛（Dwingeloo*）的讲道者和住房补贴竞争，也设立了一个胡格诺派教团。[55]

然而，新教团大多保持着极小的规模。进入联省的胡格诺派移民

---

* 原书为Dwingelo，疑误，改为Dwingeloo。——译者注

大部分只定居在7个城市——阿姆斯特丹、莱顿、哈勒姆、鹿特丹、海牙、代尔夫特和乌得勒支。[56] 胡格诺派移民总数的约六分之一——5 000多人——定居在阿姆斯特丹。海牙似乎拥有第二大的胡格诺派团体，总数大约2 750人；鹿特丹的位列第三。

胡格诺派的涌入对共和国经济生活产生了重大影响。他们的到来正赶上了1685—1688年"高利润贸易"和制造业复兴的加速，也对这一进程做了重大贡献。但是，他们到来之后，繁荣并没有持续多久，共和国经济就开始随着阿姆斯特丹1688年8月的股市大崩盘陡然逆转。胡格诺派无疑为荷兰丝织业的加强贡献良多。他们在阿姆斯特丹、海牙和其他地方开设了诸多时尚精品店。胡格诺派的裁缝、制帽商、假发制作者和钟表匠引进了高雅和品位的新标准。然而，当时人们倾向于夸大胡格诺派的贡献（法兰西尤其如此）。事实上，除了丝织业和时尚界，胡格诺派没在共和国找到太多施展他们资本和技术的机遇。虽然1685年以前胡格诺派在法兰西的造纸业和玻璃业中表现优异，也有许多积极投身这些行业的胡格诺派移民荷兰，但是这对荷兰整体图景的影响甚微。17世纪最后25年到18世纪初，共和国赞地区造纸业的重大扩张并不归功于胡格诺派。[57] 胡格诺派确实在共和国设立了玻璃厂，但是大多迅速破产。[58] 此外，1688年的股市大崩盘和随后的萧条，使得人们在阿姆斯特丹交易所的投资损失惨重，而后又遭遇贸易上的破产。它们给胡格诺派造成的打击，一点不比给其他荷兰商人的少。许多胡格诺派的新丝织企业就是在这时破产的，其中包括胡格诺派在格罗宁根的主要生意。1688—1689年的英国光荣革命之后，许多先前定居共和国的胡格诺派迁往英格兰。此外，先前逃出法兰西的胡格诺派大多将共和国视为前途最光明的避难所，而1688年之后，新流亡者偏爱英格兰。这是一个确信无疑的信号:英格兰如今正在取代共和国,成为西欧第一的机遇之乡。[59] 1690年英格兰银行成立后,胡格诺派也更喜欢把他们的积蓄存在伦敦,而不是阿姆斯特丹,因为英格兰银行的利率要高得多。

工资与生活水平

与邻国相比,共和国的工资依然极高,荷兰省的主要城市尤其如此。共和国的雇主抱怨,相比于英格兰、德意志或南尼德兰这些竞争对手,自己不得不给员工支付高得多的薪资,通常是对手所给的2倍。这种说法大体是真的。1679年提议在哈勒姆设立玻璃制造厂的议案指出,列日的玻璃工每天得到相当于8—10斯托伊弗的工资,而他们在荷兰省的同行每天能挣到18—24斯托伊弗。[60] 差不多大的工资差距存在于整个制造业。

但是,荷兰省名义上的高工资水平还受高房租和重税的强烈影响,因此我们决不能轻易判定:共和国的实际工资极高。此外,即便共和国的实际工资比别处高,人们依然可能怀疑,实际收益日益遭到其他因素的侵蚀。这些因素既包括普遍恶劣的环境和17世纪70年代之后加重的赋税,也包括制造商的减薪。受到英国和法兰西竞争日益增强的挤压,共和国制造商被迫降价,接受较低的利润;同时他们也不得不更大力地削减成本,其中最主要的就是工资成本。雇主掌握着各种各样的手段,并且可以依赖城镇议事会的帮助。黄金时代莱顿爆发过为数不多的劳工暴动,其中一次发生在1671年10月布料出口的顶峰时期。暴动者是该城孤儿院的儿童,他们被雇用为临时的纺纱劳动力。他们叫嚷称,"瓦隆人"残酷地剥削他们,让他们承受太重的工作,却只提供不足以果腹的食物。[61]

17世纪五六十年代,共和国出现了一些名义工资降低的确切趋势。根据1663年一份提交给莱顿的诉状的说法,"劳工群体的工资在过去的15年里被削减了足足三分之一"。[62] 但是,不能由此断言,在贸易和制造业最为繁荣的几十年里,劳工一定没能分享到共和国的经济成果,且遭受着生活水平的倒退,而雇主和大商人却大发横财。[63] 这样的抱怨参考的是临时的计件工资,当时16世纪40年代晚期普遍的经济重构促进了"高利润贸易"和相关制造业的繁荣发展,增加了对劳动力的需求,也要求对雇工模式进行根本性改革。16世纪四五十年代,莱顿的大多数纺织业工人从正在衰落的"新布料"行业转移到正在扩张的染呢和羽纱行业,这些行业的计件工资要高得多。于是,即便名义工资在减少,许多或者说大部分劳动力在17世纪60年代挣的钱,仍比他们在40年代挣得多。类似的,在阿姆斯特丹,处于上升期的产业——精制糖、珠宝、烟草加工、棉纺织和丝织业要求雇工接受更多的训练,有更强的专业知识,同时待遇也更好。

除了经济重构对雇工模式造成的影响,一些别的因素也对生活水平产生有利影响。1660年后,农产品价格出现了普遍下降的趋势,工资购买力由此大增。这种状态持续了很长一段时间,不过60年代尤为突出。当时阿姆斯特丹交易所的谷物价格猛然跌落,波罗的海黑麦的价格跌了一半多。[64] 17世纪60年代末之后的另一个重要因素是房价和房租的下跌,这出现在阿姆斯特丹、莱顿、哈勒姆,可能还有荷兰省所有重要城镇[65]。最初,这是城市扩张工程和建筑热潮的结果。廉价的住房主要是17世纪80年代的特征。(参见表34)

第26章 社会

近来有关阿姆斯特丹的研究表明，1650年到17世纪80年代，工人工资的购买力大约增长了20%。[66] 另外，通过技术创新，生产率也有所增长，这导致即便在计件工资降低的领域（如莱顿纺织业的一些部门），工人也有可能赚得更多。考虑这一点，以及雇工模式的改革，第四阶段（1647—1672年）很可能让许多劳动人口的生活水平得到很大改善。以莱顿为例，这些推论可以得到以下事实的证明：17世纪40年代起，该城富裕工匠的数目迅速增长（参见表35）。在莱顿，税款核定额较高的富人占比在1623—1644年间陡降，而后到16世纪70年代有所恢复；然而，微富足者（核定税额为1 000—3 000荷兰盾）的数量一直持续上升，并从40年代开始加速上涨。在豪达，第三阶段出现了类似的富人数量的普遍缩减，这一群体数量在1648年左右开始恢复，并持续到1688年左右；然而，该城富人的增长并不像莱顿那样显著。[67]

表34　1640—1689年莱顿房租指数

年　份	指　数	年　份	指　数
1640—1644年	221	1665—1669年	222
1645—1649年	245	1670—1674年	219
1650—1654年	250	1675—1679年	210
1655—1659年	241	1680—1684年	194
1660—1664年	236	1685—1689年	193

注：1580年租金水平为100。

数据来源：Posthumus, *Geschiedenis*, iii. 1019—1021.

荷兰省的实际工资在1650年后有所改善，这部分原因是生活成本的降低。但是，假如行会的势力没有现实中那么强大，生活成本本可以下降得更多。有明确的证据显示，面包师行会尤其成功地阻止了谷物价格的全面下跌而导致的消费者以更低价格买到面包，并由此增加了自己的利润。[68]甚至有人主张：如果考虑到各省在面包价格和其他零售价格上，还有房租方面的差距，那么荷兰省和乌得勒支省工人的生活水平恶化得比东部省份城市的工人更厉害。[69]东部省份人口持续不断地向西部沿海地区迁移，这乍看之下不太可能，但是确实是有这种可能性。因为一个确切事实是，荷兰省发放的名义工资必须比其他省份高得多，才能抵偿这里同样高的食物价格、租金，以及酒水和烟草的消费税。但是，这里的关键问题不是实际工资，而是实际收益。因为东部城镇处于停滞状态，给新来者或本地新增劳动力提供的工作机会都很少。这里的行会跟荷兰省的一样，对城市经济的广大部门实行着严格的管控。对于有技术或没有技术的外来人口，无论是荷兰人还是外国人，荷兰省城镇都能提供比东部更多的工作机会，以及通过换工作而获取更高收入的机会。

表35　1623—1675年莱顿户主中富人的估算人数

（单位：人）

纳税等级	1623年	1644年	1675年
1. 富裕工匠和小中产阶级 （1 000—3 000荷兰盾）	576	617	824
2. 中产阶级 （3 000—10 000荷兰盾）	697	669	687
3. 富人 （10 000—50 000荷兰盾）	485	345	481
4. 巨富 （50 000荷兰盾）	71	53	79

数据来源：Posthumus, *Geschiedenis*, iii. 1010.

第26章　社会

乡村社会

共和国东部地区乡村人口不断增长、城市经济活力持续锐减，这两者加在一起，造成农村被剥削和贫困的情况螺旋式加剧。这是1647年之后共和国图景当中越来越令人瞩目的特征。从17世纪60年代末开始，农业萧条也在西部沿海地区和弗里斯兰蔓延。但是，1688年以前，西部城市在总人口中的占比是持续增长的；东部城镇则日渐萎缩，唯一在总人口的占比中势不可当地增加的，是乡村人口。在上艾瑟尔和德伦特，17世纪晚期的人口增长，要高于1500年至19世纪早期之间的任何时段。因此这些地方不得不利用较为贫瘠、此前鲜少使用的土地耕作。1650—1750这一百年间，德伦特的耕地面积大约增长了8%，增加的常常是极为贫瘠的土地。[70] 17世纪晚期和18世纪早期，整个上艾瑟尔的无地乡村贫民人数显著增长。[71] 甚至在人口增长速度比上艾瑟尔、德伦特和海尔德兰缓慢的迈赖，其乳制品和谷物价格的下跌，以及随之而来的农场价值和乡村劳动力需求的下降，都导致了乡村贫困的显著加剧。

与此同时，随着东部城镇在政治和经济方面的影响力相对降低，上艾瑟尔和海尔德兰一个本就鲜明的现象在势不可当地加剧，即土地贵族对官职、赋税和司法管理系统的控制，乡村地区尤其如此。贵族的权力日渐增强，在奥伦治派占据上风的1675—1702年更是明显。无疑，这种现象就是对贵族土地收入降低的补偿。1683年，阿纳姆区贵族院推动并通过了该区乡村税务的新规定，它得到了作为该区"第一贵族"的威廉三世的支持。新规定让地方乡村贵族在设定核定税额和制定征税细则方面，获得了史无前例的控制力度。[72]

共和国的农业大萧条在17世纪50年代到60年代早期还是地方性的，

只影响到内陆地区和北布拉班特;而到17世纪60年代晚期,则成为普遍现象。三十年战争终结,经海运向北德意志出口农产品的贸易衰落。这些因素无疑造成了之前的消极影响。但是北德意志和南尼德兰的农业复兴需要时间来积蓄动力;17世纪50年代,这种农业复兴的影响还被掩盖着,主要原因是当时从波罗的海进口谷物的贸易受到波兰战乱的破坏。1662年之后,谷物和乳制品价格剧烈下跌。整个欧洲都是如此,但共和国的农业和地租受到的影响更大,因为共和国曾是西欧唯一持续出口和再出口大量农产品的国家。1660年之后,导致供过于求和物价下跌的另一个因素是英格兰也成为谷物和乳制品常规出口国。

有几年的时间,共和国沿海地区的情况由于第二次英荷战争(1664—1667年)而得以缓和。战争让北欧的海上贸易瘫痪,抑制了海上的谷物进口。由此而引发的荷兰省谷物和乳制品价格的短暂上升,甚至鼓励了一些对农业和土地开垦的新投资。[73] 然而,随着战争的终结,乳制品、谷物和土地的价格开始断崖式下跌,乡村被拉入经济萧条,这样的状况持续了一个世纪。到1669年1月,荷兰省最优质的耕地租金相比两年前跌了大概30%,这对于贵族、城市投资者和农民来说都是毁灭性的下跌。突然之间,地产丧失了吸引力。1670年,范马特赫内塞贵族世家被迫低价出租南荷兰省圩田上的农场,几年前这里的租金增长到每摩根*23荷兰盾,而如今的价钱仅稍高于这个数字的一半。[74] 1671年1月,为年轻的奥伦治亲王管理地产的理事会决定,自该地的最高竞价仅稍高于5年前租金的一半起,便不再出租海牙附近的一批产地。[75]

---

* 为德国、荷兰、波兰以及荷兰殖民地的面积度量单位,指一个人用一头牛,在一早上的时间中所耕地面积,具体面积标准不定。——编者注

贵族和富裕农民中有很多对萧条缘由的讨论（贫苦农民之中无疑也有）。流行的观点是，危机起源于供过于求，而供过于求是因为从波罗的海进口谷物、从不列颠进口谷物和乳制品，以及从爱尔兰进口黄油的活动同时重启。各省的省三级会议提出了各种议案，力图通过对进口食物征收高额关税，来帮助土地所有者和农民。[76] 在弱小省份，为这些措施赢取支持很容易，这里的贵族在政治上占主导。例如，弗里斯兰省三级会议在1670年11月强烈要求，将黄油、奶酪和肉的进口关税上调25%，因为"我们正直的居民普遍抱怨他们乳制品可怜的售价和销量，而这主要是由过量进口英格兰、苏格兰和其他国家的黄油而引起的"[77]。但是，有关关税的决议是由荷兰省摄政官，而不是弱小省份的贵族定夺的——关税是在总三级会议中决定的全体事务；而荷兰省摄政官更在意廉价的食物给荷兰省城市人口带来的好处，更在意保卫大宗货运业和再出口贸易的需要，而不是给贵族和农民招致的后果。从17世纪50年代到1690年，北荷兰省农场的租金已经跌了40%。[78]

由于奶酪和黄油价格的下跌，无数的乡村工薪劳动者失业、离开土地；许多农民变卖家财、背井离乡——至少西部地区如此。[79] 乡村人口的减少主要发生在西弗里斯兰省地区和弗里斯兰省的沿海地区。弗里斯兰人口减少的两大特征鲜明显示，农业衰退是人口减少的主要原因：首先，（由于荷兰的主体经济开始崩溃）人口的衰减在乡村比在城镇更显著（这种情况一直持续到1720年左右）；其次，乡村地区的人口减少局限在更为富庶、肥沃的黏质土地区，即海岸一带。在土壤贫瘠的地区，如紧邻上艾瑟尔和德伦特的沃登（Wouden），当地物产足以供本地消费，因此与这两省一样，沃登的人口是在增长而非减少的。[80]

农业萧条的另一个结果是土地开荒速度骤然迟缓，这一现象从17世纪60年代末开始，遍及荷兰省、泽兰省、弗里斯兰省和格罗宁根省。在1665—1714年这半个世纪中，土地开垦的推进速度只有此前半个世纪的三分之一。[81] 然而，对荷兰社会而言，萧条至关重要的结果在于，人们在土地使用和保有权问题上，给出了截然相反的回应，正如沿海西部地区与内陆东部地区的对立一般。在西部肥沃的黏质土地区，小农往往变卖地产，跟成千上万的无地劳工一样离开土地，搬到别处，大多是前往附近的城市。大地产所有者和贵族有更强的承受力，能低价购买邻近的小农场，在一定程度上增加自己的财产。于是变成了乡村人口减少、农场扩大的趋势。与此形成鲜明对比的是，在内陆省份和弗里斯兰东南部，发展趋势是小土地所有者激增，农场规模缩小，乡村贫困问题变得日渐严峻。

不过，在所有省份和所有土壤带，土地所有者和农民都仰仗新农业策略，它们是被精心设计出来应对危机、增加回报的。在沿海西部地区，劳动密集型的就业解决方案是无效的，因为这里不断蓬勃发展的城镇始终有着高工资的吸引力，乡村地区只能流失劳动力。相较而言，在遥远的内部省份，劳动力廉价，非农业的工作机会没那么唾手可得，因此劳动密集型的粮食生产方案效果良好。在东乌得勒支和阿纳姆区，还有邻近的克莱沃公爵领地，最受青睐的解决方案是扶植烟草种植业。1670年之后，这些地区烟草产量的增长速度着实惊人。到1710年，乌得勒支和海尔德兰的烟草产量近乎是1675年的3倍。[82] 在上艾瑟尔和北布拉班特，主要的产业转向是改为给亚麻布产业种植亚麻。在泽兰，农民种植更多的茜草，它是纺织业使用的一种染料。乌得勒支东部地区烟草种植的迅速扩张进一步加重了内陆地区小农和无地劳工的数量增长。因为在每年的某些时段,烟草种植需要大批的额外劳动力。这恰好与某些地区的情况适配:这些地方小土地所有者众多、人口正在增长、工资水平低下,小农由此可以根据需要在合适的时候成为廉价的季节性劳动力。

第27章

1647—1702年：宗教

"宽容"的兴起

1630年之后，荷兰共和国成了一个更自由、更通融的社会，即便生活方式照旧，至少宗教和思想领域如此。抗辩派、路德宗、门诺派、学会派、犹太人和天主教信徒全都受惠于这一转变。在阿姆斯特丹，天主教教徒让自己的孩子接受天主教神父的洗礼，而不是到公共教会中受洗，在17世纪40年代末首次成了一件稀松平常之事。[1]这一转变在鹿特丹发生得稍早——17世纪30年代；[2]在莱顿则出现得较晚，要到50年代。[3]事实上，在17世纪50年代，荷兰省所有前反抗辩派的大城镇——莱顿、哈勒姆、豪达和恩克赫伊曾终于不再破坏天主教秘密集会或骚扰天主教神父了。1665年6月，哈勒姆的归正会宗教法院向市长抱怨，该城在过去的10年里发生了重大转变，所有带有天主教性质和拥有神父的街道和地区都不再隐藏他们的活动。[4]

然而这份宗教法院的抱怨也显示了对于"宽容"的兴起，依然存在广泛的抵制——甚至在荷兰省也是如此，在弱小省份就更多了。如果就此认为宽容已经得到荷兰社会的广泛认可，那可是错误的。17世纪30年代以来，虽然荷兰省大部分摄政官都倾向宽容的政策,但绝非所有人都如此。乌得勒支的一名讲道者在1650年发表的小册子中评论道:荷兰省的摄政官大多是"西班牙化、自由派的阿明尼乌派",虽然名义上是公共教会的成员,但"内心没有宗教",他们刻意将对归正会信仰充满热情的人从有权有势的位置上排挤出去;尽管如此,仍有一些人"用意纯良"。[5]他并没有为平衡的改变而感到绝望。相反,他的看法是继续为争夺公共领域的控制权而斗争,这是一场渗透到政界、教育、生活方式,以及公共教会内部的无休止的文化斗争。

在共和国的社会中,对于神学上有争议、政治上待协商的不宽容依然是一股潜在势力。"不宽容"的支持者不得不多少对萨哈菲亚、戈马尔或阿诺尔迪的立场妥协。但他们绝没有放弃斗争。到17世纪40年代,反笛卡儿运动的领袖、乌得勒支大学执事、加尔文宗正统派的主要发言人希斯贝特斯·富修斯,在社会潮流的压力下,被迫退守到有限宽容的教义中。这股潮流不可逆转,但或许可以限制。[6]天主教仪式依然受到严格限制,教宗党的"迷信"依然受到打击;最重要的是,那些否认基督神性和三位一体说的人根本不应得到"宽容",而应被连根铲除。此外,在富修斯看来,国家和公共教会不仅必须消灭公开承认的索齐尼派和自然神论者,而且应当铲除混在门诺派和抗辩派之中的秘密"索齐尼派"。[7]归正会应当协助弱小教会巩固和净化他们在基督神性和三位一体教义方面的信念。

对天主教崇拜的管制(将其仪式限制在不起眼的、所谓的"隐秘礼拜堂"中的政策)并不仅是过去的遗留痕迹,也不只是遮掩宽容日益增长这一事实的例行公事。事实上,由此造成的隐秘和隔离是荷兰生活结构的根本特征。对天主教的抵制依然广泛存在于大部分民众中，而阿明尼乌派摄政官对此时刻保持警惕。16世纪50年代，设置在乌得勒支的天主教宗座代牧依然对荷兰省的城镇做了区分：一类是自由城镇，阿姆斯特丹和鹿特丹是首要代表；另一类是莱顿和哈勒姆这种城镇，那里的官方和民众始终对天主教持敌视态度。[8] 天主教教徒已然增加的自由依然有可能被削减，乌得勒支在17世纪三四十年代就是这样，当时富修斯得势，反天主教观点被强化。[9]

此外，尽管加尔文宗正统派认为大多数荷兰省摄政官并非"用意纯良"，但几乎所有摄政官都声称自己是公共教会的成员及其保护人。不这样公开宣誓是无法进入城镇议事会的。阿德里安·佩茨是1650—1675年里鹿特丹阿明尼乌派摄政官中支持宗教宽容的最坚定者，是公然支持抗辩派的人。然而，即便是他，也要到归正会教堂参加礼拜，这一行为近乎虚伪，但对他的政治事业而言必不可少。[10] 三级会议派理论家中最具自由倾向的人、莱顿制造商彼得·德拉库尔并不是一位积极的政治人物。他主张有必要在共和国内实现宗教自由，力主要宽容天主教以吸引更多各色宗教的移民前来荷兰省城镇，从而滋养这里的贸易和制造业。然而，甚至是他也承认，荷兰或任何共和国的福祉迫使人们对"宽容"进行一些有必要的限制。[11] 德拉库尔承认，一个共和国需要一个国教，它得到的支持要比其他教会多，政府和行政管理机关的每个成员都必须归属于它。他无法找到别的方式将属于异议教派的人排除出公职。此外，他承认受宽容的教会必须受到治安法庭的严密监管；就天主教的情况来说，教徒只获准举行小型集会，它们在可靠的公民家里召开，由受到城镇议事会监管的神父主持。[12]

考虑到公共教会享有特殊地位、获得众多资源和政治支持、拥有向大规模会众传道的垄断权，并且占据了近乎所有看着像教堂的建筑物，归正会在争取信众的竞赛中最为成功，这一点也不令人惊奇（公地、上艾瑟尔的特文特区和聚特芬伯爵领的东部地区是例外）。天主教会是另一个收获颇丰的派别，但也只是在相当有限的程度上。联省的其他教派和宗教运动要么在17世纪后半叶失势（如抗辩派和门诺派）；要么因为有移民的涌入，而使得在地方层面信徒数量有所增长，路德宗、犹太人和贵格会的情况就是如此。

外国观察家经常认为，共和国是个开放的领域，宗教在这里不受阻碍地猛增、繁荣。17世纪七八十年代，一些外国作家，如威廉·坦普尔爵士和格雷戈里奥·莱蒂常带着赞许的目光看待荷兰，但是当时的大多数人并不认同。尤其着重主张"联省是欧洲美好的'宽容'天堂"的一本书出自为路易十四服务的瑞士新教官员 J. B. 斯图佩（J. B. Stouppe）。这并不是一份颂词，而是巧妙的中伤。斯图佩在《荷兰的宗教》(*Religion des Hollandois*，1673年）中宣称共和国是欧洲社会中最宽容的，这不是为了赞扬它，而是为了诋毁它。[13] 这本书认为荷兰的"宽容"是摄政官冷漠和伪善的产物，其必然结果就是一个分裂的社会。斯图佩认为，荷兰如今分裂成了三个大致规模相当的团体：归正会、天主教和"宗派信徒"。就最后一类而言，他不仅意指门诺派、抗辩派、路德宗和犹太人，还包括贵格会、索齐尼派、学会派、唯灵论者、自然神论者和斯宾诺莎主义者。[14] 事实上，斯图佩是第一个指出斯宾诺莎对荷兰社会有影响的作家。特别是他补充道，尽管斯宾诺莎"完全"推翻"所有宗教的根基"，但荷兰共和国几乎没人费神去驳斥他。[15] 后来，培尔在《历史与批判辞典》中攻击斯宾诺莎时，驳斥了斯图佩的上述指控。[16]

斯图佩的著作勾起荷兰归正会批评者的愤怒回应。奈梅亨瓦隆教会的讲道者让·布伦（Jean Brun）发表反驳言论，指责斯图佩描绘的是扭曲的图像。布伦评论道：外国人总是震惊于联省的宗教多样性，但是对它的理解言过其实，因为他们到访的、为数不多的地方——尤其是阿姆斯特丹和鹿特丹——正是抗辩派、"宗派信徒"和斯宾诺莎主义者常常聚集的地方。布伦承认，在整个联省，天主教教徒人数众多，但他同样坚持认为，这些天主教教徒的人数不超过总人口的三分之一。[17]

抛开公地和特文特区，天主教教徒虽然人数增长，但确实不到荷兰人口的三分之一，这是鲜明的事实。天主教教徒人数上涨最甚的地方是阿姆斯特丹，1630年后，这里的天主教教徒享有最多的自由。1656年，天主教当局自己估计，阿姆斯特丹的天主教教徒有3万人。鉴于当时该城人口超过15万大关，天主教教徒人数相当于该城总人口的20%左右。[18] 到1700年，我们可以从受洗的数据中，更准确地推算出阿姆斯特丹的天主教教徒人数——因为届时，几乎所有的天主教教徒都让自己的孩子接受天主教神父的洗礼。考虑到犹太人口（他们没有在数据中得到显示）大约占总人口的3%，外加其他教派的微量差额没有纳入计算，我们认为该城天主教人口大约略低于总人口的25%，类似于哈勒姆达到的水平（参见表36）。[19]

表36 1631—1700年阿姆斯特丹的归正会、路德宗、抗辩派和天主教受洗人数

（单位：人）

年　代	归正会[a]	路德宗	抗辩派	天主教	共　计
1631—1640年	36 047	7 600	483	320	41 450
1641—1650年	44 543	11 878	646	1 512	58 573
1651—1660年	36 979	11 947	607	1 989	51 522
1661—1670年	41 060	13 025	463	6 153	60 701
1671—1680年	40 934	12 520	592	9 535	63 581
1681—1690年	41 043	11 700	565	12 027	65 335
1691—1700年	43 618	11 778	506	15 031	70 933

a 包括瓦隆教会和胡格诺派的人数。

数据来源：Nusteling, *Welvaart en werkgelegenheid*, 237.

表37 1640—1770年莱顿的新教和天主教受洗人数

（单位：人）

年　代	新　教	天主教	共　计
1640—1649年	20 777	217	20 994
1650—1659年	19 103	1 526	20 329
1660—1669年	20 553	3 063	23 613
1670—1679年	17 082	2 985	20 167
1680—1689年	18 307	3 714	22 021
1690—1699年	16 915	3 628	20 541

数据来源：Posthumus, *Geschiedenis*, iii. 880.

在荷兰省的其他地方——阿尔克马尔和霍伦除外——天主教在总人口中的占比通常要少一些。在某些城市，天主教人口的占比并不比

阿姆斯特丹和莱顿的低很多，例如到1700年，莱顿天主教教徒的占比达到20%，鹿特丹的天主教人口则估计占16%。[20]但是在代尔夫特，天主教教徒到1700年仅占人口的9%，[21]在多德雷赫特和恩克赫伊曾（迟至1656年，该城天主教教徒依然生活在"迫害下"），这一数字则更低。1656年的报告告诉我们，在斯洪霍芬和奥德瓦特各城镇和地区，仅有几百个天主教教徒。诚然，荷兰省乡村的一些地区，特别是莱顿与豪达，以及哈勒姆与霍伦之间的乡村地带，有数量庞大的天主教教徒，但也有一些地方几乎没什么天主教教徒。在南荷兰省岛屿胡雷（Gouree）和上弗拉凯（Overvlakee），天主教教徒人数也不过几百人。[22]按照布伦的说法（这一资料来源比斯图佩可靠），海牙在1675年有3万人，其中仅有4 000名天主教教徒。[23]德拉库尔在《方向》（Aanwysinge）[*]中主张，即便天主教仍敌视共和国，他们也不能严重威胁它的安全，他们最多就占人口总数的20%。[24]依据上文，库尔做出这一论断时，似乎只是根据他对自己的城市莱顿的认知而推测的，就整片七省的领土来说，他给出的估值比事实上的要高。（参见表37）

在荷兰省和乌得勒支省以外，天主教势力普遍虚弱。按照布伦的说法，泽兰几乎没有天主教教徒。事实上，天主教在胡斯附近还是有些势力的，但泽兰的天主教教徒确实惊人地少——南贝弗兰岛是例外。[25]在弗里斯兰，天主教会受益于人数众多的天主教贵族。然而，该省的神父人数在1640年只有28人，1689年仍旧如此；而与此同时，天主教教徒的数量也一直处于停顿或衰减状态，在17世纪末仅占人口的10%左右。[26]他们的分布并不均衡，但在这里传教士能否接触到信徒或许具有

---

[*] 全称为《通往健全政治基础的方向》（Aanwysinge der heilsame politike Gronden，1669年）。——编者注

决定性作用。弗里斯兰的天主教势力主要存在于西南部，这一地区是从荷兰省来的传教士最容易触及的。其他天主教势力强大的地方主要是城镇，尤其是吕伐登、哈灵根、斯内克和博尔斯瓦德。与此形成鲜明对比的是，哈灵根—弗拉讷克—吕伐登一线以南几乎没有天主教教徒。

在东部的大部分地区，天主教势力依然单薄。17世纪50年代，上艾瑟尔城镇中，仅有兹沃勒有人数相对多的天主教少数派，并具有可与荷兰省相比的城市宽容度。[27]然而，即便是1656年"至少有1 200名天主教教徒"的兹沃勒，天主教教徒在其人口中的占比也不到20%。在代芬特尔和坎彭，积极的镇压持续进行，天主教教徒数量依然稀少。据说，坎彭的"天主教教徒还不到500人"，勉强占到人口的十二分之一。格罗宁根依然有着人数庞大的天主教共同体，估计有约2 000名信徒，但他们至多占该城人口的10%，而且，这里的市政政策也是不宽容的。聚特芬依然是加尔文宗不宽容政策的堡垒，1656年那里的天主教教徒"约400人"，"享受着最低限度的礼拜自由"。[28]在该世纪的第三个25年，阿纳姆变得更为自由，然而17世纪60年代，这里的天主教人口估计仅占总人口的15%。[29]此外，如果说天主教势力在东部省份的城镇只是普遍虚弱，那么在许多乡村地区——包括奥默兰、德伦特、费吕沃以及上艾瑟尔的福伦霍弗和萨兰区，旧教会则大体消失。

由于在东部地区的势力衰落，天主教统治集团在法兰西占领期间（1672—1674年）不得不谨慎推进。路易十四下令从归正会手中没收乌得勒支主教座堂，以及阿纳姆、奈梅亨、聚特芬、代芬特尔和兹沃勒的主教堂，将它们重新献给天主教信仰。[30]但是各座城镇的其他教堂，则留在归正会手中。（讽刺的是）法兰西引入的政策，是一种普遍的宽容，或者说所谓的"宗教和平"，天主教和归正会都暂时充当了公共教会。对那些过去没有定期举行天主教秘密集会且如今也没有常驻神父的城镇，如雷嫩，一名神父被派去上任，天主教信仰正式建立。

在法兰西和明斯特占领期，天主教教徒首次享受到了自16世纪90年代初以来的宗教自由。然而，他们保持着低姿态。只有在当地天主教势力相对强劲的地方，如乌得勒支城和奈梅亨城，才有民众天主教激进主义的迹象。1673年秋，乌得勒支爆发了数起事件，一群群天主教青年向归正会信徒掷石子，或攻击正在举办宗教仪式的归正会教堂。[31] 但是别的地方没什么公开冲突。

在法兰西统治下，不仅天主教与归正会一道获得了宽容，路德宗、抗辩派和门诺派也是如此。这些地区品尝到了彻底宽容的滋味，但不过是在临时和反常的环境之中。法兰西和明斯特的军队一撤离，不宽容的势力就卷土重来，劲头强大到足以发起全面反攻。在雷嫩，天主教仪式遭到查禁，教士被驱逐，留在城内的少数天主教教徒只得偶尔与居住在乌得勒支东南部的天主教贵族家里的神父联络。在阿纳姆，到1677年，天主教神父已被驱逐，天主教信仰再次被禁。这并不仅仅是门面功夫。该世纪的最后25年里，阿纳姆比该世纪头25年更不宽容，直到1720年左右，该城都在压制天主教信仰。[32] 类似的，1676年聚特芬议事会将天主教教士驱逐出城，并再次实行1672年之前针对天主教秘密集会的禁令，这 政策持续了几十年。[33] 坎彭也出现了再次镇压抗辩派的行动。[34]

然而，时光不可能完全回到从前。有时，事实证明占领确实有助于更多的宽容，如奈梅亨的情况。还有一种普遍的感受：入侵所带来的震惊促进了宗教宽容。1672年6月荷兰军队的几近崩溃、几个省份的全线失守和剩余地区面对的威胁，在公众中激发起了一股情绪。这是一种爱国情感，并且在祈求国家安全和福祉的特殊宗教仪式中表达了出来。正是1672年夏天普通民众和民兵的强烈情绪，以及一些其他因素，将共和国从崩溃的边缘拯救回来。早在入侵以前，乌得勒支民众就涌入该城几个主要教堂，参加特殊的仪式、聆听布道。[35] 在代尔夫特，每周两次的特殊仪式定在工作日举行，它们为共和国得救而祈祷。仪式吸引了大量民众，以至于宗教法院考虑同时使用该城两座主教堂。[36]

另一方面，这一情感浪潮喂养了反天主教情绪。1672年，归正会对天主教活动的怨愤强烈。按照布伦的说法，奈梅亨的天主教教徒欢迎法兰西人，正如他们在1666年向明斯特人张开双臂。他们展现出了"狂热的宗教激情"，致敬路易十四为拯救天主教信仰的弥赛亚。[37] 但与此同时，人们也注意到，其他教会跟归正会一样，被危险搅得群情鼎沸，丝毫不弱地展示出自己对共和国的忠心。例如，犹太人在1672年的爱国行为随后就被用来为"宽容"政策辩护。斯图佩尤其把荷兰对犹太人的宽容，作为他批判运动的一部分。布伦在回复时，援引了1672年犹太人在犹太教堂举行的特殊仪式，以及他们"为了国家得救"而做的祷告，并且评论道，希望所有本地的基督教徒都是和犹太人一样"好的爱国者"。[38]

门诺派的回应也广受关注。他们即便不能祈求军事胜利（出于自己的信仰），也能为国家得救而祷告。他们还力图展现自己的团结精神。因为尽管共和国给他们施加了诸多限制，但再洗礼派（门诺派）在这里享受的自由仍比别处多。在格罗宁根、赞和代芬特尔，门诺派为军事行动募集了大笔资金。[39] 在弗里斯兰省，当阿姆斯特丹交易所瘫痪、正常的货币市场枯竭、共和国本身似乎很快就要崩溃时，门诺派共同体告诉三级会议，他们愿意提供资金，但也希望获得一些地位的改善。[40] 弗里斯兰省三级会议以相当低的利率（4%）拿到贷款。作为回报，门诺派在弗里斯兰被给予正式的宽容，并且出于良心的理由，他们被豁免与军事行动相关的附加税。如许贝尔的评论，这是弗里斯兰省宽容史上的转折点。[41] 1672年后在弗里斯兰省建立的再洗礼派教堂依然是"隐秘教堂"，这意味着它们小心翼翼地隐藏在其他建筑身后，而且建造得看起来不像教堂的样子。但如今，一改过去遭受骚扰和不确定的状态，门诺派成了该省公认的教会。

威廉三世与各教会

认信运动、宽容以及各个教会和各式神学思潮之间的平衡，是根本性的社会和思想发展进程。我们通常不会将这些进程与特定人物相连。虽然各股社会和思想力量的角逐即将开场，并大体上决定着接下来的事态发展，但其结果也会受到关键人物的影响——在荷兰的环境下，主要是受历任执政和荷兰省大议长的影响。德维特本人就是17世纪五六十年代自由化的重要因素，这一进程建立在沉默的威廉、奥尔登巴内费尔特和弗雷德里克·亨德里克奠定的基础上。德拉库尔认为，沉默的威廉与17世纪70年代的神学讨论依然相关，因为他曾竭力追求宽容和各教会之间的和解，而这是贩夫走卒都知道的事。1650年之后，三级会议派作家发现，要说一些赞美莫里斯或威廉二世的话不太容易，因为他们俩都证明了，当执政选择站在加尔文宗正统派一方，政治和整体文化，还有宗教本身，将出现怎样剧烈的变化。不过，这些作家推崇弗雷德里克·亨德里克，因为他恢复了沉默的威廉的宽容原则。[42]与此相反，富修斯派希望弗雷德里克·亨德里克的政策是个反常现象，并且再也不要出现。随着1672年德维特倒台和威廉三世掌权，富修斯派庆贺一个宗教和社会准则的新时代即将开启。然而，事实证明，他们将倍感失望。在宗教事务方面，新执政没有变成下一个莫里斯或威廉二世，反而成了另一个弗雷德里克·亨德里克。[43]

《枫丹白露敕令》（1685年）颁布后的几年，不宽容派势力抓住了逆转宽容潮流的最好时间。当时，欧洲天主教与新教的矛盾升级，这在不列颠比在联省更显著，不过联省中这个矛盾也同样清晰可见。[44]作为对法兰西迫害胡格诺派的回应，反天主教情绪回潮，它弥漫在共和国的整个宗教和思想氛围中。[45]胡格诺派讲道者和信徒涌入共和国，进一步加剧了上述情绪。他们中许多人在布道和小册子中采取激进的反天主教腔调，[46]意图唤起联省"英格兰般的反天主教狂怒"。

许多荷兰归正会成员都警惕以下事实：最近发生在法兰西和萨伏伊的迫害行动，恰好碰上不列颠虔诚的天主教君主詹姆士二世继位，此前信奉加尔文宗的普法尔茨选侯国也在这时归入天主教阵营。宗教法院敦促城镇议事会警惕欧洲范围内不断上升的天主教威胁，并强烈要求减少本国内给予天主教教徒的自由。[47]与英格兰一样，联省也有人在谈论以摧毁新教为目的的国际天主教阴谋。公众和宗教法院要求对天主教教徒采取行动，特别是要驱逐共和国内的耶稣会士和外国血统的讲道者，以及查禁天主教学校。他们造成的压力如此之大，以至于摄政官承认，现在应该抑制天主教的自由。1685年8月，莱顿议事会在三级会议中投票支持反天主教行动，[48]代尔夫特在几个月后也是如此。[49]到1687年9月，三级会议形成了一个多数派，他们支持发布整体公告,意图限制对天主教的宽容、驱逐耶稣会士和其他"正规教士",只留下"在俗教士"。假如强制推行这一措施,该省天主教神职人员的数量将减少一半。[50] 反天主教情绪的高涨绝不限于荷兰省。1687年7月,吕伐登爆发了激烈的反天主教骚乱。

荷兰省的反天主教公告的筹备已接近尾声,要不是威廉三世插手制止,三级会议将采纳该方案。[51] 当时(如果法兰西大使承认,还有其他机会)威廉三世在挫败不宽容势力方面发挥了决定性的作用,而同时他也为自己的目的利用了新教狂热。通过在关键时刻,让共和国(1688年后还有不列颠)的天平偏向"宽容",执政对荷兰的整个宗教和文化界施加了相当可观的影响力。他部分的行动是出于个人的信念,但同时,捍卫和拓宽了联省和不列颠的宽容政策对亲王的欧洲整体战略也至关重要。因为,他遏制路易十四权力、保卫联省安全的努力能否成功,取决于他能否建立一个反法兰西的天主教-新教联盟,且尤其取决于能否重获西班牙和神圣罗马帝国皇帝的支持。[52]

尽管执政和荷兰省大议长卡斯帕·法赫尔(Caspar Fagel)坚定反对任何整体性转变,但一些地方对天主教教徒采取了措施,宗教会议和宗教法院也一直保持着削减"宽容"的压力。在莱顿,耶稣会士和其他一些教士在1685年11月遭驱逐。[53] 当反天主教情绪在1687年发展至顶峰时,北荷兰省和南荷兰省宗教会议共同派遣一支代表团到奥伦治亲王处,劝说他帮助通过"打击所有正规教士(无论他们属于方济各会、耶稣会还是什么别的修会)"的通告。[54] 奥伦治亲王反而按照他的惯常做法,建议荷兰省讲道者在布道中强调,新教欧洲面临的危险是多么可怕。威廉三世力图将反天主教情绪从对不宽容的关注上移开，并引导到他认为对其国际政治战略有利的地方。

1683—1688年间联省反天主教情绪的复燃让荷兰天主教教徒面临严峻困境。即便有些人为路易十四和詹姆士二世祈祷，这也是一种不忠诚且不符合天主教教徒利益。一些天主教教徒力图表现出自己对共和国的坚定拥护，以及对路易十四不宽容政策的反对。1685年12月，在莱顿为帮助抵达该城的胡格诺派流亡者而募捐的2万荷兰盾的捐款中，有三分之一以上由少数派教会而不是归正会捐献，其中莱顿天主教教徒的捐款占将近一半。门诺派的捐款占总数的13%，抗辩派占3%，天主教占16%，*这些数据基本精确反映了各派在莱顿人口中的势力。[55]

与1672年类似，1688年的重大事件在归正会信众中制造了高昂的情绪状态，引发人们展现自己对共和国的支持情绪。莱顿出现了各种特别仪式，祈求上帝保佑"祖国、归正会，尤其是国家的伟大而重要的行动和身在英格兰的奥伦治亲王殿下"[56]。从1688年11月到12月底，这些仪式每周举行两次，且在夜里人们收工之后举行。祈祷仪式吸引到如此之多的民众，宗教法院不得不同时使用莱顿的两座主要教堂。代尔夫特同样出现了这样大规模的响应。[57]摄政官渴望激励这样的热情，但与执政一样，同时急于避免教派冲突的加剧。他们不希望民众认为，归正会之外的人是国家的敌人。市长向天主教教士保证，他们及其会众会得到保护。1688年12月英格兰爆发反天主教骚乱（荷兰众多刊物报道了此事），随后荷兰省三级会议指令各城镇市长，警告宗教法院，绝对不得在归正会教堂的布道中煽动反天主教情绪。于是，正如阿姆斯特丹市长所述，聆听讲道者布道的人中，没人能宣称"这个国家开始了一场对罗马教会的圣战"[58]。

---

* 此处门诺派和抗辩派属于基督教或新教，非天主教，且天主教非一派，三者是并列关系。——编者注

共和国内，问题不只是要防止煽动反天主教仇恨。少数派教会被要求在共和国需要的时候，表现出他们与共和国的团结一心。在哈勒姆，市长要求抗辩派、门诺派和路德宗共同体的讲道者和宗教法院为国家举行祈祷仪式，向其会众解释当前事件的重要性。[59]阿姆斯特丹的葡萄牙犹太人为执政和总三级会议成功挺进英格兰举办了特别仪式，并出版了他们为国家祈祷的祷告词的荷兰语译本，以便公众知晓其内容。同样引人注意的是，在筹备入侵舰队的几个月里，洛佩斯·苏阿索（Lopes Suasso）男爵和其他塞法迪犹太金融家提供了财政资助。[60]一名三级会议派作家后来指出，1688年犹太金融家给荷兰国家的帮助要比基督教商人多。[61]

门诺派也一样与共和国团结一心，同时也再次寻求增强宽容。归正会散布着对门诺派窝藏"索齐尼主义者"的指控，而门诺派领导人一直忧心这一指控的后果，他们想要更强的安全感，而这将随着教派冲突的缓和而到来。阿姆斯特丹和赞丹（Zaandam）的再洗礼派讲道者和执事共同给法赫尔致信。他们称赞谈论"宽容"的著名公开信《致斯图亚特先生》（这是威廉三世和法赫尔为在不列颠分发而出版的公开信），并且说自己为执政支持"良心自由"而感到喜悦，同时请求法赫尔阻止归正会讲道者攻击门诺派是"索齐尼主义者"，进而进一步促进"宽容"。[62]门诺派领导人并没有公然抱怨"正直温和"的归正会讲道者，后者并没有滋扰门诺派。但门诺派极其害怕彼得鲁斯·德维特（Petrus de Witte，1622—1669年）传统的强硬派狂热。他是活跃于代尔夫特和莱顿的讲道者，他将代尔夫特1654年的军火库大爆炸归因于上帝对该城道德败坏的愤怒。1661年他还发表了对"索齐尼主义者"和秘密索齐尼主义者的激烈攻击。门诺派领导人强调：自己支持共和国及其干预英格兰的行动；

呼吁法赫尔压制加尔文宗激进分子的言论,由此让门诺派享受"珍贵的自由"——"从一开始"它就构成了"辉煌的共和国的根基"。[63]

詹森派和反詹森派

17世纪80年代共和国内对耶稣会士和其他天主教正规教士的可怕反扑,促进了荷兰天主教向更为"国家化"的态度转变,此前这一现象在荷兰天主教各派别之中就已很明显。荷兰天主教根据联省的特殊环境和体制,在以乌得勒支为基地的当地领导集团的领导下自身做出调整,由此与南尼德兰相分离,并且在神学和道德观念,以及教会管理的理念方面越来越趋向詹森主义。17世纪的第二个25年里,詹森派发展成了荷兰传教团中势力强劲的流派,它倾向于向北部的世俗政权妥协,拒斥来自布鲁塞尔和明斯特的指令,反对在教会事务方面的教宗至上论,同时也反对路易十四。

詹森派得名于荷兰省人科内利斯·詹森(Cornelis Jansen,1585—1638年)。他生于莱尔丹,在乌得勒支念拉丁语学校,随后到鲁汶学习。之后,他晋升为第七任伊珀尔主教。他的名著《奥古斯丁书》(*Augustinus*)是詹森派运动的理论来源。尽管该书在詹森去世之后的1640年才出版,但自此以后便发挥着深远的影响。它以奥古斯丁学说为基础,阐述了一种苦行、悲观的恩典和意志说,直接与天主教会中强势派系,特别是耶稣会的教义相悖,而为严厉、内向的虔敬方式提供理论基础。它批判一切在詹森派看来是过度强调的东西,例如对虔信外在形式和圣像、圣人崇拜的频繁强调。围绕詹森的观点产生的神学激愤之情迅速蔓延到西属尼德兰之外。尽管作为一股神学潮流，詹森主义主要局限在低地国家和法兰西（这里路易十四成为其首要敌人），但就詹森教义是否应当受到教会谴责而与耶稣会发生的争执，很快溢往教宗的审判庭、马德里，后来还有维也纳。

到17世纪40年代中期，西属尼德兰的天主教会在詹森派问题上严重分裂，这种分裂波及各个层面，包括主教层级。[64] 雅各布斯·博恩（Jacobus Boon）在1621—1655年间任梅赫伦大主教，也是南部教会的首领，他一直以来都是詹森的仰慕者；根特主教安托万·特里斯特（Antonie Triest，任期1622—1657年）也是如此。特里斯特是个纪律严明之人，自阿尔贝特和伊莎贝尔时代以来，就是南尼德兰反宗教改革运动的领导人。詹森在伊珀尔的继任者也是他的信徒。与此相反，其他主教强烈反对詹森主义，特别是安特卫普主教哈斯帕·内米厄斯（Gaspar Nemius，1634—1651年任主教）及其继任者马里纳斯·安布罗斯·卡佩洛（Marinus Ambrose Capello，1654—1676年任主教）。布雷达在安特卫普的管辖范围内，而这无疑是詹森派在布雷达没有影响力的原因。值得注意的是，公地上的天主教教徒虽然在荷兰传教团的管辖范围外，对共和国也有所愤懑，但对詹森主义的回应却普遍比大河以北的天主教教徒冷淡得多。南部的两个大学中，鲁汶大学由亲詹森主义者主导，杜埃大学则坚定地反对詹森主义。

17世纪50年代，出现了鲜明的反詹森派行动，其支持者包括一些罗马红衣主教、西班牙宫廷，以及红衣主教兼王子之后最著名的西属尼德兰总督、奥地利哈布斯堡大公利奥波德·威廉（1647—1656年任总督）。利奥波德·威廉是耶稣会的学生，也是一名战士，还是业余的炼金术士、激情澎湃的艺术收藏家。[65] 1651年，长期空缺的鲁尔蒙德主教职位由安德里斯·克勒森（Andries Creusen）填补，他是反詹森派运动的领导人，1655年被任命接掌博恩的梅赫伦大主教之位。宗教法院下令禁止一大批詹森派出版物，包括布莱兹·帕斯卡（Blaise Pascal）的《致外省人信》（Lettres provinciales）。1656年5月，西班牙国王命令他的非婚生子、新任南尼德兰总督唐胡安·何塞（Don Juan José）"采取行动消灭詹森派和詹森主义的这支新教义"[66]。1656年12月，伊珀尔主教座堂内的詹森纪念碑被当局摧毁，许多市民为之悲痛。

然而，无论是教宗还是西班牙国王都没有全心全意地支持反詹森派运动。17世纪60年代，这项运动在南尼德兰有所松弛，而这时法兰西的反詹森派运动反而获得势头。从长期看，教宗的犹豫、教宗与路易十四之间日益加剧的摩擦，以及路易十四与西班牙之间的冲突，都意味着詹森派的敌人难以将它从教会中根除，漫长而激烈的斗争在法兰西、西属尼德兰和北尼德兰持续着。

与南部类似，北部的耶稣会士和大多数正规教士都是坚定的反詹森派，他们占据了荷兰传教团管辖区教士的很大一部分。然而，大河以北的在俗教士与正规教士之间一直有些摩擦，因为后者隶属于布鲁塞尔各省或罗马的耶稣会总会长，因而相比本地神职人员，他们不那么愿意服从乌得勒支的宗座代牧，以及传教团的在俗教士领袖。从一开始，有关传教团及其宗座代牧的"地位和权力"的管辖权之争，就是荷兰詹森派与反詹森派斗争中的关键因素。

宗座代牧约翰内斯·范内尔卡塞尔（Johannes van Neercassel，1661—1686年）是来自霍林赫姆的荷兰人，也是安托万·阿尔诺（Antoine Arnauld）和帕基耶·凯内尔（Pasquier Quesnel）这类法兰

782　　　　　　　　　荷兰共和国：崛起、兴盛与衰落（1477—1806）

西詹森派领袖人物的朋友。在他的任期内，詹森主义神学透过传教团得到了尤为广泛和深刻的传播；同时受在俗教士与正规教士冲突的刺激，荷兰天主教与世俗当局之间也开始向和解转变。[67]内尔卡塞尔经常向罗马抱怨他在经营传教团时，会遇到来自耶稣会士及其多明我会和方济各会盟友的阻碍。1670年，他亲自前往罗马，就耶稣会的指控为自己辩护。17世纪80年代，詹森派与反詹森派之间激烈的地方性冲突，在荷兰天主教的数个主要中心爆发，最严重的是代尔夫特。1682—1684年间，安托万·阿尔诺本人来到该城寻求庇护，而即便在此前，詹森派在该城的影响力就已经日益增强了。[68]荷兰省和乌得勒支省摄政官从自身的角度考虑，认为相比其敌手，詹森派对三级会议的权威表现出更多的敬重，也不那么倾向于煽动对共和国的仇恨，而且跟他们这些摄政官一样，怀有对耶稣会的一贯不满。于是，摄政官往往更偏爱詹森派，在他们引起路易十四的暴怒之后就更是如此了。

在法兰西占领期，内尔卡塞尔确实不成体统地乐意与路易十四合作（他此前的历任宗座代牧从未正式承认联省的合法性，也没有与荷兰共和国或各省往来）。[69]他宣称希望路易十四仿照腓力二世时代的样子，重建乌得勒支大主教区，并由他自己担任大主教。然而这样的变革必将遭到西班牙的反对和教宗的阻止。法兰西人撤出乌得勒支时，内尔卡塞尔也同样离开了，尽管他离开的部分原因是担心爆发民众的反天主教暴力事件。但1673年之后，他迅速摒弃了此前对路易十四的顺从。在发现西属尼德兰当局对他毫不在意之后，他便又到赫伊森寻求庇护。这是海尔德兰境内的一块飞地，属于荷兰传教团管辖区。它的便宜之处在于，它是克莱沃-马克的一部分，不归共和国管辖，而勃兰登堡选帝侯又允许在这里公开举行天主教仪式。通过这样的方式，内尔卡塞尔巧妙地展现出自己在路易十四与共和国（以及西班牙）之间的中立立场。[70] 在赫伊森，内尔卡塞尔撰写了著作《爱悔悟》(*Amor Poenitens*)，这本坚定不移的詹森主义著作随后遭到耶稣会诸多攻击。法兰西人撤出海尔德兰和上艾瑟尔后，内尔卡塞尔迅速转变传教团的政治取向。威廉三世显然渴望荷兰天主教脱离法兰西的监护，对此，内尔卡塞尔给予积极回应，第一次与共和国商谈正式的过渡办法。1675年之后，内尔卡塞尔在共和国的正式批准下，行使其宗座代牧的职权，监管和巡视荷兰天主教会。[71]

这本身助推如今已成传统的冲突：一方在俗教士，主要是荷兰人；另一方是正规教士和耶稣会士，他们主要是南尼德兰人和外国人。[72] 这又反过来增强了荷兰天主教会倒向詹森主义立场的动力。阿尔诺在代尔夫特居住期间，内尔卡塞尔不仅给予他帮助，而且让他得以与荷兰教士建立联系。17世纪80年代初，新一代年轻教士与阿尔诺、凯内尔建立起了思想纽带，大大提升了詹森主义在北尼德兰天主教内的影响力，帮助奠定了教会全面分裂的基础——18世纪它将分裂整个荷兰教会。

17世纪90年代，凯内尔成为国际詹森派的首要人物；同时，在神学和有关教宗、教会权威的问题上，詹森派观点开始日渐强硬，甚至激进化，这影响了荷兰和南尼德兰的天主教，也影响着法兰西的形势。反对者斥责这种晚期的詹森主义，或者说凯内尔主义，事实上是教会内部的一种秘密加尔文主义。与此同时，西属尼德兰、法兰西和罗马开始出现对詹森主义的广泛攻击，这一运动在坚定的教宗至上论者教宗克莱门特十一世（Clemens XI，1700—1721年）任期达到顶峰。

少数派教会的衰弱

17世纪80年代反天主教和反索齐尼主义的运动在1689年之后丧失了势头。从1690年左右开始，通向更宽容、更灵活的社会的浪潮再次开启。然而，少数派教会依然受制于诸多限制。在总三级会议和各省、城镇议事会的支持下，归正会依然在公共生活、教育、出版、社会福利和对大规模会众布道方面，享受着高于对手的绝对优势。这时呈现的是如下形势：事实证明，顺从公共教会的潮流要比异议潮流强大，尽管后者受日渐增长的"宽容"所鼓励。在一个开放的竞技场中，相互竞争的各教派是可以持续争取到更多信众和更高的关注度的。但共和国并没有这样的场所。这里的主要趋势正好相反，多元性不断削减，归正会则在吸纳荷兰民众方面稳步挺进。

在劝说荷兰本地人口认信方面，取得进步的只有归正会和天主教。在阿姆斯特丹和鹿特丹，对学会派、贵格会和其他新"教派"的支持一度增长，但是却没能在别的地方获得更大程度的扩展。"在阿姆斯特丹之外，莱顿和鹿特丹都没什么宗派，"布伦评论道，"你在其他地方很少能找到。在乡村，几乎一点都没有，除了一些再洗礼派。至于路德宗、博雷尔派和其他宗派，我不认为那里有人知道他们的名字。"[73] 荷兰贵格会要到1700年左右才有所发展，此后再度衰落。[74]

尤为令人瞩目的是抗辩派的陡然衰弱。它从1618—1619年的萧条时期就开始发展了，到17世纪30年代已经发展了很多。即便我们不算30年代之前的发展状况——因为当时抗辩派还未能作为一个单独的教会组织起来——事情依然很明显，这一教派此后也未能留住它在荷兰社会中的信徒，更别提增加了。[75] 在抗辩派曾经强盛的边远城镇和地区，公共教会的反对势力在17世纪三四十年代迅速消退。1634年8月，富修斯在给赫斯登的归正会教团致告别词时评论，尽管该城此前深陷阿明尼乌派与"戈马尔派"的分裂中，但近来"纯粹的神之道"已然盛行，许多先前的抗辩派成了正直的反抗辩派。[76] 荷兰省之外，抗辩派在零星地区，如坎彭、吕伐登、哈灵根、多克姆、奈梅亨，以及石勒苏益格的腓特烈施塔特，还存续到该世纪的最后30多年；但别处就难以为继了。17世纪80年代，许贝尔评论道，多克姆的抗辩派近年来显著衰落。[77] 尽管抗辩派在豪达、莱顿、海牙和其他一两个荷兰省城镇依然获得一些势力，但不能说布伦的论断是根本性错误的——他认为："只有在阿姆斯特丹和鹿特丹能找到阿明尼乌派，其他地方几乎察觉不到该派成员。"[78] 在阿姆斯特丹，抗辩派成员数一开始可以维持稳定，但从17世纪50年代开始，不管从相对数字还是绝对数字来说，该派都呈现出鲜明的颓势。[79] 甚至有人主张：按照"荷兰式宽容"1630年后在阿姆斯特丹的发展，这种"宽容"将抗辩派的崇拜限制在不起眼的"隐秘教堂"，由此移除了抗辩派要求礼拜自由的压力，但也剥夺了他们向大规模民众传教的机会，最终将抗辩派置于衰败的境地。1630年之后阿姆斯特丹给予抗辩派的"宽容"由此在某种意义上，是一种隐蔽的不"宽容"，它反而让抗辩派教会日渐边缘化。更令人惊讶的是规模大得多的鹿特丹抗辩派教团的衰落。该城的抗辩派共同体似乎到1672年都维持稳定，但随后在该世纪之后的时间里，遭遇了加速衰退。[80] 鹿特丹抗辩派共同体在1670年仍然还有7 000多人，略多于天主教共同体，几乎占该城人口的六分之一。到了1700年，他们减少到6 000人左右，不到人口总数的八分之一，而且依然大大少于鹿特丹的天主教人口。

门诺派也在削减。[81] 他们是比抗辩派更古老的教会，并且一直在荷兰省、乌得勒支省、弗里斯兰省和格罗宁根省占据着相当大一部分的人口。其他省份也有再洗礼派，它在上艾瑟尔西北角、布洛克宰尔整个地区和希特霍伦拥有数量可观的信徒。尽管1673年之后门诺派在弗里斯兰成了受到官方宽容的教会，并且在荷兰省得到更多接纳，但他们依然在诸多不利条件下挣扎着。门诺派面临的一个主要问题是，他们依赖共和国内的讲道者及其指引。与天主教、路德宗和犹太教不同，门诺派在共和国之外没有距离较近的重大权威和学说中心，不能从这种地方获取支持。他们只能有限地接触教育机构和出版商。对他们而言，在此前，在没有教团的地方设立新组织这件事也很困难，因为会遭到公共教会和地方当局抵制。17世纪60年代，再洗礼派竭力在上艾瑟尔扩大自己的组织，尤其是在恩斯赫德和亨厄洛，但遭到了激烈反对。

一般来说，荷兰再洗礼派在16世纪没能取得据点的地方，在17世纪也没能设立组织。与此同时，17世纪下半叶还出现了再洗礼派共同体衰弱的趋势，即便是在他们最为重要的核心地区也是如此。哈勒姆是门诺派在荷兰省的一个主要中心，1620年左右这里的门诺派人数占该城人口的近15%。1619年之后，抗辩派遭到镇压，其人员被门诺派，还有天主教和路德宗接收。[82] 该世纪晚期，门诺派开始衰弱，到1707年还不到该城人口的11%。[83]

在弗里斯兰，门诺派在城镇和乡村都丢失了地盘。16世纪末，门诺派人数可能高达总人口的20%。1666年，弗里斯兰有大约2万名再洗礼派成员，他们存在于72个共同体中，占总人口的13%左右。17世纪中叶的几十年里，弗里斯兰的再洗礼派依然是比天主教规模更大的团体。[84]然而，尽管天主教未能在弗里斯兰取得进展，但18世纪中叶门诺派人数的锐减最终使得天主教取代门诺派成为该省第二大教会。

17世纪末荷兰宗教领域的一个显著特征是路德宗教会一直没能对荷兰民众发挥真正有效的影响，虽然德意志的路德宗邦国近在咫尺，并且还有大批德意志和斯堪的纳维亚半岛的路德宗移民涌入荷兰。官方的仇视依然是个影响因素，这在荷兰省主要城镇之外尤为显著。在聚特芬，路德宗信徒大多是驻守军队成员。他们在17世纪50年代一直举行秘密聚会，但是不得邀请外来的路德宗讲道者主持正式仪式。这是因为，议事会担心的主要是路德宗可能会吸引部分本土居民。1668年7月，聚特芬的德意志官员获准由一位外来的路德宗讲道者主持一次礼拜仪式，前提是不公开、不许"任何居民加入"。[85]只有在法兰西占领的1672年，聚特芬的路德宗信徒才有了组织仪式的自由。直到1681年，他们才获得首位常驻讲道者。格罗宁根城的状况类似。1672年之后，该城没有继续打压路德宗秘密集会，但是要到1687年，议事会才最终给予路德宗信仰的合法性。[86]聚特芬到1693年才建起第一座路德宗教堂，格罗宁根则是在1696年。在上艾瑟尔，只有兹沃勒对路德宗（以及天主教）相对宽容，并在1649年批准信徒建立教团。[87]在代芬特尔，路德宗信仰在1672年之前都是被禁止的，但是明斯特人占领期间，路德宗共同体在该地得以建立；1674年后，路德宗信仰得到许可。

弗里斯兰是另一个对路德宗的宽容实行得勉强又拖拉的省份。1650年，31名德意志和斯堪的纳维亚半岛的学生向弗拉讷克大学理事会递交争取崇拜自由的请愿书，遭到驳回。路德宗在哈灵根组织秘密集会，该团体与挪威和波罗的海关系密切。1660年左右，吕伐登也出现了类似团体。但是，1668年，在吕伐登的路德宗信徒要求批准建立教堂的

[88] 请愿遭到驳回。弗里斯兰的第一座路德宗教堂要到1669年才在哈灵根落成。吕伐登城正式将宽容推广到路德宗教徒身上要到1681年了。

在荷兰省，最主要的限制是1624年该省三级会议对乡村路德宗施加的禁令。大体而言，禁令一直有效，只有博德赫拉芬和赞丹除外。赞丹是个有趣的例子，它展示出黄金时代"荷兰式宽容"的限制性特征。因为赞丹不仅是重要的工业区，还通过繁忙的原木贸易与路德宗地区保持着亲密联系。不过，赞丹的路德宗信徒也一直遭受压制。1644年，当他们开始在西赞丹建立教堂和学校时，哈勒姆的长老监督会向荷兰省高等法院投诉，此事导致三级会议再次颁布普遍公告，禁止乡村地区的路德宗信仰。[89] 路德宗教堂在1652年短暂关闭。1655年，普遍禁令重申，同样特别提及赞丹。抱怨之声一直延续到17世纪80年代。与此形成鲜明对比的是，荷兰省的大多数城镇确实从17世纪早期起，就开始宽容路德宗信仰，但即便这些地方也存在例外。从事莱茵河贸易的多德雷赫特迟至1689年才批准建立路德宗教堂。

与路德宗类似，犹太教的人数增长主要靠移民，而且跟路德宗一样，大多数是来自德意志的移民。在海外贸易体系处于巅峰状态的1647—1672年间，阿姆斯特丹的塞法迪（或称"葡萄牙"）犹太共同体迅速扩张，但此后几乎没再增长。此外，尽管相比于德意志犹太共同体，它在财政和海外贸易方面的地位依然更为重要，但它的规模依然相对较小，17世纪末也只达到了3 000人这一最大值。相较而言，贫困得多的德意志犹太共同体从17世纪的最后25年以来就开始迅速扩张，在阿姆斯特丹和更广泛的共和国其他地区都是如此。

到1672年，德意志犹太共同体在鹿特丹、阿默斯福特和吕伐登，当然还有阿姆斯特丹，站稳了脚跟。还有小规模的塞法迪犹太教团同样存在于米德尔堡、鹿特丹、阿默斯福特、马尔森（Maarssen）、奈凯尔克（Nijkerk）、海牙以及阿姆斯特丹。然而，共和国的许多城镇和乡村地区依然排斥德意志和塞法迪犹太人。格罗宁根城到1711年才最终解除对犹太人定居的禁令，乌得勒支要到1789年，代芬特尔则是到了18世纪90年代。[90] 海尔德兰城镇中，只有奈梅亨在17世纪末准许犹太人定居。阿纳姆要到18世纪20年代在宗教方面变得更自由之后，才予以批准。在莱顿、哈勒姆和代尔夫特，犹太人要到18世纪20或30年代才获准定居。在1700年的阿姆斯特丹，葡萄牙与德意志犹共同体人口大致持平，他们共有6 000人左右，占该城人口的近3%。联省的犹太人人口在1648年后平稳增长，但是他们仅出现在少数地区。即便如此，他们还经常受到严格限制。

公地的宗教政治

公地上存在的是截然不同的宗教形势。这里的大部分人口仍坚定忠于天主教会。这里决定宗教政策的不是各省政府或城镇议事会，而是总三级会议和国务会议。然而，同盟机构对公地宗教事务的态度又由七省共同决定，其中荷兰省的影响尤其大。因此，在公地的事务中发现七省对待异议教会政策方面有类似的态度，一点也不奇怪。

唯一获准举行公开的天主教崇拜仪式的地区，是马斯特里赫特和上马斯，其根据是总三级会议1632年的法令。于是，这里的宗教形势与公地其他地方截然不同。马斯特里赫特是共和国中一个独特的城市，这里许多教堂和财产掌握在天主教手中。在这里，天主教教育和修道院生活繁荣。结果，这里的天主教教士之多，是共和国其他地方无法匹及的。1662年，这里至少有515名堂区教士和正规教士。事实上，这一数字比共和国其他地方加起来的总数还多。[91] 因为整个荷兰天主教传教团（存在于公地之外的共和国地区）迟至1701年才有379名教士，其中还有36名在所毗邻的德意志林根和克莱沃领地上。[92] 马斯特里赫特的民众大多支持旧信仰，将新教徒视为外人和占领者。即便如此，由于驻守军队的到来，以及1633年后德意志加尔文宗团体流亡至此，这里的加尔文宗共同体人数可观，在17世纪末多至总人口的20%。国务会议无疑希望削弱该城及其腹地的天主教色彩，但显然不希望通过将宽容扩及其他异议教会，来达成目的。自17世纪40年代以来，马斯特里赫特就存在一个非正式的路德宗共同体，但（负责维护马斯特里赫特归正会的）海尔德兰宗教会议抵挡住了所有建立路德宗教堂的压力，直到1672年法兰西占领时期，路德宗才在该城获得宽容。[93] 法军撤离后，尽管路德宗在举行秘密集会方面不再受阻，但直到1684年他们才获准建立自己的教堂。18世纪90年代以前，犹太人都不得在马斯特里赫特定居。[94]

在公地的其他地方，天主教遭到官方禁止。1648年，在迈赖最终并入共和国的时刻，天主教活动基本上被驱赶到人们看不见的私宅和临时场地中。尽管在乡村地区这种隐蔽经常不过是敷衍了事，那里的归正会没什么信徒，只有士兵和少数同盟机构的军官支持。[95] 在主要城镇，存在人数较多的归正会少数派。尽管同盟机构做出一些努力去推动荷兰归正会及其附属机构瓦隆教会的发展，但采取的仍是对新教异议教会和犹太人不宽容的政策。犹太人要到18世纪末，才获许定居布拉班特。

在斯海尔托亨博斯，天主教秘密集会通常会不受滋扰地举行。只有在支持归正会的议事会认为他们规模过大或过于明目张胆时，才会出现偶尔的干涉。[96] 1673年10月，当地官员试图阻止一场在私宅中进行的集会，却被愤怒的信众赶了出去。尽管如此，天主教在斯海尔托亨博斯或布雷达的境况仍然与马斯特里赫特的差别显著。这并不只是教士人数较少且不那么引人瞩目的问题。斯海尔托亨博斯著名的天主教拉丁语学校遭到查封，代之以带有激进归正会色彩的学校；[97] 为其他教派提供的中等教育也大体停止。"不宽容"根深蒂固地植入该城生活中。1686年，该城最终勉强给予路德宗礼拜的自由。但是一直到18世纪末，这一共同体仍然保留着浓重的德意志风格。

考虑到驻军地区有大批德意志军队，路德宗邦国又近在咫尺，公地上的路德宗问题显得尤为重要。斯海尔托亨博斯议事会在17世纪80年代竭力吸引胡格诺派移民（不过收获甚少），但是从未试图通过寻求路德宗移民，来增强新教势力。[98] 只有拿骚家族的城市布雷达，延续着对路德宗宽容的传统，这一政策可以追溯到沉默的威廉时代。弗雷德里克·亨德里克于1637年从西班牙人手中重夺该城，随后重建了这里的路德宗共同体。该团体此后颇具活力。然而在其他地方，同盟机构依旧遵循着一种"不宽容"政策，这展现出他们对路德宗会成为归正会的潜在竞争对手的担心。在贝亨，路德宗直到1698年才得以公开进行组织。赫拉弗一直没有路德宗教团，直到进入18世纪。在韦斯特沃尔德，路德宗也遭到禁止，直至1687年，当时威廉三世准许他们在温斯霍滕附近设立教堂，但前提是他们不得敲钟，不得出现任何"公共宗教"的外在标志，也不得冒犯归正会（而格罗宁根城正试图阻止路德宗在温斯霍滕设立据点）。[99]

公共教会的统一

荷兰共和国各省和各城镇议事会一直将全部精力放在捍卫公共教会内部的团结和稳定上。因为假如归正会陷入混乱——就像十二年停战期那样——那么整个国家都将分裂,社会陷入内部混战。

在这一方面,奥伦治派与三级会议派这两大派别间的相似性多于差异。当然,荷兰共和国内相互敌对的集团并不等同于现代政党。他们是非正式的团体,对同盟和同盟机构的性质持有不同观点,在一些事情上较为倾向执政及其宫廷,在另一些事情上则不然。同时,他们构成庇护和关系网络,而这关系着公共职位和地方权力的控制和分配。两个派系都保护公共教会,分歧仅在于:在公共生活、社会和教育领域,要给予教会多少影响力,要给异议教会多少宽容?

在荷兰省主要城镇,到17世纪40年代,城镇议事会大多都掌握在阿明尼乌派,或者说三级会议派的手中。然而,这并不意味着捍卫加尔文宗正统派的人没有重占上风的可能。摄政官的观念并不必然代表民众的观念。1618年奥尔登巴内费尔特倒台的很大原因,就是阿姆斯特丹、哈勒姆、莱顿和乌得勒支有强劲的民众势力支持反抗辩派。1650年之后,加尔文宗强硬派依然可以指望从归正会共同体民众中获取相当可观的支持。莱顿是到17世纪60年代依然在打击抗辩派秘密集会的最后一个荷兰省大城市。它的坚持并不像表面看上去的那样有违荷兰的根本现实。1662年,当抗辩派违抗议事会指令在莱顿秘密集会时,城市孤儿院的儿童举行了游行。这些孤儿院是激进加尔文主义的温床。[100] 1664年,抗辩派为宽容请愿时,议事会以如下理由拒绝:在莱顿,抗辩派会引发骚乱和无序。在1672年鹿特丹的骚乱中,愤愤不平的市民的一个关键要求便是从今往后该城拉丁语学校的校长和老师都应该是忠诚的归正会成员。[101] 民众施加的压力一直萦绕在那些异议者的头上。

威廉二世执政期内,就出现了如下趋势:加尔文宗正统派与奥伦治派联盟;而较为自由开明的讲道者与三级会议派站在一起。然而,那时尚未出现易于加强这种二分性的公共教会内部神学的两极化。人们对抗辩派与反抗辩派之间的分裂记忆犹新,社会上盛行着一种普遍的信念:平息所有重启这类冲突的迹象。然而,17世纪50年代,国家内部的冲突缓慢但势不可当地开始与公共教会内部新近出现的神学分裂趋势相互作用。[102] 一方是加尔文宗正统派,他们的根基是《尼德兰信纲》,乌得勒支大学执事、令人生畏的希斯贝特斯·富修斯是其主要发言人。另一方是荷兰归正会神学的自由思潮,成员是约翰内斯·科齐乌斯(Johannes Cocceius,1603—1669年)的支持者。科齐乌斯从1650年开始担任莱顿大学的神学教授,是17世纪荷兰和德意志地区最有影响力的加尔文宗神学家之一。科齐乌斯避免基要主义和教条主义,作为近东语言和文献学专家,他主张《圣经》文本是复合体,不能总是按照字面意思理解,它的意义只有训练有素的语言文献学者才能正确把握。尤为重要的是,他在颇有影响力的著作《立约与圣约教义概要》(*Summa Doctrinae de Foedere et Testamento Dei*,1648年)中主张,上帝与信徒间的立约的性质必须植根于变化的思想语境来解释,立约是从这些语境中演变而来的。[103]

"富修斯派"一词在17世纪40年代首次使用,并且,在科齐乌斯派作为一个神学和思想阵营出现前,富修斯派就获得了清晰的定义。富修斯派是这样的加尔文宗正统派:他们拒斥神学中的自由化趋势,也反对科学和哲学领域的笛卡儿主义,同时支持严厉推行反天主教立法。科齐乌斯神学在社会和政界中的完整内涵要到17世纪50年代才清晰显现。多年以来，归正会内部"恪守教规"的阵营，或者又称为"富修斯派"，在乌得勒支、阿姆斯特丹和其他主要城市，强烈要求世俗当局强制社会采取"神圣"的生活方式。[104] 他们将1654年代尔夫特军火库大爆炸这类灾难，理解为上帝愤怒的迹象，并告诫荷兰省三级会议约束咒骂、卖淫、跳舞等行为，打击舞蹈学校，强制要求民众严格遵守安息日。[105] 富修斯派由此也是"二次宗教改革"的支持者，这场运动意图引导社会奉行更圣洁的生活方式。[106] 富修斯派要求严厉执行守主日（Sunday 或者 lord's day）的规则，要求政府采取措施禁止在安息日工作和运动。然而，这方面的压力日渐增加的同时，科齐乌斯一派开始表示异议。

最终，莱顿神学院内就遵守安息日产生的分歧四溢到公共领域，而这一分歧穿透了富修斯派与科齐乌斯派神学分歧的内核。[107] 富修斯在莱顿大学的盟友约翰内斯·霍恩贝克（1617—1666年）于1655年出版了一篇荷兰语论文，它实际上是越过了大学领导，而向公众和教会呼吁抵制科齐乌斯。科齐乌斯已然在《立约与圣约教义概要》和其他神学作品中表达了在遵守安息日问题上的观点：在他看来，第四戒不再像从前那样有效，而守主日也不需要像富修斯派要求的那样严格遵守戒律、禁止工作。这些内容内化于科齐乌斯的神学中；但是他畏避公共论辩，首要的是避免公开的争执。然而，论辩一旦开始，就逐步升级，其势头越来越大，迫使科齐乌斯派做出回应。科齐乌斯的盟友亚伯拉罕·海达纳斯（Abraham Heidanus，1597—1678年）以拉丁语发表《论安息日》（De Sabbate，1658年），它的荷兰语译本很快问世，怒火立即被点燃。为了为霍恩贝克辩护，富修斯在乌得勒支大学的同事安德烈亚斯·埃塞纽斯（Andreas Essenius）发表了对海达纳斯的激烈抨击，迫使科齐乌斯本人介入。科齐乌斯就基督教礼拜日的本质发表了长篇的拉丁语论文。他将礼拜日及其规则与犹太教的安息日相分离，认为从前根据《旧约》约束犹太人的仪式如今应当被摒弃。[108] 他驳斥富修斯派的严厉，因为那缺乏神学根据。他坚持自己对主日的解释完全符合《海德堡要理问答》和多德雷赫特宗教会议的决议。作为反击，霍恩贝克出版了自己论文的扩充版，而对此，海达纳斯和科齐乌斯都以发行更有争议的出版物作为回应。

到1659年，北荷兰省、南荷兰省和乌得勒支省宗教会议都开始骚动。当年7月，南荷兰省宗教会议在豪达开会，会议提到"令人困扰的纷争和日益增长的分歧，通过教授和讲道者就守主日发表的出版物，让这些省份的教会背负着重担"[109]。宗教会议的大部分成员同意霍恩贝克和埃塞纽斯的看法，即科齐乌斯的神学淡化了神之道的纯洁性，让安息日不敬神的工作和娱乐合法化，违反第四戒。但是宗教会议更有兴趣平息而不是追捧论战，出席会议的荷兰省三级会议委员更是如此。宗教会议试图引导教授们放下争端，禁止再就该问题发表论著。[110] 然而霍恩贝克拒不罢手。随后荷兰省三级会议指示其委员，令北荷兰省和南荷兰省宗教会议停止讨论遵守安息日问题。三级会议还裁定，这一问题要以多德雷赫特全国宗教会议决议（并无定论的）基本原则为根据。[111] 莱顿大学的校监被要求就确保该校教授不再遵守安息日一事发言，并且无论是在讲座中，还是在出版物中都要这样做。荷兰省三级会议的介入尽管表面中立，但实际上是科齐乌斯派的胜利，人们也是如此认为的。[112] 因为结果是没有进一步采取措施去强制人们遵守安息日。

虽然荷兰省的骚动如今在表面上平息，但乌得勒支省和格罗宁根省的纷争却日渐升级。1660年驱逐范德费尔德和约翰内斯·特林克（Johannes Teellinck）之后，乌得勒支城和乌得勒支省三级会议采取措施削弱富修斯在宗教法院、长老监督会和大学中的影响。这将该城的神学与政治斗争推向白热化。[113] 三级会议派的其中一个举措是在1662年7月授予德意志归正会讲道者、激进的科齐乌斯派成员弗兰斯·比尔曼（Frans Burman）乌得勒支神学院的教职。比尔曼是海达纳斯的门徒，后来还娶了海达纳斯守寡的女儿。比尔曼被请到富修斯所在的大学，以对抗富修斯派。他在所做的每一步上都颇有进展。[114] 他的科齐乌斯派著作《论安息日道德》（De Moralitate Sabbati, 1665年）不仅成了17世纪中叶有关遵守安息日的主题的书籍中最引人争议的一本，还招致洛登斯泰因、亨特曼和其他反对者疾风暴雨般的驳斥。最终，议事会和三级会议厌倦了这样的争执，禁止继续发表该主题的出版物，也禁止在大学和布道中讨论。

荷兰省和乌得勒支省三级会议限制了有关遵守安息日的争论。然而，他们并不能阻止公共教会内部富修斯派与科齐乌斯派之间的神学冲突以及他们在更广阔的"战线"上的传播。这一分裂不仅在教会和学术界是根本性的问题，在国家和荷兰黄金时代的整座文化大厦中也是如此。人人都同意，神学冲突应当受到限制，但与此同时，三级会议派和科齐乌斯派有一种相互联合的内在趋势——两个派别都力图弱化宗教的压力，阻止加尔文宗正统派掌控社会、政治和公共教会。奥伦治派与富修斯派同样是天然的盟友，因为双方都竭力限制荷兰省三级会议的政治支配权及其宗教影响。相比17世纪下半叶的科齐乌斯派和富修斯派的冲突，世纪初的阿明尼乌派和戈马尔派的斗争更为喧闹、更具破坏性。但是，前者在长得多的时间里充斥于整个荷兰世界，直到18世纪中叶，这对冲突都渗透在荷兰归正会神学、荷兰政治和文化中。

在两位领导性宣传家去世之后（科齐乌斯在1669年；富修斯在1676年），神学争端的影响依旧。这常常令外国观察者震惊，他们对此难以理解。在习惯了法兰西或不列颠思想世界的外来者看来，这既光怪陆离又令人困惑。一个住在尼德兰的胡格诺派作家断言，在法兰西和英格兰，有识之士很少提及富修斯和科齐乌斯，更别说无休止地争论他们的观念了。[115] 1693年，皮埃尔·培尔嘲弄地警告一个瑞士熟人，外国人没什么机会获得荷兰各大学的教授职位，因为这些职位的分配只依据科齐乌斯派对抗富修斯派的现实状况考量。他解释道，莱顿大学1672年之后就盛行富修斯主义，因此"这里的空缺职位只留给那些以反对或厌恶科齐乌斯派而著名的人"；另一方面，在弗拉讷克大学"情况正好相反"，这里的科齐乌斯派排挤富修斯派。他接着说："事实上，在这个国家之外，人们几乎不知道科齐乌斯派和富修斯派是什么。"[116]

一个荷兰归正会作家还击道，法兰西和英格兰只重视自己的书籍，于是了解这一点的荷兰出版商并不愿费神去把富修斯主义或科齐乌斯主义介绍到英格兰或法兰西。他断言，作为补偿，荷兰神学家会在德意志得到广泛探讨。[117] 巴尔塔萨·贝克尔（Balthasar Bekker）做出同样的判断。他评论道，外国神学学生把富修斯和科齐乌斯的观念从荷兰大学带到德意志及匈牙利的加尔文宗地区。[118] 事实上，富修斯派和科齐乌斯派的方法和观念都在匈牙利的归正会得到了发展，直到进入18世纪很长一段时间后，富修斯派普遍占据上风。[119]

相较而言，在莱茵河下游的德意志归正会宗教法院里，占据优势的是科齐乌斯派。17世纪70年代，克莱沃-马克-贝格宗教会议中的科齐乌斯派势力，再加上德意志各个加尔文宗教会的调解，有助于扼制德维特倒台后共和国内富修斯派的反扑。[120] 埃姆登、不来梅和汉堡也存在对富修斯派与科齐乌斯派争端的强烈兴趣。科齐乌斯认为，救赎的概念源自上帝与其忠实信徒的立约，并且已经在历史上经历了多阶段的发展演变。这样的立约学说将对德意志的新教神学产生持久的影响。

多年以来，科齐乌斯一直竭力避免被拉入与富修斯本人的正面冲突中。当1665年公开争执最终到来时，两位首要宣传家将他们的争论限制在纯粹的神学领域，只讨论恩典、救赎和立约的问题。[121] 尽管富修斯与科齐乌斯之间的争论本质上是神学的争论，但是1672年之后，富修斯做出回应的背后不仅有来自各大学神学院的压力，还有来自宗教法院、长老监督会和宗教会议的压力，或者说是来自整个社会的归正会观念的压力。

要理解富修斯派与科齐乌斯派的争论数十年里在荷兰文化的中心地位，我们就必须意识到，新哲学和科学的诞生给归正会广大民众造成了多么深刻的焦虑。科齐乌斯神学似乎是这些新知识力量的盟友，从某些方面来说也的确如此。在许多民众看来，这意味着科齐乌斯派神学是在削弱信仰，尤其是对《圣经》字面意思的信任。[122] 人们认为，科齐乌斯派通过淡化《圣经》，而将神学乃至宗教本身贬低到（笛卡儿）哲学和科学之下。范德韦延将科齐乌斯的第一本重要著作《立约与圣约教义概要》（1648年）翻译成了荷兰语，并于1677年在米德尔堡出版。范德韦延证明，通过这项活动，可以赢得一些归正会信众对科齐乌斯神学的支持性理解。但他们大多是见多识广的人，通常是专业人士、律师和摄政官，只有这类人才有可能理解科齐乌斯的观点——《圣经》的一些部分有意用比喻和寓言的方式呈现，专为迎合古代以色列人的无知和迷信，而其真正含义和启示，只能通过精妙复杂的注释手段进行提炼。许多归正会民众感到惊骇：科齐乌斯派讲道者竟然暗示上帝没有真的劈开红海，太阳没有真的为约书亚停在空中。[123] 富修斯派认为，这相当于否认《圣经》，鼓励怀疑和无神论。

对于富修斯派而言，问题在于讲道者和长老中有足够多的科齐乌斯派，以至于能分裂宗教法院和宗教会议的核心成分。1673年，富修斯派施加的压力分裂了北荷兰省宗教会议。会议多数派通过决议，要求长老监督会"认真且热情"地打击"冒犯性的新事物"——科齐乌斯神学的代称。（整场斗争的一大特征是双方都避免在正式文件和对话中使用"富修斯派"和"科齐乌斯派"这种词，因为没有哪位教授的学说得到任何官方机构的认可或遭到谴责）与荷兰省的长老监督会一样，泽兰省的长老监督会也开始强烈要求查禁"冒犯性学说"；并主张，宗教会议应当要求申请布道职位的候选人签署承诺，保证反对和回避这些教义——大概类似于莱顿大学校监在1676年拟定的20条"冒犯性"笛卡儿-科齐乌斯学说（不过并没有提及科齐乌斯之名）。

在荷兰省和泽兰省，宗教法院和长老监督会身陷分裂，类似的情况很快也在弗里斯兰和格罗宁根出现。亨德里克·卡齐米尔和弗里斯兰代理三级会议支持科齐乌斯神学，这是一种抵抗威廉三世势力的方式。然而，宗教法院和宗教会议由富修斯派控制，他们反对执政的观点。[124] 1680年，在弗里斯兰宗教会议的集会上，一场由亨里克斯·布林克（Henricus Brinck）领导的运动开始了，这场运动要求对"笛卡儿派和科齐乌斯"的"大胆妄为"采取严厉措施。[125] 这导致在1681年的宗教会议集合上，布林克与亨德里克·卡齐米尔的亲密谋士范德韦延教授发生激烈争执；另一个结果是，1682年的宗教会议集会上，反科齐乌斯攻势重启。布林克自己所在的泽芬沃尔登长老监督会力主"遵循瑞士教会的例子"，在弗拉讷克大学查禁笛卡儿哲学，并对神学

"新事物"采取措施。弗里斯兰省三级会议不得不插手解救宗教会议里的科齐乌斯派少数派。同时,在格罗宁根,科齐乌斯派也面临着类似的压力。[126]

由于对抗辩派与反抗辩派的斗争记忆犹新,各省三级会议、摄政官,乃至威廉三世的一个主要关注点,都是防止神学冲突的全面升级。这方面,阿姆斯特丹议事会走在前列,并且它的做法随后得到广泛效仿。1677年之前,阿姆斯特丹的摄政官都怀抱着对科齐乌斯派的同情,常常阻拦富修斯派主导的宗教法院任命富修斯派讲道者的企图。然而,在1677年宗教法院任命新讲道者的问题上发生分裂时,市长和宗教法院达成妥协。这份妥协案意图避免将来再次出现这类分歧。规则拟定在6项条款中,宗教法院的所有成员,包括该城全部25名归正会讲道者,都必须亲自签名赞同。[127]它们主张,争论点并不关涉"本质特性",也并不影响得救,因此两个神学派系的支持者有可能在同一个宗教法院中和谐地共同生活和工作。条款规定,只有爱好和平的候选人才能当选,宗教法院在决定任命时不得厚此薄彼。为了预防人为操作和社会压力的影响,议事会强制推行一套轮替制度,即该城各个布道空位必须自动地由两派轮流填补,头一次是这一派,下次则是另一派。早前,彼得·德拉库尔曾将莱顿城富修斯派与科齐乌斯派就任命讲道者发生的冲突,描绘成是"吊钩派与鳕鱼派"之间的斗争,并且这种斗争有可能将整个城市推入骚乱。[128]阿姆斯特丹市长则希望凭借轮替制度,阻止该城宗教法院内部这种不合时宜的争斗,由此也能阻止该城更广泛的冲突。

随着时间的流逝,科齐乌斯派倾向于分裂成众多支派。其中尤为令富修斯派光火的是亨里克斯·赫鲁纳维亨(Henricus Groenewegen,

1640—1692年）。从1679年到去世，赫鲁纳维亨都是恩克赫伊曾的讲道者。他的团体被称为"绿色"科齐乌斯派或"莱顿"科齐乌斯派。该派在布道中强调科齐乌斯寓言和象征的路径，不重视教条，尤其乐于接受笛卡儿主义的观点。相比其他派别，他们在着装和生活方式上也并不那么质朴。当时还有"严厉的科齐乌斯派"，这一团体采纳科齐乌斯的神学解释方式，但是把它与对二次宗教改革的支持及生活方式方面的简朴风格相结合。戴维·弗吕德·范希芬（David Flud van Giffen，1653—1701年）[129]和约翰内斯·德奥赖因（Johannes d'Outrein，1662—1722年）是该派的两名领袖。前者是阿尔贝蒂娜·阿格尼丝（Albertina Agnes）和弗里斯兰宫廷的宠臣，同时也在17世纪80年代担任斯内克讲道者，日后在多德雷赫特声望卓著。后者是泽兰人，曾在弗拉讷克、阿纳姆和多德雷赫特工作，而后成为阿姆斯特丹讲道者。17世纪90年代，威廉三世和其他重要政治人物都曾向德奥赖因咨询如何减少教会内科齐乌斯派与富修斯派的摩擦问题。他是二次宗教改革的支持者，不过在布道风格上完全是科齐乌斯式的，喜欢大量使用寓言和象征。

影响科齐乌斯派与富修斯派冲突的一个关键因素是执政威廉三世的态度，[130]在整个执政期内，他的同情大体上一直是给予富修斯派的。尽管威廉三世有宽容的偏好，但他依然展露了对富修斯派的偏爱，在学术赞助方面尤其如此。但在17世纪80年代，意识到神学冲突升级所隐藏的危险后，他大幅调整了自己在更广泛的教会政治中的立场。执政首要的关注点是减少冲突，这在17世纪90年代早期就表露得清晰无疑。当时他拒绝支持制裁宗教会议和宗教法院中的科齐乌斯派，反而在1694年与荷兰省三级会议合作，拟定细则，意图规范布道空位和其他敏感职位的任命。这起到了给荷兰省内两派冲突降温的作用，也在很大程度上让整个共和国两派的冲突降温。

内部忏悔

"恪守教规者"与自由派之间的分歧从17世纪50年代以来就分裂着荷兰归正会，然而这只不过是一个更广泛的思想现象的组成部分。这一现象还以颇为相似的方式影响着其他教会。瓦隆教会是附属于公共教会的机构。在瓦隆教会问题上，城镇议事会往往支持该教会的宗教会议和长老的权威，正如它们支持公共教会本身那样。至少到18世纪初，荷兰共和国的瓦隆教会都会避免卷入富修斯派与科齐乌斯派的争论中。[131]对于瓦隆教会来说，给内部统一制造问题的是17世纪80年代胡格诺派的涌入，因为那时到来的胡格诺派牧师在神学方面是个鱼龙混杂的群体。尽管其中许多属于加尔文宗正统派，但也有一些自由派、千禧年说信徒，有些甚至被怀疑是索齐尼主义者。为了保证教义的纯粹和统一，1686年在鹿特丹集会的瓦隆宗教会议成立了监督委员会，它由4名牧师和4名神学教授构成，任务是审查布道和出版物。[132]宗教会议还草拟了统一的誓言，被称为《鹿特丹宣言》。到1689年，至少有202名流亡牧师在上面签名。

瓦隆教会内部唯一公开的分裂起源于17世纪60年代末的德拉巴迪事件。让·德拉巴迪（Jean de Labadie，1610—1674年）原是来自法兰西南部的耶稣会士，他在日内瓦改宗归正会，而后于1666年才在米德尔堡成为一名讲道者。他颇具人格魅力，而他的宗教影响持续困扰了联省几十年。他的思想展现出神秘主义和千禧年说的倾向，此外还混合着强烈的禁欲主义，对改革私人和公共生活充满狂热。在二次宗教改革进程缓慢上的被迫妥协，以及瓦隆宗教会议在与富修斯派联手谴责笛卡儿哲学和科学的问题上的小心谨慎，全都让德拉巴迪难以忍受。他公然挑战瓦隆宗教会议的权威。[133] 他的反叛源自顽固的基要主义，而其结果是他于1669年被逐出教会，他的追随者也同样脱离教会。这一事件在整片共和国领土引起轩然大波，其影响绝不仅限于归正会圈子。学会派神秘主义的唯灵论者彼得鲁斯·泽拉里厄斯将德拉巴迪的被逐视为有组织的教会对个人良心施以暴政的刺眼案例。

拉巴迪主义对瓦隆教会的权威和统一造成威胁，为此惊恐的瓦隆教会向各省三级会议求助。[134] 世俗当局理解瓦隆教会与公共教会在神学上的相互依赖关系，于是介入此事。德拉巴迪先后被米德尔堡和费勒驱逐。拉巴迪派的秘密集会早在1669年5月就遭乌得勒支禁止。海尔德兰紧随其后，责令该省高等法院提高警惕，防止德拉巴迪的出版物在该省扩散。[135] 不久之后，拉巴迪派的集会就在整个共和国遭到正式查禁。

不久，拉巴迪派甚至被迫离开阿姆斯特丹，核心成员迁往威斯特伐利亚的黑尔福德（Herford），随后又转移到阿尔托纳（Altona），最后在1675年返回共和国，定居于弗里斯兰的维厄沃德（Wieuwerd）村——地处斯内克和吕伐登之间。洛克在1684年拜访了这个当时大约100人的共同体，发现他们严格的教义引人注目。他们共享物品，"几乎与世隔绝"，最后在他们的对话中"带着这样的假定，即他们比普通人更纯洁，仿佛在通往天堂的路上只有他们"。[136]

德拉巴迪的信众规模小，但都是精挑细选的狂热之徒，也吸引到了几个名人。其中一位女信徒的兄弟是苏里南总督科内利斯·阿森·范索梅尔斯代克（Cornelis Aerssen van Sommelsdijk），他在1683—1688年管理着这片殖民地。在洛克到访维厄沃德的同一年，这位颇具魄力的女士带领一群拉巴迪派殖民者前往苏里南。他们把共同体建在一片种植园里，这里被命名为"天佑之地"（La Providence），占据了大约65千米长的苏里南河岸，甚至延伸到荷兰殖民帝国的保护范围外。然而，他们没能说服满怀敌意的印度邻居改宗*，最终抛弃了这些种植园，离开了苏里南。

对德拉巴迪及其支持者表现出的不宽容只是一种表象，其背后是深刻的焦虑不安。这种情绪至少部分来自以下事实：德拉巴迪的反叛表达了加尔文宗正统派圈子中盛行的不满情绪（尽管是以一种极端的方式）。他与瓦隆宗教会议的决裂源于他难以忍受公共教会的妥协和中庸；在一定程度上，富修斯派也都有这样的情绪。这一事件最令人不安的一面在于，安娜·玛丽亚·范斯许尔曼（Anna Maria van Schurman，1607—1678年）也公然加入德拉巴迪在阿姆斯特丹的组织，违抗公共教会与严厉斥责拉巴迪主义的治安法官的权威。安娜·玛丽亚是加尔文宗严厉性的著名典范，那个时代最著名的荷兰女性之一，也是长年与德拉巴迪交往的友人。她年轻时就因为阅读希伯来语《圣经》的习惯震惊了笛卡儿，多年来一直是归正会社会"史无前例的女医生"，是发挥着关键作用的模范，同时也是富修斯、范洛登斯泰因和其他二次宗教改革领袖的在俗盟友。富修斯竭力劝阻她，唯恐其他人也会跟着分离出教会。她在回复乌得勒支宗教法院的传唤时，严厉谴

---

* 该地的印度移民较多，40%为印度人。——编者注

责以下事实：作为一个组织，教会竟然把对世俗的关注置于根本的精神价值标准之上。教会曾谴责她所属的、教义纯洁的阿姆斯特丹"家庭教会"是"分裂者"，并试图查禁它，而这里各色各样的异端派系却都能得到宽容；对教会这样的行径，安娜·玛丽亚嗤之以鼻。[137] 1673年她出版个人传记《欧克莱里亚》（*Eucleria*，按其一贯作风，用的拉丁文，荷兰语版本于1684年面世）。该书颇为成功地指出，长期以来，范洛登斯泰因和公共教会的其他领导人物跟她一样深感挫败，因为更广泛、更纯洁的教会改革和社会改革都进展缓慢。[138]

各省和各市当局决心保卫公共教会及其附属机构瓦隆教会的团结，帮助他们抵御内部纷争的影响。当然，对于异议教会的内部情况，他们表现出的兴趣要少一些。虽然如此，但如果以为他们对管理少数派教会没有兴趣，则是错误的。因为他们急于维持整个城市和乡村社会的稳定，并且感到有必要在异议分子有可能引发过度骚乱时，干涉他们的内部纷争。

17世纪50年代，门诺派教会的长老们开始变得越来越警惕，因为学会派和索齐尼主义观点在门诺派的一些信徒中不断发展，长老、教团和教会的纪律因而遭到侵蚀。[139] 在17世纪60年代中期的阿姆斯特丹，事情到了必须对这些发展趋势做出反击的地步。该城的保守派组织运动，抗击颇受欢迎的教师哈勒纳斯·亚伯拉罕斯·德汉（Galenus Abrahamsz de Haan，1622—1706年）。后者是狂热的再洗礼派，参加学会派运动，推崇再洗礼派与学会派之间进行对话，以及淡化教派分歧。门诺派恪守教规之人——"老门诺派"也发起了宗教运动，意图重建教团、长老和教条的权威。他们坚持要求服从汉斯·德里斯和吕贝特·赫里茨拟定的《信纲》。[140] 1664年，阿姆斯特丹的"瓦特兰派"

发生公开分裂,此后老门诺派拒绝再与学会派、索齐尼主义者和其他叛徒有任何接触,他们认为这些人违背了纯粹的门诺派教义。分裂趋势扩散到乌得勒支、哈勒姆和莱顿,而后还蔓延到更远的地方,泽兰的门诺派共同体也在发生分裂。[141]

17世纪五六十年代,抗辩派同样陷入由学会派运动、反教会观念和索齐尼主义引发的神学纷争旋涡。接踵而来的是教义的统一和共同体纪律遭到侵蚀,这将门诺派教会推入精神危机之中。17世纪下半叶的抗辩派主要神学家菲利普斯·范利姆博赫(1633—1712年)就将解决这一危机作为自己毕生的事业。路德宗团体中出现了相似的裂缝。这里正统的传统主义者,或者称"维滕贝格"(Wittenberg)派,遭到自由运动的挑战。后者兴起于阿姆斯特丹,领导者是昆拉德·霍佩(Coenraad Hoppe,1621—1670年),这些人被称为"荷兰派"。霍佩受到德意志自由的神学派系黑尔姆施泰特(Helmstedt)派影响。与该派思想类似,霍佩主张与其他教会积极对话、在教条方面更灵活,并提倡给共同体一个优良的图书馆,以及为训练新型路德宗讲道者设立神学院。在霍佩之前,共和国的路德宗讲道者一直在德意志受训和招募。对于传统主义者而言,在阿姆斯特丹培训讲道者这个观念本身就带有异端的味道。在30多年的时间里,阿姆斯特丹都在避免正式的分裂,而代价则是持续不断的内斗,它们激烈到足够引起市政当局数次介入。由于阿姆斯特丹路德宗试图给其他地方的路德宗信徒制定规则,这场斗争变得更为复杂。最终到1696年,共和国38个路德宗教团中有10个,在海牙、鹿特丹、豪达、阿尔克马尔和赞丹的领导下分裂出来,建立了所谓的海牙路德宗教会联盟。[142]

摄政官和三级会议派的共和国作家很快就发现,公共教会内部的富修斯派与科齐乌斯派的斗争，跟少数派教会中的恪守教规派与自由派的斗争有相似之处。冲突的一方是宗教法院和各个长老会，他们追求强制推行教派、组织和道德的纪律；另一方是众多异议分子，他们竭力创建灵活性更强、教条更少的组织结构。三级会议派的理论家讽刺公共教会中的富修斯派是"苏格兰魔鬼"，暗示他们源自苏格兰加尔文宗。在荷兰批评家看来，苏格兰加尔文宗是神学讲话和清教徒式狂热的象征。[143] 17世纪60年代出现了一份措辞尤为激烈的反富修斯小册子，题为《苏格兰魔鬼》(*Den Schotschen Duyvel*)，可能出自多德雷赫特摄政官约翰·德维特（1618—1676年，是跟他同名同姓的荷兰省大议长的表亲）。按照这份小册子的说法，富修斯是"最大的叛徒"，煽动反抗摄政官的始作俑者，用他的偏执点燃人民的怒火。德维特称"自由是同盟的真正纽带和目的"，他斥责富修斯表面上宣扬对乌得勒支同盟的崇敬，实际上却力图将它败坏成新的暴政、宗教纪律和加尔文宗正统派的枷锁。小册子主张"自由"和宽容，赞颂被富修斯派憎恶的格劳秀斯的原则。

德维特时期，正统派时常抱怨荷兰省摄政官故意选择科齐乌斯派，而非"正直的"候选人，出任"最好的职位"，如主要城镇的讲道者。他们声称，摄政官在压迫宗教法院。宗教法院已经"被剥夺了"任命"正直讲道者的自由"。谁是"正直的讲道者"？《苏格兰魔鬼》回答道，就是那些像"富修斯、特林克、斯毛特、埃塞纽斯、洛登斯泰因、亨特曼和里森纽斯一样的人……全是各个阶层里反叛、失意、自负、莽撞、无耻的诽谤者"。[144] 德维特控诉道："那便是你们所谓的自由——奴役所有人的自由。"彼得·德拉库尔甚至表示，富修斯派根本不虔敬，而是"比无神论者还糟糕百倍的渎神者"，他们在无情地追求权力的过程中，败坏了宗教改革、扭曲了《圣经》的含义。[145]《苏格兰魔鬼》将富修斯派、严厉的路德宗和旧门诺派全都划为一类：它们全都反对"自由"和"节制"。[146]

"宽容"讨论的后期

由此，在告别17世纪、步入18世纪时，联省争取宗教宽容的斗争绝没获胜。相反，在17世纪八九十年代和18世纪的头十年里，共和国内有关宽容的讨论才逐渐发展到顶峰，英格兰、法兰西和德意志的情况也是如此。在荷兰及英格兰，原则上主张"宽容"变得越来越频繁，居住在共和国的荷兰和外国作家都为这场欧洲论辩贡献了许多笔墨。另一方面还有德拉库尔和法尔克尼尔（Valckenier）一脉的世俗共和主义"宽容"传统，它由埃里克斯·瓦尔滕、格雷戈里奥·莱蒂和赫拉德·诺特（Gerard Noodt）承袭。莱蒂在《政治准则》（*Raguagli politici*，1700年）中宣称，联省是欧洲的模范社会，是"宽容"的故乡，母亲的国度。诺特是共和国一流的法学教授之一，他于1706年2月在莱顿用拉丁语发表了著名演讲，坚决主张宽容。随后，该演讲的摘要在勒克莱尔（Le Clerc）的法语书籍《书目选编》（*Bibliothèque choisie*）和哈尔马（Halma）的荷兰语书籍《书房》（*Boekzaal*）中刊登。此后的两年里，这篇演讲的法语和英语全文译本出版，德语译本也紧随其后出版。诺特用世俗和蕴含自然权利的话语，而非神学原则，为荷兰做了最好的辩护。[147]他宣称，上帝是"我们良心的唯一主人"，而否认任何教会或宗教权威享有对个人的权威，它们只能"建议和劝告"。[148] 与此同时,在菲利普斯·范利姆博赫和勒克莱尔的作品中,源自埃皮斯科皮厄斯和阿明尼乌派的神学宽容传统也得到了进一步巩固。范利姆博赫是洛克在荷兰的重要友人。1712年,勒克莱尔在阿姆斯特丹范利姆博赫的葬礼上发表雄辩的演说,次年演讲稿的英文版发表。演讲中,勒克莱尔提醒世界,范利姆博赫如何承袭着埃皮斯科皮厄斯的事业:1661年,他发表了关于宽容的论文;1686年,他出版了埃皮斯科皮厄斯未刊的作品《基督教神学》(*Theologica christiana*),在18世纪早期,该书仍是讨论得最多的荷兰语神学作品之一;他与塞法迪犹太人、反基督教的论辩家伊萨克·奥罗维奥·德卡斯特罗(Isaac Orobio de Castro)对话,该对话于1687年在豪达出版;1692年,他还出版了《宗教裁判所史》(*History of the Inquisition*),献给宗教见解开明的坎特伯雷大主教蒂洛森(Tillotson)。[149]

勒克莱尔遗漏的是,范利姆博赫同样能够让人们想起被忘却多年的塞法迪犹太知识分子乌列尔·达·科斯塔(Uriel da Costa,大约1583—1640年)。1624年他的作品《审视法利赛传统》(*Examination of Pharisaic Traditions*)在阿姆斯特丹以葡萄牙语出版。该书否认灵魂不朽,因此遭到塞法迪犹太长老谴责,并被阿姆斯特丹治安法官当众焚毁。[150]他由于遭受羞辱而陷入绝望,于1640年自尽。这本书遭到强力查禁,因此在事实上一直处于佚失状态,直到20世纪末,人们在哥本哈根找到了它迄今为止为人所知的唯一副本。1687年范利姆博赫出版达·科斯塔的自传,取名《人生楷模》(*Exemplar humanae vitae*),该书的手稿留存在埃皮斯科皮厄斯的文书中)。范利姆博赫的目的主要在于,通过展示阿姆斯特丹塞法迪犹太长老和拉比曾如何打压达·科斯塔的思想,让他遭受一切可能的羞辱,来证明无论在任何环境中,宗教"不宽容"都是罪恶的。但是，这样做的作用只是挽救了一个几乎被遗忘的人物。他虽然激起了一些同情，但如今也因为否认灵魂不朽而臭名昭著。他的名字不可避免地与斯宾诺莎联系在一起，他的文本则被列入越来越长的书目清单中——这类书在形形色色的正统派神职人员中不断散布着焦虑。

最后，除了本地传统主张的"宽容"，还有皮埃尔·培尔这位绝世天才，他在17世纪八九十年代作为出类拔萃的"宽容"辩护人声名鹊起。他主要以哲学为根基，主张个人信仰方面无限制的宽容，其中包括个人有权被误导以及有权秉持毫无正当理由的观点。[151]

然而，共和国许多人，甚至是多数人的观点，包括胡格诺派主流知识分子的观点，都不认同德拉库尔、瓦尔滕和莱蒂的共和主义"宽容"，也不认可埃皮斯科皮厄斯和范利姆博赫的神学"宽容"，或培尔的哲学式、怀疑论式"宽容"。摄政官、大学校监、教授和讲道者大都比欧洲其他地方的同行"宽容"。但他们的原则至多是出于现实需要的"半宽容"，以缓和稍显"不宽容"的倾向和观念。在一定程度上，人们获许讨论和宣传不同的宗教观点。以下情况或许是真实的：对于习惯了压制性更强的社会和统一性更强的宗教的外国人来说，共和国允许的宗教自由的程度似乎时常令人惊骇、荒诞不经，即便到了17世纪末也是如此。斯图佩有众多继续阐述这一主题的后继者。一个英格兰观察者将荷兰省描绘为"所有宗教的大学，一切教派的乐园，各色教派的贩了都被准许兜售他们的玩具、丝带和吵闹的拨浪鼓"。[152]然而，这样的回响一般反映的是阿姆斯特丹，而非荷兰社会其他地方的情况。即便是有关阿姆斯特丹和鹿特丹的内容也是过分简化了的，因为这些地方也严格限制了什么东西能出版、能公开宣扬，甚至什么内容能在交谈中讨论。人们必须小心谨慎，避免越界。按照培尔1701

年的记录,甚至是在阿姆斯特丹,任何公开反对三位一体说的人,都极有可能被投入监狱。[153] 正是这种暧昧模糊的"半宽容"成了黄金时代晚期荷兰共和国的真正标志,这种充满神学和政治冲突的"部分宽容",既有各主要教派阵营内部和相互之间的冲突,也有主要教派与其异议分支之间的对抗。[154]

第28章

自由与宽容

一个循规蹈矩的社会

1643年笛卡儿抱怨，联省并不像他最初想象的那样"自由"。几十年后，斯宾诺莎和培尔有了更多理由哀叹荷兰自由的有限性，霍尔巴赫和瓦尔滕更是如此。17世纪到18世纪早期，外国旅行者例行称赞盛行于共和国的相对多的自由，感叹它为团体和个人共享。然而，洞察力更为敏锐的人也注意到，这种自由是个复杂现象，根植于对秩序和纪律的深切关注上。

黄金时代的荷兰自由最令时人，尤其是外国人震惊的一面，是各个阶层、各色妇女享受的自由。荷兰妇女，尤其是年轻未婚女性，可以在无人陪同和监护的情况下自由行动，她们几乎像男人一样工作、从事商贸、参与谈话。[1]所有人都认为，在当时的荷兰社会中，妻子对丈夫的服从性，要比同时期其他国家的弱。德意志的海因里希·本特海姆（Heinrich Benthem）在17世纪90年代的作品中，鲜明对比了荷兰人与德意志人礼拜日上教堂的不同方式。其中他记录道，在德意志，丈夫们走在一起，相互交谈，而妻子们尾随其后，照看着孩子。他轻蔑地评论道，只有在荷兰省，才出现妇女闲聊着相伴而行，而丈夫在看管孩子——"因为这里母鸡打鸣，公鸡只会咕咕叫"。[2]

然而，正如莱蒂的观察，正是这种给予妇女和女孩的自由，最为清晰地揭示出自由与秩序的关系。妇女可能享有很大程度的自由，可以随心所欲地出入；单独出行的男士或外国旅客无论白天黑夜，都可以在城镇或乡村游荡，而不太需要担心被抢劫或袭击。两者的原因是一样的：个人可以享有并且感受到安全。[3] 1669年，让·德帕里瓦尔评论道："你可以自由地在整个荷兰旅行，单独或是结伴，不必担心遭到抢劫。"[4] 18世纪20年代末居住在荷兰省的瑞士人阿尔布雷希特·冯·哈勒（Albrecht von Haller）惊讶地发现，在莱顿，每个人都手无寸铁地漫步，人们的财物十分安全，以至于他们可以在门不上锁的情况下离开数日，而没有财物被盗。[5] 人们认为犯罪率很低，事情也确实如此。

莱蒂评论认为：不仅外出是安全的，荷兰自由的另一个标准是，荷兰人遭受家庭暴力的可能性也比其他国家的低。他声称，打老婆在荷兰省并不常见，因为邻居们难以容忍这种行为，会让家暴的丈夫承受来自当地教会和市政的压力。所以，事实上，大部分居民居住在管控严密的城镇，也是抑制不端行为的关键要素。莱蒂还观察到，相比别的地方，荷兰仆人的待遇更好，被保留了更多的尊严。他评论道，在荷兰省，打仆人耳光是令人难以容忍的行为，无论有没有他人在场，而这一行为在别地，如法兰西，则很常见。值得注意的是，1679年印刷的一份地下嘲讽海报，也是一份社会抗议，宣称荷兰省虐待仆人的现象增多。原因是，与邻居相隔离的新古典主义风格别墅和宅邸不断增多，由此虐待行为得到助长，因为主人们如今可以诱奸或殴打女仆而不为人知，主妇则堕落地在男仆那里"冷却欲望之火"。[6] 对仆人的保护只能仰赖严厉的社会观念。

由此，荷兰的自由根植于城市的优势地位，以及高度的社会纪律和管控。人们可以在任何地方发现这种纪律的证据，包括家宅、学校、教堂、大学、大商船和海港，也包括陆军和海军。16世纪90年代，莱顿大学的理事会与学生就携带武器的问题发生争执。然而不久之后，大学就在三级会议的支持下，成功推行禁令——学生不得携带佩剑或其他武器。[7]也有针对酒精的严格禁令。帕里瓦尔评论道，相比德意志大学里习以为常的喧哗吵闹，身在莱顿大学的德意志学生不得不消停些。[8]冯·哈勒尔也评论道，莱顿大学学生生活的典型特征是守秩序和少酗酒；他认为，这是荷兰人性情冷漠和生活方式刻板的结果。三级会议学院的纪律尤为严厉，这里的学生一大早就要起床祷告和读《圣经》，夏天是5点，冬天是6点；他们还被要求在早饭前整理好房间。

比学生更难管束的是共和国的水手，无论是海军、东印度公司、西印度公司、大商船、捕鲸船还是私掠船上的水手，无论他们在陆地还是在海上。然而，对于荷兰海外贸易体系的成功和荷兰社会整体的福祉而言，没有哪类人的纪律比水手的纪律更至关重要。水手占据了共和国一定比例的人口，而且成群结队地出现在众多荷兰城镇，以及外国港口。管束结果远不完满，私掠船尤其成问题。这类船只上的船员比商人多得多，环境更拥挤，但是维持纪律的手段比战舰和东印度公司船只上的少。不过大体而言，纪律标准还是高的，荷兰船只不仅因其整齐漂亮而享誉世界，也因船员的干净有序而闻名。不仅是海军，东印度公司、西印度公司和私掠船都有各自打印成文的纪律守则，每次出航之前船员都必须熟悉条款。[9]它们既详细又严厉。即便在私掠船上，每天也要进行早晚各一次的祷告和唱赞美诗，水手如果未经许可而缺席，将被罚款。

如人们可能想象到的，那个时代最有名的荷兰水手中，一些人有着臭名昭著的任性脾气。但是这些人也会面对诸多迫使他们改正的压力。米希尔·德勒伊特（Michiel de Ruyter，1607—1676年）自己也承认，他年轻时经常行为乖张，头脑发热，参与打架斗殴。[10] 尽管出身弗卢辛的贫寒家庭，勒伊特还是在海军里晋升到了一流指挥官的位置，其重要原因在于他有让手下守纪律的无与伦比的能力。在晚年，他还因为真挚的虔诚而广为人知。相较而言，阿贝尔·塔斯曼倾向于堕落。1642年，他从巴达维亚起航，开始那次发现塔斯马尼亚岛和新西兰的著名航海。六年后，即1648年4月，他指挥了八十年战争中荷兰对西班牙人发起的最后一场重大海上攻势，这场对菲律宾的远征并不成功。远征期间，塔斯曼酩酊大醉、陷入暴怒，严重伤害了两个自己人。为此，他受到东印度公司在巴达维亚的高等法庭审判，遭到了停职和剥夺军衔的惩罚。巴达维亚的归正会宗教法院也拒绝允许他留任教会长老的职位。而后，他再次回到海军服役，但又一次出现严重过错，这次是决斗，他因此遭到东印度公司的永久唾弃，并被宗教法院打上污名。[11]

管束水手、学生和士兵，以及孤儿、学徒和其他群体，进而确保社会秩序井然，这一活动的最大压力来自各大城镇及其议事会。城市存在诸多层面的监管和各种惩罚者，不过在整治城镇治安方面，至关重要的或许是邻里监察队。城镇各区域都存在这类地方市民组织，它们由选举出来的本地市民领导。邻里监察队认为，自己的任务不仅包括守卫自己的街区，防止盗窃和犯罪，而且包括推行得体举止，向城镇的治安官、治安法官或宗教法院报告不可容忍的行为。维持治安的任务就这样移交到了邻里。[12] 民兵要负责维持秩序、夜间到市政厅和城门站岗，因此只有出现严重骚乱时才会调动民兵。治安官及其几个副手领导着维持治安的行动，在发生重大案件时逮捕犯罪嫌疑人，但是他们人员太少，难以承担维持治安的主要责任。在17世纪最后25年的阿姆斯特丹，治安官及其手下工作人员，外加几个差役，总共也只有18人。

城镇各区都有选举产生的市民委员会。委员会的一项主要任务，是组织起一套常规的夜间街道巡逻制度。17世纪60年代，阿姆斯特丹每晚有大约300名轻型武装的士兵执勤，同一时段大约有150人在街上巡逻。他们的薪酬是每晚5斯托伊弗。每个邻里监察队都有一个基层地方监狱，作奸犯科之人可以被囚禁于此，直到治安官及其下属有空仔细考量他们的不轨行为。市民参与这些邻里监察队，与之合作，因为一来他们认识队里的所有人，二来监察队是内化于地方活动领域的一部分，最后预防惹是生非和违法犯罪也直接关乎市民自己的利益。

人们理所当然地认为，邻里发生的一切都逃不过监察队的目光。这也就是为什么妻子和仆人被殴打的情况相对稀少，明目张胆的街头卖淫（与之相对的是小酒馆里隐秘的卖淫）罕见。这一制度有效地遏制了所有形式的暴力犯罪和恶习，包括强奸。如果一位年轻女士在归正会宗教法院面前解释自己为何未婚怀孕时，声称自己遭到强奸，那么她的说辞可能难以令人信服，除非她能解释为何她求助的哭喊没人回应。[13] 一位女裁缝声称自己于1616年某夜在阿姆斯特丹的街道上遭人强奸，她向宗教法院保证，自己曾哭喊着求助，但是当时刮着的强风使得别人听不到她的呼救声。在遏制不端行为，以及维持黄金时代和18世纪荷兰社会代表性的高度社会管控方面，邻居和邻里监察队至关重要。这种重要性得到以下事实的证明：乡村地区侵害人身和其他暴力犯罪的数据往往远远高于大城镇的相关数据。[14] 城市的道德规范是一切的基础。

荷兰黄金时代将技术成功应用到日常生活中的一个突出范例就是公共街道照明的采用。好些考量都促成了这一政策的执行，不过其中最为重要的就是进一步增强秩序和减少犯罪的需求了，同时也有降低醉汉在夜晚跌进运河淹死的发生率这一因素。世界上第一个真正意义上的公共街道照明系统由阿姆斯特丹艺术家、发明家扬·范德海登（1637—1712年）设计。他发明了一种由玻璃和金属制造的街灯，它带有防侵入气孔，能够排出烟雾，同时阻止风灌入。这些街灯整夜亮着，燃料是各种植物油的混合物，其塞浦路斯棉灯芯则由范德海登灯泡厂生产。点亮阿姆斯特丹的方案在1669年被议事会采纳，其执行仅用了几个月。[15] 到1670年1月，1 800盏街灯点亮了整座城市，它们有的挂在灯柱上，有的固定在公共建筑的墙壁上。范德海登计算出，若要以最少的燃油消耗实现最大的照明效率，可通过每隔大概38—45米设置一个灯泡来实现。随后，新惩处法规也在同年颁布，要求对肆意破坏街灯、把船只或马拴在灯柱上，以及在街灯附近倾倒垃圾因而阻碍点灯夫和清洁工工作的这些新型城市违法行为进行制裁。[16] 每个点灯夫要点燃20盏街灯，因此需要近100名工作人员为整个城市服务。到1681年，又新设了600盏街灯。这个系统获得了举世瞩目的成功，保证夜间的街道安全，它的效用非常明显，并迅速得到诸多城市采纳，其中包括海牙，其他荷兰城市以及德意志城市。英格兰仅部分采纳了该计划，因为当时那里的城镇缺乏能够承担这样大规模计划的相关市政体制和财力。多德雷赫特在1674年安装了新街灯;[17] 斯海尔托亨博斯也在1684年立起450盏范德海登街灯。斯海尔托亨博斯市政当局以每年3 000荷兰盾的费用雇用了18名市政街灯"点灯夫",他们每人为25盏街灯添油,并且每晚点亮它们。[18] 点亮整座城市需要15分钟。柏林和科隆也在1682年安装了荷兰式的街灯。

荷兰的自由是真切的,但有着严格限制。此外,比起对那些非正统观念的宽容,荷兰社会对不端、失常或卖弄行为的宽容往往更少。尤为引人注目的是,荷兰社会比欧洲其他社会反而更多地倾向于打击妓院、色情产业、露骨的同性恋和街头卖淫。外国观察者,如特雷维萨诺、圣埃夫勒蒙(Saint-Évremond)、坦普尔和莱蒂,都论及荷兰女性的冷漠、避免各类卖俏和"相当普遍的好名声"。事实上,他们察觉到的是对情欲的强力打压,鉴于这里的妇女可以自由、不受监护地展开日常生活——实际上是日常应对男性——这种打压或许也是必需的。1650年之后,荷兰上层妇女青睐于法式的面料和时尚。照莱蒂记载,其中有一个例外特点:荷兰社会完全不可能容忍当时流行于法兰西、英格兰和意大利那种低胸领口和乳房的暴露。[19] 在共和国,无论是上流社会的女士还是女仆,高领才是合乎礼节的。

卖淫在荷兰社会中是普遍现象,不过相比欧洲其他国家,这里的特征是街头拉客的现象极少,妓院也往往伪装成别的店面。[20] 在阿姆斯特丹,妓院会演奏音乐,因而被称为"音乐厅",并借此来小心翼翼地掩饰楼上的交易。另外,即使在阿姆斯特丹,也没有让妓女用来炫耀自己身姿的真正的"红灯区"。在其他城镇,包括莱顿,不仅街头卖淫很稀少,各类妓院也不存在。实际上,卖淫活动在旅店和出租房里隐秘而娴熟地运营着,它们分散于各贫民区和城郊,通常每个卖淫点只有一两个女孩工作。[21] 更体面的城区，包括莱顿的大学区，一般没有卖淫活动，尽管在该城其他地方，学生属于光顾妓女的熟客。无疑正是这种严格的管控措施解释了17世纪初安特卫普城中心的妓院区为何在北尼德兰臭名昭著（后来南部当局对卖淫活动的措施也变得更严厉）。[22] 安特卫普这一区域有众多旅行者造访，这里的卖淫活动比大河以北更加明目张胆。据估计，17世纪初安特卫普有超过125家妓院。

在荷兰的环境中，如果这些名声败坏的场所要保持谨慎、不被察觉，进而得以存续，那么彼此间隔远一些是至关重要的。在这些地方工作的姑娘在来回途中穿得像体面妇人：正如色情图片能在柜台下面找到，但不能公开展示。黄金时代的荷兰妓院可以比作天主教教徒的"隐秘教堂"。许多人都知道它们的位置。但只有保持看似无害、不引起骚乱，它们才会得到容忍。[23] 妓院老板（通常都是妇女）和妓女遭到起诉的起因常常是发生了街头斗殴，或者是其他令当地愤慨的治安事件。[24] 值得注意的是，阿姆斯特丹归正会宗教法院在斟酌人们对所谓声名败坏的场所的投诉时，经常不确定特定的地址到底是不是妓院。[25] 莱蒂声称他在阿姆斯特丹时，那里仅有大约30家妓院，比威尼斯或"所谓神圣的罗马"少得多。他证实，意大利和荷兰娼妓行业之间的主要差别在于，荷兰把它移到了视线之外。莱蒂评论道，荷兰省的居民基本看不到妓女从窗户或在街道上厚颜无耻地勾引男人。按照他的说法，这在意大利很常见。[26]

对色情行业的打击也扩展到查禁只是稍显淫秽的图书和艺术方面。[27] 人们一直认为，在17世纪下半叶，共和国对淫秽书籍的查禁（它们经常源自法兰西）可能不像法兰西本土那么严厉。[28] 但即便如此，这类作品，包括最臭名昭著的《女子学校》（*L'école des filles*，1669

年）无论是荷兰语版本还是法语版本，都遭到了查禁，并且在接下来一个世纪里依旧如此。相比单纯的文字，淫秽图片似乎遭到了更严厉的查禁。在这样一个技艺精湛的艺术家过剩的国度里，似乎总是出现至少几个愿意迎合这种挑逗情欲趣味的人。但是我们知道的例子极少，而最为著名的两个案件中，相关艺术家都因为参与这类工作而付出了沉重代价。其中一位是伟大的静物画画家扬·托伦修斯，1628年他在海牙被判处20年的监禁，判罪的主要原因是亵渎神明，但也部分因为他创作了一系列淫秽画作。另一个案例牵扯的是17世纪末奥伦治派雕刻师罗梅因·德霍赫（约1645—1708年）。他之所以遭到阿姆斯特丹治安法官的起诉，大部分是因为政治敌视；然而，指控的实质内容是他曾创作和售卖淫秽版画。

此外，印刷文字到色情领域中去冒险必然要隐秘地进行。杰出历史学家、著名风流浪子埃特泽马暗示婚外性交是无罪的，不过这一信息深埋在他大部头的出版著作中难以被人察觉的地方。胆敢公然违抗这一领域规则的荷兰作家是原本富裕的泽兰人阿德里安·范贝弗兰（Adriaan van Beverland，约1652—1716年）。这位引人注目的人物留下了一幅肖像，它由阿里·德瓦（Ary de Vois）创作。画作中年轻的贝弗兰手持长长的烟斗，坐在一名优雅、穿着挑逗性低胸装的妓女身旁。[29] 范贝弗兰虽是莱顿的绅士，也是一名学生，但同时也收集色情物体（以及金属垂饰和海贝）。后来，他成了颇有成就的古典学者，研究罗马帝国的娼妓史，出版了书籍《论原罪》（De Peccato Originale，1678年）。该书的法语版不久后面世，并且在法兰西被查禁。《论原罪》中声称，亚当和夏娃所犯的罪只不过是发现了性交这回事儿。他对教会的原罪教条持怀疑态度。他的怀疑主义在该书第二个版本（1679年）

第28章　自由与宽容　　821

中，通过援引霍布斯和斯宾诺莎而成形。这些思想引起了社会的极大反感，在南荷兰省宗教庭的压力下，荷兰省三级会议要求莱顿大学当局逮捕并审问范贝弗兰。《论原罪》一书也遭没收、焚毁。[30] 遭到荷兰省驱逐之后，范贝弗兰搬到乌得勒支，但不久之后他也被该地驱逐。1680年，他移民到英格兰，此后一直在那里常住，直到1716年作为一名穷困潦倒的自由思想家在伦敦去世。范贝弗兰公然主张的性自由，以及他个人所持有的阴险的思想和宗教内涵解读，完全不被荷兰共和国容许。任何公然展示挑逗或放荡的性行为的东西都是如此，一切都回到暗中进行。正如法兰西贵族圣埃夫勒蒙17世纪60年代对荷兰省所做的评论："浪荡行为销声匿迹，自由思想得以声张，但两者都得到认真、彻底的实践。"[31]

维护社会风纪的另一个关键代理人是归正会的宗教法院。宗教法院得到了邻里监察队的支持，讲道者及其助手——那些"忧愁的安慰者"的家访还为法院提供补充信息。由此宗教法院在各个方面持续施加着强大压力，打击不端、乱交、喧闹、酗酒、欺诈性破产等行为，最主要的是打击少数宫廷圈的上流妇女穿着低胸礼服。宗教法院并非不知道许多（或者说大多数）通奸和乱伦事件并未被发现。然而，他们坚信，相比发现本身，至关重要的是，当事情曝光时，要及时对它进行调查，并施加压力。因为公然挑战社会规范的行为是不可容忍的，尤其是那些带有反抗成分的事件，如伦勃朗与亨德里克耶·施托费尔斯一案。[32] 1654年，宗教法院传唤伦勃朗的女管家，因为她像"妓女"一般，与"画家伦勃朗"住在一起。这不过是这类案件中的寻常事例。一直到1680年，阿姆斯特丹宗教法院因通奸而进行的传唤次数一直稳步增长，其主要目的是斩断不合规矩的私通，动员起社会压力，迫使违规的个人悔罪、愿意改正。

对于担忧自己灵魂的公共教会成员而言，被禁止参加圣餐仪式或公然曝光是淫荡之人不仅有损于个人的名声和社会地位，而且会让自己的宗教处境变得艰难。许多遭受过教会审查的人随后都做出了一些努力，以证明自己悔罪，力图恢复丧失的体面。哈勒姆的一位年轻寡妇未婚生子，于是在1700年被禁止参加圣餐仪式。由此，她必须在当地讲道者的监视下，名声不受进一步玷污地生活3年，才能解除制裁。[33] 1705年，哈勒姆的另一个妇女生下私生子，她以遭受强奸为自己辩护，但同样被禁止出席圣餐，并且受到当地讲道者监视。她被告诫，如果在接下来的4年里能维持贞洁的名声，那么教会就会再度接纳她参加圣事。[34]

学校、识字率和大众文化的重塑

早在1572年之前很久，大河南北的尼德兰土地上就拥有比周边欧洲国家高的识字率，这主要归功于相当高比例的城镇人口。但是，大起义、归正会在北部取得的最终胜利，以及天主教在南部的获胜，无疑给教育提供了诸多额外动力，促进识字率进一步提高。尽管如此，南北在体制和宗教道路方面的分化，也拓宽了双方在教育和识字率方面的鸿沟。如果说南北尼德兰都同样投身于争取民众信教的竞赛，那么在南部教理问答通常是口头进行的，而在北部认信运动则以《圣经》和教理问答阅读为中心——这一特征对提高城镇和乡村的识字率都起到了更为持久和广泛的影响。由此造成的南北差距到19世纪中叶表现得更为鲜明。例如，1843年比利时征召的军队中，有51%的文盲；相较而言，尼德兰的同类数据是26%。[35] 显然，荷兰共和国男女的识字率都达到了一定的高度，以识字率为基础的文化也发展到了一定的程度，这种教育状况在欧洲是绝无仅有的，其他地方要到几个世纪之后才会达到如此水平。当大学者斯卡利杰尔1593年从法兰西来到荷兰时，他震惊地发现，在荷兰省甚至是女仆也能阅读。

大起义之后，北方的各省三级会议、各城镇议事会和公共教会都对扩大及管理城镇和乡村的学校怀有强烈兴趣，其程度远远超出1572年之前的世俗和教会当局。这么做的主要动机是尽可能迅速且有效地让民众认信归正会。这是一种对抗其他新教教会和天主教的行动，同时也在拓宽起义国家和新兴公共教会的支持基础。正因如此，基层教育首要强调的总是阅读、灌输教理问答和去教堂。学习写作没那么必要，算术则根本没被视为基础教育的组成部分。尽管动机是宗教性的，但同样明显的是，1590年之后联省初等教育的大幅扩张恰逢城市和经济的大规模扩张。识字能力的推广不仅支持了认信运动的进程，也有助于包括陆军、海军训练在内的各种技术知识的传播，还能促进社会动员，因为它增加了贫寒家庭出身的男孩可获得的机会。其中尤为有名的是伟大的海军将领米希尔·德勒伊特。识字能力的普及影响还包括：水手、驳船船员和工匠这些出身贫寒的人能够通过阅读荷兰语小册子，而紧跟政治和教会时事的发展。这些小册子通常措辞通俗易懂，并在16世纪70年代之后由出版商大量发行。

北部的教育战略虽然根据新公共教会的需要成形，却由省三级会议和城镇议事会部署和管控。这里我们会碰到南北一个根本性的差异。在西属尼德兰以及此后的奥属尼德兰，在布鲁塞尔中央政府的坚持下，教会直接负责学校男女教师的任命和管理，各城镇现存的教师行会由此变成严格的监管机构，各省和各市当局并不参与这些进程。[36] 相较而言，在北部，除了米德尔堡，其他地方根本没有教师行会的身影。[37] 南部制度的设计意在确保社会上只有严格的天主教教育。北部的制度意在确保归正会教育在每个地方都占上风，但都不能具有绝对的垄断性。

大起义之后的岁月里，北部各省三级会议均拟定了各自的"学校条例"和章程，意图促进基础教育的发展。它们将管理学校系统、任命公共学校教师和给私立学校老师颁发许可证的责任交给城镇政府；乡村地区的则交给继承或购买了当地领主权利的人（在荷兰省和泽兰省），领主特权通常在各城镇议事会手里。而与此同时，在人事任命和采取措施帮助贫穷父母送孩子上学方面，各省三级会议给公共教会分派了重要的咨询任务；在决定公共学校教学大纲方面，教会也获得了支配性的发言权。由此，泽兰省三级会议在1583年学校条例，以及1590年的修订版中宣布：学校的主要职责之一，是确保泽兰的年轻人"在对上帝的敬仰和正确认识中接受教育和成长"；相应的，只有"得到认可的"教师才获许在该省任教；应当建立一套省立乡村学校系统；乡村学校的教师应当由持有当地领主权利的人（无论是贵族还是城镇）任命，但前提是咨询过当地的归正会长老监督会，并获得其认可。[38] 条例规定，在城镇，任何人不经治安法院批准不得经营"荷兰语、拉丁语或法语"学校。乌得勒支三级会议在1588年颁布的学校条例中同样渴望建立全省范围的基础教育系统，并且同样是在城镇由城镇议事会管控，乡村则由地方贵族管控，同时归正会长老监督会会广泛参与其中。[39]

省三级会议、城镇议事会和归正会长老监督会的目标是提供多数儿童能获得的廉价、有补贴的初级教育。这套教育将培养阅读能力、灌输纪律和宗教观念，但不一定教授写作，也鲜少教授算术。希望自己的孩子能接受写作教育的家长必须支付额外的费用。为了将家长为儿童教育支付的"学费"维持在尽可能低的水平，政策规定由城镇为公共学校的教师支付基本薪资（尽管相当低）。随着时间的推移，以及来自宗教法院的额外补贴有所增长，在一些地区，归正会学校的教师被迫免费教育贫民家的孩子成了常见之事。由于乡村教师获得的基本薪资和"学费"不足以维持生计，这些教师常常同时为当地宗教法院工作，充当教堂唱诗班领头、敲钟人和其他辅助性角色。

初等学校所用的教学方式包括：将学生按性别和年龄分成小组，把他们集中在一间大屋子里，同时各组拥有各自的活动领域。学习的主要方式是记忆。这些儿童遵循一套固定的制度，从字母表的字母开始学习，教材是所谓的字母书。教师的工作主要是组织这些小组，维持秩序，"听"学生朗读，并且在后期确保他们用心学习祷告词、赞美诗，以及教理问答中的问与答。[40] 说明和阐释意义上的教导鲜少出现。6—8岁的儿童专注于拼写、阅读和教理问答的初级内容。随后，基础教育将以阅读更高级的教理问答和《圣经》节选结束。在许多学校，基础教育的氛围就其性质来说绝对是宗教性的，一大特色就是如下问答对话："谁是加尔文宗各教会的首领？答：唯有基督。""那么，什么是教宗？答：反基督者。"[41] 然而，由于控制权分给了城镇议事会，以及在乡村地区有领主权的人，各省三级会议所创设的体系容许在宗教教育管理的方式和热情上存在诸多变体。各地教育风格大多取决于相关城镇的意识形态立场，至少在荷兰省和乌得勒支省，取决于地方贵族的态度。在其他地区，整体而言，在拒绝准许天主教和亲天主教贵族任命那些没什么加尔文宗信仰热情的教师方面，各省代理三级会议都展现出了更大的决心。

1618年之前，在哈勒姆、莱顿、鹿特丹、豪达，还有奈梅亨（这里的天主教教士十分成功）这些城镇，天主教和路德宗认信进程中最为重要的一个因素在于，当时控制这些城镇的阿明尼乌派摄政官对天主教、路德宗和其他非加尔文宗私立学校采取的政策，远比其反抗辩派同行的政策宽大。此外，荷兰省和乌得勒支省乡村地区的天主教贵族有时还成功地将天主教或亲天主教的教师安置和保留在乡村学校里，瓦蒙德和瓦瑟纳尔就有这样的例子。不过显然，大批天主教儿童会在归正会的乡村学校里上学。因为虽说一段时间之后，城镇里出现了诸多天主教和其他非加尔文宗学校，但乡村通常只有一所学校。以天主教占多数的乌得勒支村庄奥代克为例，1660年这里有60多个学生在归正会乡村学校上学。这是整个共和国的乡村学校相当常见的规模。不过如果在学校只能得到归正会的教育，一些天主教家长显然不愿意把孩子送到学校。所以即便在天主教人口庞大的地方，归正会教师也常常会淡化教学中的宗教内容，以免疏远家长，进而导致学费流失。由此，尽管居住在联省的天主教人口的识字水平要高于西属尼德兰天主教教徒的水平，也高于不列颠或德意志新教徒的水平，但却低于荷兰新教人口的水平。18世纪末，在乌得勒支乡村地区登记结婚的天主教新郎中，大约57%的人能够签名；而新教男性的同类数据是75%。[42]各个城市中也明显存在类似但稍小的差距。在阿姆斯特丹，到1630年，情况显示57%的新郎和32%的新娘能够签名；而到了1680年，对应的数据分别上升到70%和40%。[43] 一个世纪之后的1780年，87%的归正会新郎和69%的归正会新娘能附上自己的签名；而天主教教徒中的对比数据是79%的新郎和53%的新娘可以签名。18世纪晚期，阿姆斯特丹路德宗共同体的识字率仅稍低于归正会的这一数字。犹太人共同体中，有84%的新郎能够签名，而新娘只有31%，在荷兰的社会生活中这种两性差异是德系犹太人所独有的。

荷兰基础教育的本质性特征是强调纪律。初等教育的一个主要目的在于将儿童纳入归正会，置于教师的监督下。学生们排着整齐的队伍，训练在整个——通常相当长的——布道中端坐，并练习合唱。但这种虔敬的态度绝不只在教堂中坚持。在学校内外和教堂之外，儿童都要表现出对尊长的恰当敬重。泽兰1583年的学校条例规定，在上学、放学途中遇到长辈，而没能让道、脱帽的儿童，应当被登记和处罚。

二次宗教改革与社会

17世纪到18世纪，荷兰社会中所有的宗教阵营都竭力向自己的成员灌输社会和道德纪律。教会领袖或许在一系列神学和制度问题上发生龃龉，但在社会领域都追求大致相似的目标。尽管重点有所差异，但他们全都坚决要求一个高度守纪、有序的社会。因此，犹太教团虽然在其他方面有差异，但也通过长老会强制推行严厉的社会和道德纪律。新教各团体中，最为禁欲，最坚持个人服从于长老和宗教法院的，是门诺派。所有的再洗礼派团体都坚守严厉的道德规范和行为模式，避开小酒馆以及葡萄酒和烈酒，并且他们不鼓励欢笑，要一直努力保持严肃。[44]他们在服饰问题上最为朴素，对待破产者最为严苛。1664年的分裂之后，荷兰再洗礼派的两大派系依然保持着绝对的严格，不过老门诺派最为执拗，拒绝对任何时尚、炫耀或奢侈的迹象让步。18世纪就有人宣称，门诺派成员逐渐减少的重要原因就在于他们强硬地拒绝尝试所有新奇事物,例如喝咖啡、喝茶、戴假发和吸鼻烟。

不过如果说门诺派是最为严苛的,那么归正会则是社会影响最广泛的。然而,鉴于公共教会内部的深刻分裂一直持续到1619年且在50年代之后又再重现,这部分的形势更为复杂。因为分裂尽管根植于神学分歧,却在一定程度上扩展到社会领域,尤其是在生活方式和遵守安息日这些问题上。[45] 即便如此,到17世纪中叶,要求改良举止和道德、建立更虔诚的社会的二次宗教改革开始造势,并且广泛传播于整个共和国。富修斯和乌得勒支的其他重要讲道者——约多库斯·范洛登斯泰因(Jodocus van Lodenstein,1620—1677年)、安德烈亚斯·埃塞纽斯(1618—1677年)、科内利斯·亨特曼(Cornelis Gentman,1617—1696年)、约翰内斯·特林克(卒于1674年),以及无可救药的亚伯拉罕·范德费尔德(1614—1677年)——对自己的改革运动坚定不移,要求更严格地遵守安息日、减少宽容,最重要的是彻底净化教会和社会,让两个领域都变得更敬畏上帝、更虔诚。范德费尔德在《安息日冥思》(*Biddaghs-Meditatie*,1659年)这类出版物中主张,荷兰社会深陷无礼、奢靡、通奸、嫖娼和亵渎安息日的泥沼。他警告道,上帝已经通过收回荷兰在巴西的胜利和其他惩罚而明示他的怒火,如果没有内心的彻底变革,更糟的事情会接踵而至。[46] 范洛登斯泰因是位更有思想深度,且重要的诗人,他的态度也更为温和,但到17世纪50年代,他也担心,只有某些重大灾难才能施加足够大的压力,迫使摄政官和其他社会民众接受道德和生活方式的彻底变革。[47] 17世纪第三个25年里,乌得勒支之外的二次宗教改革的重要人物包括:彼得鲁斯·维特龙赫尔(Petrus Wittewrongel,1609—1662年),他是泽兰人,但作为讲道者和作家,对阿姆斯特丹生活方式的改变有着相当大的影响；[48] 特奥多鲁斯·阿·布拉克尔（Theodorus à Brakel，1608—1669年），他来自恩克赫伊曾，主要在弗里斯兰工作；以及狂热的辩论家雅各布斯·库尔曼（Jacobus Koelman，1632—1695年），1662—1674年间他在斯勒伊斯担任讲道者。

二次宗教改革是归正会内部一场清教徒式的运动，它要求改革生活方式和道德标准。但是它也离不开运动的主要宣传家所怀揣的严苛宗教立场。主导着乌得勒支宗教法院的富修斯牢固地将神学实践与教义基要主义捆绑在一起。[49] 他认为，生活的纯净是真挚信仰的果实。他和他的支持者相信，社会改革需要不懈地抨击怀疑、逃避的倾向和异端。由此，富修斯的行为改革与他对笛卡儿和新哲学的攻击联系在了一起，也与对抗辩派和其他有缺陷的神学——尤其是索齐尼主义的攻击联系在一起。跟埃塞纽斯和维特龙赫尔类似，富修斯处处都能察觉到索齐尼主义的身影，但是在荷兰省和乌得勒支省，信仰的敌人得到了阿明尼乌派摄政官的保护，亵渎神明的生活方式和娼门也是如此。于是，和范德费尔德和范洛登斯泰因一样，富修斯感到教派必须插足政治领域。要想成功击败"伊壁鸠鲁派、无神论者、自由派、异端和唯灵论者"、推行生活方式的改革，他们必须拿下市政厅，推翻摄政官鼓励实践和神学中的自由主义繁荣的政策。

二次宗教改革通过宗教法院和平信徒进行，它动员所支持的力量去向摄政官施压，促使后者打击不得体的举止和应被斥责的信念。富修斯派宗教法院的基本策略是向城镇议事会递交请愿书，请求颁布严格的市政法令，旨在通过施行惩戒和罚款约束不端和不当行为。颇具代表性的是在富修斯督促下1665年呈递给乌得勒支摄政官的抗辩书，它要求：任命更多讲道者；颁布禁止吸烟、饮酒、咒骂、亵渎神明和违反安息日的严格法规;在礼拜日关闭酒馆;有效查禁天主教秘密集会;最后要求"严厉打击通奸——就像既存的打击妓院和卖淫的法令一样,应当严厉惩罚一般性通奸"[50]。宗教法院用"一般性通奸"来描述区别于卖淫的淫乱行为。他们的主要目标之一就是将通奸定义为应受罚款的城市罪行。

然而,要动员宗教法院反抗荷兰省和乌得勒支省的阿明尼乌派摄政官,他们必须先攻克宗教法院内部的反对派。于是,富修斯派将科齐乌斯的神学主张视为社会改革的绊脚石,将宗教法院内存在的科齐乌斯派视为他们行动的障碍。为了取得成功,富修斯派力求扫除科齐乌斯派神学,夺取宗教法院,并且动员人民向摄政官施加难以抵抗的压力。在他们看来,科齐乌斯派神学不仅不利于遵守安息日规定,鼓励笛卡儿哲学和科学的传播,而且直接阻碍了打击奢靡和不端行为的进程。据说到17世纪末,人们可以在马路对面就将科齐乌斯派与富修斯派讲道者区分开来,因为一派戴假发,还对时尚做了其他让步,另一派则完全拒绝这些。当然,关于行为得体的分歧通常是程度的问题。以跳舞为例,富修斯彻底将舞蹈和舞厅贬斥为亵渎神明之物,不能容忍在婚礼上跳舞;而科齐乌斯派认为,有节制的跳舞是可以接受的,"只要注意时间、地点和人物"[51]。在1650年之后的阿姆斯特丹,宗教法院就不再因为跳舞的罪行传唤会众,但是一些讲道者依然不屈不挠地在讲坛上坚持改革运动。1681年,阿姆斯特丹宗教法院规定,婚礼宴会中宾客开始跳舞时,所有在场的公共教会讲道者必须立即离开,以彰显自己的反对意见。[52]

受到二次宗教改革责难的另一个荷兰生活的一部分是剧院。17世纪40年代以前这个部分就存在零星的运动。运动主要是针对冯德尔和其他与舞台有关的、抵制反抗辩派的名人。然而，范围更广的针对剧场的论战，要到17世纪中叶的几十年才兴起，它受到富修斯鼓励，在阿姆斯特丹由维特龙赫尔领导。后者强烈反对戏剧中时常描绘的暴力、异教信仰和夫妻不忠，这尤其体现在他有关基督教纯洁性的小册子《基督教勤俭》(Oeconomia Christiana, 1655年)中。在第一次英荷战争期间，维特龙赫尔告诫国人，如果他们不放弃自己罪恶的生活方式，避免嫖娼和酗酒、查禁舞台演出，上帝将会给予他们可怕的惩罚。战后，这些警告依旧很刺耳，但同时贸易复兴，相关焦虑不断减少，并且自1655年起，妇女开始出现在舞台上。这是荷兰戏剧史上的第一次，而英格兰要在一些年之后才会出现这一景象。在日益激烈的论战刺激下，冯德尔于1661年发表了毫不妥协的、捍卫戏剧的辩护词，并激起了一些愤怒的反驳声。1664年瘟疫期间，议会会强制关闭剧院，直到1666年才批准恢复演出。然而，灾难很快再次向二次宗教改革伸出援助之手。剧院在1672年的非常时刻被关闭，并且在富修斯的压力下，关闭了5年之久。[53]直到范伯宁亨和胡德领导了一场坚定不移的运动之后，剧院才获准重开，条件是演出的内容不能被认为是有害于道德或公共教会的。

二次宗教改革虽然没能永久关闭阿姆斯特丹的剧院，但它对荷兰舞台造成了方方面面的影响。宗教法院只有一次成功说服市长查禁特定戏剧——冯德尔的《路西法》(Lucifer)。1654年2月它在经过两场演出之后被禁，原因是在舞台上呈现天堂和天使。[54]但是持续的压力以及17世纪六七十年代剧院间歇性的关闭，迫使剧院理事会变得极其谨慎。他们实行自我审查，阻止哪怕一丁点儿有关引发异议或色情的内容进入剧院。英格兰复辟时期戏剧中的那类下流桥段，完全不可能出现在当时的荷兰剧院中。此外，二次宗教改革确保了在阿姆斯特丹、海牙和鹿特丹之外，舞台演出的频率越来越低，一些城市的舞台演出被彻底禁止，如1662年之后的乌得勒支。[55]

另一个引起诸多争论的事情是公共教会各教堂中的管风琴及其相关的演奏，这甚至在小城镇也引发了讨论。根据1578年多德雷赫特全国宗教会议的决议，礼拜中禁止使用管风琴。但是大多数主教堂的管风琴并未真正移除，它们在礼拜前后定期弹奏，以活跃教堂礼拜的气氛。共和国最伟大的作曲家、管风琴师扬·比德斯·斯韦林克（Jan Pietersz. Sweelinck，卒于1621年）正是靠着这种方式，在阿姆斯特丹老教堂赚钱糊口。但是这留下了一个尚未落定的争论，并且这场论辩在17世纪40年代激化。此前的1641年，康斯坦丁·惠更斯发表了一本小册子，支持用管风琴为礼拜伴奏，它得到霍夫特和默伊登团体其他成员的认同。弗雷德里克·亨德里克似乎对在教堂中使用管风琴也持支持态度。但是，大部分讲道者反对用管风琴给礼拜伴奏，许多人还积极要求移走这种乐器。富修斯和惠更斯达成一致的地方在于：如果说管风琴是教宗党人的装饰品，不适合用来为圣礼伴奏，那么用礼拜仪式前后演奏管风琴的方式来激励人们上教堂，这一做法是不合逻辑的。[56]富修斯和二次宗教改革发起了一场抗议运动，要求移走教堂中的管风琴。这在宗教法院和城镇议事会里激起了没完没了的争论。作为富修斯的学生、顽固的反科齐乌斯派成员，库尔曼在斯勒伊斯担任讲道者的12年间的一个主要目标就是确保管风琴从主教室中被移走。[57]

二次宗教改革在17世纪下半叶发展至高峰。它在国家的危急时刻——几次英荷战争时期、1672年法兰西入侵时期以及1688年猛烈推进。它延伸到共和国的各个地区，渗透到社会各个层面。没有哪个省不受它的影响。因为尽管联省的政治结构是高度去中心化的，但在

第28章 自由与宽容 833

某些方面，共和国的整合度比欧洲各大君主国更强而非更弱，这些领域绝不仅限于旅客出行、沟通交流、交通运输、财政和商业，它在文化方面也具有高度整合性。宗教法院根据讲道者作为教会与民众间的沟通者的名声好坏，决定讲道者的任命。这套制度让整个共和国的宗教法院（他们从不知道什么时候要填补下一个讲道者空缺）都成了所有省份有关讲道者技能和事业的鉴赏家，也使得有影响力的讲道者的活动成了"全国性"事务，而不单纯关乎地方或各省的利益。讲道者或许比其他任何职业团体都更频繁地在各省间调动，通常在其职业生涯的进程中，会历经三四个省份。例如，约翰内斯·特林克就担任过弗卢辛（1649—1655年）、乌得勒支（1655—1660年）、阿讷默伊登（Arnemuiden，1660—1661年）、坎彭（1661—1674年）和吕伐登（1674年）的讲道者。

在地方层面，二次宗教改革的影响程度与各个城镇和市政厅中敌对的政治神学集团间的政治平衡紧密相关。当同情富修斯派观点的摄政官控制城镇议事会时，二次宗教改革的波及面就显然远大于其政敌占上风时的情况。但不应当认为，在所有三级会议派在市政厅里占主导的地区，二次宗教改革就毫无影响力。如果二次宗教改革能支配宗教法院，就必然意味着它获得相当大一部分城镇人口的支持。于是，在17世纪40年代以及1673年之后，即乌得勒支由教会派主导时，富修斯及其支持者所得到的乌得勒支摄政官的合作，就比在阿明尼乌派控制下的中间期获得的多。尽管洛登斯泰因等人在遭遇失败时感到沮丧，但在中间期里，二次宗教改革依然在乌得勒支取得了一些重大成果，包括打击卖淫的行动加强，关闭剧院和限制跳舞的法令颁布，还有1659年颁布的禁止斗鸡的法令。[58] 在阿姆斯特丹，宗教法院通过调查和传唤，打压通奸者、未婚母亲和奉子成婚的女孩。它在1650—1690这几十年里的成果比此前和此后的都大。此外，也是在同一时期，它敦促该城至少尝试约束明目张胆的卖淫活动。[59]在17世纪下半叶，每年有80—200名妓院老板和妓女受到治安法庭起诉，这大约占到该城被捕人数的20%。

然而，政治控制权的转变同样会促使该城的文化和氛围发生急剧转变。阿纳姆在1650—1675年里相对自由。与其他在1672—1674年间被法兰西和明斯特占领的城镇类似，它经历了一定程度的纪律松弛和彻底的宗教宽容，这是那些年盛行的现象。即便如此，也很难说该城沉沦于罪恶（不管一些归正会神职人员后来怎么说）。法兰西士兵颇守纪律，虽说原因是他们发现当地妇女大多对男性的挑逗爱答不理，即便是在小酒馆里也是如此。一位心怀不满的法兰西军官在给朋友的信中谈到阿纳姆女人时，称："完全看不到胸部，因为她们把那儿捂得严严实实的，以至于全都像是圣人。"[60]然而，法军撤退之后，宗教法院在奥伦治派新城镇议事会的支持下，利用人们对法兰西人、天主教和所谓道德堕落的反感，在该城持续发动了扭转观念的运动。其主要方式是警告会众，只有通过彻底的道德和生活方式改革，他们才能避免日后上帝愤怒的降临。

在随后的时代，阿纳姆议事会在驱散天主教秘密集会，打击通奸、卖淫、寻欢作乐和跳舞方面，要比1672年之前更积极。这并不仅仅是门表面功夫，这一点该城的洗礼登记可以证明。1675年之后，该城非婚生育和婚前怀孕的数量显著下降，这意味着阿纳姆婚外性行为的减少。这一状态一直持续到1720年左右，宗教不宽容时代终结后，才出现逆转。[61]在二次宗教改革处于巅峰状态的1678年，富修斯派宗教法院向城镇议事会请愿，要求仿效其他城镇，对那些尚未结婚就偷尝禁果的情侣处以市政罚款。

二次宗教改革的一个典型特征是，它要求宗教法院和讲道坛不受城镇议事会控制。因为在富修斯派看来，教会进程的主要障碍就是不同情教会、不给予足够支持的摄政官手上的权力。阿明尼乌派的摄政官支撑着德维特政权，所以富修斯派常常带着强烈的敌意看待这些人。1672年，一位讲道者评论，那些控制着荷兰省三级会议、力图让宗教法院闭嘴的摄政官表面上是公共教会成员，实际上并不是"真正的信徒"，而是颠覆社会、国家和教会的伪善者。他宣称，自从1648年与西班牙和解以来，"阿明尼乌派与支持他们的索齐尼主义者和无神论者一道渗透到宗教法院和市政厅中，这样便更容易诱骗我们的年轻人接受新观念。他们还鼓励在我们的大学里研究笛卡儿这个骗子。"[62] 他向读者保证，折磨着荷兰社会"疾病"的唯一解药，就是恢复讲道坛"从前的自由"。宗教法院内部的伪善者当然就是科齐乌斯派。富修斯派认为他们是三级会议派的同谋。一些富修斯派倾向于将科齐乌斯派与劳弗斯泰因派的合作视为一个狡诈的神学政治阴谋中的一部分，它意图废除执政职位，颠覆同盟，暗害宗教法院，推翻多德雷赫特全国宗教会议的决议，用笛卡儿的新哲学取代亚里士多德哲学，败坏社会的道德框架。

二次宗教改革在荷兰省的最后一波大潮出现在17世纪80年代，恰逢人们越来越害怕路易十四以及预想中的国际天主教攻势。在其他地方，它维持了更持久的统治。胡格诺派的困境制造的一股不安全感，让荷兰舆论警惕，同时也增强了要求社会"必要改革"的压力。1685年11月，代尔夫特宗教法院向议事会递交请愿书，要求大力限制天主教的自由，关闭妓院，严格遵守安息日，严厉执行对通奸行为的罚款，下令禁止12月圣尼古拉斯日的庆典和其他"迷信节庆"。议事会还被要求"与其他许多城镇一样"，下令禁止喜剧演员、杂耍演员和走绳索的表演者出现在一年一度的集市上。[63] 查禁卖淫活动的优先性尤其高。但是代尔夫特的娼妓如此隐蔽，以至于城镇治安法官只能向议事会保证，就他知道的所有地区，没有哪个地方是卖淫场所。[64]

阿姆斯特丹也有类似的压力出现，尤其是在1688年形势紧张的11月，当时威廉三世入侵英格兰的舰队正在焦急地等待着顺风。"鉴于祖国和教会受到浓重的乌云威胁"，宗教法院同意向市长请愿，要求更激烈的道德改革，尤其是要查禁卖淫，"在主日关闭酒馆和其他声色场所"并且关闭舞厅。[65] 宗教法院的部分成员还希望恢复对该城剧院的打击，但是其他人则倾向于暂时放着不管。1686年3月，甚至是科齐乌斯派主导的莱顿宗教法院，也感到颇有必要对高涨的情绪和关闭该城（胡格诺派）舞厅的要求做出回应，不过该城仅在礼拜日关闭，这是典型的科齐乌斯派的变通之法。[66]

二次宗教改革的推进，以及由此而来的对道德和生活方式施加的压力，促使批评者质问公共教会及其城镇议事会内的盟友是凭借什么权力来力图指导共同体和个人生活的。最具影响力的宗教法院权力反对者是乌得勒支摄政官兼医师兰贝特·范费尔特赫伊森（Lambert van Velthuizen，1622—1685年）。尽管在名义上是归正会的成员，但他是宽容的坚定支持者，是学会派的友人，狂热的笛卡儿主义者。在17世纪五六十年代的数本小册子中，费尔特赫伊森主张，没有哪个教会机构有权强迫个人，公民社会中强制措施的合法来源只有世俗权威。[67] 他认为，根本性的一点是宗教法院应坚决服从于城镇议事会。

17世纪中叶,荷兰政治体内部对立意识形态集团的冲突并非都是举止得体的事件。在许多利害攸关的事情上,双方都倾向于使用过激的措辞。富修斯派称三级会议派是"伪善者、自由派和异端"。而其政敌将富修斯派称为日内瓦的枷锁、自由的颠覆者和道德败坏的执政的盟友。劳弗斯泰因派没有诋毁沉默的威廉和弗雷德里克·亨德里克,因为这两位执政曾捍卫"自由",拒绝过公共教会的诸多要求。而正是支持教会、受到正统派赞扬的执政——莫里斯和威廉二世十分容易遭受批判性的影射。彼得·德拉库尔的友人、律师约翰内斯·厄伊滕哈赫·德米斯特(Johannes Uytenhage de Mist)在他的一些共和主义小册子中影射莫里斯和威廉二世淫乱,这两位亲王无节制的性欲曾是海牙长年的谈资。他请公众琢磨,对于自诩尊崇这种人的讲道者,公众能指望从他们的加尔文宗狂热中得到些什么呢?

第29章

17世纪50年代：巅峰时期的共和国 I

缔造真正的自由

令利普修斯失望的是，1572年之后，北尼德兰没有出现掌握最高权力的至上君主。当年，荷兰省三级会议接管了政府，而奥伦治亲王接手了指挥战争、领导行政部门的权力，不过承诺只在咨询三级会议之后才采取行动，因为"三级会议最为了解领土的情况和人民的意愿"[1]。与布拉班特和佛兰德不同，荷兰、泽兰和乌得勒支三省坚决反对将主权移交给安茹公爵。然而，1572—1587年的北部政府就性质而言，还不完全是共和制的。部分原因是在1581年之前，腓力二世在理论上仍是公认的君主；但更重要的原因在于，奥伦治亲王在决策、军事指挥和人事任命的过程中有着重大影响力（安茹公爵和莱斯特伯爵也曾短暂享有这一权力）。只是到了1587年莱斯特伯爵离开后，北尼德兰才发展出一套彻底的共和体制。奥尔登巴内费尔特领导下的荷兰省三级会议即便没在理论上，也在事实上成为主要决策机构。此外，第一轮真正的共和主义统治还获得了一套与之匹配的政治哲学，它体现在格劳秀斯1618年之前的作品中，同时也体现在莱顿大学教授彼得鲁斯·克纳厄斯（Petrus Cunaeus）著名的小册子《论共和政体》（*De*

Republica Ebraeorum，1617年）中。《论共和政体》长期以来都被称为"荷兰共和国早年最有力的共和理论公共宣言"[2]。然而，共和政府的起步阶段虽然取得诸多成就，却以失败告终。在30年的运转之后，它随着1618年的莫里斯政变结束。政变彻底改变了联省各个层面的权力结构，用准共和的恺撒体制取代了彻底的共和体制。格劳秀斯和克纳厄斯一系的共和主义写作潮流也被阻断。如今执政通过以贵族和军人为主的心腹和宠臣小团体掌控着决策和任命，政治话语权也随之改变。

莫里斯的决策体制、关系网络和势力在弗雷德里克·亨德里克治下得以延续，不过形式有所改变，去掉了莫里斯的神学基础，并给荷兰省留了些余地。然而，荷兰省实质上依然处于次要地位，重大的人事任命和决策由执政及其宠臣做出。换言之，在奥伦治体制下，联省的势力分布与在1650年重建的共和体制下的有根本上的不同。17世纪中叶，欧洲的外国宫廷和外交官敏锐地意识到这两种体制有着鲜明的差别。因为在执政体制下，执政实际掌控着荷兰外交事务（尽管在正式意义上，大使是与总三级会议沟通），也是执政做出重大军事决议（除了资金供给）；而在1650年重建的对立体制下，控制外交和部署军队的是荷兰省三级会议的各委员会。[3]

相比咨议性更强、更为正式的共和体制选项，执政体制无疑让决策更迅速，也让荷兰国家更容易隐藏其高层决策。[4] 然而，与此相对，它也展现出相当大的弱点。在执政统治下，共和国的大部分权力和影响力由一个小圈子行使。这个圈子通常是由与执政宫廷联系密切的贵族构成的，因此也不能代表民众中的各大群体或实体，事实上只对执政负责。结果，政府长期远离荷兰省的城市社会，而那里却是创造财富的地方，共和国各个领域的活力也大多聚集于此。这导致的必然结果是，与执政及其宠臣利益相关的军事活动获得了更靠前的优先处理次序，而荷兰省的海上利益则被排在后面。而如果是在共和体制下，海上利益本可能获得的关注更多，因为那时荷兰省不仅提供资源，还掌控着它们。

执政治下权力集中在少数人手里导致的另一个结果是，这时的政策制定比在共和体制下更容易遭受外部的腐化。不过，在1650年之后的共和体制下，腐败现象确实也普遍存在。海牙的权力走廊因为非法出卖国家文件和秘密而臭名昭著，城市中的买卖官职和恩宠的腐败交易猖獗。然而这些情况中权力腐败更多来自内部，因此比起执政治下，共和国更少遭到外国宫廷金钱操纵的危害。像科内利斯·米斯这种贪腐大户是奥伦治体制的典型症状。米斯是弗雷德里克·亨德里克时期总三级会议的秘书，主要靠着对外交活动施加影响而大发横财。法兰西公使沙尼（Chanut）在1653年记录下了这一时代特征，指出在莫里斯和弗雷德里克·亨德里克治下，海牙的外国外交官总能明白"谁在分配职位和恩宠"。于是向身居高位之人行贿成了外交活动的一种恰当手段。相较而言，在三级会议派治下，权力，以及由此而来的腐败权力更为分散，结果这样的行贿就成了不那么高效的手段。沙尼总结道："今天，这笔花销将是无限和徒劳的。"[5]

拆解这套以执政为基础的体制始于弗雷德里克·亨德里克在位的最后一年，当时荷兰省控制了明斯特和会和裁军。1646—1648年间，执政宫廷丧失诸多先前的手段。而此时权力争斗接踵而至，威廉二世胜出，并暂时成功重建起1618—1646年盛行的体制，其中执政负责重大决策和人事任命；与此同时，荷兰省势力滑落。不过，执政1650年11月的去世让此前的努力付之东流，政府结构即刻恢复到更为共和主义的模式，1618年反抗辩派革命带来的转变作废。由此，相比威廉二世的轰动性政变,他的逝世触发了更为根本性的转变,这一事实很快被领衔的摄政官领会,随后得到了埃特泽马鸿篇编年史的强调。[6]共和主义统治的新时代将要持续22年。

才刚遭受羞辱的荷兰省三级会议抓住这个突然降临的机会。[7]荷兰省代理委员会以行动来确认自己对军队的权力,并且召集全体三级会议成员召开紧急会议。被威廉二世监禁于劳弗斯泰因的摄政官得到释放,官复原职。比克尔兄弟是例外,他们在阿姆斯特丹议事会既有朋友也有敌人,因此他们仅有议事会的席位得到了恢复。从此以后,同样信奉共和主义的德格雷夫兄弟及其追随者主导了阿姆斯特丹。亲王去世没几天,荷兰省就在总三级会议中提议,各省应当共同召集一个特别的"大会议"(Great Assembly),来决定如何在联省当前所处的前所未有的形势下,最好地维护同盟。人们为预计在1651年初于海牙召开的特殊集会做了准备。

然而,在威廉二世去世到大会议召开期间,联省发生了政府和权力关系的根本重构。大会议能做的不过是默认荷兰省恢复对邦联制国家的支配地位,并使其正式化。于是,荷兰省三级会议的大多数成员没有表现出任命任何人接任已故亲王执政之位的意愿。11月,让荷兰省执政职位无限期留空的决议就已达成。随后,荷兰省立即派代表团前往泽兰,抢先阻止泽兰人在威廉三世诞生后任命新执政的行动。[8]

在悬置执政和行政首脑的职位之后,荷兰省三级会议采取进一步行动,承担省内本属于执政的政治和军事职能。[9]先前,执政监督议事会选举,并且在大多数城镇享有从双倍候选人名单中选取城市治安法官(斯海彭)的特权,同时也享有任命重要乡村治安法官(德罗斯特和巴尔尤夫)的权力。荷兰省三级会议中,没有谁完全反对由三级会议侵占这些职权，尽管各方持有不同意见：贵族院反对将掌控选举的无限制权力移交给城镇，力主由三级会议进行积极监督（这将使贵族院在这一程序中获得一些影响力）；莱顿则主张，权力的转移应是暂时的，它不过是"希望刚出生的亲王最终能为共和国承担同样的职能，就像此前他的父亲、祖父、伯祖父和曾祖父在世时曾分别被授予职责一样"。[10]但还没有哪个荷兰省城镇是坚定不移的奥伦治派。

1650年12月8日，三级会议正式接掌执政在该省的权力，它给有投票权的城镇颁发特许状，允许各城镇在不受外界干扰的情况下，选举自己的议事会成员、治安法官和市长，它在三级会议的最终监督下得以应用。[11]由此，摄政官擅自夺取了在城镇内分配官职和权势的全部控制权。在三级会议中没有代表的荷兰省城镇——海特勒伊登贝赫、奥德瓦特、武尔登、纳尔登、赫斯登和米德尔哈尼斯——依然要呈交双倍提名名单，而摄政官将从名单中被选出，不过如今是由三级会议代替执政做出决断。[12]三级会议还负责任命巴尔尤夫和德罗斯特。

所有这些都标志着城镇和乡村地区权力结构的重大转变。摄政官的控制力增强，执政倾向重视的其他势力（某些环境中包括行会和民兵团体）遭到淘汰。在行会仍有余音的多德雷赫特，存在强烈的抵抗情绪。1651年4月，这里爆发了支持行会和行会代表委员会的暴乱。委员会被称为"可敬的正直之人"（Goede Lieden van Achten），1650年之前，它的代表都是由执政从行会提交的候选人名单中选出的，它仍旧持有选举市长的一票决定权。多德雷赫特摄政官在三级会议的支持下平息了骚乱。[13]

在荷兰省乡村地区，巴尔尤夫和德罗斯特是有权势的人物。执政职位的悬空引起的权力转移同时也影响到了诸多小城镇。在霍林赫姆，直到1650年这里的德罗斯特依然由莫里斯1617年安插的贵族担任，他管辖着该城，以及附近的乡村。[14] 但这一局面在1650年终结。由三级会议任命的新德罗斯特在城里没有权威。该城紧跟其他城镇的步伐，取得了三级会议颁发的特许状，使该城摄政官在不受德罗斯特干预的情况下得以主持自己的选举，选择市长。

荷兰省还赶在大会议召开之前，努力鼓动泽兰做出类似的转变。泽兰省向来存在强烈的奥伦治派情绪，但许多摄政官希望效仿荷兰省，从执政的去世中受益，进而巩固自己的地方权力和影响力。结果，6个城镇中，仅有弗卢辛和费勒投票支持任命襁褓中的威廉三世为执政。[15] 泽兰省三级会议的多数成员投票支持以下几项提案：执政职位空置；废除第一贵族（即奥伦治亲王）的投票权，该省三级会议的票数从7票减少为6票；跟随荷兰省，授权各城镇自行指派自己的摄政官和市长。这类权力都遭到了弗卢辛和费勒的反对。[16] 这时，泽兰省贵族呈交请愿书，宣称第一贵族是泽兰贵族院的代表，他的投票权应移交给贵族院。但这一论断没能说服三级会议。在1650—1672年期间，泽兰省三级会议是共和国里唯一一个只有城镇代表的省三级会议。但是，整个泽兰社会还是被1650年的变局深刻分裂，从1651年4月起，米德尔堡经历了数个月的动荡与骚乱。

然而，立即采取行动的不只是荷兰省和泽兰省。事实上，所有省份都出现了密集的政治活动。阿姆斯特丹打造了纪念章，将威廉二世描绘成希腊神话人物法厄同——他由于骄傲，越过自己的权限，而从荣光堕入灾难。纪念章还附带标注"大冒险"（Magnis excudit ausis）字样，以表达威廉二世的消失带来的结果。然而，内陆省份的许多显贵人物希望保存莫里斯、弗雷德里克·亨德里克和威廉二世的体制，他们同样使出手段，力图在大会议中获得优势。在弗里斯兰省三级会议的支持下，威廉·弗雷德里克要求格罗宁根和德伦特立刻选出新执政，最好是任命他自己。一支由3名格里特曼、1名斯内克市长和代理三级会议秘书组成的弗里斯兰代表团迅速前往格罗宁根，称赞拿骚家族的美德。[17] 随后不久，格罗宁根便将执政职位授予威廉·弗雷德里克，德伦特省三级会议紧随其后。与此同时，伯爵呼吁其他省份的精英，不要让执政职位留空。威廉三世诞生的3天后，威廉·弗雷德里克致信乌得勒支省三级会议，呼吁他们任命初生的亲王为"乌得勒支执政"，同时任命自己为"副执政"，代行执政权力，直到亲王成年。[18] 他也在海尔德兰和上艾瑟尔追求同样的目标，在这些地方利用当地奥伦治派贵族代他采取行动。[19] 但是别的省份都没有追随格罗宁根和德伦特的脚步，在大会议召开前就选出了执政。

当然，荷兰省绝没有听天由命。代表团成员不仅被派往泽兰，也被派往内陆省份。荷兰省贵族院的新领导人奥布丹领主（1610—1666年）雅各布·范瓦塞纳（Jacob van Wassenaer）游刃有余地对海尔德兰和上艾瑟尔三级会议的在座贵族做工作。奥布丹领主曾是军人，从1643年起担任赫斯登的德罗斯特，随后很快兼任驻军指挥。在军队中，他尤为成功地用军事职位和晋升的承诺赢取到年轻贵族的支持。科内利斯·德格雷夫（Cornelis de Graeff）陪同奥布丹领主前往海尔德兰。他俩还利用了奈梅亨对威廉二世支持行会代表委员会的不满。传统上该委员会对议事会成员选举有发言权。[20] 跟别处的摄政官一样，奈梅亨摄政官希望控制该城，而不受行会代表势力的阻碍。摒弃执政是达成这一目的显而易见的手段。上艾瑟尔三级会议被相互对抗的压力所困，不过主要是受到荷兰省的影响，最终他们投票决定推迟就执政问

第29章 17世纪50年代：巅峰时期的共和国Ⅰ　　　　845

题做出决断。[21]

　　自1579年以来，大会议是各省首次聚集起来讨论同盟的形式和结构的机会。会议不可避免地存在诸多分歧。甚至是代表团的地位也引起激烈争论。荷兰省三级会议派出全权代表团出席。尽管荷兰省力劝其他省份也以"全权代表团"的形式出席，并赋予它们决断权，而不必回头咨询各省首府，但是没有哪个省份愿意照做。4个省份——弗里斯兰、格罗宁根、乌得勒支和泽兰把它们的代表团定义为各省的"特别代表团"。[22] 上艾瑟尔开始仅派出了它派往总三级会议的常规代表团，而后将之升级到"特别"的地位。最为怪异的是海尔德兰代表团。该省的3个地区发生激烈分歧——奈梅亨支持荷兰省，阿纳姆尚未决断，聚特芬是奥伦治派。[23] 三者无法达成一致，于是最终决定将奈梅亨和阿纳姆区来的代表指定为到海牙参加大会议的海尔德兰全权代表团成员（这有违海尔德兰高等法院的意思），而聚特芬的代表只作为派往总三级会议的常规代表团成员。

　　大会议于1651年1月在海牙三级会议大厦开幕，荷兰省大议长雅各布·卡茨发表演讲。他用自己的文学才华称赞共和国在本质上优于君主国，并援引了雅典、斯巴达、罗马、佛罗伦萨、威尼斯、瑞士和热那亚这些古代和中世纪共和国的光辉。[24] 不知道卡茨本人有没有意识到他宣言中的极端讽刺意味。在场者几乎没有哪个不知道他这么多年来对弗雷德里克·亨德里克的卑躬屈膝，以及由此导致的荷兰省的衰落。

　　会议的第一项议程是执政问题。1650年11月以来，弗里斯兰这个在17世纪最具凝聚力的弱小省份担任了反抗荷兰省的领袖，组织协调了支持奥伦治-拿骚家族的活动。为了弗里斯兰代表团能够迅速对荷兰省人的提议做出回应，弗里斯兰代理三级会议授权他们秘密与威廉·弗雷德里克进行协商，并且可以直接采取行动，而不必回头征询吕伐登的同意。[25] 弗里斯兰和格罗宁根坚持称，是否任命执政这一问题不纯属各省自己的事务，因为执政职位也是同盟机构的一部分。[26]《乌得勒支同盟协定》第九条和第二十一条规定，各省之间的纠纷应当通过执政调解来定夺。按照这些省份的理解，这意味着，根据同盟协定，每个省份都必须有一位执政。[27] 考虑到自1572以来，奥伦治-拿骚家族为国家做出的贡献无可比拟，弗里斯兰人接着说，这些各省必备的执政必须从这一家族中选出。他们还主张，要想军队得到有效领导，其军事纪律体系要求它配备一名"卓越的领袖"，一个身份得当、享有名望的指挥官。他们力主，威廉三世应当被任命为陆军和海军总司令，并且在他成年前，任命弗里斯兰执政为代理总司令。

然而，在对其他省份施加影响力方面，弗里斯兰难以匹敌荷兰省。海尔德兰贵族院拒绝支持威廉·弗雷德里克，这是因为"（奥布丹和德格雷夫）已经把晋升许诺给了一些贵族"[28]。1651年3月，上艾瑟尔省三级会议得出结论，根据同盟协定，任命执政并不是必需的，上艾瑟尔的执政职位将无限期悬空。[29]

第二个主要议题是宗教。加尔文宗正统派的支持者已然失去了执政，但绝没有放弃他们构建一个在宗教和道德方面更有风纪的社会的计划。相比其他领域，荷兰省人在这方面可以预计会遭到更为强烈的批判：因为在弱小省份看来，荷兰省给公共教会的支持力量不足，而宽容过剩。上艾瑟尔省三级会议几乎在每件事情上都有分歧，唯独在宗教问题上团结一致地支持弗里斯兰的要求：采取更强硬的措施，打击天主教和新教异议者。[30] 奥伦治派的泽兰大议长约翰·德布吕纳（Johan de Brune，任期1649—1658年）是个有才华的诗人和加尔文宗正统派。他认为在这个关键节点将泽兰省三级会议团结在奥伦治派立场周围是没什么可能性的，但是可以在争取更严厉的宗教政策这一驱动力背后，团结泽兰。[31] 这一时期，让归正会宗教会议最担心的问题是索齐尼主义的作品和观念的传播。在这一问题上，泽兰在大会议进程中担起了领袖角色，主张严厉惩罚传播索齐尼主义教义和图书的行为。[32]

归正会的宗教法院和宗教会议竭力对大会议施加影响。宗教法院向宗教会议递交自己的建议，各个宗教法院随后又准备向大会议递交联合请愿。富修斯本人受邀起草乌得勒支宗教法院的建议书。他希望大会议确定多德雷赫特全国宗教会议的决议是公共教会的基础，明确在保护和发展教会方面，同盟机构将被赋予更重大的作用。在他看来，最为重要的一点是，同盟和各省需要更有力地打击天主教，更积极地在公地上推广归正会，并应对索齐尼主义日益增强的威胁。[33]

宗教会议递交给大会议的联合请愿书坚持称，天主教正在复兴，应当在各省和公地上，更强劲有力地着手镇压天主教。[34] 就公地而言，驱逐所有担任公职的天主教教徒的政策在1649年之后遭到阻滞，如今应当强制执行。与此同时，宗教会议希望大会议规定：不得设立受到宽容的路德宗、门诺派和抗辩派教团，在这类教团已然存在的地方，要阻止它们进一步传播；作为"亵渎基督之人"，犹太人在整个联省都不得公然举行犹太教仪式；[35] 同时，也采取积极措施镇压索齐尼主义。最后，在生活方式方面，宗教会议要求颁布法令，加强对守主日的管控，遏制奢侈的着装和嫖娼，关闭舞蹈学校。

弗里斯兰和格罗宁根支持这些要求，并且力劝各省在整体性教会事务方面进行更多合作。他们认为，如果各省拥有共同的公共教会和打击天主教的共同法令，却没有同盟机构监督它们在整个联省的实践，进而确保法令得以在共同的基础上推行，那么事情将毫无进展。[36] 上艾瑟尔也赞同。不过，荷兰省不愿同盟机构的作用增强，断然拒绝弗里斯兰对"联省共同缔造和谐与团结"的请求。公共教会的请愿大多被否决。不过荷兰省确实同意，确认1618—1619年的多德雷赫特全国宗教会议决议为整个联省唯一的公共教会基础。这点减轻了人们的担忧，因为可能有人企图消解反抗辩派在1618—1619年间取得的成果。荷兰省还同意一项规定：受宽容的教会——路德宗、再洗礼派和抗辩派教会"今后不许扩张到其他任何地方，只得在它们已然运行的地方活动"。这意味着作为一项同盟的整体政策，这些信仰被排斥在众多城镇和大部分乡村地区之外。[37]

大会议的第三个焦点在于军队的组织和统率结构。没有哪个省份希望削弱共同军队和防御体系的原则。但是，在没有执政的情况下，同盟机构如何经营军队，如何任命和提拔军官？各省对此争论不休。[38]一些省份提供了高比例的荷兰军官，海尔德兰尤其如此。它们力图通过将有关军事职位和晋升的职责转交给总三级会议，从而减少荷兰省的影响力，因为在总三级会议当中，荷兰省只有7票中的1票。但是在泽兰的支持下，荷兰省提出了一个不那么麻烦的方法，它力主将晋升事务交给国务会议，在那里荷兰省有8票中的2票。最终，双方达成妥协，军事任命将由总三级会议和国务会议联合决定。

荷兰省处理军事事务的方案激起了内陆省份一些贵族和军人的激烈批判，他们认为这一方案显然是政治性的。范德卡佩伦抱怨道，荷兰省摄政官不仅缺乏评判候选人晋升所必需的经验和专业知识，而且不那么关心军事效率，只在意提携亲属和友人，他们会将军队变为政治庇护网络，"而不关注功绩"。[39] 1650—1651年权力结构的转变确实给军队与社会之间的关系，造成了深远影响。荷兰省此前就在急剧削减军队规模，如今又开始在政治上阉割它，降低军队的地位。除了获取对军事职位和晋升机制的掌控权，荷兰省摄政官还力主削减军队中奥伦治派倾向，尤其是防止威廉·弗雷德里克被任命为"代理总司令"，或是产生任何对军队的影响力。没人会忘记，1650年是他带着军队打击阿姆斯特丹的。通过授予扬·沃尔弗特·范布雷德罗德（Jan Wolfert van Brederode）"陆军元帅"的称号并让他指挥军队，荷兰省确保了不会有任何政治上实力雄厚的人物来领导军队，或调动士兵反抗文官政府。大会议还通过以下方式进一步削弱军队的地位。它规定：在驻防城镇，保管城门钥匙，以及在黎明和傍晚开关城门的职责，从军事指挥官那儿移交到市长手中。[40] 类似的，军队对被控违禁的士兵的审判权被削至最小——仅剩逃兵和抗命两项。所有有士兵卷入其中的伤害、偷盗、强奸和谋杀案件都交由公民治安法庭处理。[41]

大会议还讨论了在总三级会议和同盟各机构中的代表权问题。自同盟成立初期以来，有投票权的省份数量就固定为七个。但是要永远将其他地区（主要是荷属布拉班特和德伦特）排除在外吗？如果是，那么合法性在哪里？1648年以来，荷属布拉班特各城镇就在斯海尔托亨博斯和布雷达的带领下，开始到各省三级会议中争取支持，希望批准它成为有投票权的同盟机构成员。对于该省而言，此事利害攸关。因为在总三级会议中拥有代表权，不仅会提高它的地位，而且还能增强它的政治影响力，它还会得到现存由七省享有的自治权和征税权。1651年1月，在蒂尔堡集会的荷属布拉班特各个城镇同意，即便它们没能争取到被认可为享有全权的投票省份，像德伦特那样至少争取到"自治和自己征税的自由"也是有利的。[42] 德伦特也向各省三级会议派出代表团，希望被认可为全权投票成员。

在大会议上，两个地区都得到了广泛的支持。德伦特1651年4月派往吕伐登的代表团受到了友好接待；而派往海牙的弗里斯兰代表团则收到指令，要给予德伦特全力支持。[43] 荷属布拉班特同样得到了弗里斯兰、格罗宁根、泽兰和海尔德兰的积极回应。事实上，只有荷兰省坚定拒绝两省的申请。布拉班特人竭尽全力，在与荷兰省人的较量中赢得胜利。他们收集了所有的条约，利用了能想得到的每一条司法、政治、财政和历史论据。其中颇为重要的一点是，他们指出由同盟机构收税侵犯了布拉班特的古老特权，这与乌得勒支同盟的原则存在直接冲突，最终会让地方人民"怨恨国家"。[44]

只有荷兰省否决荷属布拉班特的申请这一事实表明，无论人们怎么说，该地区被排除在外并不是出于宗教的原因。斯海尔托亨博斯、布雷达、贝亨和赫拉弗的市议事会成员全是归正会的支持者，他们跟其他人一样渴望打击天主教。在联省，每个省份都认同以多德雷赫特全国宗教会议决议为基础的荷兰归正会。官方禁止天主教，没有哪个省份有自行其是的可能。人们也许会质疑这样的主张，即承认该地为全权省份将增强该地区的归正会信仰。但是，该地的政治精英全是归正会信徒。荷兰省确实将布拉班特的天主教信仰作为反对接纳他们的理由之一，但是荷兰省坚定不移地反对荷属布拉班特（和德伦特）加入的真正理由在于，它不愿增加同盟机构的总票数，因为这必定会在一定程度上淡化荷兰省的优势。[45] 另一个与荷属布拉班特相关的动机在于蒂尔堡和海尔蒙德。荷属布拉班特归属同盟机构管辖时，荷兰省可以借助符合莱顿和哈勒姆利益的方式操控这些纺织业城镇的事务。然而，如果北布拉班特成为全权省份，那么它很快就会作为纺织业生

第29章 17世纪50年代：巅峰时期的共和国 I

产者与荷兰省竞争，而它还有"工资低很多"这一优势。

大会议的进程中，一些省份陷入了慢性的内部动荡。海尔德兰各区之间的分歧加剧。格罗宁根出现深刻裂痕：一是格罗宁根城与奥默兰在该省高等法院问题上的冲突；[46] 二是奥默兰本土贵族内部的分裂，一派反对威廉·弗雷德里克，另一派支持。后者的领袖是斯洛赫特伦领主奥泽布兰德·扬·伦格斯（Osebrand Jan Rengers），他是费弗林霍区最富裕的贵族，也是执政的左膀右臂。[47] 泽兰也成为内部冲突的受害者。骚动传播到该省诸多地区，包括济里克泽。托伦尤为严重，如今一直处于持续动荡中，三级会议数次介入，以平息这里的民众和行会骚乱。这几个月间，米德尔堡的民众因泽兰经济萧条的影响而心灰意冷，在一些精英群体的鼓动下转而对抗当权派。这些精英中包括讲道者，当时他们正在与市长进行激烈冲突。1651年6月，在数千民众参与的暴乱中，市长亨德里克·蒂鲍尔特（Hendrik Thibault）被推翻，他曾是威廉二世在泽兰的主要盟友。米德尔堡议事会的控制权暂时转移到费特（Veth）兄弟手中，他们是亲荷兰省派的领袖。约翰·德维特愉悦地宣称，米德尔堡政变是"鲜明的奇迹，上帝之作"。[48] 泽兰有投票权的城镇如今呈现3比3的分裂状态：弗卢辛、费勒和胡斯依然大体属于奥伦治派，而米德尔堡、济里克泽和（摇摆不定的）托伦向另一方倾斜。[49]

弱小省份的极度不稳定突出了大会议作为联省团结的象征的重要性。这场集会至少就同盟机构和军队如何在新形势下运转达成一致。显然，弱小省份就其自身而言是内在虚弱和不安定的，因此，当前荷兰省的凝聚力和稳定比以往任何时候都像是安置一切的磐石，是共和国及其贸易、航运、殖民地、国际地位和陆海军力量的支柱。对于坐在分裂的泽兰省三级会议中的摄政官、置身于僵持状态的格罗宁根或海尔德兰的贵族而言,大会议代表的是一个遥远的联邦概念,而不是荷兰省领导下的同盟,它为内部问题和军事安全提供了唯一现实的希望。于是,大会议在足够真诚的和谐景象和对团结统一的大声疾呼中结束。阿姆斯特丹由始至终都坚定要求惩罚1650年夏对该城用兵的行为,而弗里斯兰固执地为威廉·弗雷德里克辩解。在阿姆斯特丹眼中,他是如今在世的罪魁。在荷兰省三级会议中,起初只有莱顿力主大赦。[50] 但是,荷兰省领导人中最敏锐的头脑发现,同意大赦而不是追究威廉·弗雷德里克、范德卡佩伦和其他1650年政变领导人的罪责,更能令该省获益。年轻干练的摄政官约翰·德维特1650年12月当上多德雷赫特的议长,此时才刚刚开启他的政治生涯。他属于那些最为积极向荷兰省三级会议成员(包括他自己仍持怀疑态度的父亲)游说大赦提案好处的人。[51] 这一举措让大会议在一个几近狂欢的氛围中落幕。

为了纪念会议闭幕,泽兰省三级会议发行了引人注目的纪念章,它的图案、题词都由该省的诗人兼大议长德布吕纳设计。纪念章上画着一块磐石,上面附满七省的盾徽,磐石上立着优雅的女士,她在灿烂的阳光下,高举着自由帽。[52]

1652—1654年:第一次英荷战争
以及1654年·《排除法案》危机

17世纪40年代末,即八十年战争结束之时,荷兰海外贸易体系得以重建,它导致的一个重大结果就是共和国与英格兰关系的根本转变。[53] 上一段时期，即荷兰世界贸易霸主地位的第三阶段（1621—1647年），荷兰与伊比利亚半岛、地中海和近东的贸易相对衰弱，这让这两个海洋国家之间可能存在根本性的劳动分工，两者之间的大部分冲突源头由此得以扫除。1621年之后，英格兰在波罗的海、德意志、俄国和斯堪的纳维亚半岛的这些传统市场日益受挫，因为荷兰的势力正日益增强。但是这没有造成什么困境，因为英格兰的损失已经得到补偿，它在南欧和黎凡特地区的海上贸易领域获得了新优势，1630年后尤其如此。可以说，英格兰与北欧贸易的衰落，与荷兰与南欧贸易的衰落相当。同样的劳动分工也清晰地显示在东印度公司商品的再出口方面。荷兰在南欧的胡椒和香料市场中占据优势，而英格兰人在南欧的商品贩卖几乎没有竞争对手。

然而，这种舒适的和谐有着内在的危险性。当时，联省大体而言是比英格兰强劲得多的贸易力量，它拥有更多的船只、更低的运费、更完善的财政体系、更低的利率，而且整体来说在制造业方面范围更广、质量更高。正如一些观察者在17世纪40年代所意识到的英格兰在南欧贸易中所取得的霸权，特别是在西班牙、葡萄牙和意大利贸易中的霸权，在很大程度上是西班牙的禁运政策以及佛兰德和西班牙针对荷兰船只的私掠活动造成的影响。政治基础一旦移除，整个结构必将崩溃。

17世纪40年代末，荷兰以惊人的速度取代了英格兰在南欧的海上霸主地位。[54] 从葡萄牙到阿勒颇（Aleppo），此事带来的影响在每个地方都显而易见，不过最显著的还是西班牙的情况，以及西属美洲商品的贸易。一个生动的例子就是西班牙羊毛出口的运输。"虽然先前我们将四五千包纺织毛料运回来，而荷兰人运的量还不到一千包，"1650年，一个英格兰人抱怨道，"他们的船被禁止，但他们还要转运，如今他们运走了五六千包，而我们每年最多不超过1 200或1 500包。"[55]与此同时，英格兰纺织品在西班牙的销量也在锐减，因为英格兰的制造品也被荷兰人制造的所取代，而英格兰纺织品的销售曾催生出英格兰买空西班牙羊毛和美洲染料的购买力。如此大规模且迅速的情势逆转，严重影响到伦敦乃至整个英格兰的航运和纺织业，这导致英格兰不可能不经过激烈、强劲的反抗就接受新现实。由于如今西班牙、意大利和黎凡特的货物，甚至是加纳利群岛（Canary Islands）的葡萄酒（当时在英格兰广受喜爱）都能以低得多的价格运输到荷兰省，而非英格兰，于是17世纪40年代末，这些商品开始大量从荷兰省涌入英格兰，而在1647年之前，根本没有这类贸易的迹象。

到1651年，英格兰陷入萧条，普通商人、运货商和衣料商的不满已经让英荷关系极度紧张。起初，伦敦的议会当局力图通过政治手段挽救局势。如果荷兰愿在政治上屈服于英格兰，那么就没必要发生冲突。英方提议与联省建立政治同盟，那是一种类似于近来议会通过武力强加于苏格兰的那种同盟。1651年3月，一支议会使团抵达海牙，要求建立两国"更严密、更亲近的联盟和同盟"，当时正逢大会议举行。共和国方的谈判人员没有对政治要求做出回复，但力图讨论通过什么方式缓和当前损害英荷关系的严峻冲突。就英方而言，他们明确表示，如果共和国不愿接受政治上的从属地位，那么就要承受另一种压力。

这种压力没过多久就来了。1651年8月，大会议闭幕当月，英国议会通过了《航海条例》（Navigation Act）。该条例有特定意图，专门适用于一种特殊情形：阻止殖民地产品和鱼经由共和国船只进口到英格兰，同时禁止从共和国转运港向英格兰运输意大利生丝、土耳其马海毛、西班牙商品、赞特葡萄干、那不勒斯橄榄油和加纳利葡萄酒。它禁止一切荷兰人将南欧货物运往英格兰港口的行为，宣布新近繁荣起来的共和国与英属加勒比海殖民地的贸易为非法贸易。

《航海条例》在联省大商人和航运界中激起一片愤慨。然而，光是这点并不足以导致第一次英荷战争的爆发。[56] 因为，尽管这是对荷兰共和国的沉重打击，却并没有从根本上威胁他们的贸易体系。作为一个倾销市场，英格兰对于荷兰共和国远不如法兰西、西班牙或波罗的海那样重要。促成战争的是英格兰海军和私掠船——在《航海条例》的鼓励下——对荷兰船只不断增多的滋扰。这些袭击活动是英格兰对17世纪40年代末以来自己的利益落入荷兰人之手的报复。1651年，袭击活动不断升级，至少140艘共和国商船在公海、英吉利海峡、大西洋、爱尔兰海和加勒比海被英国人俘获。[57] 它们被带往英格兰港口，罪名是违犯《航海条例》，与加勒比海保王派通商，或向爱尔兰、苏格兰运输军火等托词。尽管总三级会议多次抗议，但英国议会并没表现出制止袭击的意愿，反而情况正好相反。光是1652年1月，就有另外30艘荷兰船只被拖到英格兰。正因此事，让第一次英荷战争不可避免地爆发了。荷兰要么有能力遏制这类损害其海运的行为，要么纵容此行为。如果是后一种情况，那么荷兰世界贸易霸主的地位也就大限将至了。

习惯于在海上战胜西班牙的荷兰公众一开始对这场冲突满怀信心，尽管如此，几乎所有的战略优势都在英格兰一边。1649—1651年间，英国议会大幅扩充和改善海军，以应对海上的保王派威胁。相比之下，在这一关键时刻，荷兰共和国海军却被迅速削弱。与西班牙和谈之后，海事委员会抛售了许多船只，包括特龙普的旗舰"艾米莉亚号"（Aemilia，600吨位，57门大炮）。[58] 新战争开始时，荷兰人只掌控着79艘战舰，而且它们大多老旧，状态糟糕。更糟的是，英格兰当时至少有14艘"一流"战舰，它们在火力方面相当于或超过荷兰舰队中装备最强的战舰。此外，英格兰的"一流"战舰不仅数量更多，还配备了更多重炮。另外，英格兰舰队还处于联省的上风地带，横亘在共和国航道上，那里一年中大部分时候刮的是西风，因而英格兰的位置更有利于破坏敌人的贸易和航运。最后，由于有大规模的大宗货运舰队和渔场，并且必须确保丹麦桑德海峡的安全——它对荷兰人比对英格兰人重要得多——荷兰共和国的军力不得不比敌人分散得多。

共和国的海军将领，尤其是特龙普和德勒伊特天资过人、意志坚决，但也无法应对英格兰更强劲的火力和集中的兵力。每当两支强劲的舰队在北海和英吉利海峡交战时，共和国船舰总是比敌人更早地被击碎、洞穿和折断桅杆。大规模的伤亡数字日渐耗尽荷兰省和泽兰省本土港口的士气。最惨重的溃败出现在1653年。当年2月，共和国舰队从波特兰岬附近的战役中"支离破碎"地归来，损失了12艘战舰，此后6月和8月又分别在哈里奇（Harwich）和斯海弗宁恩（Scheveningen）惨败。在这最后一场毁灭性的溃败中，他们损失了特龙普指挥官、11艘战舰和4 000名战员。

战争，以及成百上千艘商船的损失，造成了共和国内灾难性的萧条。经阿姆斯特丹市长后来估算，战争期间共和国总共损失了约1 200艘商船和渔船。这是商业的毁灭性退步。捕鲱业和运输业瘫痪。共和国远距离贸易大部分暂停。此外，总三级会议和西印度公司未能稳固荷属巴西的剩余领地，羞辱地看到自己曾经繁荣的殖民地最终重新被葡萄牙人征服。

战争的损失和代价都是巨大的。不过，荷兰不能接受失败。因为这意味着放弃它在"高利润贸易"中的统治地位，而这种地位也是共和国繁荣和伟大的根基。战争必须以某种方式打出一个即便不算成功但也可以接受的结果，一个能全然捍卫共和国海运、殖民地和贸易的结果。共和国耗费巨资，制定了一个彻底重组海军、建立全新军事舰队的计划。[59] 总三级会议在1653年2月下令建造30艘军舰，随后又在12月下令建造另外30艘。然而，海军将领请求建造规模更大、火力更强的军舰的请求没有得到重视，没有哪艘新军舰大过特龙普最后的旗舰"布雷德罗德号"（Brederode，600吨位，54门火炮）。摄政官们倾向于坚持分散火力的政策，为的是最大程度地保护海上航线和贸易。1654年1月，总三级会议宣布，60艘新战舰是属于同盟机构的财产，禁止海事委员会像1609年和1648年之后那样，在战后大批抛售战舰。

然而，战争处于白热化的时期，大部分新战舰尚未造好。由于惨重的人员伤亡，尽管战争造成了成千上万名水手失业，但要找到愿意面对英格兰炮火的士兵还是变得越来越难。不同于英格兰的海军管理机构，共和国海事委员会不得强行将人员拉入自己的舰队，这被认为是与"自由"不相容的，而"自由"被宣称是共和国的基础。因此，三级会议只能将海军工资提高到前所未闻的程度，同时增加对战争伤亡的补偿。这一进程开始于1645年。根据1653年9月发布的新修订条款，在海战中丧失左臂的人将得到266荷兰盾（大致相当于一个工匠的年薪），丧失右臂者获333荷兰盾，丧失双臂或双眼的获1066荷兰盾，失去双腿的获533荷兰盾，规定依据的原则是：相比没有双臂或双眼的人，失去双腿的人更容易养活自己。[60] 这类补偿金在1664年，即第二次英荷战争前夕再次增长，丧失双臂或双眼的人将获得1500荷兰盾的赔偿。

战争的惨败和日益黯淡的景象对摄政官政府产生了消极影响，催生出民众强烈的愤怒和反摄政官的奥伦治派情绪。一些归正会讲道者还积极煽动民众的不满。1652年3月，雅各布斯·斯特蒙德在海牙布道时，公开批判摄政官，其结果是立即遭到撤职。不过，没过多久，在他承诺避免在布道中传播政治观念之后，该项决议撤销。奥伦治派的支持势力日渐上升。1652年7月，弗里斯兰执政的一个泽兰支持者向他保证，不仅在泽兰，而且"在共和国的许多城镇，人们都开始改变说辞，他们发现不能没有首领"[61]。同一月，代尔夫特讲道者、坚定的奥伦治派约翰内斯·胡塔尔斯向威廉·弗雷德里克报告称，他兴奋地发现，在近期的南荷兰省宗教会议上，"几乎所有兄弟都公开表达了对奥伦治-拿骚家族，尤其是对阁下本人的强烈热爱"[62]。他接着补充，约翰内斯·特林克（政治活动家，也是二次宗教改革的领袖）正在动员泽兰民众的反摄政官情绪。他评论道："等那儿的事态成熟时，更多正直的朋友和可靠的人民会受到激励在其他省份和总三级会议中推进这项事业。"[63]后来胡塔尔斯也承认，他没料到荷兰省和泽兰省的民众情绪会在"这样短暂的时间内"发生如此鲜明的转变。

鉴于特林克、胡塔尔斯、斯特蒙德及其同僚不能在布道坛上公开谴责摄政官，他们抨击政府的惯用方式是匿名发表小册子，它们的"作用是让普通民众越来越关注拯救这片领土的事业"，以鼓励那些"虔敬的"摄政官，也就是支持加尔文宗正统派、二次宗教改革和奥伦治家族的摄政官。[64]然而，荷兰省内还存在如下问题：大多数印刷商害怕出版这样的材料。这促使胡塔尔斯询问威廉·弗雷德里克，看看执政是否能安排胡塔尔斯本人和其他奥伦治派活动家写作的政治小册子在弗里斯兰印刷出版，并在那儿发售。[65]

威廉·弗雷德里克力图煽动民众对摄政官的怒火，但又不想引起这样的怀疑：他意图篡夺襁褓中的威廉三世的合法地位和继承权。他致信泽兰和格罗宁根三级会议，向他们保证他只希望成为陆军的副司令和海军的代理统帅，且无论如何都不会损害年幼的亲王的地位。[66] 他使泽兰人民相信，奥伦治-拿骚家族曾带领联省从"最深重、最不幸的奴役状态"走向"最光辉、法制和自由的"崇高地位。

到夏末，特林克组织的支持奥伦治家族的骚乱已彻底吓住了米德尔堡的三级会议派。这里的议事会在阿德里安·费特（Adriaen Veth）的带领下屈服于压力，同意了选举威廉三世为泽兰执政、威廉·弗雷德里克为副执政的提案。深感忧虑的荷兰省三级会议向泽兰派遣代表团，成员包括约翰·德维特和阿姆斯特丹共和派的领袖约安·海德科珀。他们的到来激发了弗卢辛、费勒以及米德尔堡充满怒火的游行示威活动。这项活动的参与者包括为数众多的失业水手和渔民，还有伤残海员的妻子。[67] 形势的发展糟糕透了，而年仅27岁的德维特在当中展现出了远超其资深同僚的冷静和沉着。米德尔堡的亲荷兰省领袖坚持称，他们并没有放弃"自由"事业，但当时的民众如此愤怒，他们除了屈服外别无选择。于是，泽兰省在总三级会议中投票任命威廉三世和威廉·弗雷德里克，前提是其他省份（意味着荷兰省）持有类似的观点——这是一项有用的免责条款。荷兰省力劝泽兰省三级会议三思，且这次应提防"政府之外"的人干涉他们的商议。

在抵抗奥伦治派潮流方面，德维特及其同僚带着新的热情重申其三级会议派意识形态。到了1652年年末，德维特已作为荷兰省代理大议长，代替阿德里安·保行事。在这前一年，保接任了卡茨的职位，并且他一直是荷兰省反抗执政的象征，但如今已年老体衰。与格劳秀斯和赫拉斯温克尔类似，德维特明确支持省主权原则，这表现在1652年5月他对荷兰驻英格兰公使的斥责中。斥责的原因是他们允许英国议会将联省称为单数的共和国（respublica），而不是复数的同盟共和国（Respublicae Foederatae）。[68] 他还强调三级会议监督公共教会的权力，并坚称，在控制权集中于一个"杰出首领"之手的地方，绝不可能通过代表和三级会议来负责地行使权力，也没有能够纠正暴政的手段——除了危险的民众动乱。在德维特看来，他日后称为"真正的自由"的实质在于：共和政府是一个因背景、教育和训练而适合行使权力的人共同分享权力的体制。而这种权力的分散和协商，以及随之而来的妥协，是制约权力滥用和恶政最有效的机制。[69]

联省在1652—1653年的奥伦治派浪潮产生于对英战争的压力，但同时也受制于此。在1652年9月的集会上，海尔德兰省三级会议分裂，奈梅亨区支持荷兰省，阿纳姆区自身分裂，聚特芬区支持奥伦治派。[70] 尽管坚定的奥伦治派聚特芬城议事会渴望看到威廉三世被任命为执政、威廉·弗雷德里克被任命为副执政，但他们也提防着在战时将同盟推入危险的骚乱。他们呼吁谨慎，呼吁用所有可行的论据来劝说那些不愿意改变观点的省份（主要是荷兰省）。[71] 正如预期，格罗宁根与弗里斯兰和泽兰联手，在总三级会议中力主威廉三世和威廉·弗雷德里克应当分别被任命为同盟的总司令和副总司令。[72] 但是这3个省份，还有乌得勒支和上艾瑟尔，以及海尔德兰，都过于分裂，以至于难以确定清晰的立场。

1653年春，共和国的政治难题上又增加了一个结。听闻共和国在波特兰海岬附近败北，英格兰、苏格兰和爱尔兰王位的觊觎者，流亡巴黎的查理二世致信该城的荷兰大使，宣称自己"深感遗憾"，并承诺"如果三级会议愿意分派一些船只给我，我将亲身参与其中，与他们的舰队，还有上帝给予他们的赐福相伴，不成功便成仁"[73]。英国议会深感忧虑的正是这类联盟的形成，因为在这种情况下，预计会有相当大一部分英格兰海军会叛逃到国王一方。奥伦治派当然渴望与查理二世结盟。但德维特和荷兰省三级会议的领导层反对回应这一求助，认为它必然会加剧和延长战争，而他们渴望尽早从中抽身。[74]同时，他们也不希望看到英格兰保王派与荷兰奥伦治派的合作增强。

对于荷兰省三级会议而言，最危险的时刻是在1653年的夏天，当时荷兰在海上遭遇惨败，多德雷赫特、海牙、鹿特丹、阿尔克马尔、霍伦、梅登布利克和恩克赫伊曾爆发骚乱。恩克赫伊曾的规模最大。当地暴民在反天主教及反摄政官的狂怒中控制了该城数日。泽兰的米德尔堡和济里克泽，北布拉班特的贝亨也都发生了暴乱。同样令荷兰省代理委员会和德维特（他已在7月被任命为全权大议长）担忧的是，奥伦治派骚乱传到了海军之中。这不仅增加了兵变和抗命的危险，而且阻碍了各个海军将领之间的合作——特龙普和扬·埃弗森（Jan Evertsen）同情奥伦治派，而德勒伊特和维特·德维特坚定地站在三级会议派一边。特龙普去世后，荷兰省三级会议煞费苦心地找寻能接替他出任指挥官的人，这个人要在政治上安全可靠，同时享有高于其他将领的地位和团结海军的能力。[75]这可能是共和国至今经历过的最大规模的海战，但是国内政界却令人十分担忧，以至于相比任命一个实干的海军专家，任命一个在政治和社会方面可靠的海军首领似乎更重要。事实上，经过很长时间的拖延，德维特才最终说服奥布丹领主领导荷兰（世界两大海军强国之一）的舰队。奥布丹领主是荷兰省三级会议派中最出类拔萃的贵族，他精明能干，但完全缺乏海上经验。

共和国的"真正自由"沦陷于奥伦治派和英格兰制造的内忧外患之中。它之所以得救是因为荷兰省的凝聚力、弱小省份的分裂以及英格兰应对海上压力的脆弱性。被逼到墙角的荷兰省摄政官们团结一致。即便是莱顿这样的奥伦治派城市，也不希望在这样危急的节点向曾影响泽兰的那种民众压力屈服，不希望损害荷兰省的团结。[76] 荷兰省立场坚定，而同时其他省份陷入更为深重的骚乱，拥有执政的格罗宁根省也在其中。德维特质问他的敌手，他们曾经所说的与所任命的"杰出首领"相伴的团结力量又在哪里呢？

英格兰赢得了北海的战役，但没能赢得战争，这归因于荷兰的战略和外围地区海上反攻的影响。荷兰人持续打造本土舰队，而英格兰人则无法分散军力去打破荷兰人对遥远海域主要海上航道的控制。结果，英格兰的船只和贸易的瘫痪程度远超荷兰。最终，战争变得难以为继。荷兰与丹麦结盟，重兵把守丹麦的桑德海峡，彻底阻断了英格兰与波罗的海的贸易。1653年，没有一艘英格兰船只能够通过桑德海峡。在地中海，荷兰人也同样取得了胜利。在里窝那俘获一支归航的英格兰黎凡特舰队之后，海军将领范哈伦（van Galen）在1653年3月又挫败一支派来解救它的救援舰队。此后，英格兰在剩余的战争中放弃了地中海。[77] 在东印度，荷兰东印度公司迅速赢得了从波斯湾到中国海的海上优势。此外，到1653年夏，甚至在北海，荷兰私掠船也开始与英格兰私掠船同样迅速地俘获对方的商船。

到1653年11月，克伦威尔和议会已经受够了这样的局面，开始考虑在没有从战争中获得重大受益的情况下进行和谈。[78] 随着和谈一月复一月地缓慢推进，英格兰领导层不得不放弃所有获取物质利益的想法。到1654年春，仅剩的要求是，共和国不得再任命奥伦治亲王担任国家的"高位"——执政或总司令，同时也不得任命任何一位奥伦治-拿骚家族的成员。共和国在知道这一要求后，其骚动接踵而至。奥伦治派推测——可能是正确的——这一要求源自德维特而不是克伦威尔，或至少是二者的合谋。一大波激烈的批判浪潮不断袭来。

看到弱小省份不可能接受这样的条款，德维特便将它从正式谈判中剔除。由此，正式发布的和约文本并没有排斥奥伦治家族的迹象。但总三级会议并不知晓，德维特认可了一份秘密附属条约，它要求荷兰省三级会议一方通过《排除法案》。至于荷兰省从中得到的益处，条约规定，议会不得批准和约，除非荷兰省优先批准。[79] 同盟机构派往英格兰的4位全权代表中，一名泽兰人在达成秘密条款之前就去世了，没有人来顶替他的位置；而剩余代表中，就有两位是荷兰省人。其一是豪达的希罗尼穆斯·范贝弗宁克（Hieronymus van Beverningk），荷兰省三级会议中最能干的成员之一。他在谈判进程中一直与德维特秘密联络，对他的同僚，尤其是第四名代表——弗里斯兰人约恩赫斯塔尔（Jongestal）隐瞒真相。由此，总三级会议在1654年4月22日批准了他们所认可的和约，却不知道秘密条款早已规定了它在英格兰的批准条件。

荷兰省的领导层拉拢议会，支持《排除法案》。据称"排斥者的首领"包括德维特、德格雷夫、奥布丹领主和陆军指挥官布雷德罗德。[80] 阿姆斯特丹、多德雷赫特和豪达给予了坚定支持。但是起初，其他城镇大多表示质疑或犹豫。第一轮投票时，仅有半数的荷兰省城镇支持德维特，投反对票的至少有9个城镇——莱顿、哈勒姆、代尔夫特、鹿特丹、霍林赫姆、阿尔克马尔、霍伦、恩克赫伊曾和埃丹。[81]

在贵族院，10名贵族中6名支持《排除法案》，包括奥布丹领主、布雷德罗德、德伊芬福尔德、维梅纳姆（Wimenum）、范德迈勒、梅洛德（Merode）；另外4名贵族反对，包括伯弗维特（Beverweert）、诺德维克（Noordwijk）、斯哈根（Schagen）和瓦尔蒙德。观察者震惊于瓦尔蒙德的立场，因为他是个天主教教徒，其家族也从未与奥伦治-拿骚家族交好。德维特着手赢取到他所需的多数票，并且动摇了代尔夫特、鹿特丹和霍林赫姆的立场。剩下的城镇仍然反对他的建议。莱顿抗议道，《排除法案》侵犯联省整体和荷兰省自己的主权独立。哈勒姆也持反对意见。哈勒姆议长阿尔贝特·勒伊尔虽然是1650年被威廉二世监禁的6名"劳弗斯泰因人"之一，但此后"总是展现出自己对奥伦治家族的无限忠诚。他是《排除法案》最大的反对者之一"[82]。不过，抵制《排除法案》的6座城镇并没有向同盟机构求助，以对抗荷兰省三级会议的多数派。尽管荷兰省的少数派阵营赞同弗里斯兰、格罗宁根和泽兰三级会议的观点，认为《排除法案》违背了《乌得勒支同盟协定》和公认的国家程序，但是他们愿意分裂自己的省份，或与他省结合对付荷兰省。[83] 荷兰省三级会议于1654年5月4日通过了《排除法案》。

可以预见，国内和公共教会对《排除法案》，尤其是对德维特、贝弗宁克和奥布丹领主的抗议之声很大，不过德维特从来不是会受公愤威吓的人。他默不作声地执行自己的任务——说服其他省份接受这一现实。《排除法案》通过一周后，他在海牙与威廉·弗雷德里克商谈了两个小时，但没能减轻后者的愤怒，也没能消解他的疑虑——不过在幕后操作整件事的确实是德维特。[84] 最为激烈的回应来自弗里斯兰代理三级会议，他们感到自己彻底被荷兰省欺骗了。5月18日，弗里斯兰在总三级会议内提交了一份尖刻的抗议书，德维特称它是"一份着实无礼和过分的文件"。在5月底的一场紧急会议上，弗里斯兰全体三级会议支持代理三级会议的观点，呼吁总三级会议废除《排除法案》，调查他们派往英格兰的全权代表的所作所为。[85]

大部分公众抗议《排除法案》的声音强烈，但各省三级会议相对沉默。只有弗里斯兰激烈反对荷兰省的作为。[86]德维特的立场优势——也一直是荷兰省的优势——在于，弱小省份由于自身的内部分裂，而难以用团结一致的方式反抗。由于各区之间的分歧，海尔德兰省三级会议迟至7月末才通过支持弗里斯兰的宣言。[87]格罗宁根被该省的双重分裂弄得寸步难行，到8月才发表谴责荷兰省的宣言。乌得勒支省三级会议则完全没能以统一的声音回应。传统上属于奥伦治派的乌得勒支省贵族院谴责《排除法案》，认为其篡夺了"同盟机构和各省集体的"权力，"只有同盟才有议和的职权"。[88]然而，乌得勒支城新上任的亲荷兰省议事会坚定撇清自己与这项罪名的关系。

不过，相比如今正吞噬着上艾瑟尔的动乱，上述的分裂全是小菜一碟。上艾瑟尔有萨兰、特文特、福伦霍弗、艾瑟尔默伊登（IJsselmuiden）和哈克斯贝亨（Haaksbergen）5名德罗斯特；1653年9月，当时的特文特德罗斯特去世，触发了三级会议内有关继任人选的激烈争执，这类争执有着深远的渊源。继任这一位高权重、油水丰厚的职位的主要候选人是奥伦治派贵族吕特赫·范哈索尔特。此时他已然是萨兰的财务官兼林根的德罗斯特。他得到兹沃勒和坎彭的支持，但遭到代芬特尔的反对。当时，代芬特尔站在荷兰省三级会议派一边。在1654年4月上艾瑟尔三级会议的集会上，投票城镇中的三分之二加上贵族院中的三分之二支持哈索尔特。然而，代芬特尔坚持反对，分裂接踵而至。由此造成的结果是兹沃勒和坎彭的代表以及哈索尔特派贵族出走。他们转而在兹沃勒聚集,尽管当年轮到代芬特尔来主办三级会议。[89]少数派留在代芬特尔,其中包括特文特的贵族院。随后,他们宣布兹沃勒的集会为"非法",并发布公告禁止特文特居民服从他们"非法"任命的新德罗斯特。

由此得知,除了弗里斯兰省和荷兰省,只有泽兰省团结一致地参与到各省关于《排除法案》的宪政讨论中。与弗里斯兰人类似,泽兰人谴责《排除法案》以及荷兰省与伦敦进行的私下交易,称这违背《乌得勒支同盟协定》和共和国的公认程序。虽然如此,泽兰的批判是呢喃细语的,与弗里斯兰的声嘶力竭大相径庭。观察者察觉,泽兰省对荷兰省的谴责并不真诚,只不过是走形式,借以安抚该省的民众情绪。[90]一些泽兰摄政官强烈反对荷兰省的所作所为,更别提民众和讲道者了。但是,泽兰的航运在战争中损失惨重,在1654年的背景下,没几个泽兰摄政官或大商人愿意竭力主张对奥伦治家族的支持,以至于这威胁到了新近敲定的和约。为了确保事情照计划进行,克伦威尔在这一时刻致信泽兰省三级会议,宣称德维特不应为《排除法案》负责,并威胁道,如果法案被取消,英格兰将重启战争。按照奥伦治派的解释,这封信只是德维特手段阴险的另一个例证。但事实证明,来信还是有效的。

泽兰的《合理推断》由阿德里安·费特编写,他绝非奥伦治派。这一文本控诉荷兰省违反了《乌得勒支同盟协定》的第9和第10条,它们禁止个别省份单独与外国势力谈判,或组建"邦联或同盟"。[91]它还指控荷兰省人违背了1575年荷兰省与泽兰省的特别同盟条约,深深辜负了奥伦治-拿骚家族。

为了给荷兰省的行为辩护,德维特编写了详尽的文本。他首先将它呈交给荷兰省三级会议,而后以三级会议之名广泛传播。德维特的

第29章 17世纪50年代:巅峰时期的共和国 I

《推论》(Deduction)中包含数项重要主张和原则。荷兰省三级会议用长达5个小时的会议讨论该文本,并且几乎悉数认同,仅有莱顿和埃丹反对出版。恩克赫伊曾早前在批判德维特方面是最为激烈的城市之一,如今出乎意料地陷入沉默。观察家们总结道,这与该城刚刚收到荷兰省拨付的捕鲱业津贴不无关系。根据德维特1654年7月的《推论》,乌得勒支同盟不过是7个"主权国家"的联盟,各国仍有在不与他省商议的情况下做出当地有关执政安排的自由,且有权同意或否决任何总司令候选人。德维特主张,如果用"真实的自由标准"来检验,荷兰省批评家"真正的目的"显然是在伤害"我们来之不易的自由"。论及历史上的共和国,尤其是美第奇家族之下的佛罗伦萨,德维特坚持称:"每个人都应当意识到,根据所有心智健全的政治作家的判断标准,共和国是不可能将至高职位指派给前任的后代而不极大地威胁自由的。"[92] 他认为,世袭原则和"杰出首领"原则已经毁灭了佛罗伦萨共和国,对于当下共和国而言更是内在的威胁。

德维特挺过了1652—1653年的奥伦治派浪潮,推动了《排除法案》的通过,成功与英格兰和谈,同时没有对英格兰的海上和殖民地利益做出任何让步。这段历史是德维特的胜利,是荷兰省的使命感和团结一致的胜利。然而,它给公众留下了糟糕的体验。5月底,官方为纪念与英格兰和解而举行了众多庆典。这些庆典被广泛地拿来与1648年庆祝与西班牙和解的庆典相比较。相较而言,这次活动显得冷冷清清。与之前那次类似,莱顿完全拒绝参与庆祝活动。[93] 一个英格兰人报告称,鹿特丹的居民"点燃沥青桶,但也只是意思一下,大多数明白事理的人并不满意和约的条件"。[94] "没有哪个市民或特殊人物点燃篝火,或者表现出愉悦。"文献还宣称,"除了那些仰赖治安法庭或海军的人"，在多德雷赫特，"年轻人如此胆大妄为，以至于在街道上立起了奥伦治亲王的旗帜，就连德维特也不敢把它们拔了"。只有阿姆斯特丹较有节庆的热情，"成千上万的民众来到大街上聆听、观看大坝上的表演"[95]。"伴随着小号的演奏和大炮的鸣响"，官方向民众宣读了和约文本，随后"全城燃起了篝火和烟花"。号手还给迷惑不解的民众演奏了《威廉颂》，这让民众难以辨析这是遵照还是违背议事会的指令行事。不过在阿姆斯特丹，同样有评论称："宣布西班牙与该国签订和约时，市民展现出的愉悦之情比现在多。"

17世纪50年代后期的德维特体系

在多德雷赫特、鹿特丹和其他荷兰省城镇，许多普通民众强烈反对《排除法案》和摄政官的行为。《排除法案》颁布后，恩克赫伊曾的一个加尔文宗讲道者删掉了为奥伦治亲王祈祷的传统祷告词。当地水手警告他，如果再这么做，他们会把他扔到海里。第二周，讲道者为亲王吟诵了长丁一般的祷告词，尽管这有违他的意愿。据称，1654年5月恩克赫伊曾的摄政官曾"因为人民的怨言"而反对《排除法案》，尽管他们私底下是支持的。[96]这让人想起泽兰摄政官的行为，据说他们纯粹是出于对人民的顺从，才谴责《排除法案》。许多荷兰省民众，以及弱小省份的贵族和摄政官都反对德维特及其同僚。不过，相比1616—1618年危机中的奥尔登巴内费尔特及其支持者，荷兰省三级会议派的地位要强大得多。因为荷兰省如今几乎已经能按其所愿地令其他省份屈服，而非像1618年那样会受到其他省份干预。并且，那时"奥尔登巴内费尔特与荷兰省三级会议并不是民兵（指的是军队）的主人，而如今的荷兰省三级会议却已经是了"[97]。

17世纪50年代末是荷兰黄金时代最为繁荣的时期之一，至少对荷兰省而言如此。对英战争的压力一解除，荷兰就得以恢复世界"高利润贸易"霸主的地位。事实上，这一地位由于1655—1660年的英西战争而得到巩固，战争破坏了英格兰与西班牙和南意大利仅存的贸易，以及通过西班牙而与西属美洲殖民地进行的贸易。第一次英荷战争最为讽刺之处在于，正是在它的余波中，即17世纪50年代末，荷兰获得了最大好处，而英格兰为此付出了代价，在西班牙、西属美洲、意大利和黎凡特贸易方面尤其如此。无论这场战争是否存在赢家，荷兰确实是赢得了和平。同样是在17世纪50年代末，荷兰实现了对锡兰的征服，获得了世界肉桂供应的垄断权；同时，荷兰人在印度的地位也得到了巩固。只有在葡萄牙，荷兰的贸易没能取得进展，因为当时葡萄牙正与共和国（及西班牙）发生冲突。所有荷兰省城镇持续发展，财富不断增长。在阿姆斯特丹，17世纪50年代廉价住房的租金依然稳定。相较而言，该城声名远扬的运河沿岸奢华宅邸开始陡然增值，50年代末尤其如此，尽管这时越来越多的豪宅开始拔地而起。[98]

在荷兰政治中，《排除法案》危机的结果是德维特在荷兰省地位的增强，以及荷兰省在共和国中地位的巩固。到1654年年末，德维特已然动摇了恩克赫伊曾、安抚了哈勒姆，只留下莱顿在荷兰省内独自无力地对抗三级会议派。[99] 在1655年4月给荷兰驻伦敦大使的信中，德维特带着毫不掩饰的得意扬扬的心情，审视当前的局面。各地对荷兰省政策的反对声减弱，总三级会议陷入"平和的氛围"。[100] 除弗里斯兰外，各个弱小省份都已陷入内乱。从德维特的角度看，这对联省整体的生命力和活力而言是有利而非有害的。因为其他省份别无选择，只能服从于荷兰省，寻求它的指导和帮助。在泽兰，各城镇分裂成3比3的对阵，米德尔堡、济里克泽和托伦与荷兰省联盟，其余的归属奥伦治派。

不过，在能够安然容许弱小省份陷入多大程度的动荡和骚乱这一点上，荷兰省还是十分有限制的。这方面，格罗宁根和上艾瑟尔充满了担忧，后者尤为如此。1654年10月，上艾瑟尔省三级会议在兹沃勒集会，支持范哈索尔特的提议，它指出：解决"本省日益加剧的骚乱"的办法是任命威廉三世为上艾瑟尔执政，威廉·弗雷德里克为副执政。[101] 这引起了德维特和荷兰省代理委员会的警觉。他们给荷兰省各城镇议事会发送了信函，警告上艾瑟尔最近的事态发展给荷兰省所造成的危险后果，并召开三级会议的紧急会议。[102] 各城代表们在代尔夫特阴郁的氛围中聚集，而该城几周前刚发生火药大爆炸。爆炸造成数百人死亡，毁坏了该城大片地区。

正当荷兰省摄政官思考要对上艾瑟尔采取何种行动时，威廉·弗雷德里克赶到兹沃勒。他在这里受到热情款待，并宣誓就任副执政，任期到尚在襁褓中的威廉三世长到"能胜任的年龄"为止。争取到兹沃勒和坎彭之后，这位弗里斯兰执政在11月初接着前往代芬特尔，力图用"权宜之计和承诺"赢得该城支持。然而，执政缺乏贿赂的资金，又受到各城镇与贵族院冲突的阻挠。尤其重要的是反对派得到了荷兰省的强力支持，威廉·弗雷德里克并没取得什么进展。

对于已经是弗里斯兰、格罗宁根和德伦特执政，上艾瑟尔代理执政（至少得到该省三级会议三分之二的支持）的威廉·弗雷德里克而言，挑战德维特和三级会议派的优势地位也绝非易事。到1655年，他在格罗宁根的权威几乎崩溃,奥默兰内部的分裂,以及与格罗宁根城的冲突让他的权力化为齑粉。[103] 他意图在乌得勒支取得进展,因为1654年7月,这里的贵族院和教会代表曾投票支持任命威廉三世为执政,威廉·弗雷德里克为副执政。但这一希望被(1651年以来)亲三级会议派的乌得勒支城破灭,而该城阻碍奥伦治派的每一项提议。[104] 在海尔德兰,3个地区之间的争执照旧,此外各区内部还有分裂。在阿纳姆区和聚特芬区,首领城镇(阿纳姆和聚特芬)认为他们投票的分量应该相当于其他小城镇的总和,而哈尔德韦克、瓦赫宁恩和其他小城镇坚持一城一票。与过去一样,聚特芬还是奥伦治派,奈梅亨是反奥伦治派,阿纳姆内部分裂。威廉·弗雷德里克意图利用莱顿、哈勒姆和恩克赫伊曾奥伦治派的努力同样无果。他徒劳地哀叹这些荷兰省"正直城镇"的"怯懦态度"。这指责的是他们拒绝与弗里斯兰联手对抗荷兰省三级会议中的大多数。[105]

随着奥伦治派内部的纷争不断增多,该派日渐衰落。亲王夫人玛丽厌恶威廉·弗雷德里克,怀疑后者以她的儿子为代价,为自己寻求好处。奥伦治派圈子中的另一股势力阿马利娅·冯·索尔姆斯也与弗里斯兰执政有龃龉。身在柏林的大选帝侯腓特烈·威廉也是如此。大选帝侯的妻子是弗雷德里克·亨德里克的长女、威廉三世的姨妈路易丝·哈丽雅特(1627—1667年)。腓特烈·威廉反对《排除法案》,并且热切关心荷兰的内部政策。各方安排了数次会面,参加者包括弗里斯兰执政和两任亲王的夫人,大选帝侯和威廉三世的舅舅英格兰国王查理二世派代表出席。但是阴谋和怀疑依然毒害着他们的关系。威廉·弗雷德里克使用诸多手段安抚奥伦治派公众,其中之一是通过代理三级会议,安排弗里斯兰的归正会讲道者在宗教仪式上为奥伦治亲王祈祷。这与他们已然在为该省三级会议和执政所做的祈祷一道进行，尽管此前该省从未有过这种做法。[106]

上艾瑟尔的事态继续恶化。在代芬特尔召集的"上艾瑟尔省三级会议"斥责了在兹沃勒开会的"三级会议"对威廉三世和威廉·弗雷德里克的任命，认为这违反该省的法律。[107]特维克洛（Twickelo）领主阿道夫·亨德里克·范拉斯费尔特（Adolph Hendrik van Raesfelt，约1625—1682年）领导的特文特贵族院谴责范哈索尔特的各种不当行为，坚决对抗他在特文特的权威。当地行政机构如今已基本瘫痪。随着冲突不断累积，代芬特尔的"三级会议"担心政敌会诉诸武力。一支代芬特尔代表团于1655年3月出现在荷兰省三级会议上，请求后者将更多同盟军队部署到该省，以防可能出现的颠覆市政当局的政变。荷兰省三级会议（不顾莱顿的反对）批准并说服总三级会议派兵，尽管这次派遣一度遭到国务会议阻碍。[108]荷兰省要求威廉·弗雷德里克离弃兹沃勒"三级会议"，并宣布放弃给予他的"非法"的"上艾瑟尔副执政"任命和头衔。

荷兰省的关键手段是控制同盟军队，这在1655年9月变得比以往任何时候都明显，当时正逢陆军元帅布雷德罗德男爵去世。弗里斯兰执政希望接任布雷德罗德，成为陆军指挥官。另外，1655年春，荷兰省曾帮助他恢复格罗宁根的秩序，自此以后，执政就一直盘算通过与德维特和解来提高自己的地位。由德维特率领的一支同盟机构委员会曾前往格罗宁根，在听取了各方的争议后，设计了一份妥协方案，而由此（暂时）重建了执政在该省的权威。不过德维特察觉，在布雷德罗德死后他有机会增强自己的党派，并且进一步加剧奥伦治派领导层内部的分歧。为了引弗里斯兰执政上钩，德维特提议，如果执政愿意承认威廉三世和他自己分别被任命为上艾瑟尔执政和副执政一事是非法之举,那么他可能会成为陆军统帅。[109]

对于自己那方的许多人来说,德维特如今采取的道路似乎相当可疑。曾在1650年政变中统领军队的人,竟要被此前的受害者任命为陆军元帅,这样的建议令阿姆斯特丹惊骇。[110] 议事会成立了以科内利斯·德格雷夫为首、由资深摄政官组成的特别委员会,去研究军队的指挥问题。他们承认,在当前同盟的弱小省份陷于动乱的时刻,有必要迅速为总三级会议军队找到经验丰富、声望卓著的指挥官,以维持军队纪律和组织。但他们认为,被任命为陆军元帅的人必须在政治方面完全可靠。于是,阿姆斯特丹提名了唯一可能成为威廉·弗雷德里克对手的荷兰人拿骚-锡根的约翰·毛里茨伯爵,他是荷属巴西的前任总督,如今是勃兰登堡选帝侯手下的克莱沃长官。伯爵本人并非威廉·弗雷德里克的朋友,而且长期以来顺服于荷兰省三级会议。

然而,德维特还是劝说阿姆斯特丹派驻海牙的三级会议代表,假如荷兰省没有趁机任命威廉·弗雷德里克,并同时通过给军队总指挥的权力施加严苛的新宪法限制来中立他,那么就会出现切实的危险——弗里斯兰和格罗宁根可能会为它们的执政候选人而联合足够多的剩余省份,在没有新宪法防御措施的情况下,强行通过执政的任命,让荷兰省陷入孤立、脆弱的境地。德维特的目标在于,通过让军队完全顺从于文官的掌控,来巩固"真正的自由"。在与威廉·弗雷德里克进行了数轮秘密谈判后,德维特向阿姆斯特丹保证,弗里斯兰执政将在遵守荷兰省提出的限制条件下,接受军队统帅职位,并且"在这样的情况下,会宣布断绝与上艾瑟尔政府的关系"。[111]

德维特与威廉·弗雷德里克之间的谈判结果体现在1655年12月提

交给总三级会议的一整套方案中。[112] 这一方案包括：总三级会议将给陆军元帅拟定新"指令"；将来担任陆军元帅之人不得兼任执政或副执政之职（至于威廉·弗雷德里克兼任弗里斯兰和格罗宁根执政，这次的首例是例外）；威廉·弗雷德里克将宣布放弃"上艾瑟尔副执政"的头衔；此后对荷兰省的《排除法案》将不再有争论——这意味着威廉·弗雷德里克和总三级会议对它的默许。最后，不再阻碍任命机敏（且迅速变得相当富裕）的范贝弗宁克担任同盟机构的国库总管。

这一方案被称为1655年的《协调法案》，它在整个共和国激起了一些热烈的讨论，尤其在谁欺骗谁的问题上。德维特遭到了己方的诸多怀疑，甚至连他的父亲也怀疑，让威廉·弗雷德里克担任陆军元帅是否真的是增强"真正的自由"的办法。德维特对他"保卫自由的防范措施和条款"信心满满，并确信他的《协调法案》意味着同盟机构接受《排除法案》。但是其他观察家并不认同。历史学家埃特泽马同时也是一位外交人员、讲究精致生活者、自由派和间谍。他在国外被视为是共和国的显要人物之一。他当面告诉德维特：钢铁要比纸强劲有力，一旦威廉·弗雷德里克掌控了军队，他将一步步利用这支军队控制共和国。[113] 其实，在《协调法案》得到总三级会议批准以前，这个论断就已结出了果实，表现是奥伦治派领导人之间不断加剧的冲突。对于亲王玛丽及其扈从来说，威廉·弗雷德里克与大议长的交易是对威廉三世的背叛。有谣言称，与儿媳关系并不太好的阿马利娅支持《协调法案》，而荷兰省贵族院中的奥伦治派，则在玛丽的私人幕僚洛德韦克·范伯弗维特（Lodewijk van Beverweert）和诺德维克领主的领导下，反对这一协议。[114]

事实证明，操控总三级会议通过《协调法案》并非易事。德维特和弗里斯兰执政在1656年2月构思了一套妥协方案，以结束上艾瑟尔的麻烦，他们撤销了"执政"和"副执政"的任命，以及给范哈索尔特的特文特德罗斯特的任命。但这不过是触发了弗里斯兰执政与哈索尔特派的分裂。该派拒绝承认威廉三世不是上艾瑟尔执政，也不承认范哈索尔特并非特文特的德罗斯特，或兹沃勒的"三级会议"不是上艾瑟尔三级会议。[115] 随着僵局的持续，威廉·弗雷德里克开始对他与荷兰省大议长之间的交易感到幻灭。到1656年年末，他转而恢复到反对荷兰省的立场，试图修复他与奥伦治派的关系。1657年1月，拒斥德维特《协调法案》的弗里斯兰省三级会议竭力要求，按照与布雷德罗德一样的条件，任命他们的执政为陆军统帅。当一名奥伦治派成员担任总三级会议值周议长，并愿意在七省中只有五省在场的情况下支持一场投票时，威廉·弗雷德里克的支持者以四省对一省的投票推翻了荷兰省的方案，支持在没有新宪法防御条款、无《协调法案》限制的情况下，任命威廉·弗雷德里克为陆军元帅。[116] 荷兰省代理委员会和德维特予以激烈反击，警告总三级会议，由荷兰省供给的军队不会服从"非法"任命的陆军元帅指令。他们给其他省三级会议递送信函，谴责无效任命违背公认程序。弗里斯兰否认这点，并抓住机会重申总三级会议中多数投票表决有效，即便当时几个省份的代表团缺席。[117]

三级会议派的意识形态根植于格劳秀斯和赫拉斯温克尔所支持的主张：联省中的各个省份都是主权者。这显然是虚构的，而且每个人都知道它的不真实。一直以来总三级会议都在实行多数表决，而且如果共和国要正常运行下去，这是不可避免的。荷兰省常常参与同盟机构的多数表决活动，不过，这只是在荷兰省与多数派意见一致之时。省主权学说之所以对荷兰省三级会议派和德维特至关重要，原因在于他们不能接受荷兰省在同盟机构中被弱小省份甚或是所有其余省份所组成的大多数否决。如果多数人能够否决荷兰省的提案，那么莫里斯的1618年政变便是合法的，威廉二世1650年打击荷兰省的行动也是如此。事实上，各省并非主权者——至少弱小省份不是，而会议的决议应当由同盟机构的多数表决做出，前提是荷兰省属于大多数，否则情况就另当别论。在理论层面，这样的观点是无法被合理化的，而以宪政理论支持它的唯一方法，就是坚持省主权这一谎言。在总三级会议的发言中，德维特警告其他省份，如果大多数省份否决了荷兰省的意见，那将会导致如同1618年和1650年这样的"国内的严重混乱"。[118]

荷兰省大议长通过对弱小省份做工作，来解决总三级会议中的混乱。2月1日，总三级会议以4比3的投票撤销了早前任命威廉·弗雷德里克的决议，如今只剩弗里斯兰、格罗宁根和泽兰支持这项任命。然而，上艾瑟尔和格罗宁根的内部冲突并不那么容易解决。此外，对于共和国整体而言，由于荷兰境外的明斯特采邑主教区的事态发展，这些省份内部骚乱的副作用要比早前的大。新采邑主教克里斯托夫·伯恩哈德·冯·加伦（Christoph Bernhard von Galen）力图在地域广阔、农业发达的明斯特兰打造绝对主义国家，其手段是压制明斯特城的自治权。那里反宗教改革如火如荼的发展引起了上艾瑟尔、德伦特、格罗宁根和海尔德兰整片领土的担忧，并且开始对联省的整体性造成潜在威胁。在冯·加伦积极重申对博屈洛的权利之后，情况尤其如此。[119]

随着上艾瑟尔内部骚乱的继续，代芬特尔的"三级会议"开始鼓动兹沃勒以北的小城镇——哈瑟尔特和斯滕韦克对抗兹沃勒，以追求在上艾瑟尔省三级会议中的投票权。[120] 这些城镇开始把自己的财政捐献交给代芬特尔而非兹沃勒。1657年春，哈瑟尔特担心出现强烈的抵抗，还从代芬特尔那儿获得了一支军队驻扎。范哈索尔特的回应是召集军队轰炸了哈瑟尔特3天。4门大炮共发射了700发炮弹，对该城造成严重毁坏。代芬特尔派出第二支军队前去解围，结果又在哈瑟尔特附近发生了小规模战役。这期间数人战死，多人负伤。哈瑟尔特送信给荷兰省，请求将它从兹沃勒和坎彭"恐怖的暴政"中解救出来。

1657年6月7日，哈瑟尔特向兹沃勒的"三级会议"投降。但范哈索尔特及其同僚已然高估了自己的优势。德维特和荷兰省代理委员会则已忍无可忍。在荷兰省的坚持下，总三级会议组建了一个委员会，去终结上艾瑟尔的骚乱，领头的是德维特和德格雷夫。[121] 荷兰省三级会议派的两个领袖听取了各派的意见，恰当地提出了他们的"妥协方案"。方案规定：对威廉三世和威廉·弗雷德里克的上艾瑟尔执政和副执政的任命作废；按先前的准则重组上艾瑟尔省三级会议，哈瑟尔特和斯滕韦克依然被排除在外；撤销任命范哈索尔特为特文特德罗斯特的决定；对财政纠纷做出裁决；宣布对1653—1657年间的事件实行大赦。[122] 妥协方案还同意，各方此前出版的谴责敌手的文本应当召回和查禁。这不像是"妥协案"，更像是上艾瑟尔奥伦治派的败落。但是兹沃勒和坎彭默许了这一点，它们参加了为上艾瑟尔省三级会议敌对各派的和解而精心准备的仪式——仪式足够合宜地在荷兰省三级会议的会议厅举行。在上艾瑟尔，和平得以恢复，尽管该省依然处于深刻分裂中。[123]

荷兰省还再次插手遏制格罗宁根的骚乱。由德维特率领的同盟机构委员会曾在1655年5月推行过一份妥协方案，不过此后不久它就流产了。1656年的格罗宁根比从前都要混乱。1656年8月，伦格斯领导的奥默兰派实现了对欣辛霍和费弗林霍区的足够控制，以将他们的反对者清洗出乡村治安法官的职位。[124] 格罗宁根城的回应是增强自己对奥默兰的反伦格斯派的支持。对此，伦格斯的反应是煽动行会反对该城议事会的当权派。尽管伦格斯及其支持者，如奥默兰土地贵族，否认格罗宁根城对奥默兰享有重大特权这一主张，但他们决不反对该城内行会的地位，并认为这是削弱议事会的有效方式。1657年3月，格罗宁根爆发严重暴乱，一名市长差点儿被杀，他的宅邸遭到洗劫。作为执政的威廉·弗雷德里克派军队进入该城。但是，当遭到暴民投石的攻击时，军队还是决定撤退，否则他们将不得不开火而造成大屠杀。[125]

为了解决格罗宁根的骚乱，同盟机构派出委员会——其成员来自包括荷兰省在内的4个省份。经过详尽的研究，由包含老辣的范贝弗宁克在内的同盟机构委员草拟了一套触及根本的新方案，它于1659年3月发布。新方案的核心内容是奥默兰各区进一步分割成子辖区，它们有各自的管辖边界，其目的在于防止日后任何超强的土地贵族能够积蓄跨辖区的官职和势力。为了更有效地分派权力，新方案给各子辖区的司法和财政官员选举制定了详尽的规则。各地区和省一级也是如此，以防某一子辖区或地区插手其他子辖区或地区的事务。[126] 方案的真实效用是分散奥默兰的权力，不过与此同时，也加固了土地贵族家庭对特定行政管理职位和地方的控制。

同时，荷兰省还介入明斯特兰事务。通常而言，无论是同盟机构还是荷兰省三级会议，都不会将反对境外的君主专制、支持那里的"自由"视为己任。不过，这片紧邻共和国东部的德意志土地是特例，自古以来这里就与荷兰东部的省份纠缠不清。埃姆斯河口，莱茵河下游各公国和明斯特兰的河谷,以及加尔文宗的本特海姆伯爵领地,这些地方的战略和经济地位都十分重要;同时,从东弗里斯兰延伸到亚琛这片地区上,天主教、加尔文宗和路德宗的三方冲突持续不断:这些因素将德意志各邦国的政治与共和国内陆地区的政治难分难解地缠绕在一起(参见地图12)。就采邑主教区而言,事情由于边境一带棘手的飞地问题而更为恶劣。尤其引起争议的是博屈洛、布雷德福特、安霍尔特(Anholt)和利赫滕福德,还有贝弗格恩(Bevergern)堡垒——弗雷德里克·亨德里克曾将它并入林根,但明斯特依然主张对它的权利,并且其军队在1652年将其拿下。

采邑主教与明斯特城在17世纪50年代不断发展的冲突因为三个原因令荷兰困扰;假如明斯特兰出现一个强大的绝对主义国家,那么明斯特对边境飞地造成的压力将增强。[127] 天主教传教士在特文特和东海尔德兰的活动已然成了纷争之源,此后他们的活动还将升级。最后也是最为严峻的是,一个敌对的政权控制着共和国以东的大片土地,它的巩固将催生出一只幽灵——这一政权与荷兰潜在敌人的联盟。例如与荷兰以西的敌人英格兰联盟,共和国由此将落入两者的钳制中。前不久,人们才看到它造成了多么严峻的战略威胁。

明斯特兰内部的斗争在1661年发展至白热化,当时采邑主教成功围困明斯特城,而德维特曾力图捍卫该城的特权。[128] 克里斯托夫·伯恩哈德不仅攻下了该城,而且打破了荷兰省保卫该城自治权的所有努力。1657年,德维特在这条道路上一意孤行,以至于直接威胁要派军队协助该城。17世纪50年代到60年代初明斯特的一连串经历得出的一个教训是,光靠海尔德兰和上艾瑟尔自己,是完全无力抵抗采邑主教的。由于两省不属于神圣罗马帝国,因此它们的利益只能由荷兰省保护。然而，荷兰省的首要关注点是海上利益，而且并非所有荷兰省城镇都支持德维特对明斯特兰的干涉主义政策。1657年，阿姆斯特丹强烈反对荷兰省投票支持武力威胁采邑主教，[129]而后者则巧妙利用了这一分歧。

17世纪50年代末，德维特发现自己一直疲于应付共和国内的恼人形势，与此同时外国又在挑战荷兰的利益，这把他娴熟的政治技巧压榨到了极致。阿姆斯特丹拒绝像德维特那样重视明斯特问题，而是为波罗的海和丹麦桑德海峡附近展露的冲突而深感忧虑。共和国介入波罗的海事务，于1656年夏派遣奥布丹领主率领的舰队前往但泽，以防但泽和维斯瓦河（Vistula）河口落入瑞典人之手。1658年瑞典国王卡尔十世（Charles X）在一场闪电般的军事行动中占领了丹麦大片地区，迫近丹麦桑德海峡。在卡尔十世组织围攻哥本哈根时，奥布丹领主受命带军队前去解救哥本哈根，以防止桑德海峡落入瑞典人之手。1659年，一支英格兰舰队在被派往丹麦海域以增强瑞典力量时，德勒伊特带领的第二支荷兰舰队被派去支援丹麦人，助成了丹麦当年的反攻及1660年《丹麦-瑞典和约》的签订。

虽然阿姆斯特丹和西弗里斯兰港口给予了丹麦桑德海峡和波罗的海更高的优先性，但南荷兰省和泽兰却像17世纪40年代一样，并不认为波罗的海那么至关重要。[130]和乌得勒支和格罗宁根一样，泽兰更关心的是迫使葡萄牙为西印度公司在巴西的损失做补偿，而非在桑德海峡事务上与瑞典人博斗。1657年，打算武力威胁明斯特和瑞典的联省对葡萄牙宣战，并且派奥布丹领主率舰队前去封锁里斯本。荷兰私掠船袭击葡萄牙人在大西洋上的船只，东印度公司则实现了对葡属锡兰的征服。

第29章 17世纪50年代：巅峰时期的共和国 I

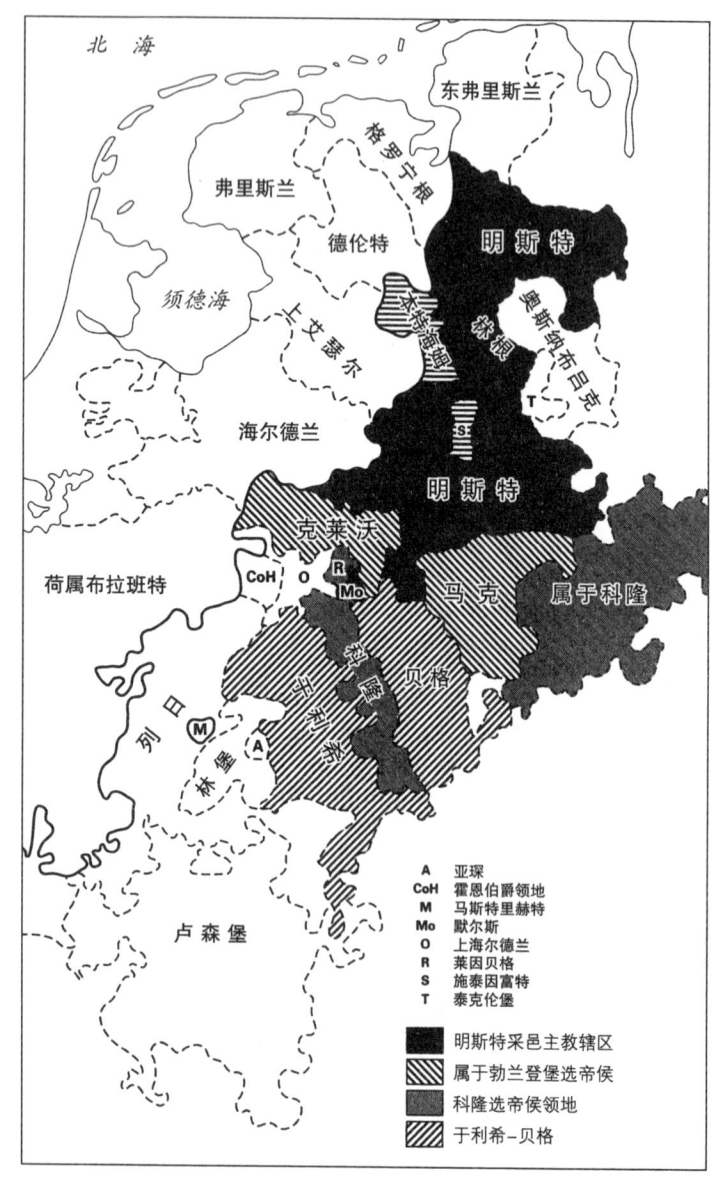

地图12　17世纪中期共和国边界的德意志诸邦

明斯特、波罗的海和葡萄牙全都与荷兰利害攸关，而且被联省在不同层面上赋予了极高的优先性。然而，对于共和国的很多人，或者说大部分人而言，它们全都不那么重要。德维特努力追求为联省整体制定政策——尽管优先关注荷兰省的利益。这种整体的政策将协调相异的利益，制造一种有助于"国家利益"的平衡。德维特被相当恰当地称为"国家理性"政治家。[131] 他的确是。不过，他的国家理性观念是共和国式的，与拥戴王公和君主的那类国家理性有着深刻差别。共和国式的国家理性鄙视领土扩张、为强军而强军或将权力集中于国家之手。他力图保证的是国家安全、不受外部势力干预以及贸易和航运的发展。这是他的国家理性的三大支柱。既然安全和宽容是主要目标，那么也可以说这是一种与社会利益相适应的国家理性，而德维特将自己所属的摄政官阶层视为社会的合法代表和保护人。德维特真诚地相信，与联省这样的共和国截然不同，欧洲各国王和德意志各王公仅追求王朝利益和领土扩张，这些目标不仅与其臣民的利益有别，而且常常与后者相冲突。[132]

第30章

1659—1672年：巅峰时期的共和国 II

1659年《比利牛斯条约》之后的"南"与"北"

随着1635—1659年的法西大战终结，南北尼德兰都迈入了新时代。这场法西冲突在四分之一个世纪里主导着西欧的事务，《比利牛斯条约》（1659年）不仅结束了这场战争，而且标志了西班牙在尼德兰的角色和共和国在南部诸省的角色发生了根本转变。1659年之前，共和国在南尼德兰无甚影响，1648年以来，也不存在任何有可能威胁共和国安全或贸易的陆路瓜葛。荷兰经受着来自英格兰的强大压力。但是，英格兰的威胁仅局限于海洋领域和东西印度群岛带。1659年之前，西班牙一直肩负着限制法兰西在西欧的权力和为南尼德兰筑防的重担。

《比利牛斯条约》签订之前，西班牙毫不动摇地坚持着它的传统政策：将低地国家南部当作西班牙君主的锤与砧，以及遏制法兰西的缰绳。它通过维系在西属尼德兰的主力部队、将大笔军事开销投向此地而实践着这一政策。甚至是加泰罗尼亚起义和1640年葡萄牙反西班牙哈布斯堡统治起义的震动，也没能动摇西班牙大臣的信念——这一战略是维持西班牙在欧洲地位的最佳方案。葡萄牙内断断续续出现的斗争得到的关注度则相对低。

　　西班牙在南尼德兰的权势甚至在近来还有所复兴，那是在利奥波德·威廉大公的总督任期内。他提供军队和金钱，以利用法兰西在投石党运动时期（1648—1653年）的衰弱。由此，西班牙军队重新夺回了一些在17世纪40年代丢失的土地；并且在腓力四世重夺巴塞罗那（Barcelona）的1652年，利奥波德·威廉光复了战略意义重大、防卫森严的港口敦刻尔克。也正是因为法兰西在17世纪50年代无力占据上风，克伦威尔才有机会将英格兰拉入战争，将局势向不利于西班牙的方向扭转。直到1658年敦刻尔克附近的沙丘（Dunes）战役后，西班牙在低地国家的军队才决定性地败北。（参见表38）

表38　从阿尔瓦公爵到马克西米利安（二世）·埃曼努埃尔的西属尼德兰总督

总　督	身　份	任　期
阿尔瓦公爵，唐费尔南多·阿尔瓦雷斯·德托莱多	卡斯蒂利亚大公	1567—1573年
唐路易斯·德雷克森斯	加泰罗尼亚贵族	1573—1576年
奥地利的唐胡安	驻勒班陀的天主教统帅查理五世的非婚生子	1576—1578年
帕尔马公爵亚历山大·法尔内塞	腓力二世的外甥	1578—1592年
曼斯费尔特伯爵（代理）彼得-恩斯特	卢森堡执政，将军	1592—1594年
奥地利恩斯特大公	腓力二世外甥	1594—1595年
奥地利阿尔贝特大公	腓力二世外甥	1595—1598年
阿尔贝特大公与伊莎贝尔公主（腓力二世女）	共治君主	1598—1621年
伊莎贝尔公主	腓力四世的摄政	1621—1633年

第30章　1659—1672年：巅峰时期的共和国 II

（续表）

总　　督	身　　份	任　　期
艾托纳侯爵，唐弗朗西斯科·德蒙卡达	卡斯蒂利亚军人兼外交官	1633—1634年
红衣主教兼王子，奥地利的唐费尔南多	腓力四世的弟弟	1634—1641年
唐弗朗西斯科·德梅洛	红衣主教兼王子的葡萄牙籍谋士	1641—1644年
卡斯特尔-罗德里戈侯爵，唐曼努埃尔·德莫拉-科特雷亚尔	葡萄牙籍外交官	1644—1647年
奥地利的利奥波德·威廉大公	腓力四世表亲	1647—1656年
奥地利的唐胡安·何塞	腓力四世非婚生子	1656—1660年
卡拉塞纳侯爵，唐路易斯·德贝纳维德斯	卡斯蒂利亚贵族	1660—1664年
卡斯特尔-罗德里戈侯爵，唐弗朗西斯科·德莫拉-科特雷亚尔	外交官	1664—1668年
唐伊尼戈·德贝拉斯科，卡斯蒂利亚王室总管	卡斯蒂利亚大公	1668—1670年
蒙特雷伯爵，唐胡安·多明戈·德苏尼加	路易斯·德阿罗之子	1670—1675年
维利亚埃尔莫萨公爵，唐卡洛斯·德古雷亚-阿拉贡-博尔哈	大公	1675—1678年
帕尔马亲王，亚历山大·法尔内塞二世	盟国王公	1678—1682年
格拉纳侯爵，奥托·亨德里希	帝国外交官	1682—1685年
加斯塔尼亚加侯爵，唐弗朗西斯科·安东尼奥·德阿古尔托	骑兵将军	1685—1692年
马克西米利安·埃曼努埃尔，巴伐利亚选帝侯	盟国王公	1692—1706年

然而，1659年后，局面发生了急剧和根本性的变化。从马德里流

向安特卫普的白银汇款枯竭；阿尔瓦公爵时期，它们曾滋润着西班牙的军事机器。1656—1660年间驻布鲁塞尔的总督、奥地利的唐胡安·何塞是最后一任指挥着雄师的西属尼德兰总督。几乎和约一落定，西班牙大臣就改变了优先次序，决定将先前投入尼德兰的人力和资源，转移到重新征服葡萄牙和殖民帝国的重大行动上。事实证明，在这场行动中，西班牙对葡萄牙的大规模进攻成了一场羞耻的失败。1668年，腓力四世决心及时止损，承认葡萄牙独立。但是，西班牙如今已精疲力竭，佛兰德军队则裁减至相当小的规模，以至于再也不能成为国际事务中一支重大势力，此后它再未恢复至此前的规模或军力。

佛兰德军队从1658年的7万多人锐减至1661年的3.3万，[1]不久后又减至不到2万。在九年战争（1688—1697年）中，西班牙与荷兰、不列颠、奥地利和勃兰登堡结成反法同盟。战争早期，最后一位担任西属尼德兰总督一职的西班牙人加斯塔尼亚加（Gastañaga）侯爵早期就承认，西班牙在保卫南尼德兰中只能起一些小作用，而这时的南尼德兰被视为德意志、意大利、西班牙，还有荷兰共和国抵御路易十四的屏障。[2] 1690年12月，他估计西班牙在低地国家部署的得力部队还不足1.5万人。1692—1693年间，法兰西将10万人投入低地国家的军事行动，反法联盟投入了7.5万人左右，后一数字在1694年增加到9万，1695年增加到12万。这是至今为止最大规模、最为重要的反法同盟军。而西班牙没能增加对盟军的贡献——没有来自西班牙的汇款，因此，西班牙担负的盟军军力就比例而言不断缩减。到1695年，显赫一时的佛兰德军队已跌落至仅6 500人左右。[3]

然而事实证明，即便到了如此惨淡的程度，靠西班牙国王筹钱来资助西班牙的军事行动也是不可能的。西属佛兰德和布拉班特省三级会议投票同意给战争拨付大笔经费，然而西班牙国王的信誉和名声十分差，以至于安特卫普的金融市场根本不愿意提供所需的预付款，即便这里的金融市场自1659年之后只不过是从前的影子。指望曾许诺的西班牙汇款也是根本不可能的。于是，南尼德兰需要在荷兰当局的帮助下，从阿姆斯特丹交易所借800万荷兰盾。不过即使在阿姆斯特丹，为西班牙国王提供借贷的热情也相当低落。这场战事中，很大一部分经费由弗朗西斯科·洛佩斯·苏阿索男爵提供。他是阿姆斯特丹塞法迪犹太人共同体首屈一指的金融家。在为1688年荷兰远征英格兰筹措资金时，他也发挥了重大作用。洛佩斯·苏阿索的父亲是第一个从西班牙国王那里获得男爵头衔的犹太人。1696年7月，马德里国务会议承认，洛佩斯·苏阿索几乎是凭借一己之力，将西班牙在低地国家的军事机器从崩溃的边缘拯救出来。[4]

尽管1659年之后，西班牙在南尼德兰的势力衰落，1667—1712年间又逢法兰西多次入侵，但南部无论作为政治、文化实体，还是经济实体，依然展现出引人注目的恢复力。战争和军队调动造成了大面积的破坏，然而这仅集中在瓦隆地区。1660年之后，佛兰德和布拉班特的农业进入了长期萧条的状态，而同样的萧条也困扰着北尼德兰和西欧其他地区。但是在接下来的半个世纪中，佛兰德和布拉班特乡村地租和土地价格的降幅要远远小于北尼德兰，而佛兰德农业的高产量也未受影响。1648年之后，挂毯业、丝绸业、珠宝业和图书出版行业这类更为专业化的城市产业中，确实出现了显著的质量退化；[5] 然而，劳动密集型产业的进一步发展起到了补偿作用，这类工作大多能由依然在增长的乡村人口完成，亚麻产业尤其如此。[6] 随着1688年后法兰西对西班牙和西属美洲殖民地的亚麻出口衰退，佛兰德的亚麻与荷兰的亚麻一道,受益于这个在西班牙帝国中增长的商机。

随着西班牙控制的衰弱,佛兰德和布拉班特的三级会议,以及安特卫普、布鲁塞尔和根特的市政精英中有越来越多的人对公共管理体系恶化产生了担忧,人们尤其忧虑政权不能为商业、工业和航海提供支持。无论是本地人还是西班牙人,南尼德兰当局并没有几个显得精明强干的官员。不过,一个显著的例外是才能非凡的贝海克(Bergeyck)伯爵(1644—1725年)扬·范布劳克霍芬(Jan van Brouchoven)。1701年,一批法兰西官员奉路易十四之命,以新任西班牙国王、波旁家族的腓力五世之名,前去接管南尼德兰管理体系。按照他们的描述,贝海克伯爵是在布鲁塞尔找到的"唯一一个能干之人"[7]。作为衰落中的西班牙政权和各省三级会议主要依靠的大臣,贝海克伯爵成了改革压力的主要承担者和协调人。依靠他的帮助,三级会议和市政精英们力图促使南尼德兰在西班牙帝国贸易和更广泛的国际贸易中发挥更积极的作用。此时出现了一些与西属美洲殖民地相关的提案。例如1686年9月,佛兰德省三级会议向国王请愿,要求批准奥斯特德直接与布宜诺斯艾利斯及其他某些西班牙官方跨大西洋护卫舰尚未到访过的港口通航。他们还要求将获许殖民圣多明各,作为西班牙防止法兰西占领该岛的行动的一部分。这两个要求都得到了马德里的广泛讨论,然而全部无疾而终。到17世纪90年代末,西班牙的权威削弱至极低,以至于最后一任西属尼德兰总督、巴伐利亚的马克西米利安·埃曼努埃尔(Maximilian Emmanuel)真的在贝海克伯爵的诱导下,于1669年在没有获得西班牙国王允许的情况下,以国王之名发布特许状,批准设立佛兰德东印度公司——后来的奥斯坦德公司的前身。而马克西米利安·埃曼努埃尔与西班牙无甚联系,他的任命是在荷兰执政兼英格兰国王威廉三世的要求下实行的紧急措施。[8] 这一举动必然引起海牙的错愕和愤怒。总三级会议立刻颁布法令,禁止共和国臣民以任何方式参与佛兰德的行动。

南部的市政精英渴望在远距离贸易领域获得更多机会,因此对一直封闭斯海尔德河口的海洋贸易有所不满,而且反感西班牙政权在"顺服"各省实行的消极关税政策。佛兰德和布拉班特的大商人和制造商希望国王提供范围更广的保护措施,尤其是在排挤荷兰商品和竞争方面。随着西班牙势力的衰落,这种保护主义的压力增加,不过马德里不愿意冒犯荷兰和(1688年后的)不列颠。1699年,贝海克召集城市代表开会讨论贸易、工业和关税问题,最终颁布了新的关税政策以替代1680年关税单(它有利于荷兰)。新关税政策意在压制荷兰纺织品、精制盐、精制糖及其他商品的进口。[9] 至少在精制盐这一方面,这些措施违背了《明斯特和约》的规定——在其中一项条款里,西班牙对泽兰的盐产业做了让步。作为报复,海牙的总三级会议禁止进口玻璃、纸张、亚麻和毛布,直到布鲁塞尔解除上述措施。1700年之后,南北之间在关贸问题上日益加剧的摩擦,汇入了围绕西班牙王位继承战和为南尼德兰的未来而展开的更广泛的冲突中。

坚守《明斯特和约》的条款对联省而言利害攸关,封闭斯海尔德河口的海洋贸易和维持南部的经济从属地位这两点尤其如此。这意味着共和国坚决致力于维持南部的西班牙政权,因为西班牙国王是唯一受条约限制、要在南部强制执行条款的签约方。同时对共和国而言,继续将南部用作抵御法兰西的缓冲带,也有重大的战略意义。但这绝不意味着荷兰摄政官或商人精英渴望与南尼德兰的西班牙政权结成军事同盟。首先,德维特的共和国核心利益观中,根本性的一点在于：应当避免受困于长久的军事义务、军事竞赛和领土野心构成的体系中——这些是国王们常年的游戏。[10] 此外，如今西班牙已被严重削弱，人们必然怀疑它作为盟友是否依然有益。在德维特（和其他许多人）看来，从战略和经济的角度说，共和国的首要关注点似乎应是避免卷入与法兰西的冲突中。正是因为这最重要的一点，执政威廉三世（1672—1702年）才成了在南北间建立密切战略联系的重大支持者。

17世纪晚期，南尼德兰在经济和政治上有所恢复，但更为重要的是宗教和文化领域的复兴。早前南尼德兰的反宗教改革狂热不可避免地在1650年左右多少有所消退。但到那时，它已完成了自己的使命，将南部变为天主教正统派的坚固堡垒；宗教和文化战线上，仅剩的重大问题是教会和各大学内部詹森派与反詹森派之间棘手的分歧。尽管开始于《十二年停战协定》生效的教堂修建和艺术委托大浪潮到17世纪中叶基本消退，且如今需要为教堂、礼拜堂、圣像和其他宗教附属物工作的艺术家和工匠要少得多，但如今一种新文化已然形成，它牢不可破地把控住各个群体的民众，并将持续很久。至少在城镇中，受再天主教化运动激励的基础教育和中等教育已发展到令人惊叹的规模。在1656—1665年这10年间，安特卫普的学生人数超过4 000名，大约占了安特卫普7—15岁的儿童总数的一半。[11] 几乎所有儿童都在礼拜日接受宗教教导。

天主教信仰如今已经取得了一定的优势地位，以至于1689年之后，大规模荷兰新教驻军在南部城市的出现并未引起恐慌，对于城市社会生活仅有一丁点，甚至可以说全无影响。毋庸赘言，非天主教教徒对教会表现出任何形式的不敬都不受宽容。安特卫普的葡萄牙"新基督徒"共同体，至少是秘密犹太教那部分，不得不摒弃对教会的表面忠诚——17世纪40年代之后，法兰西的葡萄牙"新基督徒"共同体曾得到过这样的宽容。抵制这种倒退的压力让安特卫普的教会和市政当局对如下证据相当敏感，即显示安特卫普的葡萄牙"新基督徒"与荷兰的塞法迪犹太人有联系的证据。在一些案例中，双方是近亲。到17世纪70年代，安特卫普出现了一小群公开表明立场的犹太人，他们拒绝允许给自己的孩子施洗礼，也拒绝在圣像前下跪或脱帽。主教没能说服布鲁塞尔的枢密委员会将这群人驱逐出西属尼德兰。但是，教会和市政当局都施加了充分的压力，以确保犹太人只能秘密举行仪式。[12]

西属尼德兰与西班牙不同，异议仍有一些生存的空间，只要它们足够隐蔽。1671年4月，教宗向马德里抱怨，布鲁塞尔的政权对安特卫普的秘密犹太教崇拜睁一只眼闭一只眼；[13]法兰西的笛卡儿主义者则在1670年写道，尽管教会谴责笛卡儿哲学和科学，但鲁汶仍有秘密的笛卡儿主义教授，他们小心翼翼但又不受阻碍地钻研着受禁的观点。[14]不过现实依旧是教会的权威和教义都不许遭受公然挑衅。1662年，在教宗的教廷公使的敦促下，南部各学院中开启了反笛卡儿攻势。尽管这场运动没能根除笛卡儿的影响，但现实情况依然是，只有抨击笛卡儿的文本获许出版。没有哪个南部学院胆敢公开支持笛卡儿教义。在北部，激烈的哲学和科学论战盘踞各大学，而在南部，完全没有与此类似的现象。

公然的异议完全不受宽容，这类例子屈指可数。一个最引人注目的例子是法兰西加尔文宗异端、自称犹太人出身的伊萨克·德拉佩雷埃（Isaac de la Peyrère，1596—1676年）。拉佩雷埃作为路易·德孔代（Louis de Condé）亲王的秘书来到西属尼德兰。孔代亲王是法兰西最显赫的贵族之一，在投石党运动溃败后逃亡至布鲁塞尔。拉佩雷埃写过一本轰动性书籍《亚当以前》(Prae-Adamitae)，主张在亚当之前，地球上就存在人类，而当下人类所持的《圣经》不过是上帝原初启示的堕落版本，它是由那些易犯错误的抄写员流传开的。这本书于1655年在阿姆斯特丹出版，并且很快就被荷兰省高等法院以亵渎神明的罪名查禁。那时，拉佩雷埃身在那慕尔，主教要求在该城所有教堂公开谴责这本书，这距拉佩雷埃在荷兰定罪已过去了一个月。拉佩雷埃回到身在布鲁塞尔的孔代亲王身边，但仍于1656年2月在当地被逮捕和囚禁。经过数月的审讯，他防线崩溃，公开声明放弃自己的异端邪说，并改宗天主教。[15]

17世纪布鲁塞尔和安特卫普最奇异的文化际遇或许是非凡人物瑞典女王克里斯蒂娜(Christina)卷入其中的那一段。1654—1655年间，克里斯蒂娜身处西属尼德兰，在不久前她刚刚放弃瑞典王位。利奥波德·威廉和教会当局都赞许她接受天主教教化的官方行动，称赞她公开放弃出生地的路德宗信仰。然而，克里斯蒂娜养成了一种神秘主义、弥赛亚主义的神学兼政治观念。在布鲁塞尔期间，她的大部分时间用于推进她的宏伟计划——促进天主教与新教、基督教与犹太教的和解，顺带还有西班牙与法兰西的和解。她与阿姆斯特丹拉比梅纳什·本·伊斯拉埃尔和孔代亲王的秘书拉佩雷埃这类人共同商议自己的目标。拉佩雷埃还担任克里斯蒂娜与孔代亲王的政治中间人，因为克里斯蒂娜在计划中给孔代亲王安排了重要角色。[16]仿佛所有这些事件还不足以惹恼西班牙当局似的，克里斯蒂娜于1654年平安夜在布鲁塞尔秘密改宗天主教之后，公然表示希望被任命为西属尼德兰总督，以接替将要离去的利奥波德·威廉。

由于1648年之后教会和宫廷委托任务的锐减，加上17世纪晚期安特卫普、布鲁塞尔和根特专业化产业的普遍退化,大河以南的装饰艺术和高雅艺术开始衰退。不过考虑到17世纪早期南尼德兰艺术成就令人惊叹的规模和上乘的质量,这里的艺术有相当大的缩减余地,而同时也不会在任何意义上沦为无足轻重之物。鲁本斯和凡戴克分别去世于1640年和1641年。17世纪50年代末期,布鲁塞尔宏伟的贝居安教堂完工后,南部就再也没有重大的巴洛克建筑工程。[17]一个时代行将结束。不过,在该世纪的第三个25年里,高雅艺术将继续在安特卫普和布鲁塞尔繁荣,不过维持在较低水平的层次上;要到17世纪80年代,南尼德兰与反宗教改革相伴的伟大艺术繁荣时期才最终落幕。

17世纪第三个25年里,在南方工作的最为有名的艺术家要数小大卫·特尼尔斯(David Teniers the Younger,1610—1690年),他是一位多产的风俗画和景观画画家。他的职业生涯早期在安特卫普度过,不过于1651年搬到布鲁塞尔,成为利奥波德·威廉的宫廷画师,后者也是著名的收藏家和鉴赏家。后来,他也担任过唐胡安·何塞的宫廷画师,并为后者创作了大批宏大的战争图景。在安特卫普,凡戴克去世之后,统治艺术界的人物要数雅各布·约尔丹斯(Jacob Jordaens,1593—1678年),一个不那么顶尖但依然重要的艺术家。他曾在鲁本斯手下工作,绘制了一些我们能在安特卫普教堂看到的最为宏大的宗教画。冈萨雷斯·科克(Gonzales Coques,1618—1684年)或许是技艺更为精湛的安特卫普艺术家,他是利奥波德·威廉的宠臣,后来还得到蒙特雷(Monterrey)伯爵的赞助。与约尔丹斯类似,17世纪50年代早期,冈萨雷斯·科克曾在海牙的豪斯登堡宫工作,绘制赞颂弗雷德里克·亨德里克丰功伟绩的大型画作。作为宫廷的肖像画师,举止优雅的冈萨雷斯·科克配得上凡戴克后继者的称谓。

在《比利牛斯条约》签订、唐胡安·何塞离去之后，布鲁塞尔西班牙宫廷先前的荣光也一并退去，安特卫普的光辉变得黯淡。以阿尔贝特大公和伊莎贝尔公主执政、鲁本斯从意大利归来为起始的南尼德兰白银时代，到17世纪70年代决定性地走向终结。然而，南部文化和经济的潜在恢复依然在进行，并且成为世纪之交非凡的新发展之微光，为后续发展奠定了基础。

17世纪60年代早期的党派

《比利牛斯条约》的签订和不列颠的斯图亚特王朝复辟，让共和国事业既有理由乐观也有理由焦虑。奥伦治派当然可以怀抱复苏的希望，因为英格兰的新国王是如今年仅10岁的奥伦治亲王威廉三世的舅舅。奥伦治派可以指望查理二世照顾这个男孩的利益和政治前景。而与此同时，大商人和摄政官精英也能够期盼欧洲的和平、安稳的贸易和海上航道，以及与英格兰更友善的关系。[18] 克伦威尔政体曾让荷兰和南尼德兰都深感忧虑和厌恶，因为它推行侵略性的海上政策，让南北尼德兰都遭受重大的贸易和航运损失。没有人会低估英格兰在未来打击荷兰商业和殖民帝国的能力。与此相应，许多摄政官和大商人认为，赢取新国王的友谊、建立和谐的英荷关系至关重要。阿姆斯特丹城议事会的一些乐观主义者甚至相信，展现出善意或许能说服这位30岁的君主废除讨人厌的1651年的《航海条例》。[19]

1660年春，查理二世在荷兰领土上逗留了两个月，他到访布雷达和海牙，而后于6月从斯海弗宁恩启航返回英格兰。这数周里，各省三级会议和城镇议事会争相竭力取悦新国王。他们安排了接待会、宴会和各种各样的典礼，以表达对国王的敬意。如今已退隐到佐赫弗利特（Zorgvliet）乡村别墅中的雅各布·卡茨创作了诗歌赞颂"大不列颠国王"，力主不列颠与共和国建立友谊的盟约。（与冯德尔不同，卡茨几乎从不在诗歌里谈及国家事务）[20] 对于这些关注，查理二世给予了积极的回应；但同时，他也强调自己对年幼的外甥奥伦治亲王的喜爱，而且准备支持他和他的母亲——国王的妹妹、"长公主"玛丽。查理二世拒绝了泽兰省三级会议邀请他经泽兰返回英格兰的提议，泽兰省三级会议因此颇为沮丧，转而急切地对威廉三世展现出比以往都要多的关切。6月，泽兰省三级会议指示其代理委员会，仔细研究1650年以来出现的、解决执政问题的所有方案，准备好建议。[21]

最让德维特担忧的是，由于英格兰斯图亚特王朝复辟后，命运再次眷顾奥伦治家族，摄政官中的许多机会主义者如今愿意表现出对奥伦治亲王的顺服。这些人为自己的顺从态度辩护，称这是务实的，是符合共和国的商业、航海和殖民地利益的。德维特在阿姆斯特丹议事会中仍有一些坚定的盟友，最重要的是有科内利斯和安德里斯·德格雷夫兄弟，扬·海德科珀及新任大议长、格劳秀斯之子彼得·德赫罗特（Pieter de Groot）。他们全是出于原则而坚定不移的共和主义者，并且深刻怀疑奥伦治家族的政治和王朝野心。[22] 但这些人不过是市议事会中的少数派。传统上，他们的同僚大多在城市需求和利益问题上采取着一种更为灵活的观念，他们更留心与英格兰交好会带来什么政治和经济利益，而不是奥伦治派复兴可能给共和国的内部稳定和荷兰省的优势地位造成什么威胁。正如德维特观察到的，如今真切的危险降临，在急切追求与英格兰的友谊时，阿姆斯特丹或许选择了轻率的路线，这个路线最终将削弱三级会议派政权。

德维特的焦虑在6月加剧，当时阿姆斯特丹与哈勒姆、莱顿一道，邀请长公主玛丽和年幼的亲王来进行正式访问。[23] 阿姆斯特丹上演了一场盛大奢华的演出，赞颂奥伦治家族的显赫及其光辉的历史。[24] 这是一个鲜明的信号：1650年以来一直兢兢业业抵制奥伦治家族的荷兰省最伟大城市，如今希望修复与威廉三世的关系。事实上，培养奥伦治亲王是1660—1661年间阿姆斯特丹的"英格兰战略"中必不可少的一部分，而这一战略的顶峰事件则是派遣特别使团到伦敦，将同盟机构的礼物呈递给国王。三级会议的剩余成员爽快地批准了这项计划。荷兰赠送的礼物异常贵重，让先前所有的礼品都相形见绌，甚至令人忘却了在查理二世处境艰难时，荷兰曾拒绝伸出援手，同时还为新政权的开始奠定了基础。议事会任命了以科内利斯·德格雷夫为首的委员会，以拟定阿姆斯特丹期望查理二世能够接受的某种同盟条约的"理念"。其中包括三个重点：针对第三方侵略的防御同盟；"无限制的贸易"，这意味着废除《航海条例》；在两国之一陷入与第三方的战争时，践行"运输自由，货物自由"原则。[25] 最后一点得自1655—1660年间英西战争的经验，当时英格兰人常常强行登上荷兰船只，搜寻和抄没被发现是来自西班牙和西属尼德兰，或是属于西班牙臣民的货物。于是，17世纪60年代之后，阿姆斯特丹在外交事务中优先关注的一点就是说服英格兰接受：当共和国中立时，无论它运载的货物来自何方，它的船只都应免于英方的强行登舰和检查。

1660—1661年的荷兰礼物异常丰厚，是至今为止总三级会议送给外国统治者最奢华的礼物。这说明阿姆斯特丹摄政官在不遗余力、不计成本地确保目标达成。科内利斯和安德里斯·德格雷夫兄弟是霍法尔特·弗林克的朋友。与许多阿姆斯特丹摄政官类似，他们是热心的艺术鉴赏家。他们拟定礼品清单时，咨询了赫里特·厄伊伦堡（Gerrit Uylenburgh）——该城最有名的艺术品交易商、伦勃朗的前赞助人——和其他顶尖艺术家。他们为送礼而购买的艺术品有：共和国内最上乘的意大利绘画，包括提香和丁托列托（Tintoretto）的作品各一幅；来自著名藏馆的希腊罗马古董，其藏馆位于运河沿岸的宅邸中，属于前市长赫拉德·雷因斯特（Gerard Reynst）——一位著名的鉴赏家，曾专营威尼斯贸易。光是为这一部分礼品，三级会议就付出了8万荷兰盾。除了丰厚的意大利和古代艺术品，还有四幅现代绘画，一幅来自埃尔斯海默（Elsheimer），剩下三幅来自荷兰本土——其中一幅出自萨恩勒丹，两幅出自赫里特·道。后者是过去莱顿、如今整个共和国最负盛名的艺术家。[26]与当时的众多艺术家一样，道也是艺术品交易商。三级会议从安德里斯·德格雷夫手中购买萨恩勒丹的画作时，道也参与了估价。荷兰礼物的最后一部分，是阿姆斯特丹提供的漂亮帆船"玛丽号"。1660年11月，英格兰在白厅的国宴厅举行了受礼仪式。查理二世告诉总三级会议大使，自己"衷心感谢这样贵重的礼物，并且表示愿意与他们建立紧密的同盟关系"[27]。据说，道所创作的两幅绘画的其中之一是《年轻的母亲》(*The Young Mother*，今藏于莫瑞泰斯皇家美术馆)，这幅画给国王和宫廷留下的印象，与意大利画作留下的一样深刻。

在玛丽这一方，她给各省三级会议都寄送了信函，要求将此前历任奥伦治亲王拥有的高级官职和尊贵地位指派给她的儿子，并且明确略去了让威廉·弗雷德里克代理的请求。8月7日，泽兰在总三级会议中投票，强烈要求指定威廉三世为未来的执政和同盟军总司令，并要求在亲王满18岁时，将这些高级官职授予他。[28] 弗里斯兰紧随其后，力主到亲王16岁时（如果其他省同意，时间可以更早），应当将国务会议的一个席位指派给他。他们接着表示，弗里斯兰人自豪地展现着他们对奥伦治-拿骚家族"历久弥坚"的情感，正如他们1650年以来一贯坚持的那样——这是在影射泽兰的反复无常。[29] 上艾瑟尔和海尔德兰投了相似的票。查理二世热切追踪着上述所有事态的发展，他致信泽兰省三级会议，感谢他们为自己外甥的利益竭诚提供的帮助。[30]

德维特发现自己肩负的压力越来越大。除了荷兰省外，无一省份曾出台《排除法案》；然而即便在荷兰省，指定奥伦治亲王担任高级官职的热情也在日益增长，这标志着《排除法案》已然成为一纸空文。莱顿和哈勒姆选择在这一时刻提议指定亲王为执政，因为他们知道此时会得到一些小城镇的支持。[31] 德维特与科内利斯·格雷夫以及贵族院的其他盟友一道采取行动，以阻止莱顿的提案得到荷兰省三级会议的广泛支持。德维特以荷兰省三级会议提供的可观津贴为诱饵，转移压力；他引诱玛丽同意如下安排：亲王暂时只能被认定为"受国家监护的孩子"，荷兰省三级会议将给予他教育和训练，以便他出任高位。这也意味着亲王最终将身居高位。[32] 德维特和德格雷夫希望以这样的权宜之计，来充分安抚玛丽，促使她劝说自己的兄长在与伦敦进行的谈判中保持亲切包容。结果，到9月底，荷兰省撤销了《排除法案》，并始承担亲王的生活费用和教育开支。

玛丽与德维特之间的交易为她的儿子和共和国的稳定赢得了一些切实利益。然而，也有许多声音抱怨她的纵容。这些声音不仅来自将支持奥伦治亲王视为反对荷兰省摄政官的主要手段的人（其中包括许多富修斯派讲道者），也来自部分奥伦治派摄政官——他们认为玛丽已然因为没能提升该派的势力，而算作是辜负了他们长期以来为她儿子的利益而付出的血汗。[33] 荷兰省三级会议任命来监管亲王教育的委员会中，有德维特、德格雷夫和其他三级会议派摄政官，却没有荷兰省的奥伦治派。这一事实让奥伦治派的愤怒加剧。老亲王夫人阿马利娅·冯·索尔姆斯严厉斥责儿媳，认为她竟被德维特哄骗，进而抛弃了奥伦治-拿骚家族在荷兰省经得起考验、诚实可靠的朋友——莱顿、哈勒姆和恩克赫伊曾。[34] 勃兰登堡选帝侯也颇为光火，因为德维特的计划同样否认了他的影响力。选帝侯和老亲王夫人提名了一个截然不同的委员会来管理亲王的教师和扈从，其人员包括阿马利娅、威廉·弗雷德里克、莱顿市长范德阿（van der Aa），以及来自贵族院、哈勒姆和恩克赫伊曾的代表。不过这项提案徒劳无果。

然而，正当德维特似乎跨过了一道障碍时，所有的一切又因1661年1月玛丽突然死于天花而重新陷入混乱。玛丽曾指定她的兄长、英格兰国王担任其子的监护人，而这让德维特陷入了一系列新困境中。莱斯特伯爵时代之后，没有哪个外国政权像如今的英格兰君主这样，在荷兰内政上享有如此大的权势。显然，查理二世不是容易对付的人。正在伦敦进行的英荷谈判进行得并不顺利，而阿姆斯特丹曾对它寄予厚望。国王远没有打算废除《航海条例》，反而准备以己之名重申该条例。两家东印度公司的纠葛也没有消停的迹象，事实上反倒是加剧了。雪上加霜的是，加勒比海、西非和新尼德兰问题上还出现了新的重大冲突。西弗里斯兰诸海港、马斯河渔业城镇、泽兰捕鲱业港口（济里克泽和布劳沃斯港）以及阿姆斯特丹，为呈交到英国议会的提案而深深沮丧。这项提案规定，只有英格兰国王的臣民获许在英格兰海岸16千米内的地方捕鱼。[35] 此外，17世纪50年代末以来，奥伦治派已然在荷兰省三级会议中取得了相当大的进展。德维特为奥伦治亲王提供抚养费的方案还被7个城镇——莱顿、哈勒姆、恩克赫伊曾、鹿特丹、霍林赫姆、斯洪霍芬和皮尔默伦德以不充分之名反对。[36]

除此之外，还有一个令人不悦的消息：查理二世选定了乔治·唐宁爵士担任常驻海牙的大使。唐宁先前是克伦威尔政权的支持者，后来转成保王派，他以简单粗暴的风格和对荷兰的仇视而出名。6月，他带着如下指示来到荷兰：动员奥伦治派阵营，以迫使荷兰省同意由如今的3名监护人——查理二世、阿马利娅和大选帝侯监管亲王的养育。一到荷兰，唐宁就立刻展开与奥伦治派代表和军人的各种秘密交易。在他从海牙寄回的第一批报告中，唐宁评论道："可以确定的是，必须将尽可能多的流言蜚语掷向德维特。"[37]

到1661年秋，查理二世似乎已经让荷兰省的三级会议派陷入困境：海上是英格兰压力的涨潮，国内是奥伦治派情绪的高涨。阿姆斯特丹已经有许多人开始为花在荷兰礼物上的费用而后悔。派往总三级会议的弗里斯兰代表团的一名领导性成员在1661年11月预言，假如共和国与英格兰间爆发战争，"泽兰、弗里斯兰、上艾瑟尔和格罗宁根诸省既不会拿起武器反抗英格兰，也不会为战争贡献什么"[38]。此外，海尔德兰省和乌得勒支省的贵族院属于强硬的奥伦治派，而城市凡是"有点儿荷兰省化"的地方，都陷入了绝望的分裂。

除了奥伦治亲王未来的地位，另一个在1661年分裂七省的棘手事件是草拟结束对葡萄牙战争的和约。直到5月，泽兰、格罗宁根、乌得勒支和海尔德兰4省依然坚持拒绝达成和解，除非葡萄牙归还先前的荷属巴西殖民地。1661年唐宁的另一个主要任务，就是利用这一分歧，使形势转向有利于英格兰的方向，其方式就是用一切手段阻碍和解（他的主人同时也向葡萄牙施压）。[39] 由此，英格兰既可以阻止荷兰恢复与葡萄牙的贸易，又可以阻止荷兰在那里获得与英格兰对等的贸易特权，同时还能扩大各省之间的分歧，从内部削弱共和国。

在彼得·德赫罗特的密切协助下，德维特最终成功让总三级会议中乌得勒支成员和半数的格罗宁根成员脱离反对派，但泽兰和海尔德兰成员依然冥顽不灵。1661年6月23日，总三级会议内展开了一场长达5小时的史诗级辩论，参与成员除了常规派驻的各省代表团，还有众多非常规代表——26名泽兰代表、3名乌得勒支代表和荷兰省三级会议全体成员。[40] 泽兰和海尔德兰拒绝"在未归还巴西土地的情况下"和解，坚持主张"（通过和约的决定）有违同盟条约，因为它规定只有所有省份的同意才能做出和解和宣战的决定"。荷兰省代表则提醒与会者，1648年"与西班牙的和约就是由多数人的意见决定的，泽兰和乌得勒支都没有同意"[41]。最终，由值周议长、格罗宁根代表团的领袖斯海伦博赫（Schuylenborgh）做出决断。（他出于个人私利的考虑，与荷兰省站在一边，反对格罗宁根城对西印度公司的支持）斯海伦博赫裁定，总三级会议以5省对2省的多数通过了与葡萄牙的和约。

数月之后，德维特的地位显得不像之前那样危险了，荷兰省与泽兰省之间在葡萄牙问题上的纷争得以平息。事情也变得明显：查理二世荷兰政策的双链（一边在海域上挤压荷兰，一边从内部分化他们）在某种程度上（至少在沿海各省）相互矛盾。[42] 在阿姆斯特丹，摄政官、大商人和东西印度公司的董事发现，他们的礼物没带来什么好处，反而在贸易领域面临着升级的冲突而非和解。于是他们丧失了对奥伦治亲王的兴趣，在德维特身后联合起来。强大、统一的荷兰省如今成了他们唯一的依靠。荷兰省其他地方和泽兰省发生的事也大致相同。

在泽兰，奥伦治派的热情向来强劲，即使泽兰人对荷兰省宽容的宗教政策有所不满，但泽兰更担心由英格兰海上扩张和在加勒比海、西非获利而导致的损失，而非没有执政领导所致的后果。1661年8月，泽兰省三级会议就新成立的英格兰皇家非洲公司对几内亚海岸的蚕食发出严重警告。17世纪30年代以来，西印度公司就一直主导着该地利润丰厚的黄金和奴隶贸易。泽兰省三级会议投票同意与荷兰省进行密切合作，以抵抗日渐加重的英格兰压力。[43]查理二世越是鼓励伦敦大商人和公司的野心，泽兰就越是疏远英格兰和奥伦治派。

泽兰氛围的转变引发了各城镇议事会中派系平衡的新变化。在米德尔堡，反英格兰的三级会议派阵营从1661年年末开始得势，他们力主与荷兰省合作。1649—1650年间该派的威廉二世在泽兰的得力干将亨德里克·蒂鲍尔特在1651年曾作为顽固的奥伦治派被三级会议派推翻。这一令人震惊的大反转反映出派系政治的复杂性，以及泽兰公共舆论的强大影响力。各市政厅里相互竞争的团体是意识形态、神学、经济、家族和寻觅地位这众多情绪的大杂烩，移民因素也为之增色。一位英格兰观察家在1663年8月的记录中甚至将米德尔堡的政治理解为"本地"摄政官与新兴集团的斗争：前者是泽兰历史悠久的摄政官家族的后代，费特是其领袖；后者包括"瓦隆人和法兰西人"，蒂鲍尔特是这些人的领袖。[44]他解释道，蒂鲍尔特在1649—1650年间的狂热的奥伦治派情绪源自民众压力，而1662年的新态度源于这一事实："与奥伦治亲王的利害关系如此之薄弱，以至于蒂鲍尔特先生毫不担心"。到1662年1月,泽兰6个城市中,仅剩弗卢辛和费勒依然坚持奥伦治派立场,剩下的城市全都转投三级会议派。唐宁开始担忧荷兰省与泽兰省之间日渐深入的合作,以及他所谓的"值得注意的阴谋——制定一种让奥伦治亲王隐退的新法令"[45]。

随着伦敦的英荷谈判拖拉进行以及英荷关系的逐渐恶化,德维特决心拒绝查理二世对英国东印度公司所受冒犯和损害的补偿要求;而弗里斯兰和奥伦治派阵营则强烈要求荷兰让步,希望确保达成英荷的友好条约,以解决海上纠纷,而奥伦治派作为英荷联络和该条约签订的中间人,其影响也能由此在国内政界有所增进。于是在1662年的大部分时间里,荷兰政界两大敌对政治-神学集团之间的冲突焦点转变为:是否回应英格兰要求补偿它在印度所受损害的主张。[46] 1662年4月,德维特成功与法兰西缔结同盟条约,其中一项条款对荷兰在北海的渔业做出保障,由此三级会议派取得了新进展。德维特及其主要摄政官"小团体"["唐宁语",成员包括彼得·德赫罗特、豪达的贝弗宁克,以及多德雷赫特议长——德维特的表亲霍法尔特·范斯林厄兰特(Govaert van Slingelandt)] 开始坚持主张:如果荷兰派往英格兰的全权代表不能根据既定指令订立条约,他们就应当被召回。相比屈服于查理二世的压力,德·维特及其支持者更愿意加剧与英格兰的冲突,甚至与之开战。他们得到泽兰和乌得勒支的支持,而遭到弗里斯兰、海尔德兰、上艾瑟尔和格罗宁根的反对。[47]

从根本上说,这是沿海省份与内陆省份之间的冲突。不过后一方的内部太过虚弱,而对外它们则渴望反抗德维特和荷兰省的领导。上艾瑟尔立场摇摆之时,格罗宁根再次陷入骚乱。7月,格罗宁根城爆发大规模暴乱,这期间行会要求"减轻他们的赋税,且政府不应垄断在几个家族手上",之后又颠覆了治安法庭,让省三级会议陷入瘫痪。[48]该城的骚乱一直持续到11月,那时威廉·弗雷德里克成功率雄兵进城,恢复了秩序。德维特利用骚乱来争取该省投票支持。于是到8月,仅剩弗里斯兰和海尔德兰依旧顽固坚持:不应就海上纠纷问题而与英格兰决裂,毕竟该问题只与荷兰省和泽兰省有利害关系。

1662年夏,唐宁依然坚信,德维特及其支持者会在持续的压力下分裂,他们将遭受钳制、无处可逃。8月,他报告了一名弗里斯兰代表的言辞:德维特及其"小团体"应该"当心他们的所作所为,因为假如发生分裂,他们必然不能指望彼此互相帮助,情况会正好相反"。[49]唐宁向伦敦的大臣保证:"就荷兰省自身而言(无论德维特先生如何操控它),它并没有与英格兰决裂的倾向,更不用说他们(当权者们)如此爱惜自己和这种有利可图的贸易,也更明白他们更有理由思考多种方法、精打细算,以偿还压在自己身上的无尽债务,而非招致更多……"他解释道:"如今,荷兰省的赋税、关税和消费税比过去的都要高,他们的边境还驻防甚少、得不到保障,但他们却与所有邻国都有实际争端。所有这些状况他们都心知肚明。"这里最后一点暗示的是荷兰省依然与西班牙争执中的、悬而未决的上马斯事务以及明斯特主教争夺的飞地问题。他在1661年最终控制了明斯特城,而此事加剧了与共和国的争端。

这些都是事实。然而,唐宁认为荷兰省会在英格兰压力下屈服这一判断确实是错误的。要判断荷兰省南部分裂的程度并不容易,因为对奥伦治派来说,夸大自己的分量是有利可图的。1662年8月,唐宁记录道:"哈勒姆和其他城市说自己再不会被盲目地诱入与英格兰的分歧中。"但这不能解释他们为何至今一直都存在分歧,以及他们为什么对唐宁无甚助益。[50]如果我们仔细考察荷兰省摄政官中的唐宁心腹，便会发现：他与驻海牙的弗里斯兰代表团有着良好联络，在吕伐登时与弗里斯兰的两名主要代表——埃波·范博斯特马（Epo van Bootsma）和威廉·范哈伦（Willem van Haren，1626—1708年）保持着频繁联系；然而，（尽管声称荷兰省和泽兰省摄政官阶层唯利是图）他却基本没能将势力渗透进荷兰省和泽兰省三级会议，也没能在那里找到同谋。[51] 事实上，到1662年夏，荷兰省和泽兰省已在德维特背后团结起来，团结程度之深甚至让德维特能够果断执行的政策、升级海军装备、违抗英格兰国王。而英格兰的策略实际上削弱了奥伦治一派。正如唐宁的一个弗里斯兰心腹在6月所说，德维特"日复一日地加固他在联省的党派，而国王陛下和奥伦治亲王先生的派系开始衰弱"[52]。

1662年秋的事件确证了这一点。《英荷同盟条约》最终还是在9月签署完毕，但是签署氛围令人忧心；经过了那么长时间的拖延，方方面面都兴起了诸多新的纠纷，以至于同盟条约难以提供奥伦治派阵营所需的稳定的友谊基础。与此同时，荷兰省和泽兰省的三级会议却在执政职位和批准荷葡和约问题上达成了一致。早先，唐宁曾报告称："两位大议长（德维特和费特）之间的协定再次成了三级会议当下的热点，它在泽兰省三级会议中强行通过，但并未执行，弗卢辛和费勒依然顽强地反对。为此老亲王夫人已致信他们，表达诚挚的谢意。"[53] 9月，他忧郁地报告道：尽管他本人和阿马利娅竭力阻止，两名大议长如今已然获胜；德维特"在荷兰省三级会议中做了报告，称在奥伦治亲王年满18岁之前（即1668年之前），没有哪个省份会讨论授予他官职的事"。[54] 蒂鲍尔特和米德尔堡议事会支持这项协议。由此，泽兰省三级会议以4对2的投票结果战胜了弗卢辛和费勒的异议，通过了该议案。17世纪60年代中期，德维特一直与蒂鲍尔特议事会、米德尔堡议事会和泽兰省三级会议中的主导派别携手合作。

同时,与葡萄牙的和约似乎又一次濒临崩溃,因为英格兰在阻碍和约的落定,而泽兰、格罗宁根和海尔德兰3省也拒绝批准和约。[55] 这一困局同样因为荷兰省和泽兰省两位大议长的合作而得以突破。对于弗卢辛的反对和格罗宁根、海尔德兰的激烈斥责,荷兰省和泽兰省同意和约应当采取新的方式来分配葡萄牙出让的盐贸易,以补偿西印度公司在巴西的损失。这尤其对泽兰有利,同时也是对泽兰不再反对批准和约,并在执政问题上与荷兰省合作的报偿。

当1663年1月法兰西的新任大使戈德弗鲁瓦·德埃斯特拉德（Godefroy d'Estrades）抵达荷兰时,德维特已经在政治和外交事务上赢得了一系列重大胜利。除了与葡萄牙、法兰西和英格兰签订条约,他还最终解决了1648年以来与西班牙在上马斯问题上遗留的纠纷。迟至1658年,西班牙依然竭力保留着在上马斯地区的大部分领土。这一政策受到南尼德兰宗教团体的鼓动,他们挂念着这一地区无数的修道院和教会土地。然而,《比利牛斯条约》签订后,西班牙在这方面的政策也有所更改,改善与共和国的关系成为首要的考量。[56] 根据荷兰与西班牙在1661年12月签订的瓜分协议,这片土地对半划分,法尔肯堡（Valkenburg）、海尔伦（Heerlen）和达尔海姆（Dalhem）划归荷兰。

德维特的老辣和奥伦治家族显而易见的衰落让埃斯特拉德大为震惊。1663年2月,他报告称:"我如今看到了这一家族被全然摧毁,因此我们无法考虑采取别的策略,只能与三级会议合作,准确地说是与德维特先生合作。"[57]

第30章 1659—1672年：巅峰时期的共和国 II

17世纪60年代早期的意识形态冲突

1660—1661年奥伦治派复兴的另一个结果是意识形态战争的复燃。它渗透到政治、社会和文化中，催生了黄金时代有关荷兰国家性质、世袭权力和共和制最广泛、最重要的讨论。到17世纪60年代早期，距威廉二世的离世已过去10年，"真正的自由"有了机会在公众心中扎根并确立自身合法性。然而正如1660—1661年高涨的奥伦治派情绪所展现的那样，人民对"杰出的领袖"的渴望与从前一样根深蒂固，这位领袖应当是祖国之父的后代，日后将执掌国家和教会。与此同时，与英格兰情况类似，共和主义观念也在联省的专业人士和知识精英群体中赢得了一席之地。这一现象的一个标志就是，荷兰人对伟大的佛罗伦萨政治思想家马基雅弗利的兴趣提升，1652年他的作品的新荷兰语本问世。[58]

17世纪60年代早期激烈的意识形态战争的新增动力部分来自政治环境。英格兰斯图亚特王朝复辟后，奥伦治家族的政治前景有所改善；随着英荷冲突的回潮，奥伦治派的运势再度滑落。然而，这场意识形态战争还受普遍的文化停滞所影响，这种停滞源于17世纪50年代激烈的哲学和神学论战。奥伦治派的复兴展现出旧传统对民众观念的持久影响。对此的一个鲜明回应，便是通过设法削减人民对领袖人物、世袭权力和归正会权威的敬仰，来打击奥伦治主义。但这转而引发了奥伦治派和加尔文宗一方激烈的神学-政治反击。这类反击使得心怀疑虑的旁观者更加好奇，三级会议派是否真的在指望他们的观点胜出。埃特泽马曾怀疑德维特"真正的自由"这一论点，毕竟英格兰的君主制复辟也让他印象深刻。他在自己历史巨著的第六卷（出版于1661年）中声称，荷兰并不适宜建立共和国，它从没有过这样的先例。他认为共和国曾在罗马、威尼斯、热那亚和瑞士盛行,因为共和国的形式和观念在那儿根基深厚。相反,英吉利共和国迅速崩溃,是因为英格兰历史上缺少这样的根基;而对于不被视为社会上层的人,荷兰人则完全不愿受共和形式管辖,而是需要且希望由自己敬仰的"杰出领袖"来统治。[59]

共和派一方最引人注目的两名宣传家是莱顿的纺织业制造商彼得·德拉库尔(1618—1685年),以及他的友人、海牙律师约翰内斯·厄伊滕哈赫·德米斯特。在抨击奥伦治家族方面,后者不输给任何人,这尤其体现在《荷兰的执政统治》(Stadhouderlijke regeeringe in Hollandt, 1662年)一书中。该书主张,沉默的威廉既非"荷兰自由"的创立者,也非保护人。[60] 不过在其他方面,他也可以称得上是平淡无奇的宣传家。但德拉库尔确实是一位具有国际影响力的作家,他的观点触及当时政治、经济和文化生活的方方面面。他于1662年在阿姆斯特丹出版的272页的《荷兰的利益》(Interest van Hollandt)让整个联省激起了史无前例的轩然大波。该书主张,没有执政的话,荷兰省会更好,现在如此,将来也会一直如此。这份文本在出版前被呈交到德维特跟前,大议长亲自完成了它的修改。[61] 他在一些地方缓和了论调,但大体上同意其中所说的政治哲学,包括:共和国本质上比君主制更优越、更可靠;国王和军事首领在国家战乱时发挥的权势更大,他们让整个世界处在永恒的冲突中;统治者身边的廷臣、宠臣、贵族和士兵必然依靠普通人的生产活动生存。德拉库尔对执政的评论激怒了许多民众,掀起一阵出版狂潮,其中最著名的是计·德帕里瓦尔(Jean de Parival)的《荷兰的真正利益》(Le Vray Intérêt de la Hollande)。1662年该书的荷兰语版本和法语版本问世。

然而,从神学角度看,意义更为重大的是德拉库尔的《政治对话录》(*Political Discourses*, 1662年)。这本书以简单直白的荷兰语写成，面向广大公众，阐述了一种深受马基雅弗利和博卡利尼著作影响的共和主义。[62] 德拉库尔认为，所有君主制和准君主制都有害于公民的真正利益，因为世袭权力的任何元素都会让自由和公共利益屈从于王朝利益。由此，"共和国有公民，君主制有臣民"——这两者之间对德拉库尔来说截然不同。最后，他宣称，要想自由和公共利益繁荣，就必须抑制公共教会在其恰当行动范围之外的公共领域中的势力。

当然，公共教会迅速表达了自己的反对意见。德拉库尔因为攻击归正会讲道者是争权夺利者，是个人和公共自由的敌人，而遭到莱顿宗教法院的审查。他被禁止参与圣餐，并且压力重重。他透过摄政官朋友、格劳秀斯之子德赫罗特，向德维特求助。[63] 尽管这位荷兰省摄政官渴望在荷兰生活中推广共和主义观念，并逐步拓宽思想自由（如果不是政治自由）的范围，但他谨慎地避免将自己或三级会议与德拉库尔对奥伦治家族和教会权威的正面攻击联系在一起。事实上，德维特的策略是表面上站在教会一方，而同时设法在暗中提携笛卡儿-科齐乌斯派。

事实证明，有关德拉库尔书籍的斗争不过是序幕，关于国家形式和教会地位的广泛论战在次年爆发。自从关于遵守安息日的争论平息以来，教会内部对立派系之间的斗争就陷入较沉默的阴燃阶段，许多问题悬而未决。不过，有一种异议形式是荷兰省三级会议决意严惩的，那就是在为世俗权威祈祷时出现的骚乱。在近代早期的社会，为政府祈祷是政治文化和大众文化的重要方面，在这个问题上，联省也不例外。问题在于，尽管没有执政，富修斯派讲道者依然在为奥伦治亲王祈祷，而且是以令三级会议派不悦的方式，篡改了为荷兰省三级会议念诵的祷告词。[64] 为了在这一重大事宜上实现统一，荷兰省三级会议的一个委员会拟定了需要得到正式批准的标准祷告词，供整个省的教会使用。这份标准祷告词于随后的1663年3月递送给各城镇议事会，一起传送的还有给宗教法院的指令——确保标准祷告词得到遵从和仪式的统一。[65] 三级会议声称，许多讲道者念诵的公共祷告词让人觉得"仿佛总三级会议才是本省的合法、最高政府，这样的现象或许会令那些淳朴、未受教育、不谙世故的人民留下这样的印象：贵族院和荷兰省各城镇并非毋庸置疑的主权者，并非（上帝之下）本省唯一的最高权力"[66]。于是，荷兰省三级会议规定，从此以后在给各个公共权力机构祈祷时，必须将为"我们的合法、最高政府"荷兰省三级会议念诵的祷告词永远放在首位，其次是祈求其他省份的三级会议（荷兰省在同盟中的伙伴）安康的祷告词，总三级会议要排到第三位。[67] 公共祷告词要以为其居住城镇的治安法庭祈祷结束（如果在乡村，则为德罗斯特或巴尔尤夫祈祷）。这份祷告词没有提及奥伦治亲王或奥伦治家族。

在荷兰省，几乎没有讲道者在布道坛上公然抗议，因为他们明白，如果在会众面前冒犯三级会议，自己会立刻遭到撤职。德拉库尔已留意到莱顿讲道者心中的愠怒。[68] 不过，宗教法院中还是出现了诸多怨言。阿姆斯特丹和哈勒姆的讲道者坚持认为，新标准祷告词与1619年全国宗教会议的决议相悖。在莱顿，讲道者求助于议事会，他们谦恭地区分了这一事情的"政治"方面与三级会议推进此事的方式。就前者来说，他们承认这不归他们管；就后者而言，他们坚持此事应经宗教会议之手，应与讲道者商议。他们还否认——信函影射的公共教会的讲道者有意加重"给最高权力机构与给次级权力机构的祷告词之间的深刻差异",以便"在民众中"散布总三级会议是荷兰省最高政府这种谬论。他们评论道,这样的谬论是经常从教会外的持异见者口中听到的说辞。[69]讲道者抱怨,三级会议似乎想让他们成为人民眼中的"可疑之人"。

公共领域的群情激奋主要出现在弱小省份。弗里斯兰省三级会议谴责荷兰省的标准祷告词,称其有违总三级会议的权威,违背联省各个教堂80年来的惯例,违背被大会议确定为公共教会根基的1619年全国宗教会议决议,也违背国定本《圣经》。弗里斯兰否认主权由各省单独掌握,回顾了荷兰省三级会议自己曾在1621年3月25日拟定的决议,弗里斯兰以如下措辞答复佩克修斯大法官:"联省的主权不可置疑地存在于总三级会议和各省三级会议之手。"[70] 弗里斯兰省三级会议坚持称总三级会议是"整个联省内的最高的主权机构",并且要求荷兰省废除它的标准祷告词,在为政权念诵的各项祷告词中,恢复总三级会议的优先次序。他们指令派驻海牙的代表,与其他省份代表团一道给荷兰省施压。

弗里斯兰人搅动了其他省份,促使德维特和荷兰省代理委员会介入,以防止通过谴责荷兰省标准祷告词的决议。德维特致信泽兰省大议长,推测泽兰不会否认荷兰省三级会议是该省的主权者正如其他省份的三级会议是各自省份的主权者一事。德维特直截了当地拒斥弗里斯兰的论点——主权部分存在于总三级会议手中,同时他也否认多德雷赫特宗教会议的决议中存在任何标准祷告词。[71] 弗卢辛和费勒力图使泽兰与弗里斯兰站在一起,但其他泽兰城镇有所犹疑。他们从过去到现在始终反对主权仅仅存在于各省三级会议手中这种论断，但同时又畏惧在这一关键节点对抗荷兰省。在米德尔堡，大多数讲道者站在费特一派，据称该派在议事会中占了9票，而有15票的蒂鲍尔特派则更亲近德维特。[72] 不过直到最后，也没有哪个派别支持弗卢辛和费勒。事实上，泽兰省三级会议闪烁其词。他们反对弗里斯兰的观点，也是荷兰省所反对的——存在一份既定的标准祷告词。但他们又认为："一些省份通过密切的邦联关系，已然如此紧密地彼此绑在一起。它们因此组合在一起宛如是一个整体、一个国家、一个政府、一个共和国，然而同时它们也并没有放弃自己的主权。""主权最贵重、最核心的部分"依然划分给了同盟机构，这样的事实清晰展现出了总三级会议拥有的部分主权。[73] 由此看来，泽兰与弗里斯兰的一致观点在于它们认为主权部分存在于总三级会议，部分存在于各个省份。米德尔堡、济里克泽、托伦和胡斯乐意到此为止，"不再进一步烦扰荷兰省的绅士们"。泽兰公众、讲道者和弗卢辛、费勒的摄政官大多对此甚为不满。

争论在总三级会议、各省三级会议、城镇议事会和宗教法院中没完没了地继续。海尔德兰省的情况是一些城镇议事会在9月加入弗里斯兰的行列，谴责荷兰省的标准祷告词。德维特孜孜不倦地声明，各省是主权者——只有公地是例外，在那儿总三级会议是主权者。他的立场得到当时出版于阿姆斯特丹的三卷本巨著《公共祷告词》（*Public Gebedt*，1663—1664年）的支持。该书作者是他的同名表亲、狂热的反奥伦治派约翰·德维特。这本书同样受到大议长的亲自审查，它用能想象到的一些论据证明，荷兰省的主权存在于荷兰省三级会议之中，"也就是说，在贵族院和各城镇手中，各个城镇的摄政官集体由荷兰省三级会议代表"。德维特认为，像"荷兰（省）"这样的"贵族

第30章　1659—1672年：巅峰时期的共和国 II　913

式共和国"是最优越的国家形式,它是上帝亲自"为其子民,以色列的后代"选择的政体。[74] 他还援引塔西佗的格言,认为在公共仪式上,为主权之外的任何人祈祷,都会削弱仪式的正式性。德拉库尔特别喜欢11月出版的《公共祷告词》第二卷。他相信通过阅读该书,公众会"越来越敬重合法政府的行为,憎恶严厉的统治和暴政——这是其他省份不顾荷兰省反对而追求的东西"[75]。

论战的高峰出现在1663年,当时厄伊滕哈赫·德米斯特出版了一些更为强硬的共和主义书籍。他同样援引古罗马的政治智慧和塔西佗的思想观点,力主如果要维系"自由",就有必要让公共教会从属于世俗权威。厄伊滕哈赫·德米斯特主张,共和国的核心"利益"在于:维护和平,进行良好的司法管理,负责任地照管公共财政,让公民致富,最重要的是确保"生活和良心自由,尤其是宗教自由"[76]。他认为,荷兰省的利益在没有执政时可以更好地得到维护。这一论断的一个主要理由是,公共教会主要是通过执政来扩张他们对社会的影响力。他奚落道:"那些1650年毫无顾忌地在布道坛上谴责荷兰省三级会议的狂热讲道者,如今上哪儿去了?"[77] 这是在提醒读者,威廉二世统治时期,讲道者更加大胆妄为,也更有权势。

而在为公共教会主张更广泛的职责的作品中,最富学养的作品问世于1663年,即富修斯的鸿篇巨制《教会政治》(*Politica Ecclesiastica*,四卷本,1663—1676年)的第一卷。该书掷地有声地驳斥了三级会议派的伊拉斯都主义(注:国家全能主义),捍卫了公共教会的自治权和广泛职责,[78] 不过用的是拉丁语。但也不乏富修斯派的荷兰语通俗著作,它们从印刷机里流出,以回应两个德维特、德拉库尔和厄伊滕哈赫·德米斯特。最能直击要害的一份文本是《复活的(奥尔登)巴内费尔特》(Resurrected Barneveld)，这篇文章的作者据说是富修斯身边的人，但也可能就是他本人。它尖刻地抨击了格劳秀斯的观点，认为这些"学说有害于这片土地，与同盟相悖"。它将省主权学说视为一种手段，其目的是将6个弱小省份贬斥为绕着"荷兰省这颗太阳"旋转的依附性"行星"。文章斥责新的标准祷告词违背了总三级会议1618年和1651年所做的决议。该决议主张，就作为世俗政权的关注对象而言，公共教会事务也应归同盟机构管辖。[79]文章再次提醒读者，总三级会议给佩克修斯的答复是荷兰省三级会议亲自拟定的。这份文件已表示，联省的主权"不可置疑地存在于总三级会议和各省三级会议之手"。激烈的政治宣传导致富修斯及其手下的"归正会耶稣会士"（政敌对他们的称谓）受到这样的指控：渴望让摄政官和民众臣服于教会的权势，意图颠覆三级会议权威。作为宣传攻势的一部分，三级会议派宣称富修斯派阴险地向年轻人和无知者灌输这样的信息：奥尔登巴内费尔特是"叛徒、流氓，是国土和宗教的敌人，受到审判和处决罪有应得"。[80]

在这一时刻，富修斯派别无选择，只能为奥尔登巴内费尔特的处决决议辩护，因为如今三级会议派出版物比任何时候都青睐这一主题。1625—1650年间遭查禁的冯德尔的《帕拉墨得斯》到1652年得以重印，又于1660、1662和1663年多次发行。在激烈的论战中，它的首批舞台演出出现在1663年的鹿特丹和1665年2月的阿姆斯特丹。鉴于《帕拉墨得斯》在鹿特丹和阿姆斯特丹引起的强烈反响，奥伦治派的舞台反击必然接踵而至。一马当先的是悲剧《威廉，或受损的自由》(Wilhem, of gequetste vryheyt，1662年)。该剧作者为激烈的反天主教人士、多德雷赫特拉丁语学校的联合校长兰贝特·范登博斯（Lambert van den Bosch）。他的剧目赞颂沉默的威廉，并提醒公众，有多少荷兰"自由"归功于他和奥伦治家族，归功于为宣扬要尊敬执政所做的努力。[81] 正是在这样狂热的氛围中，冯德尔写下了自己的最后一出政治剧目《巴达维亚兄弟，或受压制的自由》（The Batavian Brothers, or Suppressed Freedom，1663年）。冯德尔在剧中赞颂了巴达维亚人反抗罗马压迫的起义。剧目展开的方式让冯德尔得以凭借联想和影射的力量，抵制奥伦治主义，捍卫"真正的自由"。他把罗马总督称为"执政"，此人的残酷、腐败和强取豪夺触发了起义。"执政"以掌控军队作为自己的权力基础，他的不法行动受到追逐私利的宠臣鼓励。[82] 正如冯德尔反奥伦治主义主要针对的是莫里斯和威廉二世，该剧对非法行动的强调也主要是为了引导民众抵制这两位执政。

派系之间的意识形态冲突到1663年进入白热化。但是，奥伦治派在政治上依然处于弱势，他们难以有力打击"真正的自由"。正如德拉库尔言简意赅的评论：这是"无力的愤怒"。[83] 此外，数月之后，在动员其他省份反对荷兰省优势地位的行动方面，弗里斯兰省三级会议能取得的成果越来越少。因为此时不仅英格兰的威胁回潮，荷兰与德意志边境的紧张局势也日益加剧。局势变化的原因是明斯特采邑主教克里斯托夫·伯恩哈德日渐增长的权势和野心。在海外和东部边境，共和国所面对的都是未知的危险、多变。每过一月，事情就变得愈渐明朗：应对这些挑战的唯一方式，就是承认荷兰省的领导。在1663年7月的会议上，海尔德兰省三级会议已经对明斯特侵略好战的天主教政策表现出了警惕。采邑主教已然控制了明斯特城，并召集了德意志最强劲的军队之一。如今英格兰和法兰西国王都在奉承这位主教。海尔德兰和上艾瑟尔或许曾宣称自己是主权省份，但它们也自知，没有荷兰省撑起的保护伞，自己根本无力面对明斯特的军力。1664年2月，克里斯托夫·伯恩哈德正式要求归还博屈洛。"海尔德兰的掌权人，"唐宁报道称，"说自己愿意承担一切风险，也不愿割让它，毕竟它位于边境上，是极其牢靠之地。""然而，"唐宁评论道，"荷兰省似乎对此事有些淡漠，他们希望借此逼迫海尔德兰人在新祷告词的问题上顺服于己，撤销先前的反对决议。"[84] 事情很快明朗，对海尔德兰而言，更重要的是荷兰省的保护，而非赢得有关公共祷告词的论战的胜利。在这一话题上，海尔德兰省三级会议突然陷入了异常的沉默。

1664—1667年：第二次英荷战争

从正式意义来说，第二次英荷战争开始于1665年3月，但实际上，双方早在1664年就开始交战了。自英格兰在1660年与西班牙和解，并重新开启和平时代的海上扩张以来，英格兰与荷兰这两大相互竞争的贸易帝国之间一直存在尖锐冲突。二者的摩擦遍及全世界，不过在西非、加勒比海和东印度公司方面的冲突尤为激烈。这场全球范围内混乱、激烈的贸易冲突似乎很可能引发自1661年荷兰礼物带来和平之后的一场新战争。这是多年里人人都能预计到并为之做了准备的战争之一。到1664年，英格兰攻击荷兰船只和殖民地的程度已十分严重，双方几乎必然陷入战争。到查理二世正式宣战时，已有200多条荷兰船只被英格兰俘获，数片荷兰殖民地被英格兰人占据，其中包括新尼德兰。1664年秋，那里的主城新阿姆斯特丹改名纽约。英格兰

第30章 1659—1672年：巅峰时期的共和国 II 917

和英属殖民地上的反荷兰氛围浓烈。塞缪尔·佩皮斯（Samuel Pepys）在1664年写道，期盼巨额利益的王庭和伦敦城"为对荷战争而疯狂"。这样的表述并未夸张。

与1652—1654年类似，欧洲其他力量（葡萄牙和明斯特除外）不需要别人来说服他们的共和国站在正义的一方，毕竟他们认为英格兰更有实力，而且几乎占尽了战略优势。[85] 在荷兰省的鼓动下，共和国从1653年起，就一直竭力增强和扩大自己的海军及其管理机构，让海事委员会及其船坞、军火库和补给处在准备就绪的状态。[86] 荷兰现役海军的规模比以往大得多，还配备了更专业的海军军官，更多更精锐的专用战舰和更重型的大炮。然而，英格兰也获取了更多资源，以防荷兰能弥合差距。英格兰在整体上保住了自己的优势，火力方面尤其如此。1665年4月，英国皇家海军有8艘"一流战舰"，每艘装备70多座大炮；而荷兰一方只有4艘。[87]

荷兰省摄政官已经大幅升级了自己的海军。但他们已无力清除省内的意识形态冲突，更无力清除整个共和国的。就像第一次英荷战争时期那样，这些冲突有长期存在的危险。"豪达号"（载有56门大炮）船长在北海的第一场战役开始时扬起三级会议的旗帜，为此他的手下拒绝作战，直到他把旗帜换成奥伦治家族的。在初期的几次战败之后，船上的争执加剧，因为共和派海军将领力图将此归罪于他们的奥伦治派同僚科内利斯·特龙普和扬·埃弗森。[88] 德勒伊特和特龙普间的关系变得极其紧张。有报告称，特龙普曾"阴险地煽动海员去宣扬应该有一些显赫人士来当将领，进而引入奥伦治亲王"。这样的报告差点儿导致特龙普在1665年6月被捕。[89] 最终，在战争正在进行的1666年8月，特龙普因不服从命令，而被迫离开海军，尽管他是个干练的将领，而且颇得人心。[90]

共和派当权时期，特龙普一直不受重用，要到1673年威廉三世促成他与德勒伊特的和解之后，才得以重新进入海军。与众多同僚一样，小特龙普（特龙普次子）喜欢让人给他画肖像画，因此曾坐于诸多艺术家面前，包括卡斯帕·内切尔（Caspar Netscher）和萨米埃尔·范霍赫斯特拉滕。但即便在这一领域，也有很多意识形态因素的侵入。在一张画中，亚伯拉罕·维拉茨（Abraham Willaerts）画的小特龙普身着罗马长袍，夸张地披着闪耀的橘色披肩（此画藏于阿姆斯特丹国家博物馆）。

外国观察家大多理所当然地认为共和国是弱势方。他们都是君主的代表，因此蔑视共和国，认为荷兰分散、协商式的政治结构会严重牵制该国的效率。如果说共和派摄政官认为共和国优于君主国，那么当时典型的欧洲外交官的观点则正好相反，尤其是在权力和军事能力方面。而且与威尼斯或热那亚相比，荷兰共和国还受到自己三层政治结构的加倍阻碍。战争爆发前，唐宁预测，如果国王一直顽强不屈，那么荷兰便会不战而降；即便荷兰人参战，他们也会陷入无望的分裂并迅速溃败。

唐宁援引了无数论据以支持自己的判断。[91] 他认为，1664年科内利斯·德格雷夫死后，德维特与阿姆斯特丹的合作已经松弛，即便在荷兰省，也是"各个城镇之间相互嫉妒。随便拉拢一个，让它们相互背离，没什么比这更简单的了"。1660年之后，荷兰省奥伦治派城镇的数目有了可观的上升，如今甚至包括了莱顿、哈勒姆、鹿特丹、恩克赫伊曾、霍林赫姆、斯洪霍芬和皮尔默伦德。但唐宁主张，最重要的是省政府的体制和内陆省份的虚弱，而且对内陆省份而言，与英格兰作战并无好处。唐宁向主人保证，各个省份都是主权者，而内陆省份绝对不会在财政或任何其他方面为战事出力。最后，他强调，民众已经在负担着沉重的赋税了，而同盟机构和荷兰省三级会议也背负着巨额债务。

1665年6月，在洛斯托夫特（Lowestoft）附近开启的首场大战似乎足以确证唐宁对英格兰优势的预判，也证明了英格兰大商人和殖民地总督信心的合理性。荷兰人派出了他们能召集到的有史以来战力最强的舰队：103艘战舰、4 869门大炮和21 613名人员——这一数字相当于荷兰商业和渔业舰队总人力的三分之一。[92] 但是荷兰的主力舰不能与英格兰三层甲板战舰的火力相匹敌。荷兰的17艘战舰或被击沉，或遭俘获。奥布丹领主的旗舰"恩德拉赫特号"（Eendracht，载有84门大炮、500人）被炸毁，海军司令本人和全体船员丧生，仅5人幸存。据说远在海牙的人都能听到爆炸声。

海军、阿姆斯特丹交易所（参见表39）和整个共和国都士气消沉。到17世纪60年代，大商人、摄政官和外国外交官都习惯通过阿姆斯特丹交易所股票的价格来判断事态，特别是东印度公司阿姆斯特丹分公司的股票价格，它反映着人们对共和国整体和大型殖民公司前途的信心。1664年年初，东印度公司的股价依然高达票面价值的498%，这反映出17世纪60年代早期的繁荣和政治稳定。西印度公司的股价也多少从16世纪40年代末到50年代的灾难性萧条中恢复过来。然而，1664年春，随着两大海洋强国走向战争，股票价格暴跌，造成了许多人的破产和巨大损失。[93] 当年秋，西印度公司的股价短暂回升，当时德勒伊特刚在西非取得胜利，他夺回了英格兰前几年从荷兰手中夺走的堡垒。"消息灵通的人"在德勒伊特胜利后便购买了西印度公司的股票，不过没过多久就都再次抛售了。

1665年春，东印度公司和西印度公司的股价再度下跌。洛斯托夫特战役之后，贸易信心骤降，东印度公司的股价从票面价值的336%跌至322%，这是17世纪下半叶的最低点之一。然而不久之后，整体士气和贸易信心都有所回升，这主要与共和国的海军建设相关；首战中，大部分军力尚未能投入使用。人们所能看到的参战舰队的船只大多完好无损地幸存下来，并且"鹿特丹正在铸造大型船只，3艘巨轮最近又刚在阿姆斯特丹下水，它们很快就能准备好加入舰队了，（人们）可以期待他们的舰队很快重回大海。这些因素已然让东印度公司的股价再次从票面价值的336%涨到348%"[94]。为了找到足够的海员，阿姆斯特丹的海事委员会将海军薪资提升到前所未闻的高度——每月30荷兰盾。夏末，一则消息进一步提升了士气：返回东印度的舰队要向北航行，这要经过爱尔兰和苏格兰以北的地方。如今，它们已成功避开了英格兰舰队，抵达相对安全的挪威卑尔根海港。东印度公司股价随之涨至票面价值的395%。[95]

这场战争在战败和阴沉沉的气氛中开局。然而，唐宁所预言的内部混乱和散漫并未成真。他坚持称，对英作战与内陆省份没有直接利益关系。这完全正确。然而联省毕竟不是"七个主权盟友"的联合，在荷兰省的不停敦促下，同盟机构提供了人员和资源，这些人力、物力与总人口的比例要远远高过而不是低于当时英格兰、法兰西或西班牙这些君主国可能达到的数字。[96]

诚然，海尔德兰、上艾瑟尔和格罗宁根（不包括乌得勒支和弗里斯兰）合作的部分原因可以用明斯特采邑主教造成的威胁解释。但明斯特并非当前形势中意料之外的新元素，它是长期存在的因素，影响着荷兰共和国的现实。东部省份如今明白，但也一直清楚，除了荷兰省，没有谁会保护他们免受那位好战、强硬的反宗教改革采邑主教或其他强劲东部邻国的侵害。只有他们报以合作的态度，荷兰省才会庇护他们。

德维特和总三级会议曾力图说服采邑主教，不要通过在东部列阵的方式与英格兰联手。1664年年初,克里斯托夫·伯恩哈德将荷兰人驱逐出埃姆斯河谷的要塞代勒斯汉斯(Dijlerschans)——此前荷兰人以东弗里斯兰伯爵的名义驻守在那儿。1664年5月,荷兰军队在弗里斯兰执政的带领下深入明斯特兰,夺回要塞。然而,采邑主教并没有理会德维特的劝说;这是有理由的,因为荷兰省摄政官曾大规模且高效力地指挥同盟军队南下,其规模已经远超可以接受的威慑范围。9月,冯·加伦正式要求荷兰归还博屈洛-利赫滕福德,并在没有得到满意答复的情况下宣战。随后,得到英格兰的经费支持,采邑主教派出2万人入侵海尔德兰和上艾瑟尔。

业已年迈的约翰·毛里茨指挥着东部荷兰军队秩序混乱地撤退到艾瑟尔河沿线。明斯特军队占领了奥尔登扎尔、阿尔默洛、特文特区和更南边的大片地区,以及布雷德福特、杜廷赫姆(Doetinchem)和海尔德兰阿赫特胡克(Achterhoek)的大片地区。军队没能保卫东部省份一事损害了荷兰省三级会议派的地位,并激起了新一轮论战,主题是应当由谁来指挥军队,军队应该如何组织。许多评论都支持由德维特的兄长来担任。作为总三级会议派出的"战地代表"之一,他被批准退到艾瑟尔河沿线。

此后,采邑主教又占领了德伦特,或者按照愤愤不平的斯宾诺莎的说法,他们"愚蠢地进入弗里斯兰,宛如伊索的山羊跳进井里"[97]。恐慌控制了共和国的大片地区,特别是当下受到威胁的格罗宁根。11月,法兰西援军的抵达稳定了边境,英格兰经费的消散才迫使明斯特人羞辱地撤退——斯宾诺莎曾向他在伦敦的通信对象保证,这些事情将接踵而至。

明斯特的威胁解释了为何上艾瑟尔、海尔德兰和格罗宁根越来越倾向于与荷兰省合作,但它却不能解释战争时期广大民众对德维特政权的支持，不能解释为什么比起第一次英荷战争，1665—1666年间对奥伦治派的支持力度如此微弱，也不能解释为何弗里斯兰也要与荷兰省团结一致。弗里斯兰三级会议一直明白，对英战争将损害共和国的奥伦治派事业。1664年10月，弗里斯兰曾强烈要求对英格兰做出更多妥协，以恢复"和平和友谊"。[98] 但是不久之后，弗里斯兰也陷入了振奋在整个共和国的爱国主义浪潮中。弗里斯兰省三级会议的一些成员反对支付该省应分摊的德勒伊特远征西非的费用，理由是那里的要塞与弗里斯兰毫无关系。但是大部分代表认为，英格兰在几内亚的攻势侵犯了"我们共同的、亲爱的祖国"，侵犯了"整个尼德兰联省国家"，因此弗里斯兰应当承担它的份额。[99]

1665年，同盟陆军和海军的开支增长到1664年水平的2.5倍多。当年，弗里斯兰11.6%的分摊比例（仅次于荷兰省）意味着共计300多万荷兰盾的支出，这迫使三级会议筹措特殊贷款。弗里斯兰筹集到的大笔资金随后用于海军。哈灵根的海事委员会三分之二的经费来自弗里斯兰，三分之一来自格罗宁根。1665年6月，委员会打造出14艘战舰，配备了3 115名人员和700门大炮。这一数量占了洛斯托夫特战役中荷兰一方人力和火力的七分之一左右。到1666年夏，荷兰海军弗里斯兰-格罗宁根分队的战舰增长到28艘，配备了5 000名人员和1 100门大炮。[100] 弗里斯兰省三级会议的举动反映了弗里斯兰公众的情绪。

共和国之所以能挺过1664—1666年的挫败，拒绝投降，并最终迎来胜利，关键因素其实是民众的态度。法兰西大使早些时候就意识到了这一点的重要性。1665年1月，他写道："人民非常活跃，并理所当然地认为有关战争的一切都应该询问他们。"[101] 如今的结果就是，奥伦治派和亲英派的领导人物发现自己跟不上省内和同盟机构的情绪变换。弗里斯兰代表威廉·范哈伦就是如此，他是国务会议成员，也是唐宁在共和国最密切的盟友之一。战争削弱了奥伦治派贵族在弗里斯兰的影响力，增强了格里特曼和贵族组成的所谓埃尔法派的势力。该派的领袖是埃尔法和赫罗费斯廷斯家族（Grovestins-families），他们大致也是弗里斯兰的亲荷兰省派。威廉·弗雷德里克已于1664年去世，但他的支持者依然具有影响力，他的遗孀、伯爵夫人阿尔贝蒂娜·阿格尼丝（Albertina Agnes）为幼子亨德里克·卡齐米尔二世（Hendrik Casimir II，1664—1696年）摄政，她急切地保卫着弗里斯兰执政的利益。尽管如此，反荷兰省一派暂时只能保持低姿态。

无论对德维特和奥伦治派，还是对英格兰宫廷来说，年轻的奥伦治亲王的角色都是一个极为棘手的问题。德维特渴望尽量削弱支持奥伦治家族的情绪浪潮。奥伦治派尽管反对德维特，但他们也无法将自己抽离战争。从他们的立场看，民众支持战争的强劲势力迫使他们让亲王远离查理二世，而不是远离战争。1665年4月，有人提议，15岁的亲王应当探访泰瑟尔岛的舰队。这将上述窘境摆到了大庭广众之前。我们知道，共和派摄政官"对他们一行没表现出任何意愿或好感；另一方面，如果成行，亲王将毫无疑问被安排为舰队的壮大或类似之事举杯，对于这样的事，亲王殿下将盛情难却"[102]。然而，人们想出了权宜之计，既让德维特和奥伦治派满意，又同时留出余地，以弱化亲王与英格兰的联系，而强化与勃兰登堡的联系。1666年5月，亲王在勃兰登堡选帝侯本人和荷尔斯泰因公爵等德意志王公的陪同下，造访德勒伊特的旗舰。当时，泰瑟尔岛的舰队举行了盛大庆典。[103] 仅此一次，浓烈的啤酒派发到参与者手中，这无疑提升了欢乐的氛围。

1666年间，共和国的战略地位逐渐得到改善。法兰西的介入和英格兰津贴的枯竭迫使采邑主教羞辱地撤退。1666年4月，以范贝弗宁克为首的总三级会议谈判人员与克里斯托夫·伯恩哈德签订《克莱沃和约》。据此，采邑主教放弃了早先占领的地区，以及对博屈洛的主张。中立的商业中心，包括汉堡、吕贝克、威尼斯、里窝那、热那亚和加的斯，依然坚定地支持荷兰，唯一的例外是里斯本。丹麦和挪威非但没有如查理二世所愿站在英格兰一方，反而与联省结盟。这个局面有助于将英格兰人驱逐出卑尔根以及对英格兰船只关闭桑德海峡。荷兰派往丹麦海域的援军确保英格兰人不能威胁桑德海峡。整个1666年间，没有一艘英格兰船只进出波罗的海。[104] 在东印度，荷兰东印度公司再次将英格兰人赶出大海，并夺取了数座英格兰要塞。在地中海，双方都让对手的贸易和航运瘫痪，这暂时让热那亚和法兰西从中得利。在北部海域，比1652—1654年的数量更多、组织更精密的荷兰私掠船开始以相当可观的速度俘获英格兰船只。[105] 总共有近500艘英格兰商船被俘，其中有27艘是德勒伊特在西非附近和加勒比海俘获的。许多被俘英格兰船只在西班牙被拍卖，光是科伦纳（Corunna，西班牙港口）就拍卖了28艘。

暂时而言，阻断英格兰的贸易并没有对英格兰的海军行动造成重大影响。大规模海战依然在激烈进行。在德勒伊特指挥下，荷兰在战术和部署方面占据优势，但英格兰依然在火力方面领先。荷兰在1666年6月的"四日"战役中略胜一筹，但在圣詹姆斯日战役（1666年8月4日）中再次败北，而且损失惨重。此后不久，荷兰遭受重大灾难——英格兰海军将领霍姆斯（Holmes）深入北荷兰省岛屿，烧毁150艘躲避在泰尔斯海灵岛附近的商船。但是，荷兰还有金钱、军火和物资来继续装备舰队，查理二世和三级会议就难以为继了。战争开销巨大，而英格兰的海上贸易几乎彻底瘫痪。贸易和船只的损失、物资的短缺、大瘟疫和伦敦大火的影响全都严重不利于战事。英国的运煤船遭到荷兰海军和私掠船驱逐，因而1666年年末到1667年年初的冬天，伦敦没有煤炭取暖，于是英军的士气持续低落。到1666年年底，荷兰已经在心理上全方位胜出。[106] 此时战争的走向也只剩下荷兰好好利用自己如今掌握的战争主动权了。

1667年间，荷兰封锁了北至哈里奇的英格兰东南部。6月，德勒伊特发动了对梅德韦（Medway）的著名攻势。他打破了防线，深入阿普诺城堡（Upnor Castle），烧毁了这里的军备和5艘皇家海军战舰，拖走了英格兰旗舰"皇家查理号"（Royal Charles）。共和国里欢呼雀跃，教堂钟声大作，胜利的篝火燃起，查理二世的模拟像被焚烧。局势的逆转也同样出现在加勒比海。1665年，新世界的英格兰总督们似乎准备把"荷兰人从西印度的每个角落赶出去"。不久之后，荷兰手中的新尼德兰、圣尤斯特歇斯岛（Saint Eustatius）、萨巴岛（Saba）、埃塞奎博（Essequibo）和波默伦（Pomeroon）悉数失守，英格兰国王"满怀希望，期待很快就能听到在库拉索岛（Curaçao）取得类似成功的消息"[107]。德勒伊特远征加勒比海的行动没取得什么成功，这与他在西非的胜利形成了鲜明对比。不过荷兰人守住了库拉索，并且最终收复了埃塞奎博和波默伦。1667年，包含7艘战舰和1 000人的荷兰远征军夺取了英格兰在帕拉马里博（Paramaribo）的要塞，以及极具产糖潜力的殖民地苏里南。西印度公司还再次占领了多巴哥（Tobago）。

1667年7月，和约在布雷达签订。和约条款规定：英格兰保留纽约，但归还圣尤斯特歇斯岛和萨巴岛；割让苏里南和前英格兰西非基地科尔曼坦（Cormantine），即如今的"阿姆斯特丹堡"（Fort Amsterdam）；放弃多年来对班达群岛中伦岛（Pola Run）的主张；承认"运输自由，货物自由"的原则；同意修改《航海条例》，进而批准将德意志认定为荷兰共和国的天然内陆贸易区。[108]

《布雷达和约》是共和国的胜利、荷兰省三级会议派的胜利、德勒伊特和海军的胜利，也是德维特兄弟俩的胜利。1665年在艾瑟尔河遭受羞辱的科内利斯·德维特如今满身荣誉，一幅赞颂他胜利的寓言式肖像画把他描绘成总三级会议派往舰队的代表，正指挥着进攻梅德韦的行动。他的头上还戴着如今悬挂在多德雷赫特市政厅里的桂冠。海军，尤其是德勒伊特备受赞誉。在当时绘制的一幅胜利寓言画（今天藏于荷兰国家博物馆）中，德勒伊特和其他海军将领拖拽着满满一网鲱鱼，这象征着他们令渔业起死回生。

与此相反，对奥伦治派而言，战争以窘迫和羞辱告终。战争早期，年轻的亲王和老亲王夫人灵巧地在巨岩和大漩涡之间穿行，他们既不能显得沦为德维特的工具，也不能显得对战事三心二意。明斯特人入侵时期，人们关注点尚且集中于军队糟糕透顶的状态和荷兰东部防线的脆弱中，那时亲王的事业尚有一些发展的余地，人们强烈要求一位杰出的要人来统领陆军，这样普遍的呼声难以抵挡。然而，亲王年仅16岁，而当时的三级会议派显然认为军事经验比辉煌的祖先更重要。为了将关注点从亲王身上转移开，三级会议派提名了两位可行的著名外国将领——法兰西元帅蒂雷纳（Turenne）和瑞典将军弗兰格尔（Wrangel）。[109] 17世纪50年代，三级会议派内部就产生了这样的共和派观念：解决共和国军队指挥官问题的途径是找一个外国将领，他声望卓著，但不能对三级会议派造成政治威胁。这样的传统有一天会将他们置于马尔堡（Marlborough）公爵的重负之下。

1666年3月，考虑到当前的局势，莱顿议事会得出结论，虽然近期亲王不太可能被授予高位，但不久之后，这一前景可能十分光明。鉴于此，他们认为当务之急是说服老亲王夫人：将与英格兰关系密切的所有人从亲王身边调走，尤其是他的总管、泽伊伦斯泰因（Zuylenstein）领主拿骚的威廉（Willem van Nassau）。亲王只应接受"本国"重要人物的教导。[110]

毫无疑问，奥伦治派比三级会议派更愿意早日与英格兰议和，即便这意味着承认战败。1666年8月，共和国运势低落之时，哈勒姆议事会建议采取"一切可能行动"以争取和平，"继续与那位国王的战争将彻底摧毁我们热爱的祖国"。[111] 但是，没几个奥伦治派人员考虑积极与英格兰合谋。1666年8月"比亚阴谋"暴露。此事的重要意义在于，它反映出尽管各派系长期争执不休，对"本国"的忠诚感却已发展到相当高的程度。[112] 亨利·比亚（Henri Buat）是在总三级会议工作的法兰西官员，他为年轻的亲王一家工作，是个热情的奥伦治派人员，也是阴谋的中心人物。这项阴谋由英格兰大臣阿林顿勋爵组织。他意图发动奥伦治派政变，以推翻德维特政权，结束战争，重续英荷友谊，恢复执政职位。比亚在极其荒诞的情境下暴露了自己：他在匆忙中弄乱了自己的信件，又因另一个错误，把来自阿林顿勋爵的秘密信件亲自给了德维特，信件揭露了整个阴谋。比亚被逮捕，同谋的姓名也被揭露。但人们发现，除了两名极端主义的鹿特丹摄政官［其中之一是约翰·基维特（Johan Kievit），他成功逃往英格兰］，参与筹备反现政权阴谋的人并不多，地位也不高。然而，这段插曲引起了一场轰动，并且在接下来的几年里也一直是派系矛盾尖锐的原因。

比亚事件的曝光至少在短期内大大增强了德维特的影响力。在一封8月30日写给老亲王夫人的信里（第二天弗兰斯·哈尔斯的葬礼在哈勒姆举行），德维特将这场阴谋的揭露描绘成"上帝运作的奇迹的展示"。比亚被捕之前，上层一直存在着任命亲王为军队首领的压力，其中一些来自荷兰省。于是，1666年4月，德维特和代理委员会态度鲜明地阐明了"一些重要的治国原则"，即共和主义理念，以便说服荷兰省三级会议即刻否决当时主要由泽兰省力主的提案——任命奥伦治亲王威廉三世为总司令而非执政。[113] 比亚被捕的几个月之后，这类压力彻底消散。德维特及其盟友得以加紧对亲王扈从和教育的控制，最终驱逐了泽伊伦斯泰因和其他讨人厌的奥伦治派。德维特仍旧向老亲王夫人保证，他极为严肃地对待亲王的教育，而荷兰省阻止亲王担任军事统帅，并不是出于对奥伦治家族的敌视，而只是遵循"治国原则"。几个月后，莱顿议事会审时度势地判定，就暂时而言，即便是要求给奥伦治分配国务会议席位也难有结果。因此结论是，必须等待"更好的时机"[114]。

与路易十四对抗的共和国

1647-1648年（联省单独与西班牙签订和约）以来，法兰西与联省的关系就一直处于僵持状态。路易十四亲政（1661—1715年）的头些年，双方先前的冷淡关系似乎已经结束。1662年法兰西与共和国签订条约之后，双方再次成为正式盟友，这让共和国在多方面受益。在对英战争中，三级会议派从法兰西盟友那儿找到了制衡力，可以在国内外双线对抗奥伦治派的斯图亚特亲戚。第二次英荷战争期间，虽然法兰西给共和国的帮助更多是间接的而非直接的，但极具价值。法兰西军队并没有与英格兰作战（加勒比海是例外），但至少在战争早期，路易十四在幕后提供过借款，毕竟他不希望看到共和国被征服，而英格兰成为海上霸主。最重要的是，他帮忙遏制了明斯特主教的军队。于是，几年内，这样的局势变得让人想起十二年停战期间拉帮结派的情况。那时，英格兰站在莫里斯一方，而法兰西站在奥尔登巴内费尔特和阿明尼乌派一方。

一开始，路易十四主要是追求与荷兰省三级会议派的友谊。17世纪60年代，西班牙国王始终将法兰西视为主要敌手——至少1668年之前如此——并且也将西属尼德兰视为大国竞争的焦点。此外，整个欧洲都很清楚，假如联省在某种程度上成为法兰西的附庸国，那么法兰西的霸权将得到大幅提升。路易十四以慷慨的年金贿赂德维特，却没成功，后者则以自己拒绝贪腐而自豪。作为让德维特成为法兰西政策执行人这一计划的一部分，法兰西公使埃斯特拉德于1663年带着任务抵达共和国。他受命助力调解米德尔堡对立的费特派与蒂鲍尔特派，进而以有利于三级会议派而有害于奥伦治派的方式，增进泽兰省与荷兰省的合作。[115] 当时，路易十四在共和国享有广泛的支持。[116]

然而，从一开始就有一些冲突的苗头，破坏着法兰西和共和国之间刚起步的友善关系。此时存在两大摩擦之源：一个是战略和领土方面的，一个是经济方面的。它们在侵蚀着法荷之间和睦的同时，也决定性地塑造着两大政权此后的发展轨迹。第一个问题是西属尼德兰的未来。低地国家是欧洲最具战略重要性的地区之一，西班牙撤走它在这里的大部分军力后，接踵而来的权力真空成了危险的不稳定之源。西班牙势力消退之时，路易十四正在打造当时世界上规模最大、力量最强的陆军。结果便是权力平衡的根本性转变。16世纪40年代以来，南尼德兰一直充当着西班牙的缰绳，是欧洲抑制法兰西扩张的撒手锏，借以阻止法兰西的野心渗透到整个欧陆。如今，这条缰绳突然松弛，而且似乎没有任何力量能够限制法兰西的野心和领土扩张。

早从1663年年初开始，西班牙在南尼德兰的衰弱就困扰着德维特。[117] 路易十四展现出他觊觎这一地区的鲜明信号，不过当下，他并不介意与荷兰盟友讨论自己的扩张主义计划。德维特断言：若要重启有关1635年法荷瓜分条约的谈判，必须谨慎。因为根据那份条约，西属尼德兰的大部分地区将并入法兰西，而奥斯坦德到马斯特里赫特一线以北的地区，包括布鲁日、根特、梅赫伦和安特卫普将并入共和国。[118] 他还与路易十四讨论，有没有可能让南部诸省变为瑞士式的独立邦，并由法荷保护。然而，摄政官对于这些提议持有强烈的疑虑和保留意见，这主要出于对阿姆斯特丹的忧虑——1572年以来，对斯海尔德河的封锁就阻碍着安特卫普的贸易，假如安特卫普并入联省，且上述限制由此撤销，那么该城可能恢复它从前的辉煌。因为似乎只有安特卫普依旧归属西班牙，且《明斯特和约》得到强制执行，封锁斯海尔德河口的海洋贸易的政策才可能维持。更令人却步的是，假如南部遭到瓜分，随之而来的前景便是扩张的法兰西会紧邻共和国。

路易十四当年迎娶西班牙哈布斯堡的新娘时，曾庄严放弃她在西属尼德兰的继承权。到1663年春，路易十四撤销上述决定，理由是妻子的嫁妆从未交付，荷兰的忧虑由此上升。[119] 西班牙军队调往葡萄牙，为了抵抗法兰西的压力，西班牙国王利用荷兰省对与法兰西成为近邻的恐惧，力图拉拢联省，共同保证西属尼德兰的边界。但德维特相信，将共和国的未来与衰败中的西班牙君主绑在一起将是致命的，因而拒绝了马德里签订《荷西防御同盟条约》且共同保卫南部免遭法兰西入侵的提议。[120] 大议长告诉西班牙大使唐埃斯特万·德加马拉（Don Esteban de Gamarra），假如西班牙不能保卫南部各省，那么他们应当采取如下措施：要么按照荷兰或瑞士的模式，将南部诸省改革为自治邦联，这一解决方案被称为"独立邦";要么将它们移交给神圣罗马帝国皇帝,他能更好地保护南部诸省。1663年12月,加马拉再次游说建立荷西同盟时,德维特回复道,他不认为"倚靠一面行将倒塌的墙是个好方案"。对此,加马拉精准地反驳道,正因它岌岌可危,荷兰才应该给予支持,因为它一旦倒塌,荷兰人"将被压在碎石之下"[121]。

另外一个冲突之源是贸易和殖民地。1662年以前,法兰西国王渴望确保与共和国联手对付西班牙。他避免采取任何激烈手段,去限制荷兰对法兰西市场的日渐渗透,或打击荷兰在运输法兰西大宗出口商品,如葡萄酒、白兰地和盐方面的霸权。法兰西国王也没有耗费精力去建造一个敌对的贸易、航海和海外殖民帝国。但是,这也随着路易十四亲政的开始而转变。相比亨利四世和黎塞留时代,荷兰的友谊如今对法兰西没那么重要,主要原因是荷兰纺织品、东印度公司的货物、各类型鱼、鲸鱼制品、烟草、陶器、精制糖,还有波罗的海商品在法兰西的销量大幅扩增,这种情况在17世纪40年代之后尤为明显。到17世纪60年代,荷兰在法兰西取得的越来越大的商业成功在法兰西大商人和制造商中间引起广泛不满。与此同时,路易十四渴望赶上荷兰和英格兰的海上权力和殖民扩张,因此开启了雄心勃勃的重商主义计划。无论在欧洲还是印度,该计划在诸多方面都与荷兰利益相冲突。

法荷经济冲突的开始要追溯到第二次英荷战争之前。但即使在此阶段,路易十四还在避免严重毒害英荷关系的那类公开竞争。1664年,柯尔柏的新普通税率实行。新税率的涨幅维持在荷兰人虽有抱怨,但刚好能容忍的程度[122]。当时,法兰西在进口精制糖的贸易上,制定了高到荷兰人付不起的关税。这项税给阿姆斯特丹的精制糖产业造成了严重打击,因为从17世纪40年代以来该城产品很大一部分都会卖到法兰西。然而，在法兰西人看来，阿姆斯特丹的许多粗糖是非法从法属西印度殖民地获取的，所以路易十四希望将这些产品留给法兰西的精炼厂，由此来看这一目的本身不是没有合理性。同样在1664年，路易十四设立了国家层面支持的新法兰西东印度和西印度公司，开启了频繁的法兰西东印度贸易，也开启了法兰西在新世界进行贸易和殖民的更具活力的新阶段。法兰西的海外扩张大大加速。这同样令荷兰大商人警惕，但这本身又不能构成官方抱怨的理由。暂时来说，法兰西的殖民政策是足够平和的。只有一个例外：1664年，路易十四派远征军前往卡宴（法兰西主张对该地的权利，但是有段时间它由荷兰西印度公司殖民），从荷兰人手中夺取这块殖民地。但是，鉴于英荷战争正在进行，明斯特人正在逼近，法兰西的帮助必不可少，因此德维特对这样的羞辱视而不见。阿姆斯特丹已经怀疑，法兰西君主意图"破坏本国的贸易，将它转移到（法兰西）那儿"[123]。然而，德维特别无选择，只能以他能保持的最佳姿态，忍受这样局面。

然而到了1667年春，路易十四认为，当下已经不再有英格兰会击垮荷兰，夺取后者殖民地，统治世界海上贸易（欧洲普遍担心这样的前景）的危险了。于是他进而决定趁英格兰和荷兰都全神贯注于战争的最后阶段时，尽可能地从中获益。无论在陆地还是海上，无论在欧洲还是别处，国王开始比以往更为凶猛地扩大法兰西的利益。有两个举措尤为深重地改变了局势：一是1667年4月柯尔柏第二版关税单的发布；二是法兰西军队进入西属尼德兰。柯尔柏的新关税单急剧增加了外国商品进入法兰西的关税，尤其是针对荷兰细布、羽纱、鲱鱼、鲸鱼制品、代尔夫特陶器、烟草、豪达烟斗和东印度公司的货物。鉴于法兰西是上述诸多共和国产品的最大市场[124]，新关税单在荷兰港口引发了震惊和愤怒，大幅减少了荷兰对法兰西的贸易量,并且给众多荷兰产业造成了消极影响。

同样是在1667年4月,法兰西军队穿过边界进入西属尼德兰。一开始他们并没有深入挺进,然而到夏天,入侵开始显得更具威胁性,尤其是8月28日里尔向路易十四投降之后。荷兰省三级会议为法兰西事务设立的委员会疯狂地找寻阻止入侵的方法,同时尽量避免不可挽回地冒犯法兰西君主,全然不顾西班牙求援的呼声。根据布鲁塞尔的指令,加马拉威胁道,如果荷兰不给予援助,西班牙会将南尼德兰让给法兰西,以换取鲁西永(Roussillon)和法属纳瓦拉(French Navarre);德维特回复说,他认为这是在吓唬他,并非严肃的可取之道。[125] 他的判断是正确的:马德里的大臣听闻此事后,严厉斥责了布鲁塞尔的总督卡斯特尔-罗德里戈(Castel Rodrigo)侯爵,因为他竟提出了这种可能严重危害南部诸省士气的建议。西班牙宫廷命令卡斯特尔-罗德里戈再次尝试与共和国商谈建立防御同盟,并授权他将奥斯坦德、布鲁日和达默(Damme)移交荷兰,由荷兰军队驻守,以此作为100万荷兰盾的贷款和军事援助的抵押品。[126]

德维特与荷兰省领导层此时进入了与西班牙大臣的谈判阶段,他们并不是决定要认真考虑插手对抗法兰西,而是要给法兰西施加心理压力,并且公开主张荷兰的势力范围,以应对有一天西班牙在南尼德兰的政权垮台、瓜分势在必行的情况。如果这些真的成为现实,荷兰打算兼并紧邻共和国的佛兰德部分地区,包括奥斯坦德和上海尔德兰区(鲁尔蒙德区)。德维特富有针对性地争取到了荷兰省三级会议的批准,派荷兰军队驻守奥斯坦德、布鲁日、布兰肯堡(Blankenburg)和盖尔登,以此作为西班牙偿还荷兰贷款的抵押品。

德维特和阿姆斯特丹都不想介入或瓜分南尼德兰。[127] 最终,在被迫采取行动时，德维特选择了订立被称为1668年三国同盟的方案，且无论这条向他敞开的道路有多么艰难。这是共和国、英格兰和瑞典建立的军事同盟，意在调停法兰西与西班牙的冲突。三国同盟要求立刻停止战争，呼吁西班牙割让卢森堡或弗朗什孔泰，以及法兰西已经征服的广阔土地——杜埃、圣奥梅尔（Saint Omer）、里尔和康布雷（参见地图13）。对路易十四的要求仅是停战，并且配合三国同盟逼迫西班牙出让土地。于是这份最后通牒成了牺牲西班牙以安抚法兰西的手段。不过秘密附约绵里藏针，它规定假如路易十四拒不同意，同盟便会进行武装干预，对抗法兰西。[128] 德维特试图通过这种方式阻止路易十四，同时避免牺牲掉共和国在正式意义上与法兰西维系的友好关系。事实上，德维特始终认为，为了共和国的安全，避免与法兰西冲突、维持一些法荷友好的表象对荷兰的利益至关重要。这让荷兰不必维持大规模的强劲军队，更重要的是，能继续用法兰西来抗衡他们所谓的"英国的日常嚣张气焰"。三国同盟的订立绝不意味着德维特认为再无必要抑制"英格兰的糟糕原则"。

德维特与阿姆斯特丹在如何应对法兰西和西班牙的问题上存在分歧，在1668年间，这发展为三级会议派阵营内部的严重冲突。势力强大的摄政官昆拉德·范伯宁亨（1622—1693年）曾是驻巴黎的荷兰大使，是共和国最老练的外交官。他在1668年9月给总三级会议的秘密报告中认为，即便路易十四接受了三国同盟给他的最后通牒，如今他对联省的根本态度也是极度仇恨的，采用折中之策也罢，佯装1662年的法荷友谊依然存续也罢，都已经毫无意义。[129] 范伯宁亨主张：与西班牙和神圣罗马帝国结盟，采取坚决的反法立场；采取强劲的海上计划和关税报复，以迫使路易十四缓和他的重商主义政策。在阿姆斯特丹，范伯宁亨的方案得到德维特的偏爱，因为法兰西的新关税单已经在这里激起了强烈愤怒，也因为西班牙和西属美洲殖民地自1647年以来就成了阿姆斯特丹最重要的两大市场，如果联省与西班牙建立了亲密关系，荷兰大商人也会在西属美洲贸易中享受更多好处。事实上，1659年以来，他们的许多地盘已经落入法兰西人之手。

地图13　17世纪法兰西在西属尼德兰征服的土地

路易十四屈服于三国同盟，停止进犯南尼德兰，但也几乎毫不掩饰，他的狂怒对象是为挫败他而发挥作用的荷兰。[130] 从这一刻起，他的外交政策和重商主义表现出一种带有侵略性的反荷兰特征。在国王的帮助下，法兰西西印度公司增加了在加勒比海的常规巡逻，以将荷兰船只清除出马提尼克（Martinique）和其他法属殖民地。[131] 为法兰西东印度公司筹备的强劲远征军于1670年起航，它的任务是在锡兰和印度南部（荷兰东印度公司的专属领域）夺取永久基地，建立贸易联系——在必要情况下使用武力。1669年，柯尔柏成立北方公司（Compagnie du Nord）。这是得到国王支持的海上组织，宗旨是将荷兰船只剔除出法兰西与波罗的海之间的运输贸易队伍。

与此同时，路易十四在共和国的东部邻国中不断寻找盟友。莱茵河下游的德意志邦国确实为路易十四煽动敌视共和国的新政策提供了肥沃土壤。勃兰登堡选帝侯一直不满荷兰人占领着他克莱沃公国内的韦瑟尔、雷斯（Rees）、埃默里希和奥尔索伊，以及申肯尚斯堡垒。不过，成为法兰西外交重点关注对象的主要是科隆选帝侯和明斯特主教。摄政官们能想象到克里斯托夫·伯恩哈德会做出什么。正如驻海牙的法兰西大使的说法，这位土公"一直对三级会议居心叵测"[132]。1668年，这位采邑主教利用加尔文宗的本特海姆伯爵领内的分歧，说服先前受荷兰庇护的伯爵改宗天主教，并占领该地，再次推行天主教信仰。[133] 同时，采邑主教还在稳步扩军。其中尤为重要的是他著名的炮兵辎重，包括了60门攻城榴弹炮，随后这给他赢得了"大炮贝伦德"（Bombing Berend）的绰号。路易十四还怂恿科隆选帝侯要求荷兰撤出莱茵贝格，将上马斯部分地区移交给列日主教。路易十四鼓励选帝侯采取行动控制帝国自由城市科隆，而该城被选帝侯的领地环绕。为了抗衡法兰西的影响力，共和国支持科隆城。17世纪50年代，荷兰省三级会议曾试图将明斯特城从采邑主教的绝对主义蚕食中解救出来。与此类似，如今德维特力图捍卫科隆城的自治权免遭选帝侯侵害。最终的解决方案是，假如选帝侯实行武力威胁，科隆城将接受荷兰驻军。[134]

不过，德维特优先考虑的主要是与路易十四重修旧好，而方式是同意重启有关将来瓜分南尼德兰或建立独立邦的谈判。派驻海牙的法兰西大使阿尔诺·德蓬波纳（Arnauld de Pomponne）受命参与谈判，以诱使德维特产生虚幻的安全感，并让联省进一步卷入与邻国的纷争。德维特确实花了很长时间才认识到共和国如今面对的危险的全貌。此时荷兰国家机构有一个致命的缺陷，那就是海牙的统治集团从英格兰那里收到的情报质量低劣。[135] 到1669年秋，路易十四和查理二世已经在原则上同意发动打击联省的海陆联合攻势，此行目的是削弱荷兰的权势，惩罚荷兰人的"忘恩负义"，夺取他们的一些领土和殖民地。然而，荷兰派驻伦敦的年迈无能的大使遭到彻底误导，直到英法签订《多佛尔密约》（Treaty of Dover，1670年6月）的前夜，他还依然向德维特保证，英格兰会诚心诚意地支持三国同盟。

德维特面临的另一问题是荷兰省三级会议内阿姆斯特丹与奥伦治派城镇——莱顿和哈勒姆的关系日渐修复，这一发展与当前险恶的经济形势相关。阿姆斯特丹日渐崛起的要人范伯宁亨和希利斯·法尔克尼尔（Gillis Valckenier）反对德维特在法兰西问题上的调和路线，转而主张重商主义的反攻。对此，莱顿和哈勒姆给予鼎力支持。两城的纺织品出口都曾遭到路易十四关税政策的严重打击。荷兰省三级会议违背德维特的建议，专门设立了一个委员会，以研究对法兰西进行经济报复的手段。1669年11月，该委员会提议：禁止进口法兰西丝绸；对法兰西葡萄酒、白兰地、盐、醋和纸征收惩罚性的高关税；发布法令指示荷兰省各医院、孤儿院和老人院联合抵制法兰西产品，只消费荷兰制造的商品。[136] 阿姆斯特丹本城的贸易委员会在范伯宁亨和法尔克尼尔的领导下，同意禁止进口法兰西丝绸，采取打击法兰西白兰地和盐的措施；但是，在采取其他措施之前，他们要求考察能否从别处获得足够的纸供应，评估查禁法兰西葡萄酒的影响。总三级会议于1671年1月发布报复法兰西的首套经济措施。由于阿姆斯特丹的担忧（和鹿特丹的反对——该城正经营着最大份额的法兰西葡萄酒贸易），这套措施并不包括禁止葡萄酒这一从法兰西进口的主要商品的贸易。[137] 但是，阿姆斯特丹很快就改变了主意，转而支持更广泛的禁令，在已然采取的措施基础上，将法兰西葡萄酒、纸、醋和帆布纳入名单。在就补偿鹿特丹之事达成共识后，范围更广的第二套报复措施于1671年11月通过。

1671年年末，德维特的兄长科内利斯率领特别使团前往科隆，力图终结与科隆和明斯特的争端，拆散这些邦国与法兰西的同盟，但是无果。[138] 1672年1月，路易十四与科隆结盟，由此完成了他包围、打击共和国的计划。[139] 法兰西、英格兰，外加科隆和明斯特如今摆好架势，准备征服共和国、摧毁其权力和独立地位，掠夺它的大片领土和大部分的海外殖民地。路易十四许诺给采邑主教整片博屈洛-利赫滕福德飞地，包括格罗和布雷德福特；大主教兼选帝侯准备率1.8万人入侵，夺回莱茵贝格，兼并马斯特里赫特和荷属上马斯。根据《多佛尔密约》，查理二世应获得泽兰和荷属佛兰德的部分地区。[140] 路易十四想要兼并的地方并没有在密约中写明，但必定比他盟友想要的更广阔，毕竟这些盟友在金钱和军队方面的投入都比他本人少。

"真正的自由"的黄昏

"真正的自由"的最后几年,民众见证了意识形态战争的复燃,如今这也是一场与意识形态语境紧密联系的,深刻的神学、政治和哲学辩论。在第二次英荷战争期间黯淡的奥伦治主义到1667年之后强势复兴,这得益于以下因素:一是共和国与英格兰关系看似有所改善;二是面对法兰西和莱茵河下游教会王公们日益增长的敌意,共和国陷入令人担忧的窘境。威廉三世如今就快成年,不管德维特的权宜之计多么精妙,如今也再不能继续对具体应当如何将威廉三世纳入共和国权力结构一事长期推迟,应该做出决断了。以奥伦治家族为中心的新一轮角逐展开时,有关宗教宽容、教会权力和个人自由的争论也日益加剧。二者的结合催生了激烈的思想氛围和重要出版物涌现的狂潮。

除了富修斯派的加尔文宗奥伦治主义,如今还有一种世俗的共和派奥伦治主义在繁荣发展。它驳斥德拉库尔那类彻底的共和主义。该主义最成熟的表达形式便是彼得鲁斯·法尔克尼尔(Petrus Valckenier,1638—1712年)的《欧洲的迷惑》(*'t Verwerd Europa*,1668年)。法尔克尼尔是居住在瑞士的荷兰人。他同意,共和国优于君主国,"自由"和"繁荣"是共和国的属性,[141]但他也坚持认为,有必要设置执政以维持团结。他承认宽容是必要的,但又主张,荷兰省摄政官没有给予公共教会应给的支持,从而使"无神论和自由思想"过度发展。[142]在后来的版本中,他补充说,德维特个人要为如今盛行的过度自由承担诸多责任。他注意到,当荷兰省三级会议中开始出现压力,要求查禁德拉库尔强硬捍卫宽容的作品《方向》时,德维特曾试图阻止这项禁令。

德拉库尔的《通往健全政治基础的方向》(*Aanwysinge der heilsame politike Gronden*，1669年）是《荷兰（省）利益》的修订本，1669年5月在南荷兰省宗教会议的要求下被荷兰省三级会议查禁，理由是它批评公共教会，而且毫不妥协地呼吁"所有宗教和派系的礼拜自由"[143]。然而，它的内容包含对执政的激烈攻击，许多评论将奥伦治主义与激进加尔文宗信徒的"不宽容"联系在一起，因而激怒了奥伦治派和富修斯派。作为贬低归正会富修斯派的一部分行动，德拉库尔强调沉默的威廉与加尔文宗信徒在大起义时期的对立，提醒读者，加尔文宗正统派曾与莱斯特伯爵联盟。[144] 他主张，无论如何，在激励外来移民迁入方面，"宽容"起到了核心作用，而荷兰省城市如此迫切地需要这些移民来维持自己的经济和人口。[145]

"不宽容"和加尔文宗正统派对于荷兰省利益而言是危险的，而且一直是奥伦治家族的政治伙伴。德拉库尔的这些信息还通过17世纪60年代晚期的各种匿名小册子传播，其作者都是坚定的共和派人士。一本小册子揶揄泽兰对荷兰省变得太过宽容的抱怨，主张"没有一个荷兰省人需要为该省被称作自由省份而感到羞愧"，"这里不只所有基督徒享有自由，来到这儿的犹太人、波斯人和土耳其人也都如此，这是我们的光荣"。这本小册子还冠以《泽兰比亚主义者》(*Den Zeeuwsen Buatist*，1668年，人们对比亚事件记忆犹新）之名，借此在公众心中建立不宽容、奥伦治主义、加尔文宗正统派与背信弃义之间的联系。[146]

不过到目前为止，对"不宽容"和教会权力最强劲的批判要数斯宾诺莎的《神学政治论》(*Tractatus Theologico-Politicus*，1670年）。它是荷兰和欧洲历史上一本至关重要的著作，这不仅因为它对《圣经》批判的彻底性、对共和主义的坚定和抨击教会权威的力度，而且因为该书中荷兰共和主义所呈现的鲜明的民主色彩。斯宾诺莎认为，"民主制是所有政府形式中最合乎自然，与个人自由最为一致的"，而且一般而言也最易于促进"一国的自由利益"[147]。这一论点与他对"宽容"的捍卫和对教会权威的抨击联结成了一个整体。因为斯宾诺莎认为，国家的概念如果不以促进公民福祉、保卫个人自由为基础，就必然会以教会支持为基础。

斯宾诺莎的哲学和《圣经》批判还深刻卷入了一场更广泛的运动。它由荷兰激进的笛卡儿主义者和共和主义者发动，在17世纪60年代得势，如今它还开始与格劳秀斯、德维特和德赫罗特的共和主义（或许我们可以称之为摄政官的精英主义共和主义）产生越来越多的冲突。在这样的语境中，当时最著名的反奥伦治派理论家德拉库尔可算是某种中间人物，他比摄政官更民主、更反对教会权威，但又没有激进共和主义者那么民主、那么具有哲学系统性。激进共和主义者这一知识分子小团体成形于1660年左右，并且首先出现在阿姆斯特丹，而后很快出现在海牙、鹿特丹和莱顿。其中心人物包括弗朗西斯库斯·范登恩登（Franciscus van den Enden，1602—1674年）、斯宾诺莎、洛德韦克·迈耶（Lodewijk Meijer，斯宾诺莎的盟友）、扬·亨德里克·赫拉泽马克（Jan Hendrik Glazemaker）、亚伯拉罕·范贝克尔（Abraham van Berkel）和阿德里安·柯巴赫（Adriaen Koerbagh）。赫拉泽马克也是个所谓的"无神论者"，他将笛卡儿的作品翻译成荷兰语；贝克尔将霍布斯的《利维坦》翻译成荷兰语，该书于1667年出版，并在荷兰省引起轩然大波；柯巴赫出版《千万喜悦之花园》（*Bloemhof van Allerley Lieflijkheid*，1668年）之后，因亵渎神明之罪被捕，并于1669年死在阿姆斯特丹的监狱中。[148]

这一团体中资格最老，也是除了斯宾诺莎最为重要的成员之一是弗朗西斯库斯·范登恩登。他是来自安特卫普的前耶稣会士，17世纪40年代到阿姆斯特丹避难。他常年靠教授拉丁语谋生，年轻的斯宾诺莎就是他的学生之一。根据1662年的一份报告，范登恩登当时被视为阿姆斯特丹城哲学"无神论者"的领袖。[149] 他在1665年出版的共和主义小册子《自由政治论集》(*Vrije Politijke Stellingen*)极为重要，因为它思想成熟，在一些方面为斯宾诺莎思想做了铺垫，最重要的或许是，它蕴含浓厚的民主特色。它是西方世界最早对民主共和主义进行系统阐述的作品之一。[150] 对范登恩登而言，政府不应仅是为公民的利益而设、建立在共和主义美德的基础上，而且应该创造机会的平等、由人民掌控。[151] 与德拉库尔和英格兰古典共和主义者类似，范登恩登着迷于马基雅弗利的构想。在阿姆斯特丹，这位非凡人士多次与摄政官冲突。1670年，他移居巴黎，随后的1673年，他又在此地卷入一场组织不善的、颠覆路易十四政权的阴谋。1674年，72岁的范登恩登在巴士底狱被绞杀。

17世纪60年代末，斯宾诺莎及其圈子无疑是德维特和三级会议派的意识形态和政治盟友，毕竟他们眼前并没有别的策略可采纳。但同时，在削弱教会权威、拓展宽容和个人权利方面，他们显然渴望走得更远，而这远超出摄政官审慎思考的范围。结果，没几个（如果有的话）摄政官同意他们的观点，双方之间产生了紧张冲突，其焦点既在现实问题上，如图书审查，也在深刻的哲学问题上。德维特及其摄政官盟友试图在一定程度上扩大出版自由，放宽图书审查。但是，他们同样决心划定一条界线——以思想讨论以及对摄政官和性自由的批判作为边界，不得越界。德维特试图阻止三级会议查禁德拉库尔的《方向》，不过未果。柯巴赫遭到严厉处理，不过当时他已公然跨越亵渎神明的界线。而迈耶的批评措辞更为谨慎（尽管以拉丁语和荷兰语出版），并未遭到查禁；霍布斯作品的荷兰语译本也是如此。对斯宾诺莎来说，17世纪60年代最大的战术问题在于，如何按其意愿最大限度地抨击体现教会权威的《圣经》根基和对个人自由的限制，同时保证自己的作品不遭到世俗当局查禁，不引起公众的强烈抗议。自17世纪60年代初，甚至更早的时候起，斯宾诺莎就在耕耘他的《神学政治论》（Tractatus），并偶尔将手稿交给那些推崇自由、心怀共和思想的摄政官（包括阿德里安·佩茨）查看，然而这些人都极其不希望看到它出版。[152] 数年里，斯宾诺莎处于守势，他从摄政官朋友那里得到的只有挫败。他也非常清楚，公众的反应只会严重阻碍而非推进他的事业。1670年他最终冒险一试，这很可能是由于愤怒的推动——柯巴赫遭受的待遇令他愤慨。[153] 他的著作前言的著名段落宣称："我们幸而生活在联省，这里人人思想自由，不受拘束，各人都可随良心的指示崇奉上帝，自由比任何事物都珍贵。"这些言辞在某种程度上确实有着讽刺甚至是挖苦的意味。[154] 斯宾诺莎《神学政治论》的主要目的是证明：神学狂热与教会权力的结合过去曾摧毁了奥尔登巴内费尔特政权（他在结尾部分隐晦地提及这一事件），[155] 如今正威胁德·维特政权和哲学研究的发展；这种结合建立在谬误的基础上，它的《圣经》根基不应受到推崇。由此，保卫着宽容和个人自由的"自由权"也应是合法政府的保证。他向读者担保："这样的自由可以在不损害公共和平的情况下获得。而没有这样的自由，虔诚不可能繁荣，公共和平也得不到保障。"[156]

1670年，斯宾诺莎遵循着谨慎的策略，出版了这部具有轰动性影响力的书籍。该书匿名出版,同时他采取措施确保它仅以拉丁语本面世。因为迈耶、柯巴赫等人的经历清晰表明,当局可以容忍拉丁语作品中的大胆内容,而不能容忍荷兰语版本的。1671年2月,斯宾诺莎发现一个名不见经传的译者在未经他允许的情况下,筹备出版该书的荷兰语版本。于是他请求一个盟友帮忙追踪并阻止这个译者的行动。他解释道:"这不只是我个人的请求,也是我众多好友的请求,他们不希望看到本书被查禁。而如果它以荷兰语出版,这必然会发生。"[157]斯宾诺莎请人帮忙阻止其图书的荷兰语版本的出版,不仅是为了他自己,更是为了"我们的事业"。在荷兰共和国,查禁图书并不一定会根绝它的销售,但必定损害图书和作者在体面社会中的地位和名声。[158]让文本一直限定在拉丁语版本对斯宾诺莎的政治兼哲学战略至关重要。

在与共和主义作家及公共教会的敌人建立联系方面,走得比德维特更远的主要共和派摄政官包括彼得·德赫罗特、阿德里安·佩茨、昆拉德·范伯宁亨和乌得勒支的哲学家兼摄政官兰贝特·范费尔特赫伊森。1672年前后,德赫罗特与德拉库尔关系密切,当时他们都在安特卫普避难。范伯宁亨有着坚定的亲抗辩派背景,他是伊拉斯谟、科恩赫特和格劳秀斯的仰慕者,以捍卫神学的自由研究而闻名,他是学会派的友人(与佩茨和斯宾诺莎类似),也是笛卡儿哲学的信徒。[159]范费尔特赫伊森也是热心的笛卡儿主义者,"宽容"的捍卫者,教会权力的敌人。

不过这些人全都非常清楚,德拉库尔、激进笛卡儿主义者和斯宾诺莎信徒前行的道路危险重重。德拉库尔与莱顿宗教法院对战时,德赫罗特给予前者的帮助比德维特给的多,但德赫罗特同样压制德拉库尔，并对其作品进行删减。范伯宁亨一向避免太过公然地展现其激进观点。佩茨和范费尔特赫伊森是三级会议派的资深理论家，宽容和新哲学的支持者。但是，对于17世纪60年代末荷兰省出现的更为激进的新思想潮流，他们也深感不安。鹿特丹学会派讲道者雅各布·奥斯滕斯（Jacob Ostens，1630—1678年）是再洗礼派的医师，他也被怀疑是索齐尼主义者，并与鹿特丹的共和派摄政官关系密切，[160] 还是狂热的反奥伦治派。1671年他致信范费尔特赫伊森，询问后者对《神学政治论》的看法。这位已经与富修斯势力斗争了几十年的乌得勒支摄政官写下了激烈的批判，谴责这本书"取消和完全颠覆了所有的崇拜和宗教，秘密引入无神论"[161]。奥斯滕斯随后把范费尔特赫伊森的回复寄给斯宾诺莎。奥斯滕斯与斯宾诺莎交好，并且愤怒地把范费尔特赫伊森的斥责比作富修斯对笛卡儿的攻击。

德维特始终致力于压制索齐尼主义、笛卡儿主义和共和主义的激进表达，以便保护和培育"真正的自由"的核心本质。极端观点的公开表达只能损害社会稳定和政权稳固，并最终摧毁"自由"本身。与此同时，维护社会稳定、政权稳固以及自由，还有赖于在与富修斯正统派联手的奥伦治派热潮中保持中立。为达成这一目的，德维特必须以某种方式，将奥伦治亲王威廉三世安置到由荷兰省摄政官控制的权力结构中。这种安排将安抚奥伦治派，同时切断任何恢复执政职位的可能性。从长远来看，只有长期以来遍布国家、教会事务、大学和思想生活的政治和意识形态冲突得到消解，"真正的自由"才能得以维系。

在德维特政权的最后几年里，他一直在寻求一种以他"宏大的协调观念"为中心、由荷兰省摄政官领导的政治稳定。[162] 根据这一方案，年轻的亲王将被分派一个国务会议席位，一个特殊的国家职位，最终还可能被任命为总司令，但前提是他不得担任任何一个省的执政。

1667年7月呈报到荷兰省三级会议面前的那版《协调法案》认为，亲王要到23岁才能做好出任总司令的充分准备，而不是奥伦治派所坚持的18岁（或者说一年之后）。这个脱胎于荷兰省意见的《协调法案》有一个关键特征，即其著名的附加条款——永久撤销该省的执政职位。这一附加条款的引入是共和国历史上最大的讽刺之一。提出这项条款的并非德维特，而是哈勒姆议长卡斯帕·法赫尔和希利斯·法尔克尼尔，两人后来都是威廉三世政权的要人。而这一附加条款却被视为德维特"真正的自由"的宪政中心环节。[163] 1667年夏，奥伦治派依然衰弱，荷兰省三级会议的这一方案没遇到什么反对意见。在8月2日的商议中，莱顿城议事会沮丧地提到，尽管另外几个城镇——恩克赫伊曾、阿尔克马尔、斯洪霍芬和埃丹对方案没什么热情，但只有莱顿直截了当地反对在原则上废除执政职位。[164]

这一法案被冠以"保卫自由的永久法令"之名，并如期得到通过和颁布。它的三个要点在于：废除执政职位，总司令永远不得兼任各个省份的执政，以及将荷兰省执政的政治职权转交给该省三级会议。[165] 几个奥伦治派城镇，尤其是莱顿，进行了漫长的抗争，抵制荷兰省市政官员就职宣誓的新誓言。它与废除执政的法案一道引入，要求市政官员宣誓支持《永久法令》。在这一问题上，的确有一项重要原则危在旦夕。在格劳秀斯、赫拉斯温克尔和德维特的学说主张中，三级会议是省内的绝对主权者，因此可以强迫治安法官和其他官员支持该省的基本原则。但奥伦治派反对省三级会议享有全部主权的观念，这不仅涉及同盟机构，而且涉及省内的次级权力机构。莱顿认为，三级会议并不全是主权者，而是贵族集团和各城镇的代表，后两者才是省主权的最终所在。按照莱顿议事会的说法，这意味着，派往省三级会议的代表不过是身在各城镇议事会中的"委托人"代表，因此不能对议事会行使最高权力。[166]

1667年的《永久法令》逐渐被作家、诗人、艺术家，还有摄政官视为"真正的自由"的终极化身和桂冠。它的一个狂热支持者是鹿特丹学会派诗人约阿希姆·奥达安（Joachim Oudaan，1628—1692年），他是德维特、佩茨和奥斯滕斯的仰慕者，写了一首名为《立于御座之上的自由》（Freedom established on its throne）的诗歌。[167] 内容有对《永久法令》的赞颂以及对新近签订的《布雷达和约》的庆贺。后者是奥达安的另一个创作主题。和约似乎终结了英格兰先前在荷兰内政中发挥的作用，因而使得荷兰有可能比1660年斯图亚特王朝复辟以来的任何时候都更确实地削弱了执政的权力。奥达安还赞颂彼得·德赫罗特，他发表的一首诗将后者1670年就任新职——鹿特丹议长一事，定义为该城三级会议派的胜利和格劳秀斯"自由原则"回归的象征。

1668年1月，总三级会议以4省对3省的票数承认《协调法案》并使其通过。支持的省份包括乌得勒支、海尔德兰和上艾瑟尔，当然还有荷兰省。然而，当年德维特的地位再次被削弱，这让与《协调法案》相关的各项事务处于悬而未决的状态，其中一个问题是：亲王在国务会议中享有的投票不仅是咨询性的，还是决定性的。在上艾瑟尔，奥伦治派与三级会议派的分裂造成了新一轮骚乱的爆发，让人想起1653—1657年的情形。如今亲王的18岁生日，即法定成年时刻即将到来。这件事本身就加剧了冲突，因为他的幕僚和支持者鼓励亲王建立自己的势力，采取手段上位。彻底的共和派与看到亲王得势便倾向于转变方向的三级会议派实用主义者之间也出现了摩擦。一次晚宴上的小插曲活跃了气氛，也预告了将来的景象。1668年，1名乌得勒支贵族在城堡中举行晚宴，4名阿姆斯特丹市长悉数到场。[168] 席间，威廉三世本人出乎意料地到来。包括希利斯·法尔克尼尔在内的3名市长急忙起身，他们举起酒杯，宣称自己是亲王的"仆人"。而第四名市长科内利斯·范弗洛斯韦克（Cornelis van Vlooswijck，1601—1687年）则是更有原则的共和派。他礼貌地解释道，如果他也宣称自己是亲王"顺从的仆人"，那将是一种真诚的表达，他便由此巧妙地替自己解了围。

甚至在1668年12月之前，亲王及其扈从就开始像亲王已成年那样行事。9月，亲王行至泽兰，受到该省三级会议的热情接待，并接受了"泽兰第一贵族"的头衔。他任命伯弗维特之子、奥代克领主威廉·阿德里安担任自己在泽兰省三级会议的代理人，投出如今恢复的第七票。1668年10月，老亲王夫人正式放下她的监护权。然而，荷兰省否认亲王已到法定年纪。在整个1669年，尽管弗里斯兰人和泽兰人表达了诸多抗议，但荷兰省仍不让亲王坐上他在国务会议中的指定席位。

随着外部威胁和有关对法关系的内部分歧加剧，德维特的地位逐渐下滑。阿姆斯特丹议事会分裂为实用主义派和共和派。在法尔克尼尔和范伯宁亨的领导下，议事会与奥伦治派进行战术联盟，以改变对法政策的走向，巩固共和国的军事同盟，并与亲王达成妥协。1670年5月，荷兰省确定，亲王将持"决定性"投票，入座国务会议席位。随着奥伦治亲王得势而德维特失势，后者力图将法尔克尼尔和范伯宁亨拉回自己的阵营。这一策略失败了，并且在与法尔克尼尔的决裂公开之后，德维特力图将他们赶出议事会。起初，议事会的这项尝试似乎是成功的。但在1671年2月阿姆斯特丹的市政选举中，法尔克尼尔和范伯宁亨落败，而安德里斯·德格雷夫和范弗洛斯韦克的强硬共和派赢得控制权。[169] 但由于议事会深陷分裂，选举本身对改善德维特逐步恶化的地位并没什么助益。

到1671年年末，不断增加的对法开战的呼声在各省激起了新一轮强势运动，他们要求任命奥伦治亲王为海陆军总司令。12月4日，恩克赫伊曾在荷兰省三级会议中提出了这项提案。在接下来的几天里，大多数省份都投票表示支持。德维特一开始试图彻底阻止这项议案通过，他主张这一任命违背《永久法令》，因为亲王作为国务会议成员，已经拥有高级政治职位。随后，意识到自己不能阻止它通过，德维特转而支持临时任命的提案，任期仅限即将到来的战争季节，同时反对奥伦治派主张的终身总司令的任命。任命亲王为临时总司令还是终身总司令的问题在各省三级会议中掀起激烈讨论。与大多数弱小省份一样，乌得勒支省三级会议[170]在12月投票支持终身任命。此后，总三级会议在1672年1月要求荷兰省遵从大多数省份的意志，宣布亲王为终身总司令。但是荷兰省始终拒不遵从，只愿意给予亲王临时任命。于是该省依然由三级会议派主导，其中多德雷赫特和代尔夫特是最顽固的反奥伦治派。[171]而亲王一方拒不接受临时任命。僵局又持续了几周，但最终随着外部局势持续恶化，荷兰省屈服了。1672年2月24日，总三级会议正式任命奥伦治亲王为海陆军总司令，不过要接受同盟机构"战地代表"的严格监督。[172]

这件事情尘埃落定后，人们的注意力继而转向共和国不祥的形势和战略。共和国的地位如今岌岌可危，几乎没有潜在盟友愿意提供支持。军队人员严重不足，大多数防御工事处于年久失修的惨淡状态。艾瑟尔河和莱茵河上的关键驻守部队里，军力、物资储备和士气全都灾难性地下降。阿姆斯特丹交易所的东印度公司股价甚至在英法尚未宣战的4月就暴跌；不过5月有微弱回升，那是因为来自伦敦的信件披露，查理二世与法兰西结盟的政策在英格兰不得人心。1672年春的几个月，摄政官陷入关于哪套战略更好的讨论：是将人力和资源转移到内陆，另建一条经乌得勒支、费赫特河（Vecht）到纳尔登的内部防线，还是把赌注全部押在艾瑟尔河防线上？还没有人猜想局面会惨烈至此：艾瑟尔河防线和费赫特河防线全面失守，它们几乎没经过什么奋战，就落入路易十四之手。

第31章

1672年：灾难之年

1672年是荷兰黄金时代最具创伤性的一年。这一年，荷兰军事溃败，士气几乎全面衰落。这一年，共和国这个当时确定无疑的大国的倾覆似乎近在咫尺——即便不是彻底倾覆。这一年，阿姆斯特丹交易所遭遇了自设立以来最大的冲击，荷兰贸易和财政因此瘫痪。这一年，公共建筑停工，艺术市场萎缩，它给艺术、艺术家和建筑造成的影响在接下来的几十年里依然深远。这一年还爆发了轰动性的国内政治事件和激烈的意识形态斗争。最后，也是这一年，普通民众和民兵团体介入政治进程和意识形态战争，其程度比16世纪80年代以来的任何时候都深刻，并对政治和社会生活产生了持久影响。

直到1672年3月，即威廉三世成为总司令的一个月后，人们才明白共和国的繁荣、独立和存在本身所面临的威胁到底有多严重。事实表明，路易十四已然建构了一个包围共和国的联盟，并打算以压倒性的武力优势攻击共和国。共和国正处在面临入侵和封锁的时刻，它的贸易和渔业将被毁坏，领土将被肢解。3月23日，英格兰海军未发警告，就在怀特岛（Isle of Wight）附近袭击返航的荷兰黎凡特护卫队。炮火在英吉利海峡不祥地咆哮了两天，这标志着英格兰正与法兰西联手发起猛攻，重启其夺取海洋控制权和贸易霸权的诉求。4月6日，路易十四宣战，发布了含糊得引人注目的抱怨；[1] 英格兰紧随其后。5月，路易十四率领欧洲最大规模、最为精锐的陆军跨过西属尼德兰边境，直捣马斯特里赫特。此时，荷兰人仍不清楚主攻会来自南部，还是来自东部的莱茵河谷沿线。5月22日，路易十四跨过马斯特里赫特以北的马斯河。在他的战线向前推进的同时，明斯特采邑主教于5月18日向共和国宣战。科隆选帝侯接踵而至。

不算部署在遥远北方的明斯特和科隆的军队，路易十四的入侵部队共有11.8万步兵和1.25万骑兵，人数是荷兰常备军的4倍。此外，荷兰军队的战力也不如法兰西，而且还危险地分散在防御圈上。5月，荷兰采取紧急措施，从荷兰省和乌得勒支省征募数千民兵，匆忙派他们加固南部和东部的防线。海尔德兰省三级会议试图在本省征募3 000名武装市民，以支持边境要塞。然而，这完全是杯水车薪，而且为时已晚。

荷兰还决定派出战舰，在英法海军联手之前袭击英格兰。而德勒伊特没来得及阻止英法海军的会合。埃斯特拉德伯爵率领的法兰西海军有36支战舰，装载着1.1万人和1 926门大炮；英格兰舰队由国王的弟弟、约克公爵詹姆士指挥。联军的战舰和火力如今远胜荷兰。然而，德勒伊特和总三级会议的全权代表科内利斯·德维特认定，他们除了发起进攻别无选择。这个无畏的决定带来了英荷战争史上最重大的战役之一——6月6日在英格兰东部海岸附近爆发的索尔湾海战。德勒伊特所取得的胜利并不是决定性的。但是荷兰人将查理二世的旗舰"皇家詹姆士号"（载100门大炮）炸得只剩残骸，以及对其他英格兰"一流战舰"造成的重伤足以阻止英格兰在接下来的几个月里从海上对共和国发起全面进攻。[2] 德勒伊特一回到荷兰港口，舰队的海员和部队兵力的大多数都被立刻派往各个要塞，以加固陆路防线。

莱茵河下游的重大陆路攻势在6月初展开。荷兰驻克莱沃的莱茵贝格、奥尔索伊、埃默里希、雷斯和韦瑟尔地区的军队对抗了西班牙人数十载，却在一周之内全部落入路易十四之手。这些城镇从此再也没有回到荷兰人手上，它们此后被移交给了勃兰登堡。[3] 同时，明斯特人再次占领林根，入侵上艾瑟尔，并与法兰西人一道围攻了格罗，于6月9日占领了该地区。6月12日，法军在路易十四的监督下，从洛比特（Lobith）跨过莱茵河，横扫阿纳姆区南部。荷兰在这场战役中死伤1 500人。随着法军从贝蒂沃（Betuwe）插入荷兰腹地，艾瑟尔河防线事实上崩溃。荷兰省三级会议和总三级会议决议摒弃艾瑟尔河一线，将精疲力竭的军队内撤，把所有人员和物资压在荷兰省、泽兰省和乌得勒支省的防卫上。大批驻守部队依然守卫在东部边境的重大要塞上，但士气崩溃。随着法军逼近阿纳姆城，该城市民暴乱，拒绝守卫城镇。[4] 6月15日，阿纳姆不战而降。

驻守艾瑟尔河防线的军队受命撤退。9 000多人长途跋涉前往乌得勒支，其余人员乘船由上艾瑟尔横渡须德海。法军跟在他们身后迅速挺进，于6月19日进入阿默斯福特。城内士气的瓦解同样严重阻碍了乌得勒支城的防御行动。6月15日，该城市民发动叛乱，接管该城，且拒不批准为抵抗围城做准备。奥伦治亲王没能团结该城，只得下令进一步内撤到所谓的五大要塞——它们被选定为荷兰省防御的基点。6月23日，法军胜利进入乌得勒支城，而同一天，明斯特与法兰西军队夺取兹沃勒和坎彭。

乌得勒支城议事会做出投降和不挑衅的决议。他们命令宗教法院（富修斯正统派的堡垒，依然由富修斯本人控制）停止教堂里为保卫国家及其军事胜利祈祷的特殊宗教仪式。[5]乌得勒支城摄政官还命令宗教法院和讲道者在布道时极力保持谨慎，绝不能煽动人民的反法情绪，而要灌输"对信仰的坚持、虔诚和对权威的服从"[6]。红衣主教布永（Bouillon）是路易十四身边级别最高的随军教士。他才在阿纳姆城给供天主教崇拜使用的主教堂揭完幕，又于7月9日跑到乌得勒支主教座堂，主持16世纪70年代以来的首场天主教弥撒。和阿纳姆以及所有被占领城镇一样，路易十四给予这些城镇的归正会礼拜自由，让他们保留大部分教堂，但是将重要的教堂分给天主教教徒。如今天主教教徒也同样享有礼拜自由。明斯特人在6月底之前，就给格罗和布雷德福特供天主教崇拜用的教堂办了重启仪式。[7]

在一开始荷兰省得以保存全靠运气，而后靠的则是开闸放水。这一措施淹没了一线的土地，有效地构筑了一条所谓的"洪水防线"，它从阿姆斯特丹之前、位于须德海边的默伊登开始，经博德赫拉芬（亲王司令部的所在地）和斯洪霍芬，延伸到瓦尔河畔的霍林赫姆。一开始，共和国的最后一条防线一直处在无望的混乱状态中，难以真正阻挡法军。"洪水防线"最北端的默伊登堡是阿姆斯特丹面前的最后一座要塞，一旦失守，整条"洪水防线"就将作废，而该城就差点儿一枪不发就陷落。到法军前锋部队兵临城下的前一刻，它才彻底清空。年迈的约翰·毛里茨伯爵率军冲入该城，在仅剩的两小时里完成行动。接下来的14天里，法军可以轻易越过"洪水防线"，因为尽管大坝和水闸已开，但在枯水的夏季，水平面只能缓慢上升。升闸的过程中零星遇到了一些抵抗，这主要是在霍林赫姆附近，经过武装的农民不愿看到自己的农田毁于一旦。

荷兰省和泽兰省的城镇都笼罩在一种混合着恐惧、混乱和民众暴怒的氛围中。人民被军队和摄政官激怒。有人指控他们可耻地玩忽职守，甚至公然叛国。[8]莱茵河下游最强固的要塞之一申肯尚斯于6月21日不战而降，这被归咎于它由一个没有经验还酗酒的年轻人掌管。而他的父亲是奈梅亨市长，同时也是德维特和三级会议派的盟友。据说，摄政官们曾通过为城镇防御做准备的议案，但并不出自真心实意。与此同时，为了给"洪水防线"配备人员，同时加固城门和城墙的警戒，完成迫在眉睫的修缮工作，另外一大批民众被招募进民兵队伍，实行了匆忙武装和操练。

在最靠近敌军的城镇，如豪达、莱顿、斯洪霍芬和霍林赫姆，失败主义也最为盛行，这与他们效忠三级会议派还是奥伦治派无关。奥伦治派的莱顿议事会打算按照共和国能争取到的任何条件，向路易十四投降，他们指望着亲王的舅舅英格兰国王的仁慈。[9]荷兰省三级会议无视德维特的建议，在乌得勒支陷落之前，就开始与路易十四谈判。彼得·德赫罗特被指定为主要谈判人，以应对法兰西大臣卢瓦（Louvois）和蓬波纳。乌得勒支陷落后，刚回到海牙的德赫罗特就宣称，荷兰别无选择，只能投降并屈从于路易十四的要求。荷兰省贵族院同意，并提议称，共和国应当尽力维持七省和七省内公共教会的完好无损，而"剩下的就放手吧"——这意味着要割让公地。[10]大部分城镇的政府都同意这个观点。

就在此时，人民展现出了决定性的作用。多德雷赫特开始出现对防御敷衍了事和军备不足的抗议，随后抗议活动发展为反抗三级会议派摄政官、支持任命亲王为执政的骚乱。民众受到了工匠行会领袖、讲道者和民兵的鼓动。众多妇女和女孩也参与其中。骚乱迅速传播到鹿特丹和阿姆斯特丹。在鹿特丹，城市民兵和民众被煽动起来反对德赫罗特、市长范德阿和其他三级会议派领袖。他们要求共和国进行更坚决的防卫：他们用火枪强迫议事会宣誓，绝不会在未经全体市民同意的情况下，将该城交给法军。[11]（然而同一天，鹿特丹城议事会投票决定派德赫罗特返回路易十四营地，并授权他签字放弃公地）在阿姆斯特丹，城市民兵和民众的介入甚至更具决定性。显然，大部分新教民众的士气要比议事会大部分成员的更高昂。据说，在6月26日的关键性投票中，议事会发生分裂，最终以20比16的投票结果，同意派遣德赫罗特向路易十四投降；然而，法尔克尼尔领导的少数派威胁要召集民兵，于是局面发生了扭转。无论这种说法是否真实，可以确定的是，议事会深陷分裂，而中断与法兰西谈判并继续战斗的投票决定因为来自民兵和民众的压力才得以实现。[12] 与其他城镇一样，阿姆斯特丹的骚乱日复一日地持续着。[13] 法尔克尼尔之所以成为该城的英雄，并不是因为他被视作奥伦治派，而是因为他支持继续作战。他的对手，市长德格雷夫则受到民众暴力的威胁，因为他被视为三级会议派的关键人物，并有失败主义的嫌疑——在民众心里，三级会议派与失败主义是相关联的。

在6月26日总三级会议的投票中，荷兰、乌得勒支、海尔德兰和上艾瑟尔4省无视泽兰和弗里斯兰的抗议，不顾格罗宁根的缺席，决意派德赫罗特前去割让公地，并给路易十四提供一大笔战争赔款。此事给人造成 种卑劣的印象，进一步点燃了民众的怒火。碰巧的是，路易十四对这一解决方案并不感兴趣。他听取卢瓦的建议，打发德赫罗特空手而回，称摄政官们提供的不够；除了这些，路易十四还索要奈梅亨区大片领土，要求在整个共和国实现对天主教的公共宽容。

民众怒火如今被彻底点燃。在阿姆斯特丹，6月和7月依然存在着持续的民众压力，但大多时间没有出现失控的场景或零星的暴力——这些是其他地方骚乱的典型特征。[14] 相较而言，多德雷赫特的民众与鹿特丹的相似，他们对摄政官抱有强烈的愤恨。多德雷赫特出现了大规模抗议活动。不久，抗议者便要求议事会同意投票废除《永久法令》，选举亲王为执政。[15] 6月29日，斯希丹、鹿特丹、豪达和代尔夫特爆发严重骚乱。在斯希丹，奥伦治派旗帜飞扬，满街都是抗议者，市长威廉·尼乌波特（Willem Nieuwpoort）遭到袭击和暴打。（尼乌波特曾与范贝弗宁克协商执行1654年的《排除法案》）在鹿特丹，民众斥责企图将国家交给法军的6名"叛国者"——彼得·德赫罗特、威廉·范德阿、约翰·佩塞尔（Johan Pesser）、阿伦特·松曼斯（Arent Sonmans）、威廉·比斯科普（Willem Bisscop）和阿德里安·弗鲁森（Adriaen Vroesen）。妇女再次在骚乱中发挥重要作用，[16] 民兵也是如此。后者关闭城门，抵挡荷兰省三级会议派来恢复秩序的一队骑兵。市长范德阿和松曼斯的宅邸遭到洗劫。这里主要的呼声也是废除《永久法令》，选举亲王为执政。

在豪达，因土地被淹没而愤怒的农民加入了工匠和劳动妇女的队伍，控制了城市街道，于是亲王亲自前来劝说农民离开。代尔夫特也被妇女、工人和农民的联合队伍攻占，从斯希丹和代尔夫特斯哈芬（Delftshaven）涌来的失业渔民增强了他们的力量。[17] 民众涌入市政厅，强迫摄政官废除《永久法令》并且投票恢复执政职位。哈勒姆、莱顿和蒙尼肯丹也出现骚乱。在哈勒姆，德维特亲属范西佩斯泰因（Van Sypestein）宽敞的宅邸遭到洗劫。在霍伦、霍林赫姆、皮尔默伦德和布里尔这些小城镇，民兵在没有民众介入的情况下，凭一己之力就迫使议事会废除了《永久法令》。泽兰的米德尔堡、弗卢辛和费勒也出现骚乱。

过去,民众和民兵也经常发挥作用,特别是在1566年、1572年、1576—1577年、16世纪80年代和1617—1618年。但1672年的情况有所不同。受政治煽动家怂恿的广泛骚乱在长达几个月的时间里持续影响事态发展,这还仅是第一次。当然,荷兰生活中的主要派系都不算民主,因为他们并不认为各省或各市的政治中,有留给人民或民兵的常设席位。然而,1672年的印刷小册子和随后的党派宣传证明,各个阵营对人民秉持的态度并不相同。三级会议派强调三级会议的绝对权威,谴责对摄政官权力的限制,无论这种限制是来自同盟机构还是下层。三级会议派作家随后斥责1672年的民众运动是某种非法、危险的东西,他们经常影射农民攻占米德尔堡和渔民攻占代尔夫特的事。[18] 相较而言,奥伦治派宣传家称民众是"真正的爱国者",这种说法(有时)是对摄政官的妄自尊大极有用的限制。这意味着,至少在紧急情况下,民众的介入并不缺乏合法性。因为正是人民让亲王在1672年7月成了执政,才改变了权力结构。

泽兰在7月2日选举威廉三世为执政。第二天,惊恐万分的荷兰省三级会议废除《永久法令》,宣布奥伦治亲王为荷兰省执政。6天之后,威廉三世宣誓就职。然而,骚乱仍在持续,而多德雷赫特和鹿特丹的骚乱尤其严重。德赫罗特和阿德里安·弗鲁森各自在两城受到暴民的威胁。德赫罗特在民兵的保护下行动,他的宅邸也安置了一支护卫队。即便如此,他的职位也不可能得以保全。当月月末的时候,德赫罗特逃往安特卫普。[19] 7月11日,济里克泽和托伦也爆发骚乱。其间从城外涌入的渔民和农民同样发挥了重要作用。[20] 济里克泽摄政官被迫步托伦和胡斯的后尘,允许行会和宗教法院的代表列席围观议事会的会议，看看他们到底在讨论什么。

成为执政的几天之后，亲王表示支持民众代表列席城镇议事会，试图借以平息骚乱。然而，事实很快明了，恢复执政职位和通过继续乃至积极推动战争的决议，不过是"亲王与祖国"的支持者的一部分要求。平民版的奥伦治主义意识形态统治着大街小巷。这套意识形态谴责劳弗斯泰因派是叛国者和公共教会的敌人，是支持给予天主教教徒和异议分子宽容的人。他们放弃了巴西，还对祖国犯下了其他罄竹难书的罪行。1672年7月至8月，谴责劳弗斯泰因派人士和原则的印刷小册子如洪水般四溢。它们表明，民众运动背后的政治推动力想要的远不只是奥伦治亲王上位。民兵和行会想要的是城镇议事会性质的变革。[21]

约翰·基维特返回鹿特丹时，迎接他的是该城沸腾的热情；随后则是接着攻击不得人心的摄政官的宅邸。鹿特丹民兵开始要求将9名三级会议派摄政官清洗出议事会。多德雷赫特的骚乱更严重，两名三级会议派主要摄政官的宅邸遭到洗劫。7月的第三周，亲王不再支持民众代表列席市议事会。这是因为亲王渴望在不调动军队的情况下尽快恢复秩序，而不是渴望报复。8月初，阿姆斯特丹出现了进一步的骚乱，城市民兵越来越多地表现出对劳弗斯泰因派的仇恨。如果把德格雷夫派和霍夫特派都算成劳弗斯泰因派，那么该派仍占据议事会的大多数。

骚乱的回潮到8月末和9月初发展至顶峰。德维特无法再积极影响时事，因为他于6月21日在海牙被刺伤。8月4日，他辞去荷兰省大议长的职务，"他所有的宏伟计划都化为泡影，他的行事原则尽毁，在这场变幻莫测的变局中，他只能在原来担任领袖的地方扮演哑巴或傻瓜"。[22]

在8月20日海牙发生的暴乱中，德维特兄弟——科内利斯和约翰分别在监狱之外和三级会议大厦对面被愤怒的民众抓住，民众中有许多民兵。德维特兄弟被殴打、刺伤，之后又被击毙。两具尸体被拖到附近的绞刑架上倒挂起来示众，而后又惨遭肢解，甚至在同类相食的狂热仇恨中，他们的部分残肢被烤来吃。德维特兄弟就这样殒命。然而，正如一位观察家的评论，在这混乱的事态中，秩序"在混乱中维持"。海牙似乎并没有其他人遇害。一个令人震惊的事实是，在这场持续了数月、影响了荷兰省和泽兰省大部分城镇的动乱中，仅有少数人毙命。整体而言，暴力是极有针对性和节制的。

德维特遭遇的虐杀给整个荷兰省的民众运动增添了新动力。在大型示威活动的支持下，鹿特丹民兵长官议事会于8月22日召开，以清除剩下的叛国者。[23] 遭到民兵清洗的人——范德阿、比斯科普、佩塞尔、佩茨和弗鲁森，无疑都是德维特及其政权的支持者，但他们也被视为宽容的捍卫者，是学会派、抗辩派和其他持异议者的主要保护人。学会派担心遭到攻击，在数周的时间里暂停集会。咨询亲王之后，议事会的空位由公开承认的奥伦治派和加尔文宗正统派人士填补。

8月27日，荷兰省三级会议授权执政，在他认为对恢复秩序有必要时，可进行"劝导、处理，甚至强制推行"城镇议事会的这类变革。亲王将这项任务委托给两个心腹——他的财务主管约翰·维尔茨（Johan Wierts）和荷兰省高等法院的阿尔布雷赫特·尼罗普（Albrecht Nierop）。在清洗大潮到来前的几天，即9月5日至8日，民众运动发展至高潮，代尔夫特、莱顿、哈勒姆和阿姆斯特丹发生了一系列大规模式威活动。这些基本上非暴力的骚动要求将劳弗斯泰因派清除出公共生活,而且他们向议事会提交了大批请愿书,或者说"市民的请愿",而它们涉及各类事务。[24] 这些请愿部分是政治性质的。这些请愿书由民众和民兵会议草拟,而召集这些会议的大多是专业人士,如律师、印刷商,还有阿姆斯特丹作家兼医生亚伯拉罕·波特(Abraham Poot)。他们渴望将摄政官政府与中等阶层市民的某些观念更紧密地绑缚在一起。他们要求恢复城市民兵古老的特权和独立地位,[25] 将民兵视为限制摄政官权力的主要力量,视为全体市民的代言人。过去,民兵在城镇议事会中曾公允地发挥着影响力,尤其是在1578年的阿姆斯特丹。那时民兵在改革议事会、赋予阿姆斯特丹归正会特性上,起到了领导作用。这是民主思潮的迹象。到1672年,这样的民主潮流也是荷兰奥伦治主义必要的组成特征。

一些请愿也承认宗教观念和教会政策在塑造民众运动方面的重要性。与鹿特丹类似,阿姆斯特丹的许多三级会议派领导人物对归正会态度冷淡。17世纪60年代,学会派和其他持异议者得到了更多的发展和自由。请愿者希望议事会中有更多坚定的加尔文宗信徒,同时城镇议事会中有更多的归正会色彩。鹿特丹一些奥伦治-富修斯派小册子和请愿书出自印刷商约翰内斯·博尔修斯(Johannes Borstius)。他的父亲是一名讲道者,也是该城骚乱的主要煽动者。

1672年9月,在亲王指挥下进行的清洗吸引了众多关注。这一进程开始于9月9日的多德雷赫特。该城议事会40名成员中,有14名被替换。他们中有些是民众谴责的主要对象,但绝不是所有曾支持前政权的人都包括在内。次日,代尔夫特议事会40名成员中的半数被撤换。同样在9月10日,阿姆斯特丹议事会的36名成员中有10人遭替换。

被清洗的人中不包括法尔克尼尔这种1672年夏才忙着追赶奥伦治派浪潮的人，也不包括一些温和的共和派，仅包括德格雷夫派这种彻底的共和派。[26] 在莱顿和哈勒姆，需要清洗的人员相对少，莱顿只清洗了5个摄政官，而哈勒姆仅有1个。豪达的清洗相对温和，仅有6名议事会成员遭撤换。

荷兰省的小城镇也有清除共和派摄政官的行动，但并非所有城镇都如此。在布里尔，18名议事会成员中的8人遭撤换，斯洪霍芬有9人。霍伦的清洗面也较广，但在皮尔默伦德，虽然民兵起草了请愿书，要求"遵从扬·德维特先生准则"的人都不应继续留在议事会，但执政没有撤换任何一人。[27] 在危机最为深重的小城镇之一蒙尼肯丹，亲王撤换了12名摄政官。然而在骚乱同样多的斯希丹，仅有市长尼乌波特1人遭撤职。

泽兰省一些城镇也出现了大规模清洗活动，以回应大规模的民众抗议运动。济里克泽向来是三级会议派观念的中心，在民兵的敦促下，执政撤换了该城8名摄政官。相较而言，米德尔堡的清洗并不出于执政的介入，而直接来自行会的压力。相比于荷兰省城镇，米德尔堡行会向来更强势。那里的7名摄政官因行会压力而遭撤职，尽管亲王并不同意此事执行的手段。[28]

与清除谁这一问题同样重要的是亲王要任命谁。在这一问题上，必须将阿姆斯特丹与其他城镇做区分。因为阿姆斯特丹不存在奥伦治派阵营，而且这里更多是由法尔克尼尔而非奥伦治亲王选择新人。阿姆斯特丹的6名新人，包括法尔克尼尔的门徒路易斯·特里普（Louis Trip），都是精英大商人。[29] 而在其他地方，清洗导致了意识形态的转变和亲王权威的强化。与乌得勒支城和莱顿类似，鹿特丹的意识形态压力是十分严峻的。[30] 据称，该城的新人不像被他们所取代的那些那么富裕，而往往是狂热的奥伦治派和富修斯派，其中就包括先前的阴谋者约翰·基维特。他如今取代德·赫罗特，成为该城的议长。从1672年开始，鹿特丹将会有许多年处在奥伦治-富修斯派阵营的控制下。多德雷赫特如今也将在相当长的时间里顺服于亲王。在共和国的各个地方，共和派，或者说是劳弗斯泰因派，都落入了溃败与羞耻中。

第32章

1672—1702年：威廉三世执政期

1672—1678年：从"灾难之年"到《奈梅亨条约》

1672年6月的灾难过后同样是接连的挫败。7月，法军夺取奈梅亨和部分北布拉班特，而明斯特人占领库福尔登、德伦特，以及格罗宁根大片领土。到夏末，更大一片共和国土地落入法兰西和明斯特人之手，其余地区则陷入暴乱和政治骚动。唯一一个既没有被占领，也未受骚乱触动的省份是弗里斯兰，但即便那里也有深重的忧虑，而这主要由归正会讲道者表现出来。在民众运动的压力之下，阿明尼乌派（人们依然常常这样称呼他们）被清洗出荷兰省和泽兰省的城镇议事会。而民众运动相信，劳弗斯泰因派贪污腐败，在国家防御方面公然玩忽职守，其程度几近叛国，并且他们还意图"变革多德雷赫特全国宗教会议确立的归正会信仰，恢复教宗党人的宗教礼拜自由"。这样的现实状况也在弗里斯兰掀起了强烈反响。[1] 讲道者和"宗教改革者"要求对省行政管理机构进行彻底改革，特别是要求进行一场打击贪腐的运动。这些批判让代理三级会议和广大弗里斯兰贵族担忧。自17世纪中叶以来，该省贵族对越来越多的乡村治安法官进行了控制。在这个关键时刻，弗里斯兰伟大的法学家乌尔里库斯·许贝尔在他担任法学教授的弗拉讷克大学匿名发表了一本十分引人注目的小册子呼吁冷静。他主张，弗里斯兰的政治和宪法与荷兰省的截然不同。如果困扰荷兰省的混乱和无视权威传播到弗里斯兰，灾难也将接踵而至。[2]

被占领地区的形势迅速恶化。格罗宁根省成了战区，格罗宁根城被围困。海尔德兰、上艾瑟尔和乌得勒支的乡村，尽管军队指挥官还曾费了些力气去限制接下来发生的劫掠和强奸，但包括德伦特和荷属布拉班特在内的地区，都遭到敌军蹂躏。乌得勒支和默伊登之间的费赫特河沿岸地区是阿姆斯特丹权贵的"世外桃源"，这里的豪宅和乡村别墅也遭到洗劫和毁灭。[3]内陆地区几乎所有地方的经济活动都遭到了严重破坏。[4]许多治安法官和官员从所在城镇或乡村出逃，导致了进一步的混乱。在占领区，法军指挥官发布公告，命令缺席的市长和治安法官返回岗位，并威胁称，如果他们拒不遵从，将被撤职。这制造了棘手的困境。官员如果恢复履行往常的职务，就有被贴上合谋者标签、招致执政不悦的危险；如果他们不服从、躲得远远的——许多人就是这么做的——那么他们面临的危险就不只是失去官职了，还可能失去财富和权势。许多来自内陆的贵族和治安法官真的去了荷兰省避难，直到法军撤离才返回。另一些人留任原职，但名望并没有遭受永久的损害，例如留在乌得勒支的埃弗拉德·范威德·范戴克费尔特（Everard van Weede van Dijkvelt，1626—1702年），他后来成了威廉三世的心腹之一。但是，那些在法军占领期间留任原职，而此前又与三级会议派有联系的人，就往往声名扫地。这些人就包括乌得勒支城的兰贝特·范费尔特赫伊森和韦兰（Welland）领主戈达德·威廉（Godard Willem），后者最终成了乌得勒支贵族院反奥伦治派的领袖。[5]

清洗之后，年轻的执政牢牢控制了荷兰省和泽兰省三级会议。1672年荷兰省的460名摄政官中，他替换了130名政治上不合需求之人。一些人此后再未重夺先前的势力，其中包括阿姆斯特丹权倾一时的德格雷夫家族，以及那些与德维特政权关系极其密切，而必须被迫流亡国外的人。除了彼得·德赫罗特，鹿特丹前市长佩塞尔、弗鲁森和哈尔（Gael）也全都携家眷逃往安特卫普避难。[6] 1672年，摄政官和大商人的资金大量流出共和国。

尽管许多人被清除，但摄政官群体分裂成对立的意识形态和裙带关系阵营这一点，奥伦治亲王并不能完全消除。首先，"德维特原则"的支持者并未彻底清除。其次，安插到议事会的新人中，许多人刚刚进入城镇议事会，他们缺乏经验、影响力，还常常缺少管理公共事务的时间。此外，正如彼得·德赫罗特的观察所示，各地的名门望族构架习惯于且认为自己有资格获取当地官职和津贴，而如今这些特权的剥夺必将在更宽广的公民社会环境中激化派系斗争。[7] 最后，各派系对抗的意识形态根基，即公共教会内部对立派系的冲突和社会上有关宽容、风纪的争论，已经延伸到各个角落，以至于无论是在地方、各省，还是同盟整体的层面，任何清洗都难以抵挡两极化的趋势。

执政的清洗结束了暴乱和政治动荡，但1672年夏季的骚乱给荷兰社会，尤其是政治精英本身造成了持久的影响。[8] 反抗不得人心的官员和政策的民众动乱，激起了一些人的野心和另一些人的担忧。这些动乱到1672年9月仍未彻底消停。德赫罗特和许贝尔这类资深观察家深切推崇共和国的制度形式，坚信范围小、财富多、根基深的寡头集团的统治具有正当性和优势，同时将民众对政治造成的压力贬斥为对他们崇尚的共和国的威胁，[9] 但与此同时，他们也认为共和国有益于所有人。德赫罗特在1673年年初的信件中重申自己的共和主义信条。他像以往一样坚信共和国优于君主国，并认为备受艳羡的荷兰繁荣大部分源自这里的共和政体。[10] 在他看来，只有共和国能保障良心自由和个人财产的安全，而这两项职能又被他视为繁荣的双子支柱，荷兰国家给予了民众不可估量的好处。对德赫罗特而言，良心自由和财产安全是共和国的核心，而这基于如下信念："这种自由和安全不可能在君主政府下存在。"[11] 但是，在一个剥夺了诸多荷兰省摄政官官职的执政统治下，稳定真的能够恢复吗？德赫罗特认为，无论它们起到了什么短期作用，这样的清洗都损害了共和国。因为将对抗和争斗进一步推入市民社会并且加剧城镇议事会的派系分化，使得相互对抗的政治阵营如今必须用更多的精力来化解人民的压力、谋求人民的支持，从而进一步造成动荡。

德赫罗特认为，由于数种原因，威廉三世的清洗行动不会带来稳定。首先，执政一开始享受的极高人气是伴随着1672年那场动乱的力量爆发的，它不可能持久。他认为，德维特时期，荷兰省的贸易和航运比任何时候都繁荣。[12] 这是确凿的事实，此后也一直是三级会议派作家的一个重要论点。但如今德维特时期的繁荣和扩张不再，取而代之的却是民众经受着战争、混乱和苦难的事实。清洗后的荷兰省三级会议不得不增加越来越沉重的赋税。此外，不仅门诺派、抗辩派和天主教教徒，就连公共教会内部的科齐乌斯派都担心，新政权会听从富修斯派的要求，打压"宽容"和"异议"。根据德赫罗特的说法，1673年2月就已经产生了民众反抗执政、奥伦治派和富修斯派讲道者的迹象。[13] 他警告道，如果执政依旧不允许遭清洗的摄政官进入城镇议事会，那么就会出现切实的危险——他们的愤怒将与民众的不满，与天主教教徒、抗辩派和门诺派的怨愤结合在一起。德赫罗特宣称,后三个派别全都支持三级会议派。结果将会是新一轮动乱和冲突的到来,这样的纷争曾毒害了教宗派与皇帝派斗争时期的意大利诸共和国的生活,毒害了中世纪晚期的北尼德兰。他预言:"整个省都将分裂成两派,就像当年的吊钩派和鳕鱼派一样。"[14]

荷兰共和国在政治、社会和意识形态上的根本冲突一直存在着。威廉三世通过1672年清洗获得的切实成果比共和国史上的任何执政都大。他对荷兰省的影响力更大、在政界的支配地位更强,虽然1618—1625年间的莫里斯时期是个例外。但是,即便在亲王权威牢固得不可撼动的地方,他的宠臣及其惯常的腐败手段也从一开始就埋下了激发不满的种子。这些怨愤也在一定程度上渗透到城镇议事会中。在霍伦,13名摄政官在1672年遭到执政清洗。亲王接下来的策略是倚重他在当地的宠臣弗朗索瓦·范布雷德霍夫(François van Bredehoff)。此人既是斯豪特,又是市长,还兼任了众多稍低阶的职位和东印度公司的董事。范布雷德霍夫用忠诚的奥伦治派人士填充议事会,1681年,他甚至把一名在1672年刺伤德维特的行凶者安插进来。[15] 但是,他控制该城的腐化手段也招致了不满,重燃了摄政官对执政政权的厌恶。在霍林赫姆,10名摄政官遭清洗,洛德韦克·惠更斯(Lodewijk Huygens,康斯坦丁的儿子)被任命为新德罗斯特。惠更斯是亲王的走卒,他在任期内还恢复了德罗斯特在1650年遭到削减的权力。[16] 然而,惠更斯政权的腐败太过明目张胆,激起了民众愤恨,不久一些怒火就牵连到了执政身上。德维特时代的荷兰省摄政官或许也腐败堕落,但许多观察家很快就认定,执政的走卒无疑更糟。他们通过将地方权力集中到几个人手上,打造微型的专制统治,在制造骚乱和不满方面也比前任更甚。

事实证明,让宠臣掌权、排斥旧人的措施在小型和中等城镇较易实行,而在执政势力本就单薄的荷兰省主要城镇则更为困难。早在1673年,大城镇里就产生了要求削减亲王控制力、保证更大的城市独立性的压力。1673年11月,代尔夫特议事会试图起用几名上一年被撤的摄政官,这让荷兰省三级会议有机会讨论被清洗的摄政官的问题。[17] 亲王公开表示撤换这些人只是为了避免民众骚乱再起。他警告三级会议,特别是代尔夫特,不希望他先前撤换的任何人官复原职。同时他宣称,只有与前政权没有联系的"可敬的爱国者"才应得到任命。代尔夫特不情愿地顺从了。但是不久,人们就明显看到执政在该城影响力的逐渐下滑。第二年,执政斥责了议事会选出了3名他不认可的人。[18] 除了代尔夫特和阿姆斯特丹(没有哪个执政对该城有过重大影响力),奥伦治亲王对莱顿和米德尔堡这些大城镇的影响力也在迅速衰减。莱顿自1618年以来一直就是坚定的奥伦治派,但如今正日渐变为共和主义观念的沃土。在米德尔堡,1672年的变革由当地的反费特势力而非执政指挥。米德尔堡清洗的影响削弱了费特一派,而增强了蒂鲍尔特一派。结果到了17世纪70年代中期,米德尔堡发展成共和主义观念和科齐乌斯神学的天堂。[19]

在共和国大片土地仍被法兰西和明斯特军队占领时,对执政的反对仍是悄无声息的暗流。焦点仍集中在战事上。共和国奇迹般地存活下来。尽管一开始到处是一片狼藉,但"洪水防线"还是守住了国土。从1672年秋开始,法军发现所有通向荷兰省的路径都已封死。1672年总三级会议与神圣罗马帝国皇帝和勃兰登堡选帝侯订立的同盟到当年年末结出了果实。当时的帝国和勃兰登堡联军进军科隆,迫使路易十四将部分军力分派到南方。1672年年末到1673年年初的冬天,荷兰的防御有所加固。路易十四离开后，卢森堡元帅负责指挥驻扎在共和国的法军。当挡在他面前的洪水结冰时，元帅是有短暂的时机进军的，但他没能以足够快的速度调集兵力。当他率领1万名士兵挺进，深入远至莱顿附近的兹瓦默丹（Zwammerdam）之时，一切为时已晚，冰突然消融，洪水又迫使他退兵。

1673年间，英格兰与法兰西组织了一场在海上征服共和国的联合行动。当年的防卫战或可算是德勒伊特最伟大的成就。[20] 在他的领导下，荷兰海军作为一支战斗力量，其效力达到了巅峰。6月初，德勒伊特在泽兰浅滩遭到英法联合舰队的攻击。联军舰队包含76艘战舰，4 812门大炮，占据绝对优势。德勒伊特则利用速度与机动优势阻挡了联军并发起猛烈攻势。第二场战役于一周之后在泽兰附近爆发，结果类似。在第三场，也是最后一场军力较量中，英法联军拼尽全力以开辟从海上入侵荷兰省的道路。英格兰的一支远征军在雅茅斯（Yarmouth）集结，准备等德勒伊特一被击败就起航。投入海战的英法联合舰队共有86艘战舰，5 386门大炮。德勒伊特在泰瑟尔岛附近率一支小得多的舰队参战，仅有3 667门大炮。炮火的轰鸣持续了11个小时，甚至北荷兰省的许多地区都能听到。在这沉重的背景音下，各个教堂里举行着特殊祷告仪式。德勒伊特再次圆满完成任务，击垮了足够多的英格兰三层甲板战舰，迫使敌军放弃攻势。1673年的三场胜利影响深远。荷兰不仅在本土海域，而且在北美、西班牙和加勒比海海域对英格兰海上贸易展开私掠行动，造成的影响比前两次英荷战争大得多。[21] 军事挫败和贸易破坏的影响让英格兰的查理二世难以为继。英格兰的贸易和航运遭到严重破坏，一些部门甚至陷入瘫痪。因此，这场战争在英格兰不得民心，并迫使查理二世不得不退出战争。1674年2月英格兰与共和国签订和约，代表着共和国在海上的胜利。[22] 尽管共和国在1672年全面崩溃，但和约的确表明了英格兰在这场战争中一无所获。

另一方面，西班牙于1673年8月站在神圣罗马帝国和共和国一方加入战争。这样的势态迫使法兰西进一步减少了驻联省的军队，也让威廉三世得以发起反击。威廉三世的首场胜利是驻守纳尔登的3 000名法军投降。深秋时节，帝国和荷兰军队入侵科隆选帝侯国，这最终迫使法兰西撤出他们在"洪水防线"上的要塞，退到艾瑟尔河沿线。法军撤退的当天早上，乌得勒支大教堂最后一次举行天主教弥撒，几个小时之后，一群城市暴民拥入这座天主教座堂，掠走了这里的圣像、绘画和法衣，将它们堆到外面付之一炬。

英格兰议和两个月后，明斯特被迫同样羞耻地退出战争。[23] 1673年秋之前，采邑主教一直信心满满，他不仅渴望兼并格罗、布雷德福特、利赫滕福德和博屈洛，还想要韦斯特沃尔德和林根。但根据1674年4月的和约，他不得不放弃占领的一切土地和他的所有主张。1674年5月，法军撤离艾瑟尔河一线和整个海尔德兰、上艾瑟尔。在他们离开阿纳姆时，归正会市民涌入天主教堂，夺走圣坛和圣像，将一面橘色的大旗挂上教堂尖顶，"作为喜悦的标志"，随后还举行了感恩礼拜。[24] 荷兰军队重占由法军空出的要塞，并协助阻止了对天主教教徒的报复。荷兰军队也重占了林根伯爵领地。[25]

至此，威廉三世已通过保卫祖国的坚定行动，而进一步巩固了自己的人气和声望。随着艾瑟尔战线、海尔德兰和上艾瑟尔的光复，如今执政在共和国的权威和权力达到登峰造极的地步。到1674年6月，路易十四先前在荷兰占领的一系列土地中仅剩赫拉弗和马斯特里赫特还在他手中。荷兰军队在两年的时间里急剧升级，如今再次成为规模大、战力强的雄师。

共和国建立了几个同盟，而这些同盟将保护荷兰免遭法兰西任何可能的再次入侵。年轻的亲王广受赞誉。1674年1月，受执政在三级会议中的得力干将法赫尔的鼓动，哈勒姆提议，如今荷兰省的执政之位应永远由奥伦治-拿骚家族的男嗣世袭。荷兰省三级会议毫不犹豫地投票同意。

然而，正是威廉三世在保卫国土、巩固执政之位方面取得的胜利，为反执政权威的势力复兴做了铺垫。比如绝境之时，共和国就展现出了意料之外的韧劲。危机曾迫使摄政官臣服于亲王且不遗余力地支持战争，而如今危机的终结所制造出的安全氛围，让身置其中的人们又开始担忧势力过大的执政会对"自由"产生威胁。从1674年夏开始，贩夫走卒就对那场如今看似遥远、与己无关的战争没了什么兴趣，并且他们开始质疑，为什么自己要为战争的继续而承担高昂的赋税。

随着法军占领的结束，恢复乌得勒支、海尔德兰和上艾瑟尔统一的前景近在咫尺，派系和意识形态冲突再起。1673年11月荷兰军队进入乌得勒支时，部分归正会市民起草了一份请愿书，它类似于1672年夏曾呈交给荷兰省各城镇的那些请愿书。这份请愿书抱怨"旧摄政官"对城市事务处理失当，忽视公共教会，允许"过度"的"宽容"。[26]总三级会议暂停了该省政府各个机构的运作，包括三级会议、代理三级会议、高等法院、贵族院和城镇议事会，以待执政调查他们在法军占领期的行为。结果便是这段持续到1674年年初的权力真空期。这期间你死我活的派系、意识形态斗争肆虐。乌得勒支的请愿者被政敌贴上了"富修斯派团体那些人"的标签。他们自己则把敌手称为阿明尼乌派"自由派"，执政与公共教会的敌人，定义这些人是曾支持德维特和《永久法令》，急切地向法军投降，宽容天主教教徒和异议分子的人，同时还说他们压迫了"富修斯派"宗教法院和讲道者。[27]

1674年4月，总三级会议同意重新接纳新近解放的几个省份回归同盟，但同时，要求他们接受对该省政府系统实行的改革。遵照执政的意见，同盟机构主张这些改革是合理的。[28] 于是，总三级会议不仅授权执政把那些在他看来行为失当的人清除出三省的三级会议和下级机构，而且委托执政修改这些机构的办事程序，让威廉三世得以获取比前任执政都要大的影响力。单乌得勒支一省，就有120名官员在亲王的监督下被撤职——这远远高于1672年荷兰省和泽兰省清洗的比例。[29] 其中仅乌得勒支城议事会就清除了21名摄政官，包括兰贝特·范费尔特赫伊森。乌得勒支省的新整体规章由威廉三世及其谋臣拟定，而后立刻得到（当时仅有4个投票省份的）总三级会议的通过。海尔德兰和上艾瑟尔也有许多官员和摄政官迅速被撤职。但在这两个省份，新规章的制定由于战争季节的开始而延迟了数月。

这几个月中，在东部的新政权定型之前，亲王的友人就极其活跃地打造亲王和他们自己的势力，发展奥伦治-富修斯派阵营。一切准备就绪后，奥伦治亲王莅临海尔德兰各区的季度大会，又于1675年1月出席该省全体三级会议。在一片奔涌的崇敬之情中，海尔德兰省三级会议将"海尔德兰公爵"的头衔和该省的正式主权献给亲王。这一举动在整个共和国引起了轩然大波。但这些回应并非亲王所期待的。尽管此前就有迹象表明劳弗斯泰因派稍有复兴，但奥伦治亲王及其支持者仍为一些负面回应的力量所震惊，尤其是荷兰省和泽兰省的回应。有些反对声音来自摄政官。1672年，执政带着不悦评论让他们免遭清洗，他本来认为一些摄政官此后必然会顺从自己的意志，而如今他们中的许多人竟是以最高声来反对自己。[30] 不过真正的反对意见来自更低的阶层——来自市民社会的高等和中等阶层。据称，阿姆斯特丹大商人震惊于执政对海尔德兰主权的渴望。他们认为，将主权授予世袭统治者而不是三级会议将有害于贸易和财政信心。社会上流传着一个谣言："海尔德兰公爵"头衔的授予不过是个开始，亲王最终会夺取整个联省的主权。流言加上其他因素导致荷兰省三级会议在阿姆斯特丹交易所的公债大跌。[31] 尽管如此，考虑到执政对荷兰省小城镇的强大控制力，如果此事真的值得花费大笔政治资本，那么执政本可以迫使荷兰省顺从自己的意愿。而事实上，事态的发展不过是揭露出执政对大城市的影响力有限这一事实。不只是阿姆斯特丹，代尔夫特、莱顿和哈勒姆都反对执政接受公爵头衔。在阿姆斯特丹，一贯意见不合的法尔克尼尔和霍夫特携手打造统一战线。据称，阿姆斯特丹议事会"非常积极且坚决劝阻亲王接受头衔，表示这公然违背同盟条约"。荷兰省三级会议里，亲王一方召集起多数派支持自己接受头衔，只有6座城镇投票反对，"个别城镇的意见不得直接呈递给亲王"。然而，阿姆斯特丹无视这一规定，坚持给亲王递送公函，上面"推演了反对殿下接受公爵头衔"的理由。[32]

如果说荷兰省的反应让亲王不悦，那么泽兰省的反应则令他愤怒。在泽兰，公众同样发挥着重要作用，他们展现出意外强劲的共和主义倾向。与德维特时期类似，泽兰城镇呈现3对3的分裂：弗卢辛、费勒和托伦站在亲王友人一方；米德尔堡、济里克泽和胡斯持反对意见。[33] 在回应泽兰省三级会议表达的反对意见时，亲王并未极力隐藏自己的愤怒。事实证明，这又是一个大错。因为，他的回应被公之于众，而且据称"让他很大程度上丧失了该省及其人民的爱戴，民众呼吁治安法官向亲王表述他们的忠告，并保证自己会支持治安法官"[34]。

第32章　1672—1702年：威廉三世执政期

事实证明，对奥伦治亲王而言，海尔德兰主权事件是个代价高昂的错误。一个观察家评论说：亲王"亲自"前往海尔德兰的行为"被认为极其愚蠢，反之，如果他让海尔德兰人来海牙，并在没有任何人建议的情况下，拒绝这一提议，那么他将赢得所有人的敬仰"。[35] 劳弗斯泰因派获得了心理和宣传两方面的胜利，他们说服许多人，"如今应当把亲王看作一个极其虚伪、极具野心的人，考虑到海尔德兰主权事件，他并非人们先前认为的行事谨慎之人"[36]。亲王的失态招来一连串的讽刺性评论和攻击，它们又转而激怒了当局。[37] 一本小册子讽刺地将执政称为"国王陛下威廉三世"，它让当局大为光火，甚至让荷兰省三级会议提供1 000荷兰盾赏金，来寻求画师的名字和下落。奥伦治派感到恼怒："我们每天都发现有越来越多的恶人忙着在正直的居民中散布谣言"，他们宣称执政渴望"君临"共和国。奥伦治派则指控批判亲王的人企图散布纷争，煽动民众拒绝纳税。总三级会议发布严厉公告，任何人不得表达或复述有关亲王渴望成为诸省君主的言论，并以重罚相威胁。[38] 联省从未得到过现代意义上的言论自由：持异议者不许诟病公共教会，反三位一体论者不许否认三位一体论，犹太人不许质疑基督教，渎神者不许亵渎神明，此外在许多城镇，咒骂会被处以市政罚金，冒犯政治当局的言论也不被允许。不过，这还是首个官方力图压制政治讨论本身的公告。

1675年2月20日，亲王现身于阿纳姆召集的海尔德兰省三级会议，拒绝了公爵的头衔，理由是接受头衔会造成人们对他意图的误解。然而，他依然盘算周详。作为执政，通过完成清洗、为海尔德兰制定新规章，他得以在各个方面取得前所未有的控制力。总共有126名城镇议事会成员被知名的奥伦治派取代。这些新人充当着执政的管理人，并且他们的当选也咨询过民兵团体和行会代表委员会。新规章确保亲王在任命大多数省和乡村官员方面享有主要发言权；批准亲王任命平民委员会的成员，而这一机构将选举城镇议事会成员。[39] 控制住海尔德兰之后，亲王接着在上艾瑟尔夺取类似的权力。在3月于兹沃勒召集的三级会议上，新版整体规章得以施行。作为执政权力和影响力这座新宏伟建筑的最后一项，总三级会议于4月20日宣布，同盟海陆军总司令的职位从此在奥伦治亲王的男嗣中世袭。

亲王从未力图讨好人民。1672年前，他的确利用了民众的支持，并且在某些情形下，与城市民兵合作对抗当时的摄政官。然而，他依旧无视民众请愿书的大部分内容，到了1675年，亲王与人民显然正渐行渐远。这部分本是形势所固有的，但也被亲王愠怒厌世的脾气加剧。随着时间的流逝，亲王越来越不愿意培养民心。1675年2月，在为纪念莱顿大学成立百年而举行的典礼上，亲王突然离场。据称，这进一步疏远了该城的许多普通民众。[40] 一位观察家评论道："难以置信的是，自从有人企图让亲王成为海尔德兰公爵以来，人民与亲王之间的亲密关系发生了多么异乎寻常的疏远。"[41] 尽管一开始民众的拥戴是亲王的首要武器，但自1675年起威廉三世依靠的主要是幕后影响力、任免权和威逼手段。1675—1676年间，军事开支大幅削减，然而史无前例之高的国债使得政府不肯削减赋税，平民百姓不太可能以理解的态度看待这一困境，民心也因而继续丧失。据伦敦的报道，荷兰人"带着同情回顾德维特的命运，他们开始哀叹他的陨落，并以预料之外的方式思考他的原则"[42]。

随着危险的远去，高额度的赋税和军事开支成了塑造共和国政治气候的决定性因素，因为所造成的负担似乎重得难以承受。如果说德维特及其同僚曾将军队和陆地防御工事缩减到最低水平,那么威廉三世和总三级会议则在3年的时间里,恢复了共和国作为陆地重要强国和海洋强国的地位。防御工事和军备大幅改善。大批人员被招募入伍,荷兰军力增长到约10万人。1673年,同盟机构的开支超过了1亿荷兰盾,比荷兰省年收入的5倍还高,而此时共和国一半的土地还在敌军占领下。到1675年,军队裁减至6.8万人,同盟机构的开支减至5 000万荷兰盾。[43]但是,这无助于减轻当前极其沉重的财政负担。在荷兰省的年收入接近1 800万荷兰盾,七省收入接近3 000万荷兰盾的同时,公债依然急剧攀升。1676年2月,威廉·坦普尔爵士曾预言:"该国战时的开支,加上贸易的缩减,似乎让他们难以坚持到下一轮战事结束。"[44]法兰西也做出了类似的评估。但他们都错了。威廉三世让共和国在1676年坚守战场,不仅如此,共和国的军队还在1677年扩充至9万人。

海外贸易体系和其他产业都遭遇着严峻困境。1672年的灾难带来急剧的萧条。随着共和国运势在1674年的好转,经济也开始复苏。然而,在与英格兰和谈以及明斯特和谈之后,荷兰在贸易、工业和海运方面只有部分得到了恢复。[45]共和国如今安全了,但海运依然危险重重,从某种意义上说,实际是比从前更危险。因为1672年至1674年间,外出冒险十分危险,以至于总三级会议干脆将商船和渔船舰队留在海港内,让英格兰和法兰西几乎没东西可俘获。与英格兰和谈之后,荷兰船只重现大海。但正因如此,以敦刻尔克和圣马洛(Saint Malo)为基地的法兰西私掠船让荷兰商船和渔船舰队遭受到了更为惨重的损失。法兰西还在加勒比海持续袭击荷兰船只。结果,贸易信心的恢复依然迟缓,阿姆斯特丹交易所依然萧条,东印度公司和西印度公司的股价依然低迷。1675年5月,东印度公司阿姆斯特丹分公司的股价停滞在票面价值的428%(参见

表39）；而迟至1676年3月，荷兰省公债缩水到只有票面价值的80%。[46]

奥伦治亲王需要巩固国内的支持势力，促使公众愿意继续支持西班牙和神圣罗马帝国皇帝，直至法兰西战败。在他看来，最为重要的是欧洲范围内更广泛的政治和战略竞赛，这种关乎共和国核心利益的观点与德维特和三级会议派的截然不同。由于渴望让荷兰坚持投身战争，亲王开始发展与英格兰宫廷的关系，希望英格兰以某种方式卷入荷法关系，哪怕只是作为调停人。为此，他在1676年年初猛烈追求玛丽公主，即王位继承人、约克公爵詹姆士的女儿。

同样是由于渴望让自己的主战立场获得更广泛的支持，亲王开始疏通与公共教会内的富修斯派的关系。他热切支持奥伦治亲王、同盟和强硬加尔文主义立场的讲道者，希望他们能够通过布道，而大力宣扬爱国热情、促使民众接受沉重的赋税。由此，正如一位英格兰观察家1675年4月所写，奥伦治亲王"做了许多事来讨好荷兰归正会牧师"[47]。这转而又让亲王介入富修斯派与科齐乌斯派的广泛冲突中，而此时这一冲突已经分裂了公共教会将近四分之一世纪。在这方面，他在米德尔堡采取的行动尤为突出。此时该地的教派政治尤为激烈。直至17世纪70年代，泽兰都是二次宗教改革成就最高的省份。[48]但1672年以来出现了显著转变，这部分是由于蒂鲍尔特派得势，部分是由于魅力超凡的约翰内斯·范德韦延（Johannes van der Waeyen）的活动。韦延先前是来自弗里斯兰的富修斯派讲道者，而后转变为科齐乌斯派。1672年以来，在反奥伦治派情绪的帮助下，韦延开始竭心尽力地改变米德尔堡宗教法院、讲道者和民众的观念，以至于使得米德尔堡宗教法院变为科齐乌斯派占主导。结果便是宗教法院与富修斯派占主导的上级机构和瓦尔赫伦岛长老监督会的冲突。它在1676年发展成激烈的斗争。当时米德尔堡议事会和宗教法院违背长老监督会意愿，任命著名的科齐乌斯派人士威廉默斯·莫马（Wilhelmus Momma）填补该城的讲道者空位。11月，随之而来的公众骚动给奥伦治亲王提供了亲自插手的托词。亲王不仅将范德韦延和莫马驱逐出泽兰（莫马隐退到代尔夫特，并于次年在那儿去世），而且清洗了该城议事会和宗教法院中的6名三级会议派且亲科齐乌斯派成员。次年，亲王在从沙勒罗瓦（Charleroi）的营帐写给米德尔堡的信中"判断米德尔堡宗教法院那些支持上述牧师的人尚未得到充分清理"，进而下令进一步清洗科齐乌斯派长老和执事。[49]此后，直到1702年威廉三世去世，富修斯派观念都主导着米德尔堡宗教法院，乃至整个泽兰。[50]

亲王采取的另一个策略是将势力扩展到弗里斯兰，并且重点扩展到格罗宁根和德伦特，以防对他政策的反对意见在年轻的弗里斯兰执政亨德里克·卡齐米尔二世（Hendrik Casimir II，执政期1664—1696年）周围联合起来。过去，历任奥伦治亲王大多与其宗亲、地位相当的弗里斯兰执政密切合作。但由于威廉三世与弗里斯兰宫廷之间的摩擦日渐加剧，这一模式在1672年之后破裂。1664年威廉·弗雷德里克去世（他在卧室里检查新火枪时，意外射杀了自己）之后，他的遗孀兼堂妹——弗雷德里克·亨德里克的3个女儿之一阿尔贝蒂娜·阿格尼丝作为他们7岁儿子的监护人，统治着吕伐登的小宫廷。宫廷以军人和政治家为目标培养小亨德里克·卡齐米尔，但他在两个方面都资质平平。他的堂兄则强得多，并且一直被树立为榜样。亨德里克·卡齐米尔对堂兄的憎恶日渐增长。[51]

奥伦治亲王利用亨德里克·卡齐米尔的年幼和经验匮乏，而将自己的势力伸入传统上属于弗里斯兰执政的领域，起初的个人反感逐渐发展成政治冲突。这一冲突开始于1672年7月的法兰西入侵,当时总三级会议任命奥伦治亲王为韦斯特沃尔德执政,而此前,韦斯特沃尔德一直与格罗宁根共同拥戴一个执政,亨德里克·卡齐米尔则早已被指定为格罗宁根执政。[52] 1675年亨德里克·卡齐米尔成年,同年,弗里斯兰省三级会议宣布,该省执政职位由其男嗣世袭。然而,格罗宁根和德伦特并没有把"剩下的"授予伯爵。1676年,德伦特省三级会议将该省的职位授予威廉三世。与此同时,弗里斯兰宫廷在格罗宁根省三级会议中的势力大幅削弱。事实上,到17世纪70年代中期,该省的形势发生了之前常见的混乱,以至于总三级会议再次介入——以捍卫同盟机构的利益,同时这也为奥伦治亲王提供了更多借口,以扩展他的势力。1677年2月,当奥伦治亲王表示希望担任总三级会议派往格罗宁根的委员会的首领,以平复格罗宁根城与奥默兰近来的分歧时,人们立刻猜测:"他的目的是借此机会,成为该省的世袭执政。"[53] 暂时而言,亨德里克·卡齐米尔还无力做出什么事来限制他堂兄的势力。甚至在弗里斯兰,他的权威也支离破碎。因为该省富修斯派讲道者煽动城镇民众骚乱,以反抗阿尔贝蒂娜·阿格尼丝和亨德里克·卡齐米尔母子以及该城权贵。鉴于奥伦治亲王偏爱富修斯派思潮,亨德里克·卡齐米尔就偏向科齐乌斯派神学。1677年,被奥伦治亲王驱逐出米德尔堡的约翰内斯·范德韦延得到了弗拉讷克大学的教席。不久之后,弗里斯兰这位新任科齐乌斯派神学教授就成了亨德里克·卡齐米尔最亲近的谋士之一。

尽管战争越来越讨人厌,但1677年之前并不存在对抗奥伦治亲王的有效手段。1675—1676年间,由于市政厅内"共和党"(英格兰的叫法)的稀少,以及亨德里克·卡齐米尔的弱势,亲王的优势地位保存完好。但事实证明,这些年三级会议派的低效无力不只是因为奥伦治亲王控制了荷兰省小城镇，还因为阿姆斯特丹城议事会的分裂。议事会中法尔克尼尔与霍夫特之间的对抗夺走了该城能够展现其分量的很大一部分实力。然而，1677年1月，情况发生转变，当时摄政官权贵举行大规模会议，达成了"他们之间所有分歧的友好妥协"和"选举市长的规则"。[54] 在随后1677年2月的选举中，阿姆斯特丹共和派的真正领袖霍夫特在议事会多数派的支持下，当选首席市长（principal burgomaster）。[55] 与1622—1623年类似，经济萧条有助于城市疏远执政，巩固三级会议派的地位。

霍夫特如今能组织起对威廉三世领导权的真正抵抗。确实有许多值得抗争的，因为如今人们已相当鲜明地看到，统治型执政治下的共和国及其国策与无执政治下的共和国差异是多么大。摄政官们担忧无理由地延长战争对平民百姓来说没什么意义，并且担忧平民难以负担沉重赋税并深陷贸易困境。除此之外，他们也厌恶亲王威权主义的领导风格，因为这一风格不仅应用到他对省三级会议和城镇议事会选举的操纵上，而且应用到了外交政策和军队运作中。[56] 1672年之前，一直有总三级会议指派的"战地代表"委员会陪同总司令作战，参与重大军事决策的制定。与此形成对比的是，自从德维特倒台以来，"战地代表"已被摒弃，同盟机构事实上不再参与军事决策。[57] 类似的，亲王的外交政策明显背离无执政时期的路线。许多消息如今都是通过非官方的使节传达而非正式地披露，使节向亲王报告、为亲王工作，而不是同盟机构。[58]

一个常见的抱怨是，奥伦治亲王"偏爱军队中那些仕途独独取决于他的恩宠的陌生人和军人，而排斥尼德兰人"[59]。威廉孜孜不倦地征召德意志贵族入伍，常常更偏爱他们甚于旁人，甚至在做重大军事决定时也是如此。他尤其信赖的是瓦尔代克（Waldeck）伯爵格奥尔格·弗里德里希（Georg Friedrich）。威廉的荷兰籍宠臣中最重要的有汉斯·威廉·本廷克（Hans Willem Bentinck）和戴克费尔特，他们确实在军事方面发挥了影响力，正如在其他方面一样。但问题同样在于，这是一种通过执政进行的非正式联系，而不是三级会议和国务会议中的正式军事任命。最后，奥伦治亲王擅自任命委员会，并将其派驻到由弗里斯兰和格罗宁根供养的军队中。在亨德里克·卡齐米尔看来，这是对自己传统权力的公然侵犯。

新政权的许多方面都有可能遭受批判。1677年初，在反对派势力增强的同时，亲王还遭遇了一次惨重的军事挫败。法军早前入侵了西属尼德兰，占领了瓦朗谢讷，并围困圣奥梅尔。威廉三世打算率领3万荷兰、西班牙和奥地利联军前去解围，然而却在4月的卡塞勒山战役中被击退，损失惨重。这次挫败"使得反对派对亲王的成见大大加深"，助长了对其用兵策略的诋毁。

到1677年，奥伦治亲王的权威遭受不只是一点儿的磨损，这表现在格罗宁根新一轮的骚动中。该省的动荡比以往更甚。虽然奥默兰缴纳的税款高于格罗宁根城，但格罗宁根城行使着"该省一半的权力"，而该省财政部门及其官员常驻城内，也使得它能够更多地影响该省的财务管理。同样悬而未决的，是奥默兰的权利主张，即它的"优先权，首先发言、首先签字和盖章的权利"。1677年2月被派往格罗宁根的同盟机构委员会建议为了行政管理的目的，分割该省机构。奥默兰获准设立单独的金库和财务管理人，编写独立于格罗宁根城的赋税记录。由奥伦治亲王指导的同盟机构的新一轮介入，取悦了奥默兰，却激怒了格罗宁根城。后者决定与弗里斯兰和亨德里克·卡齐米尔联手对抗亲王。

总三级会议中，批准奥默兰设立独立财政管理机构的方案经多数成员投票通过，其中有荷兰省默许——此时荷兰省三级会议并不在开会期。格罗宁根城和亨德里克·卡齐米尔激烈反对。7月荷兰省三级会议开会时，亲王急忙从军队返回，急于"组织该省三级会议通过任何可能有利于该城的决议"[60]。奥默兰大会规定，根据同盟机构的决议，从奥默兰获取的收入不再交给位于格罗宁根城的省金库。亨德里克·卡齐米尔随即"下发了一道相反的命令"。当奥默兰违抗该省执政命令时，执政"派遣来自格罗宁根城的官员，去收缴奥默兰的所有金库和文书。这些官员依命照做，并将所有东西运到格罗宁根城内的执政府邸"。

与此同时，在荷兰省三级会议上，奥伦治和法赫尔不断对贵族院和小城镇施加影响，但对大城镇始终无计可施。"阿姆斯特丹的代表表达了反对（奥默兰）分离的意见……其他城镇，例如莱顿，则需要更多时间去咨询他们委托人对这一问题的看法。"[61] 随着阿姆斯特丹、莱顿与弗里斯兰联手阻碍同盟机构的这项决议，其他成员也开始动摇。奥伦治亲王还能否按其意愿行事，也开始令人怀疑。亨德里克·卡齐米尔提醒总三级会议，将一省的财政机构一分为二违背了各省都是"主权者这一同盟原则，而这是1651年设定的国家基本原则"[62]。

奥伦治希望通过敲定他计划已久的与玛丽公主的联姻，来加强自己在共和国内外的权势。10月，得到总三级会议批准，亲王离开共和国前往英格兰。查理二世或许更倾向于等到法荷议和后再议联姻一事，而不愿意以任何身份，被拖入战争的终局。但奥伦治亲王坚持不懈，婚礼最终于11月在伦敦举行。亲王还说服查理二世参与和谈进程，还帮忙劝说路易十四将他夺取的大多数边境要塞归还西班牙。亲王坚持要求归还瓦朗谢讷、沙勒罗瓦、图尔奈、科特赖克和奥德纳尔德（Oudenaarde）。[63] 1678年1月10日，英格兰和荷兰在海牙签订新条约，正式确定了新一段密切关系。

路易十四的反击是利用亲王与阿姆斯特丹之间的嫌隙。他希望诱骗三级会议派去割裂共和国与其盟友——西班牙、皇帝和勃兰登堡的关系，单独与法兰西签订和约。奈梅亨和会上，作为诱饵，路易十四给荷兰省代表开出以下条件：取消1667年的关税单，代之以1664年那份。这一让步对荷兰省而言极具诱惑，尤其是对阿姆斯特丹和莱顿。如今这些地方越来越担忧自己的贸易萎缩，忧虑自1674年以来英格兰作为中立国家成功转移了共和国贸易的事。因此，对荷兰省城镇而言，以柯尔柏1664年关税单为基础的和约是难以抵抗的诱惑。此外，路易十四开出的条件还有撤出马斯特里赫特，将沙勒罗瓦和图尔奈归还给西班牙。

1678年春，奥伦治亲王与阿姆斯特丹之间的分歧扩大并加剧。[64] 市长霍夫特主导着和谈进程，他说服大多数荷兰省城镇，强烈要求接受路易十四的开价。亲王警告各省三级会议，抛弃盟友于不顾，将极大损害共和国的声名和利益。在几个月的时间里，亲王阻拦着和谈进程以及荷兰省提议的大规模裁军。[65] 然而，到6月，在霍夫特和佩茨领导下，荷兰省三级会议中的三级会议派在总三级会议中争取到了立即停止战争的投票。

正当荷兰省似乎获胜之时，路易十四宣布他既不会解除对蒙斯的围困，也不会撤出他先前同意放弃的城镇，除非他的盟友瑞典能拿回其落入勃兰登堡之手的大部分土地。被激怒的荷兰省三级会议立刻废除停火决议，并投票决定，若法军不优先撤离先前商定的"屏障"城镇，他们就决不停战。8月2日，在荷兰省三级会议全员（包括霍夫特）的支持下，亲王指挥着3.5万荷兰、西班牙和勃兰登堡联军向蒙斯进发。路易十四意识到自己的失误，立刻同意撤出先前商定的城镇，废除1667年关税单。很快，停战的和平协定在奈梅亨敲定。4天之后，在官方没有确证和谈传言的情况下，亲王向蒙斯的法军战线发起进攻。这场战役血腥残暴而胜负未决，同时导致了双方激烈抨击对手背信弃义。

荷兰省赢得了政治胜利和宝贵的关税削减。对共和国而言，后一收获无疑具有重大价值，并为17世纪80年代的经济复兴做出巨大贡献。但代价也是高昂的。与奥伦治亲王一道承受屈辱的是神圣罗马帝国皇帝和西班牙国王，以及勃兰登堡选帝侯。由于法荷之间的单独和约，勃兰登堡选帝侯没能获得西波美拉尼亚，因为法理上法兰西可以不受约束地支持瑞典拒绝放弃该地的立场。[66] 此后的数年里，共和国一直背负着恶名：一个背信弃义的盟友，只顾自己的商业利益。

1678—1685年：从《奈梅亨条约》到《南特敕令》的废除

1678年8月，威廉三世返回海牙，决心修复他受损的权威。欧洲局势依然紧张，荷兰国内的竞技场上也是如此。派系之间持续的冲突部分来源于法兰西在南尼德兰和德意志的扩张主义制造的悬而未决的困局。遵循德维特的传统，三级会议派渴望巩固和加强和平，最小化法荷之间的敌对情绪。他们相信这是捍卫共和国福祉和贸易的最确定无疑的方法。他们同时认为，与法兰西保持和平关系就不需要维持庞大且耗资不菲的军队，同时可以摒弃亲王编织的非正式外交网络。与此相反，奥伦治亲王及其扈从更多的是将和平视为临时停战。鉴于法兰西依然是南北尼德兰安全的主要威胁，新一轮冲突迫在眉睫。

甚至在《奈梅亨条约》得到批准之前，观点的分歧就激起了新一轮争论，起因是法兰西与西班牙就西属尼德兰的边界地区发生新的纠纷。奥伦治亲王竭力要求总三级会议推迟和约的批准，以支持西班牙，并给法兰西施压；而反对派更倾向于扫除一切可能阻碍和约履行的障碍。[67] 当给定的六周批准期限即将到期时，阿姆斯特丹愤怒地威胁称，要抵制其他贸易，直至和约落定。它还提醒倾向于支持执政的摄政官，不批准条约不仅威胁和平，而且会反转近来东印度公司股票和荷兰省三级会议公债的涨势，假如和约有所闪失，他们及大商人必然要承受损失。

国内的事务同样加深派系间的持续冲突，其中包括有关马斯特里赫特和上马斯的纷争。法军最近才刚撤离这些地区，奥伦治派力主清洗这些地区的官员，就像乌得勒支、上艾瑟尔、海尔德兰和德伦特所做的那样。与此不同，阿姆斯特丹急于阻止奥伦治亲王权势的进一步扩张，坚持摒弃清洗政策。在这件事上，奥伦治亲王对荷兰省小城镇的影响使得阿姆斯特丹轻易就被挫败。在其他省份中，弗里斯兰和格罗宁根支持阿姆斯特丹，但剩余省份支持执政。随后，总三级会议以4省对2省的多数票授权执政实行清洗。

马斯特里赫特再次展现了德维特时期的行事风格和方法与恢复执政之后的巨大鸿沟。尽管共和国的形式得以保存，但其实质大为转变：执政得以通过他的政治负责人，将延伸到各省的权力和庇护网络集中到自己手上。无论在省一级，还是地方层级，威廉三世的宠臣经常不得人心。但是，这似乎并没有令亲王困扰，因为他们能够执行亲王意志，并争取到他需要的票数。他的宠臣因公然的腐败而臭名昭著，但亲王对此予以容忍。这是存在于权势网络和裙带关系之物，而亲王权势建立在这些网络之上。担任泽兰第一贵族的奥代克是亲王在该省的代理人和管理者，也是莫里斯一个非婚生后代的儿子。他在泽兰广遭憎恶。[68] 但这似乎并没有影响到他操纵该省三级会议的能力。米德尔堡、济里克泽和胡斯这些先是在1675年，而后又在1677年有关奈梅亨和谈的事情上支持阿姆斯特丹的城镇，经常在省三级会议中以4比3的票数败北，而奥代克则是投下决定性一票的人。乌得勒支、海尔德兰和上艾瑟尔也存在对新政治安排和亲王负责人的深刻怨愤。[69]

按照当时欧洲的标准来看，亲王的宠臣是否算得上是特别腐败？恐怕这一点并不好判断，因为通过腐败行为和牺牲被统治者的利益来补充自己的收入，是当时官员的常态。尽管如此，但威廉三世党羽的贪污行为显然还是在《奈梅亨条约》之前就成了公共议题，威廉三世的整个执政期也依然如此。1650年无执政政权开始时，出现了打击官员腐败的潮流。这是向更现代的公共道德观念转变的第一步。它似乎提高了公众的敏感度，也使得德维特因自己清廉的名声而在政治上获益。1672年之后向传统手段和实践的逆转似乎会导致期待与现实的冲突。[70]

奥代克安然无恙，而奥伦治亲王的其他宠臣却让舆论愤慨到如此程度，以至于执政不得不收回他的恩宠——即便只是暂时的。洛德韦克·惠更斯敲诈勒索的行径导致他在1675年受到荷兰省高等法院提审，并被判有罪，不过这并没有妨碍他在1678年恢复霍林赫姆德罗斯特的职位。奥伦治亲王1672年任命的一个巴尔尤夫，他也是德维特的劲敌，这引来了"诸多议论。因为他租了一些房子，用来安置在外游荡的妇女,条件是每当有可能成为好猎物的已婚男子来寻花问柳时,她们应当通知他"。这一手段巧妙地将敲诈勒索与二次宗教改革相结合。违反"一般性"通奸和双重淫乱的市政法令会遭起诉和罚款。与此相关的社会污名则诱使许多有名望的人"支付巨额的勒索赎金,以免承受当地法律加之以通奸的丑名"[71]。有评论称,"殿下"对这位巴尔尤夫的"宠爱让他身居此位,也让他自信自己不会失去殿下的支持,而现在他发现自己错了"。虽然如此,即便是最不道德的党羽,亲王在摒弃时也极其迟缓。

1678年奥伦治亲王败于阿姆斯特丹之手一事证明,亲王如果要想全面恢复自己的控制力,就必须赢得一些反对派的支持,拓宽自己的支持根基。《奈梅亨条约》之后,他在政治上做了一些调整,意图收窄两个派系之间的裂痕。由此,亲王转变了先前对1672年遭自己清洗的摄政官的强硬态度,并且改变了早前支持公共教会内部富修斯派及其地方政治的意愿。1678年之前,面对恢复先前遭他清除之人的职位的压力,亲王全部予以抵抗,并期盼自己的党羽和盟友同样行事。甚至在1677年以前的阿姆斯特丹,法尔克尼尔都一直激烈地反对着霍夫特让1672年遭清洗的摄政官复职的意愿。

然而到了1679年,亲王意识到自己无法以在小城镇使用的惯常手段来控制荷兰省大城镇和泽兰的米德尔堡,因而追求折中之法——一种在主要城市中分享权力和影响力,同时保全自己权威的核心的策略。在1679年12月给代尔夫特议事会的信函中,亲王评论道,在追求让1672年遭清洗的摄政官复职方面,代尔夫特一直是最坚定的城镇。他承认,就履行公职来说,那些人通常比旁人更合资格,而且要求他们复职的压力不仅来自摄政官团体,还来自全体可敬的市民。[72]说这话时，奥伦治亲王事实上赞同了普遍流传的舆论：他"安置的人普遍不如他开除的那些人能干"[73]。亲王宣称，自己再不会阻拦1672年遭清洗的4名代尔夫特主要摄政官复职，他们包括海斯贝特·范贝雷斯泰因（Gijsbert van Berestein）、阿德里安·博哈特（Adriaen Bogaer）、赫里特·范德阿尔（Gerrit van der Aal）和约翰·范德迪森（Johan van der Dussen）。

由此，亲王废除了自己曾坚持的1673年12月荷兰省决议，它曾驳回代尔夫特准许被清洗官员复职的请求。很快，这一决断就在代理委员会与亲王的会谈中得到确认，并且经三级会议的新决议正式发布。[74]随后，亲王致信所有城镇，明确准许那些遭清洗的人复职。[75]对折中道路的追求还得益于霍夫特和法尔克尼尔先后在1678年和1680年的逝世。尽管法尔克尼尔算是亲王的盟友，但霍夫特和法尔克尼尔都是强硬之人，他们坚持维护阿姆斯特丹的独立，不希望执政对该城施加任何影响力。他们去世后，形势随之改变。新领导人约翰内斯·胡德（Johannes Hudde，1628—1704年）和尼古拉斯·维特森（Nicolaes Witsen，1641—1717年）是温和之人。众所周知，他们偏爱友爱甚于冲突，而且渴望弱化阿姆斯特丹的政治对立和科齐乌斯派与富修斯派的冲突。

国际竞技场上的平静并没有持续多久。1679年年末，随着神圣罗马帝国皇帝为匈牙利事务分心，勃兰登堡又暂时被劝诱到亲法立场上，路易十四开始广泛蚕食西属尼德兰、洛林和阿尔萨斯的边界。这些领土兼并被称为"归并"。路易十四为之正名的理由是：《奈梅亨条约》将被征服的边境城镇划归法兰西，但并未划定边界本身，因此在法律上"从属于"这些征服地区的附属区域也可合法地并入法兰西。

与此同时，路易十四还给荷兰提供了一份友好条约。阿姆斯特丹，以及弗里斯兰和格罗宁根的三级会议希望签署条约，但亲王说服剩余省份反对。1680年1月，新一任驻海牙的法兰西大使阿沃（d'Avaux）伯爵警告法赫尔，路易十四不会容许拖延的。如果共和国没能在14天内回复，国王陛下"将竭尽全力为他臣民的贸易争取利益"[76]。法兰西君主再次威胁要以法兰西关税为手段，操纵共和国。如果荷兰渴望以有利条件与法兰西开展贸易，那么他们绝不能反对国王在西属尼德兰、洛林和神圣罗马帝国的领土要求。但总三级会议没有做出回应。

法兰西大使将阿姆斯特丹如今对奥伦治亲王关系较为缓和的立场归因于新任的首席市长。阿沃发现胡德并没有什么对抗执政的倾向，就斥之为"极端怯懦"的摄政官。但是，在1680—1682年间平静降临的荷兰内政中，究其原因并不在于个人，而在于所有派系（可能亨德里克·卡齐米尔除外）都承认，和解带来的好处比冲突多。这也是一段国际冲突增多、经济悲观主义上涨的时期。阿姆斯特丹大商人依然焦虑。东印度公司的股价回落到1678—1679年之下的水平，到1681年4月跌至票面价值的408%。[77] 在普遍的焦虑中，威廉三世和法赫尔指望着有荷兰省携手支持的共和国的同盟体系——纵使亨德里克·卡齐米尔不支持。1681年10月，与瑞典的同盟条约以5省对2省的票数通过，这期间阿姆斯特丹支持，而弗里斯兰和格罗宁根反对。随着11月法兰西兼并斯特拉斯堡，悲观情绪加重，东印度公司的股价进一步跌至票面价值的395%（参见表39）。阿姆斯特丹豪宅的价格骤降。[78]

路易十四在欧洲的地位于17世纪80年代早期达到顶峰。执政认为，《奈梅亨条约》让法兰西更强大，而抵抗其霸权的联盟更虚弱。事实证明，这一论断相当正确。[79] 1682年2月，法兰西增强了施加在西属尼德兰身上的压力，包围卢森堡。西班牙大臣向海牙寻求军事援助——希望派遣1673年荷西协约规定的8 000人的军队。这一举动将北尼德兰进一步推入纷争，因为阿姆斯特丹和其他城镇反对派遣远征军。[80] 3月7日，亲王在荷兰省三级会议发表演说，宣称支持西班牙、遏制法兰西，对荷兰利益至关重要，否则全欧洲都将很快沦为奴隶。如果共和国袖手旁观，而同时路易十四兼并西属尼德兰和相邻土地，那么共和国得到的不过是可鄙的回报——最后被吞并。荷兰省三级会议中以多数成员压倒阿姆斯特丹、鹿特丹和多德雷赫特的反对意见，认可奥伦治亲王的意见；总三级会议也以5省对2省的投票通过，其中弗里斯兰和格罗宁根反对。然而接下来什么也没发生，因为此时路易十四解除了对卢森堡的围困。

1683年年初，路易十四得知神圣罗马帝国皇帝正深陷土耳其事务，无力插手，便再次聚兵西属尼德兰边境。令荷兰沮丧的是，土耳其人（得到路易十四的秘密鼓动）此时发起大规模攻势，顶峰事件是第二次围攻维也纳。作为对这些事件的回应，阿姆斯特丹股票交易所的股价大幅震荡。1682年年末，路易十四表面上退兵（荷兰夺取东印度的万丹）之后，东印度公司的股价恢复到了票面价值的462%；1683年5月，路易十四再次对南尼德兰施压时，股价又跌至票面价值的402%；7月，维也纳围城战时，股价进一步跌至票面价值的395%。[81]

法兰西的进犯重启时，布鲁塞尔的西班牙总督格拉纳（Grana）再次要求荷兰派出规定的8 000人的军队。奥伦治亲王的回复与此前如出一辙。荷兰省三级会议压倒阿姆斯特丹、代尔夫特和莱顿的反对意见而同意亲王的意见。弗里斯兰省三级会议分裂，但多数派和代理三级会议支持亨德里克·卡齐米尔，反对荷兰插手西属尼德兰事务。他们还设立了由6名格里特曼和两名市长组成的委员会，协调对抗威廉三世的活动。[82]军队被派出，但只留作备用。

亲王如今断定，如果联省想说服路易十四或潜在盟友，并且自己确定要限制法兰西在低地国家的势力，就有必要征募额外的军队、提高军队的战备等级。亲王和国务会议敦促各省扩军，增加1.6万名士兵，并投票拨付必要的资金。这项要求说服了贵族院和荷兰省三级会议中的大多数，但三大城市——阿姆斯特丹、代尔夫特和莱顿反对此事，如今它们成了对抗执政的核心。鉴于这是一项财政措施，必须得到全体同意，因此它没能通过。在弗里斯兰，奥斯特霍和泽芬沃尔登两区给了亨德里克·卡齐米尔足够的支持，去阻止该省三级会议通过这一方案。[83]而在格罗宁根，格罗宁根城与奥默兰照旧分裂，奥默兰支持威廉三世，格罗宁根城支持亨德里克·卡齐米尔。[84]

焦点如今集中在阿姆斯特丹。此时，议事会的领导人是昆拉德·范伯宁亨。1683年，他不太倾向于接受威廉三世对欧洲形势的判断（正如他1668年不认同德维特的判断一样）。作为东印度公司股票的重大投资人，他不需要别人来提醒他亲王的政策正在挫败股票市场。11月4日，阿姆斯特丹代表在三级会议中反对招募1.6万名士兵：他们坚持称，这样的举动会增大而不是减小战争爆发的可能性。而且，鉴于勃兰登堡和丹麦都站在法兰西一方，皇帝又抽不出身，这一措施对荷兰的安全和贸易而言不仅是危险的，而且是毁灭性的。在次日的回应中，奥伦治亲王愤怒地指责范伯宁亨几乎是跟阿沃本人一样雄辩的法兰西发言人。亲王承认"贸易是国家的支柱"，共和国的外交政策必须考虑贸易和航运，但同时坚持主张，如果国家安全有所损伤，贸易也将遭受损失。[85]

阿沃渴望鼓动反抗亲王的力量，他发送消息安抚阿姆斯特丹，并且在11月5日向总三级会议保证，他的主人只会夺取他应得之物——卢森堡和那慕尔，不会染指《奈梅亨条约》明确规定作为荷兰"屏障"的佛兰德的要塞城镇。然而，他话音未落，法军就占领了两座"屏障"城镇——科特赖克和迪克斯迈德（Dixmuiden）。在法赫尔的率领下，荷兰省三级会议中的多数派投票决定，派遣以执政为首的非常规代表团前去向阿姆斯特丹施压。亲王和大议长适时抵达该城，陪同人员还有9座支持执政政策的城镇各自派出的两名城市代表和贵族院派出的3名代表。阿姆斯特丹议事会则与范伯宁亨携手合作，而后者如今被视为阿姆斯特丹尊严和独立的象征。在市政厅举行的数场气氛紧张的会议中，议事会坚持，路易十四不会被额外的16 635人吓倒，共和国不应为了西属尼德兰的几块飞地，而冒与法兰西开战，贸易遭受毁灭性打击的风险。[86] 有明显的迹象显示，阿姆斯特丹的平民百姓支持议事会，这让亲王本就火爆的脾气更加恶劣。街道上有传闻称，奥伦治亲王"假装君主"，而且"在上一场战争中就没交好运"。"亲王在那儿的时候，大坝、交易所和其他公共场所"都翻涌着"敌视亲王的无礼且极具煽动性的对话"——这显然"让（市）政府中的一些人惊恐"，而他们原本是倾向于顺从亲王的。[87] 一些市民认为："阿姆斯特丹（注：荷兰省）是个伟大的'共和国'，强大有力，应该独立于各省份，与弗里斯兰和格罗宁根共同拥戴另一位执政（即亨德里克·卡齐米尔），而不是继续受亲王统治。"想到1650年的情景，市长们时刻留心关注着共和国所有地方的一切异乎寻常的军队活动迹象。亲王进城时曾举办宏大的准君主规格的仪式，而后却怒气冲冲地离开。正如一位观察员所记录的，他遭到"平民百姓激烈且带诽谤性的斥责"。

现在威廉三世转而劝说起了荷兰省和泽兰省三级会议中的大多数,并认为征募1.6万名士兵是一件可通过"多数票"解决的事。在强大的压力下,莱顿屈服了。奥伦治派摄政官力主以1648年"与西班牙和谈时"否决莱顿的方式为先例,来否决阿姆斯特丹的异议。[88] 尽管最初有6座城镇——阿姆斯特丹、莱顿、代尔夫特、阿尔克马尔、恩克赫伊曾和斯希丹持反对意见,但执政成功将这一数字削减到3座,只剩下阿姆斯特丹、代尔夫特和斯希丹,于是法赫尔得以在1684年1月31日宣布"决定通过"。[89]

阿姆斯特丹激烈反对和谈。它发送信函给其他城镇,谴责以"多数票"表决的方式违背了省三级会议在1581年和1651年制定的程序。与此同时,代表团被派往弗里斯兰和格罗宁根,以坚定两省的决心。尽管奥伦治亲王对1673—1674年间"被改革"的省份的控制依然不可撼动,但事实证明,他的强硬手段在别处起到了反作用。在"少数派"的支持下,亨德里克·卡齐米尔最终团结起弗里斯兰所有地区,共同反对征兵1.6万人的方案,借以阻止一场"毁灭性"的战争。被农业萧条耗尽的弗里斯兰无力负担战争开支,而由于缺少盟友,这场战争也不可能取胜。[90] 在阿姆斯特丹的帮助下,亨德里克·卡齐米尔还说动了奥默兰。于是同年3月,意见一致的格罗宁根省三级会议投票反对这项措施。[91]

在泽兰,执政也遇到顽固的阻挠。最初,4座泽兰城镇同意征兵1.6万人,仅米德尔堡和胡斯反对。胡斯随即动摇。但后续事实证明,米德尔堡始终顽固不化。1684年3月,执政亲自前往泽兰,以威吓米德尔堡。[92] 他单独面见了该城市市议事会的每一个成员,试图说服他们改变心意。发现这招无果后,亲王要求大议长德赫伊伯特(De

Huybert）在泽兰省三级会议中以"多数票"表决的方式通过决议，就像法赫尔在荷兰省所做的那样。德赫伊伯特拒不从命，威廉三世于是亲自接掌该职，以6比2的票数通过决议，全然不顾米德尔堡的抗议。

1683年年末以来，驻海牙的阿姆斯特丹代表与阿沃开了数场秘密会议。亲王如今力图利用这件事做文章。他用一封截获下来的阿沃致路易十四的信件，暗示阿沃与阿姆斯特丹的联系，以便让阿姆斯特丹因其在三级会议的行动及其对亲王政策的反对而名誉扫地。[93] 2月16日，执政向三级会议大声朗读这份文件，指控阿姆斯特丹勾结敌国君主，泄露国家秘密。随后现场一片哗然，贵族院提出该城的行为应当接受三级会议调查，三级会议应立即抄没市长文书，以防罪证湮灭。三级会议以5票的多数通过了决议。三级会议截获了在传播的信件的副本，没收了该城驻海牙代表的文书。后者当场离席，而阿姆斯特丹城也随即正式撤回了其派驻三级会议的代表团。

然而，尽管施加了上述影响，到4月亲王显然已经败落。尽管他争取到了多数派，但阿姆斯特丹依然成功阻挡了他的道路，这主要是因为荷兰省和泽兰省主要城镇的公共舆论反对执政，而支持三级会议派。到4月，鹿特丹的景象已不再是奥伦治派与劳弗斯泰因派之间的斗争了，该城已经由阿德里安·佩茨的共和派势力掌控。莱顿则存在对亲王操控城市的强烈反对。[94] 这时，荷兰省的旅店和小酒馆里议论纷纷，说着如何压制亲王已经在1672年获得而如今被许多人视为过度的权力。许多人说亲王"是暴君、是谋杀德维特的凶手"，"背叛了他的信任和祖国，除了卑鄙的西班牙人之外，没有别的朋友"。人们还讨论说"（如果可能的话）要剥夺亲王从（荷兰省各城镇的）提名人员中选取官员的权力。这一点如果实现，那么他的一半权力就被夺走了"[95]。5月13日，荷兰省三级会议通过秘密决议：禁止将荷兰军队派往西属尼德兰参与对法战争，以免他们被用来破坏路易十四重新开启的卢森堡围城战。

与此同时，弗里斯兰和格罗宁根陷入了与总三级会议的争执。讽刺的是，这次是奥伦治派统治的荷兰省要求弗里斯兰必须遵守由多数票通过的同盟机构决议；相反，弗里斯兰援引荷兰省三级会议过去的决议，宣称主权存在于各省。弗里斯兰和格罗宁根要求召回由他们供养的、已被派往西属尼德兰的部队。他们不仅要求把军队召回到共和国领地内，而且要召回至各自省份。[96] 他们还威胁称，对那些不服从供养省份命令的士兵，要扣除其军饷。同时他们还坚称，《乌得勒支同盟协定》的条款设立了共同的国防和军队，但并没有撤销各省调派其供养部队的"主权"。弗里斯兰省三级会议还通过了秘密决议，规定无论同盟机构或总司令下达什么样的指令，除非得到该省授权，否则弗里斯兰境内的部队不得离省。[97]

到1684年5月，动员一个有力同盟来阻止路易十四夺取卢森堡的前景已经全然烟消云散。如今荷兰政治光谱两端之间的争论主要集中在：在南尼德兰争议地区的问题上，究竟能与法兰西达成什么样的妥协？格罗宁根城在该省三级会议上力主按照路易十四1679年开出的条件，与法兰西签订友好条约。[98] 但是路易十四现在开出的条件是：西属尼德兰停战20年，与此同时法兰西占领卢森堡和其他新近兼并的地区。6月5日，阿沃宣布，他的主人给总三级会议12天的时间就他的开价达成决议。阿姆斯特丹力主接受。执政则建议总三级会议给路易十四提供另一份停战方案。它同样也适用于法兰西与帝国的边境地区，并且给亲王在卢森堡的地产和一些奥伦治的采邑遭受的破坏提供补偿。

6月16日，荷兰省三级会议投票接受法兰西的开价，阿姆斯特丹、多德雷赫特、恩克赫伊曾、阿尔克马尔、斯希丹、布里尔、代尔夫特和埃丹不顾亲王的建议，同意这一方案。[99]威廉三世暂时丧失了对该省的控制，同时他也暂时丧失了对乌得勒支的控制。4月，这里发生了激烈的活动，目的是"让该省摆脱亲王，而加入弗里斯兰、格罗宁根和阿姆斯特丹"。最初，该省三级会议分裂，各个城镇站在荷兰省一边，而贵族院站在亲王一边。但荷兰省派出的一支代表团赢取了乌得勒支的投票。甚至上艾瑟尔也发生动摇。6月24日，总三级会议以5省对2省的票数，采纳荷兰省方案，接受法兰西的提议，压倒了仅剩的泽兰和海尔德兰的反对意见。停战协定及时签署。

执政力图重占上风，将批准协定的斗争演绎成了经典的惊险故事。他成功赢得乌得勒支省三级会议的支持。奥代克则解决了泽兰省三级会议。它以4比3的投票，挫败米德尔堡、济里克泽和胡斯这3个（照例）支持荷兰省三级会议派的城市。[100]然而，在8月19日，即批准协定的最后期限，上艾瑟尔做出了支持协定的决定。此前该省三级会议通过秘密决议，指示该省代表为了亲王的利益尽可能抵制协定，但不能让停战协定崩溃。[101]在上艾瑟尔的支持下，总三级会议以4省对3省的票数批准协定。

奥伦治亲王的声望还遭受了另一个沉重打击。1684年8月，在阿姆斯特丹的坚持下，欧洲的危机以有利于法兰西的方式解决。执政的敌人可以期待进一步削弱执政的权力。停战协定获批准之后，阿姆斯特丹派使者前往吕伐登，与亨德里克·卡奇米尔及其科齐乌斯派谋士范德韦延磋商三级会议派的其他目标。[102]例如：进一步裁军，改善与法兰西的关系，让乌得勒支、上艾瑟尔和海尔德兰恢复1674年之前的宪政地位，以及开除瓦尔代克伯爵——此人不得人心，还被公认是反法政策的主要拥趸。[103]

然而，意图重建自己权威的亲王吸取了教训，并相应调整自己的对内政策，改对抗为对话和妥协。1683—1684年的事件让他明白，在与阿姆斯特丹和远房堂弟龃龉的情况下，自己是无法有效领导共和国，对抗路易十四的野心的。显然，他需要打造根基更宽广的共识，这意味着需要给阿姆斯特丹和亨德里克·卡奇米尔足够的利益，以赢得他们的合作。在此之前，联省仍将散漫和分裂。亲王收敛起自己火爆的脾气，耐心拓展中间地带，尤其注重与维特森和胡德（且不说范伯宁亨）这两位阿姆斯特丹领导人物的联络。他的新策略还得益于以下事实：许多阿姆斯特丹摄政官对已然发生的事感到不安，并且认为，从长期看来，范伯宁亨与亲王的冲突既不利于共和国，也不利于阿姆斯特丹。[104]

1684年年末到1685年年初的冬天，各省都出现了有关陆军和海军开支的激烈争论。1682年，在执政的坚持下，海军的开支受到削减，而陆军的开支增长到每月96万荷兰盾。如今，阿姆斯特丹在弗里斯兰和格罗宁根的支持下，强烈要求大幅削减陆军开支。在荷兰省三级会议中，阿姆斯特丹得到了代尔夫特、莱顿和多德雷赫特的支持。亲王刻意导向走中间路线。1685年，国务会议提交给同盟机构的申请，只要求批给陆军每月77.5万荷兰盾的开支，并且将陆军裁减到4万人以下。[105] 随后，当阿姆斯特丹、弗里斯兰和格罗宁根要求进一步削减军队时，亲王反对，并得到乌得勒支、海尔德兰和上艾瑟尔的支持。然而，他认同阿姆斯特丹的论断，即由于海军开支不足，实力步步落后，从而让英格兰成为"海上霸主"。他表现出向阿姆斯特丹妥协的意愿，给内陆省份压力，让它们同意大幅增长海军开支。

在未争取到阿姆斯特丹合作的情况下，威廉三世再也没有擅自采取重大行动。与此同时，亲王还愿意为亨德里克·卡奇米尔让步。这位弗里斯兰执政十分喜爱范德韦延教授，以至于几乎受其支配。奥伦治亲王于是派瓦尔代克伯爵去与范德韦延谈判，商讨一系列妥协方案，作为两位执政日后合作的基础。亲王也无疑暗示，他在教会和思想问题方面的亲富修斯派立场如今将进一步淡化。结果便是一份正式协约的诞生。据此，威廉三世将弗里斯兰和格罗宁根陆军部队的任免权让与堂弟，并在整体上同意尊重后者的地位。[106] 威廉三世致信亨德里克·卡奇米尔，表示自己很高兴："我与范德韦延先生就我们之间的分歧已达成协定，你对这个协定也十分满意吧。"[107]

在主要政敌得到安抚之后，奥伦治亲王可以通过平衡各派势力、分享官职和支持公共教会中的两派，而自由自在地重建自己的势力，重建他的支持者在荷兰省城镇议事会中的势力。抑制激烈的派系冲突并不是简单之事。一个棘手问题便是多德雷赫特持续的紧张局势。[108] 该城改投三级会议派阵营曾让亲王大为光火。1684年11月，他动员荷兰省高等法院调查该城任命他不认可的市长时他所声称的其中的不合规之处。他在多德雷赫特的反对者随后致信荷兰省其他城镇的议事会，控诉执政颠覆多德雷赫特的"特权和权利，以及该城的和平和安宁"。[109] 奥伦治亲王的回应是自己致信各城镇议事会，谴责多德雷赫特"无节制的狂热"，谴责他们力图挑动荷兰省城镇对执政的不满情绪。奥伦治亲王质疑该城的动机，并向三级会议保证，他一贯也将继续谨守他在该省的、恰当的权力边界。

这种对宪政合理性的强调和对节制的要求，确定了亲王处理他与反对他的摄政官群体的关系的方式。如今亲王采取的途径是平衡竞争的权力集团，鼓励他们协商，为两大派系间市政官职的分配拟定"共识协定"。首要例证便是他与莱顿的冲突。1683—1684年间，执政与莱顿的关系一直处于紧张状态。而到1685年，尽管他与阿姆斯特丹的关系有所改善，与莱顿的关系却反而更加恶化。此事在几个月里都是荷兰内政的焦点，阿沃曾报告称此事"引起阵阵喧哗"。在意识形态方面，此时的莱顿是共和国内分裂最为严重的城市之一。据称，1685年，该城议事会中三级会议派共和主义阵营的人数超过其政敌，前者多达26人，后者只有13人。[110] 与其他城镇的情况类似，议事会意识形态、庇护关系和神学的分裂也渗透到民兵团体和宗教法院中。1685年，据说莱顿的8个民兵队长对半分裂，而该城12名归正会讲道者中，7名"忠于城镇"（科齐乌斯派），5名"忠于亲王"（富修斯派）。

这里的冲突在治安法官任命事件中发展至白热化。当时，议事会按程序要求，向奥伦治亲王呈交了双倍的候选人名单。而在亲王看来，这份名单中有两人的出身和背景都不够资格，由此名单也剥夺了亲王做出恰当选择的可能性。他给了议事会三周时间修改名单。在遭到议事会的拒绝后，亲王进而选择了自己的候选人。莱顿的反应"激烈而愤怒"，指控执政侵犯莱顿的特权，颠覆荷兰省城镇的自治权。[111] 市长们下令民兵值守时间翻倍，刻意煽动危机的氛围，自己还在宣誓时刻准备为了城市自由牺牲生命和财产。自1684年遭遇挫败以来，亲王已经有一年多没有出席荷兰省三级会议；1685年10月，他突然现身，坚定宣称自己在莱顿治安法官的事情上行事得当，并承诺，如果各城镇交给他形式妥当的名单，他将谨遵名单上的人选。亲王不仅在三级会议上成功孤立了莱顿，而且迫使议事会承认他在该城敌对派系间的调停角色。

亲王和三级会议选择范伯宁亨来完成这项任务。他原是劳弗斯泰因派，后与执政和解，同时还是科齐乌斯派、一名老辣的外交家以及"共识协定"方面的专家。范伯宁亨宣布1685年11月的选举无效，并强制推行一项妥协方案，其中包括来自两派的两名市长的提名人选。雅各布·范德梅尔（Jacob van der Meer）是人选之一，随后他成了亲王在莱顿的得力助手，并且直到1696年去世前，都是该城实力最强的人物。[112] 然而，在这一系列举措中，尤为重要的是亲王和范伯宁亨打破三级会议派优势地位的方式。其指导原则是避免一边倒：市长的选择要"依照合适的规则和社会地位"，执政要确保平衡得以维持。[113] 无疑，议事会的大部分成员没费多大劲就适应了新形势。大多数情况下，盛行的是利己之风。阿沃在1685年12月评论道：从不受执政花言巧语哄骗和坚持原则的意义上说，阿姆斯特丹议事会中只有四五名成员可称为"正直的共和主义者"。剩下的都是随风而动的墙头草——"他们的特殊利益和弱点经常迫使他们迎合亲王。"[114] 在莱顿，当原则与自利相冲突时，二者的势力大体平衡。

平衡城镇议事会各党派意味着同时平衡各神学派系。因为两者相生相克。1677年，阿姆斯特丹首次在任命新讲道者一事上，采取交替任命富修斯派和科齐乌斯派的做法，作为平衡各派系和尽量减小摩擦的手段。到17世纪80年代中期，这种轮替的做法得到了许多城镇议事会和执政的青睐，成了缓和科齐乌斯派与富修斯派冲突的方式。而之前莱顿的宗教法院和议事会在好些年里都只选取科齐乌斯派成员。1686年春，新任市长改变了上述局面。程序规定，在出现讲道者职位空缺时，由宗教法院拟定候选人名单，而后提交市长批准。然而在1686年3月宗教法院依例照做时，市长拒不批准名单，指出他们不希望所有候选人都是"那一派别"。宗教法院提交修改后的名单时，得到了同样的回复。市长们补充说，他们并不质疑这些候选人的学识，"但这些人并不是他们所希望看见的那类，而且他们认为自己已经清楚表明了自己偏好的是哪类"。鉴于教会分裂为所谓的"富修斯派"和"科齐乌斯派"，市长们断定第二份名单将"再次完全倾向于一派"，而这不是他们想要的结果。[115] 于是，他们要求宗教法院"在提名名单中加上三个所谓的'富修斯派'讲道者"。

宗教法院表示"惊讶和悲伤"，市长们竟然认为公共教会应分裂为富修斯派和科齐乌斯派。宗教法院断言，他们"从未用过这样的称谓，而且相信这样做有害于教会的和平"[116]。他们答应要顺从市长的意愿。然而，在审阅第三份名单时，市长们惊愕地发现上面依然没有富修斯派。市长们随后提名了一些人，并坚持要求宗教法院把他们纳入名单。不出所料，正是其中一人——弗卢辛的伊萨克斯·泽芬霍芬（Isacus Zevenhoven）得到任命。[117]

从1685年直至光荣革命（1688—1691年），亲王仰赖于这种良好的合作关系，促进他与阿姆斯特丹、莱顿、多德雷赫特和代尔夫特的有效协作——而在17世纪80年代早期，他与所有这些荷兰省城镇还存在着尖锐对立。这一转变得益于地方因素，但也部分得益于以下因素：法兰西废止《南特敕令》的《枫丹白露敕令》和国际政治前景的日渐黯淡引发了公共情绪的转变。路易十四的不宽容和胡格诺派的困境给荷兰公众留下了深刻印象。[118] 阿沃和其他外交官频繁地探讨这一点。1685年10月，英格兰公使斯凯尔顿（Skelton）记录道："他们开始在这儿高声疾呼，以反对法兰西新教徒在法兰西的遭遇。由于这场迫害，所有相关省份都制定了一个纪念日，来铭记羞耻和举行斋戒。"[119] 结果，法赫尔欣慰地看到阿沃"在阿姆斯特丹人中信誉大减"。定居联省的胡格诺派信徒中有许多讲道者、专业人士和军官,他们也做了许多事情来强化荷兰舆论对路易十四日益增长的敌意。

大批胡格诺派难民涌入,绘声绘色地讲述着自己遭受迫害和侵扰的故事。这有助于气氛的转变,也提升了荷兰国家在光荣革命前一段时间中的凝聚力。但是,移民的重要性不应被夸大。阿姆斯特丹的市长们亲自告诉阿沃,路易十四对待胡格诺派的手段"已经改变了国家事务的面貌"[120]。阿沃明白他与阿姆斯特丹那方的关系不复从前。然而,在1685—1686年,乃至1687年秋,他依然相信威廉三世无力动员荷兰省反对他主人的政策。在评估当前局势时,阿沃将重心放在如下事实上:对阿姆斯特丹、鹿特丹、米德尔堡和莱顿,还有代尔夫特和豪达来说,考虑到它们对法贸易的重要地位,维持当前和平利害攸关。阿姆斯特丹市长在多个场合反复保证,只要路易十四遵守双方在奈梅亨达成的协议,且荷兰依然依据有利条款与法兰西通商,他们就可以保证亲王不能也不会将共和国拉入反法军事同盟。[121]胡格诺派难民和富修斯派牧师及其信徒或许强烈斥责路易十四,但1683—1684年间反对奥伦治亲王的摄政官并非狂热的加尔文主义者,也没兴趣制造反天主教教徒和天主教的敌对情绪。当时的局势下,宗教是一种潜在因素。但就宗教态度而言,荷兰统治阶层和普通市民都是分裂的。正如阿沃所言:"所有正直的共和主义者都是阿明尼乌派。"[122]他指的是名义上而非坚定的公共教会成员,他们反对富修斯派的加尔文宗激进主义。

1685—1691年：共和国与光荣革命

1688—1691年间，荷兰和不列颠的历史进程都因为世界历史上的一个重大事件——光荣革命而发生急剧转变。不列颠斯图亚特王朝最后一位男性君主遭到废黜，议会尊威廉与玛丽为王。这些事件将对不列颠和联省，乃至其他许多地区造成深远影响。1688—1689年间所发生的事从根本上改变了不列颠，首次创造了议会日渐占上风的稳定强大的立宪君主制。这与过去形成鲜明对比。因为在查理二世和詹姆士二世（1685—1689年）的统治下，英格兰倾向于绝对主义；并且自17世纪60年代以来，议会的衰弱和教派的冲突就让英格兰、苏格兰以及爱尔兰陷入分裂和动荡。而后，这些紧张压力由于詹姆士二世的宗教政策而进一步加剧。詹姆士二世是名忠诚的天主教教徒，却统治着大体上信奉新教，还经常带着激烈反天主教本能的臣民。

与历史上所有的重大转折点类似，光荣革命的一些先决条件和原因要追溯到遥远的过去。不列颠的许多政治和宗教冲突数十年来一直都很尖锐。作为光荣革命的推动者，查理二世和詹姆士二世的侄子，以及詹姆士二世长女的丈夫，威廉三世一直以来也在热情地关注着不列颠王位的未来。[123]鉴于亲王的妻子玛丽长公主是英格兰、苏格兰和爱尔兰三个王位的第一继承人（直至1688年6月詹姆士二世的独子诞生），亲王自然在私底下对自己日后在不列颠扮演的角色怀有野心。

尽管如此，在查理二世统治时期和詹姆士二世统治的头两年，没有任何迹象显示出类似于光荣革命的事件有哪怕一丁点儿爆发的可能性。查理二世的地位不可挑战；辉格党曾试图以詹姆士二世信奉天主教的理由，阻挠其继位，却未能成功。1685年英格兰的蒙默斯叛乱（Monmouth Rebellion）不仅进一步削弱了反对派，而且给詹姆士二世提供了征募和维持4万人常备军的借口。这是英格兰君主制下的第一支大型常备军，也是詹姆士二世权力的重大提升。这一阶段也不存在英格兰辉格党反对派与荷兰执政积极合作的任何前景。没有包括阿姆斯特丹在内的荷兰省份的同意与合作，奥伦治亲王不能用联省的军队和战舰来插手任何地方上的事，哪怕是以适度的规模也不行。而1683—1684年间的事件使得这样的联合不可能被任何重大的对外干预所利用，更别说跨海去干预一个与执政有王朝关系，却与荷兰省三级会议没有明显利害关系的地方。荷兰省竟然冒着巨大风险、耗费巨资，以推进奥伦治家族的王朝事业，这种事是不可想象的。因此，在1685—1687年间，并不存在奥伦治亲王会对不列颠发动大规模远征的可能性。而革命的爆发在1688年成为可能，不过是因为法兰西内部事态令人震惊的新发展。[124]

对荷兰公众和摄政官来说，关注的焦点不是不列颠，而是法兰西。然而从1685年到1687年年末，路易十四和詹姆士二世都可以安心地利用奥伦治亲王无力将共和国拉入欧洲反法同盟这一点。因为阿姆斯特丹和正直的共和主义者会阻止这种事。在1686年间，阿姆斯特丹拒不批准军费的任何提升，同时，迟至1687年夏，在1682年批准建造的36艘新战舰仅有一半在建。荷兰省三级会议既不打算，也不希望被拖入任何重大外国纠纷中。事实上，荷兰的政治气候处于流变不定的状态。"在我身居其间的一年半里，"1686年10月，一位英格兰外交官报告，"三级会议没有做出任何决议，他们只是提出和讨论问题，而没有决定任何事……他们严重拖欠军费。"他接着说："他们的海军正在腐坏，他们的船只状态十分糟糕，使得建造新船的花费不会比修补旧的多太多，他们所有的军火库都空空荡荡。"[125] 事实证明，所有"募款"的努力都徒劳无果。一些荷兰省城镇提议征税，而其他城镇拒绝。不希望开征新税的城镇，转而提议将荷兰省三级会议债券应付的利率从4%减至3%（与其他利率一致）。

此外，1685—1687年国际局势的发展趋向于加强如下可能性：倘若路易十四与哈布斯堡之间爆发新战争，荷兰会保持中立。1685年5月，普法尔茨选帝侯卡尔二世去世，这导致先前的加尔文宗选侯国转移到了天主教王公于利希-贝格公爵菲利普-威廉（Philip-Wilhelm）手中，而后者是神圣罗马帝国皇帝的亲密盟友。与此同时，皇帝、德意志诸王公、西班牙国王和瑞典国王在1686年7月建立奥格斯堡同盟。同盟公开挑战法兰西对阿尔萨斯、斯特拉斯堡和莱茵河上游的控制。1687年，皇帝在匈牙利战胜土耳其人，声望大增。这不过是提高了法兰西与皇帝在莱茵河畔爆发全面冲突的可能性。[126]

尽管17世纪80年代中期，荷兰省和总三级会议并没有采取行动增强军力，但荷兰的商业活动日益强劲。起初，荷兰只是缓慢、迟疑地从1672—1677年战争中恢复，而且这种恢复趋势并未真正扩展到农业部门、公共建筑或艺术市场。阿姆斯特丹富人宅邸的价格在1683年跌至谷底，只在1684—1688年略微恢复。[127] 但是，海外贸易、海运和工业的恢复在17世纪80年代中期加速。最可观的成果来自两大殖民公司，以及对西欧、地中海和西属美洲殖民地的出口贸易。东西印度公司在阿姆斯特丹交易所的股价在1685—1687年间急剧上涨。

但是在这次恢复中，如今已经大为收缩的波罗的海大宗贸易和捕鲱业贡献甚少，这是一场主要基于"高利润贸易"和制造业的繁荣。[128] 此外，法兰西是主要市场之一。它推动了经济恢复，吸收了大量的荷兰细布、羽纱、鲸鱼制品、东印度公司的贸易、豪达的烟斗、加工过的烟草、燃料、海军补给和捕获的许多鲱鱼。基于这一点，且又因为荷兰在西班牙和西属美洲殖民地的利益累积主要以牺牲法兰西商品的利益为代价，荷兰17世纪80年代的繁荣与困扰法兰西的经济危机难分难解地纠缠在一起。法兰西的这场萧条有诸多原因，但确实也因为17世纪80年代中期和晚期胡格诺派资金和技术的大量外流而加剧。同样确定的因素是，由于荷兰的繁荣和法兰西的危机，法兰西关税在1677年降低，尽管关税造成的事实影响并不像时人认为的那么大。在政治方面，法兰西从《奈梅亨条约》那儿获益丰厚，但是在经济方面似乎损失惨重。

法荷之间爆发新一轮贸易战不过是时间早晚的问题，其后果难以估量。1687年8月，路易十四开始回归侵略性的反荷重商主义，此时距离1688年11月光荣革命和九年战争的爆发还有15个月。[129] 事实证明，这将是至关重要的15个月。重商主义进程的开始是禁止法兰西进口荷兰鲱鱼，除非能够证明它们是用法兰西盐腌渍的。随后，路易十四在9月再次推行柯尔柏1667年版的关税单，突然之间让荷兰细布的关税翻倍，并急剧提高了所有进入法兰西的荷兰制造品的关税。[130] 联省的反应迅速且激烈。因为路易十四已然违背了他在《奈梅亨条约》中做出的承诺，并事实上撕毁了条约。然而一开始，荷兰省摄政官、大商人、制造商和船长还在期望这可能只是法荷关系的暂时倒退，路易十四的态度会缓和，并且荷兰与法兰西的贸易最终也会恢复。阿姆斯特丹议事会的许多成员不仅出于经济，而且出于政治的理由，怀抱着以上希望，因为假如路易十四坚持这种激烈的保护主义政策，法荷关系恶化，那结果只会证明奥伦治亲王的正当性，并随之巩固其势力。

1687年10月，胡德真诚地向阿沃保证，自己会竭尽所能维护1677年以来一直维持的荷法关系。4位阿姆斯特丹市长还当着阿沃的面为"陛下与共和国之间的友好同盟"干杯，"让想阻挠同盟的人羞愧"。[131]

然而，路易十四再次加强了他的新一轮重商主义攻势。法兰西通过更多的保护主义决议，增加了对特定商品的关税，这进一步打击了荷兰的制造品、鱼肉和其他商品对法兰西的出口。1687年12月，荷兰在巴黎、梅斯（Metz）、里昂和里尔的代理人报告称他们再不可能在法兰西出售任何种类的荷兰纺织品。1688年3月，莱顿代表在荷兰省三级会议上抱怨道：法兰西的新关税"事实上意味着完全禁止在法兰西贩售我们的呢绒"。[132] 对法兰西的鲱鱼出口业的崩溃，让南荷兰省的捕鲱业和鹿特丹整体经济损失惨重。几个月之后，人们更加难以相信，这绝对不是一场对荷兰商业的计划性、持久性、系统性的打击。5月，法赫尔力劝荷兰省三级会议，认为如今所有的外交手段都已用尽，是时候考虑强硬手段了。[133] 阿沃现在已经不像从前那么自信。但是尽管路易十四的政策已经引起了荷兰人的愤怒，他依然希望阿姆斯特丹会在鹿特丹、代尔夫特和其他城镇的支持下阻止报复行动，防止共和国与法兰西之间的冲突升级。

到了当年初夏，荷兰人的情绪日渐强硬。如阿沃所言，他们相信路易十四意图"摧毁他们的宗教，尤其是他们的贸易"。荷兰人的忧虑还随着国际性的轰动事件而进一步增长。这场骚动在1688年6月科隆选帝侯马克斯·海因里希（Max Heinrich）去世后爆发，并且围绕科隆选侯国展开。对于法兰西、德意志和低地国家，以及莱茵兰领导性的教会国家而言，科隆都是战略意义重大的交会口。对于路易十四来说，它必须处在法兰西的保护之下。当路易十四所提议的接替马克斯·海因里希职位的候选人遭到皇帝和教宗的拒绝时，他威胁要进行武力胁迫。法兰西军队要到9月才能占领科隆选侯国，届时这将是他们更广泛的入侵莱茵兰计划的一部分。尽管如此，法兰西施加于科隆的威胁立即让总三级会议警惕，勃兰登堡和皇帝也是如此，后两者都在莱茵河中游和下游地带动员调动大规模军队。

与此同时，对法关系的日益紧张本身也让荷兰省三级会议和总三级会议更忧虑英格兰问题。詹姆士二世或许在国内面临越来越多的反对意见，但也正因如此，他也开始日渐依赖路易十四的支持。詹姆士二世还拥有一支强大的海军和规模庞大的陆军。1672年的记忆和英荷的世仇让摄政官全都极容易夸大最细微的英法合谋的迹象，并认为这是直接针对荷兰人的。[134] 无论威廉三世是否真正相信存在英法再度联手攻击共和国的危险（詹姆士二世后来公开否认任何此类阴谋），他也着实利用了摄政官对这一点的恐惧。这种恐惧由于詹姆士二世随后的要求而进一步提升。1688年2月，詹姆士二世要求总三级会议送还在荷兰陆军中服役的英格兰和苏格兰军团。在总三级会议拒不送还时，国王的回应是发布总公告，命令在荷兰陆军和海军中服役的臣民返乡。这一举措极大加剧了英荷之间的摩擦。

然而，确定荷兰对英政策的决定性因素自始至终都是联省与法兰西之间日益升级的贸易冲突。[135] 是路易十四对荷兰的新一轮贸易战让法荷战争真正成为可能，进而让英法建立反荷同盟的可能性更大。无论在政治方面，还是战略方面，法荷之间的经济战才是一切的中心点，它促使执政与阿姆斯特丹联手，加入哈布斯堡反路易十四的总同盟，并着手准备入侵英格兰。在阿沃找到确实证据之前很久，他就已经察觉到阿姆斯特丹的深刻转变。1688年6月，奥伦治亲王与阿姆斯特丹4位市长中的3位推心置腹，开始了一场在欧洲历史上意义重大的秘密战略性合作。亲王最亲近的心腹中的2位——本廷克和更重要的戴克费尔特与阿姆斯特丹市长（主要是胡德和维特森）进行了密切商谈。[136]

暂时来说，陷入分裂的阿姆斯特丹城议事会遵循着中间路线：表面上反对报复法兰西的提案，幕后则配合执政的战略，包括重新武装共和国，与德意志各邦结盟，为可能到来的入侵英格兰行动召集舰队。[137] 直到8月末，阿沃才完全了解到阿姆斯特丹与亲王合谋的程度。不过在此之前，他就已经意识到鹿特丹已转而支持禁止从法兰西进口商品的提案。如今的现状是，只有阿姆斯特丹和代尔夫特还反对这一政策，而现在已经不能单纯依靠阿姆斯特丹来制止威廉三世的军事和战略计划了。阿沃向他的主人发出预警，摄政官和大商人"对贸易事务相当愤怒，并且根本指望不上荷兰省发出什么激烈的反对意见"。大使试图煽动弗里斯兰和格罗宁根，但发现亨德里克·卡齐米尔更愿意维持他与亲王相互通融的状态。

不过威廉三世也对此有所担忧。虽然阿姆斯特丹市长不再反对他的政策，而且愿意配合陆军和海军的建设，但入侵不列颠的秋季攻势所蕴含的危险仍令胡德和维特森胆战心惊，奥伦治亲王也为自己能否指望他们而苦恼。夏季，在阿姆斯特丹的支持下，亲王得以与勃兰登堡、黑森-卡塞勒（Hesse-Cassel）、策勒（Celle）和符腾堡（Württemberg）商定一系列雇佣军队的协议。德意志将派1.4万名作战经验老到的军队到总三级会议麾下服役，他们的军饷按照荷兰的工资标准计算。[138] 亲王希望这样能抚慰阿姆斯特丹当前的忧虑：共和国最精锐的部队被抽调到远征英格兰的侵略舰队后，没有足够强劲的军力守卫东部要塞。9月初，亲王从"明登（Minden）致信阿姆斯特丹治安法官，向他们保证自己已

第32章　1672—1702年：威廉三世执政期　　　　　　　　　　　　1011

完善了同德意志诸侯的同盟。因此他们应带着查禁法兰西商品的一致决议,前往荷兰省三级会议"[139]。这件事制止了阿姆斯特丹股票交易所于8月25日开始的崩盘(参见表39),但阿姆斯特丹依然心存犹疑。[140]

9月19日,在一场秘密会议上,亲王与法赫尔向荷兰省全体三级会议透露了他们的部分战略计划。亲王主张,法兰西会给荷兰贸易、航运和渔业造成极大破坏,共和国除了备战别无选择,由此他将与4个德意志邦国商定从它们那里雇佣1.4万精锐部队。[141] 依照先前的安排,阿姆斯特丹认可了亲王的所作所为,各省三级会议的紧急会议在接下来的几天紧随其后。亲王给亨德里克·卡齐米尔递送了法赫尔在荷兰省三级会议上的演讲稿,请求他以相同的理由赢取弗里斯兰省三级会议的支持。在随后召开的弗里斯兰省三级会议秘密会议上,弗里斯兰执政也重点强调了"法兰西和英格兰两位国王编织的、针对本国的阴谋"[142]。于是,弗里斯兰同样批准了亲王的行动。

阿姆斯特丹议事会陷入了分裂。在9月24日的会议上,三级会议派摄政官的核心力量依然拒不批准推行禁止进口法兰西货物的政策,并主张如今还为时尚早,要求与阿沃展开新一轮对话,以寻找方法"撤销法兰西实行的关税政策"[143]。然而正在这个关键时刻,路易十四中了奥伦治亲王的计。荷兰省摄政官竟胆敢谋划对法兰西进行经济报复的措施,路易十四为他们的"傲慢无礼"而震怒,进而下令扣押所有停留在法兰西港口的荷兰船只。上百艘船只被缴获,它们大多装载着葡萄酒,停留在波尔多、拉罗谢尔(La Rochelle)和南特。大局由此落定。荷兰公众和大商人群体怒浪涛天,推迟针对法兰西的经济报复再没可能,而报复行动很可能意味着接下来的对法战争。

表39　1639—1690年[a]阿姆斯特丹交易所东印度公司股价的变动

时　间	导致变动的政治环境	股价波动（票面价值）/%
1639年8月	在锡兰的获益	412
1641年3月	葡萄牙从西班牙中独立的影响	481
1648年4月	荷西和解	539
1649年12月	威廉二世打击荷兰省	410
1654年3—5月	第一次英荷战争结束	400—450
1660年7月	波罗的海恢复和平；英格兰斯图亚特王朝复辟；东印度公司获益	370—480
1664年3月	对英作战的谣言	498—481
1665年6月	英格兰在北海取得胜利	348—322
1666年9月	布雷达和谈开始	400
1667年9月	第二次英荷战争结束	462
1671年8月	东印度公司得到高回报	570
1672年6月	路易十四入侵共和国	250
1675年5月	与法兰西海战的加剧	428—443
1681年11月	欧洲战乱频发的威胁	395
1683年5月	威廉三世与阿姆斯特丹的争执	427—402
1684年10月	荷兰内政危机的终结	470
1688年4月	没有政治因素烦扰阿姆斯特丹交易所	560—568
1688年8月13日	对东印度公司回程货的乐观情绪	582
1688年8月25日	荷兰即将入侵英格兰的传言	580—500
1688年8月26日—9月5日	由于担心1672年那种与英法联军的战争而导致的股市崩盘	500—365
1688年10月	法军转向普法尔茨	420
1690年7月	弗勒吕斯战役	496—487

a　东印度公司阿姆斯特丹分公司的股票价目

数据来源：Israel, *Dutch Primacy*, 255; Israel, 'Amsterdam Stock Exchange', 440.

鉴于奥伦治亲王、法赫尔和三级会议都认同不列颠是路易十四欧洲体系的薄弱环节,这也意味着不可能有人再反对入侵不列颠的报复策略。得到船只在法兰西被扣押的消息,阿姆斯特丹议事会立即批准禁止法兰西商品的进口,扣押荷兰港口的所有法兰西船只,并额外派遣资深代表前往海牙,以便让秘密委员会与亲王和法赫尔直接联手策划入侵英格兰的行动,而不必进一步回头咨询议事会。[144]

在9月29日举行的秘密会议上,荷兰省三级会议知悉了整个战略计划。奥伦治亲王的主张是:法兰西已经严重损害荷兰贸易、航运和渔业,因此现在对法开战是不可避免的。但是,如果共和国采取防卫姿态,可能的结果便是遭到法兰西和英格兰两位国王的共同侵略,就像在1672年差点发生的那样。根据亲王的判断,更优的做法是趁着英格兰处于分裂和虚弱状态,詹姆士二世还未能在议会中安插足够的人手、未能战胜国内反对派时,入侵英格兰。共和国通过入侵,就可以打破詹姆士二世的"绝对权力",并在不列颠建立反法、反天主教的议会君主制,这样可以让英格兰转而对抗法兰西。[145]随后,这便成了荷兰将一切,甚至是精锐部队投入英格兰远征、发动光荣革命的逻辑。正如荷兰省三级会议的秘密决议,本次远征的目标是让英格兰"有益于他们的朋友和同盟,特别是有益于本国"。

在10月初,英格兰驻海牙大使阿尔比维尔(Albeville)侯爵就意识到了摄政官们意图获取什么:"(这是)以华而不实、稀松平常的宗教、自由、财产权、自由议会以及虔诚严谨地守法为借口的绝对征服。他们估计,这一点,外加(把英格兰拉入)反法战争,不过需要一个月的工夫。"[146]侵略军总人数超过2.1万人,包括14 352人的荷兰常备军,一支大型炮兵部队,还有5 000名胡格诺派、英格兰和苏格兰志愿者。[147] 按照设计，这支军队的规模应该能与詹姆士二世能够投入战场的任何军队匹敌，甚或更庞大，装备更精良，训练更有素。为了将侵略军送到不列颠，海事委员会（主要是阿姆斯特丹和鹿特丹的）聚集了400多艘运输船（仅运送马匹的就有90艘），还有一支由53艘战舰组成的舰队沿途护送。

海牙的外交观察员惊叹于1688年荷兰舰队装备的速度和效率。在船只方面，荷兰入侵舰队是1588年西班牙无敌舰队的4倍多。许多行动都在暗中筹备，繁复的计划后便是精心设计出的如此大规模的行动，而这些活动早在入侵舰队起航前就广受评论。一名驻海牙的外交官评论道："必须承认，这项计划的规模不可能再大，也不可能协作得再好了。"[148] 作为一项组织性成就来评判，荷兰1688年入侵不列颠的行动标志着作为欧洲强国的共和国其效率的制高点。执政、摄政官、海事委员会、陆军以及城镇议事会，在一些关键事情中（尤其是征用商船运输军队、辎重和马匹时）全都令人惊叹地互相紧密合作。考虑到这项行动的方方面面，包括陆军、海军、财政、后勤、外交、内政，以及本廷克精心谋划的巧妙宣传攻势（它对英格兰发挥了重要影响）[149]，远征英格兰或许堪称近代早期政权所取得的、最令人叹为观止的组织性功绩。阿尔比维尔早些时候就察觉到，詹姆士二世及其大臣面临的一个重大难题就是他们不明白自己面对的是什么。他警醒詹姆士二世的国务大臣："就这个规模而言，基督教世界再没有更好的军队了""你们可以任意想象，他们根本就不相信自己会遇到什么样的重大阻碍"。[150]

总三级会议、荷兰省三级会议和执政冒着巨大风险，在很可能刮起暴风雨的深秋季节，将荷兰陆军所有最精锐的部队、共和国最精良的大炮（50门重型炮）、5 000多匹马和众多战舰送往不列颠海岸。英格兰反对詹姆士二世的辉格党承诺给予入侵广泛的支持,但威廉三世和摄政官明白,他们并不能指望这些支持兑现,(在英荷数十年的相互仇视之后)荷兰领导层往往认为所有英格兰人都极其不可靠。因此,他们必须确保入侵军足够强大,即便只得到不列颠少量的支持,也能击败詹姆士二世。与此同时,军队必须有足够的耐力,假如不列颠爆发内战,他们能维持平衡。另外,必须动员低地国家的荷兰军队(和德意志、瑞典后备军)备战。因为几乎可以确定,一旦发起入侵,法兰西就会向共和国宣战——路易十四9月就曾警告总三级会议,假如他们对英格兰采取行动,他便会宣战。[151] 因此,共和国是有意开展与英格兰和法兰西国王的双线作战。他们相信,无论多么铤而走险,这一战略都为扭转欧洲权力平衡、颠覆路易十四的霸权地位提供了最有利的机会。入侵舰队起航的14天后,路易十四不出所料地向联省宣战。

9月底,由将近500艘船只组成的大型舰队在鹿特丹以南的海勒富特斯勒斯(Hellevoetsluis)集结。这一过程耗费了数周。刚集结完毕,舰队又被逆风阻碍了整整一个月,兵马饱受磨难。10月11日,阿尔比维尔从海牙发来报告称,荷兰"天主教教徒为国王陛下保住王位热切祈祷(詹姆士二世的)军队战胜敌人,风继续阻碍这一切,他们把这场风称为'天主教之风'"[152]。由于暴风雨的阻挡,一场未遂的起航带来进一步的损伤。最终到11月初,军队借着强劲的东风离港,它很快就被称为"新教之风"。荷兰军队并没有最终决定好是在约克郡还是德文郡登陆。威廉三世和本廷克只是计划在某个地方登陆,以便在英军(集中在东南部)够不到的地方上岸,而后便可见机行事。入侵军先是沿着英格兰东部海岸向北行进,远达哈里奇,而后原路返回。英格兰舰队被强劲的东风困在泰晤士河口,眼看荷兰舰队两度路过却不能出港拦截。

奥伦治亲王浩浩荡荡地扫过多佛尔海峡，庞大的舰队在多佛尔到加来一线展开，绵延近25千米，两侧的战舰不断鸣炮，讽刺地向多佛尔堡和加来行鸣炮礼。荷兰军队以阅兵的阵势列在甲板上，"吹号敲鼓"。军队最终在德文郡登陆，不久之后便夺取了埃克塞特（Exeter）。事实证明，在入侵的头三周里，即人们真切意识到威廉三世的军队比詹姆士二世的强劲之前，英格兰给予入侵的支持确实只是零星的。不过，正如荷兰军队登陆10天后奥伦治亲王在埃克塞特向德文郡、萨默塞特郡（Somerset）和多塞特郡（Dorset）的乡绅发表演讲时所言，他并不需要他们的"军事协助"，只需要他们的"认可与到场"来赋予自己的远征和行动合法性。[153] 登陆后的头一个月里，结果似乎极其不确定。无疑，假如詹姆士二世的行动再果决一些，那么陆军和舰队都将能够抗击得了荷兰人。但是到12月，他致命的优柔寡断导致自己的权力瓦解，而威廉三世则势不可当地向伦敦挺进。

光荣革命在12月18日发展至顶峰，当天奥伦治亲王及其军队胜利进驻伦敦。首都的所有英格兰部队，包括宫廷卫队，全都依照奥伦治亲王指令，退守到距伦敦20英里（约32千米）之外的地带。城里只剩下荷兰军队。接下来的几个月里，白厅、圣詹姆斯宫和伦敦的其他地方，都由荷兰军队守卫。[154] 奥伦治亲王成了英格兰的主人，并控制了该国的陆军、海军和财政。此后很久，三级会议才启动集会，并不情愿地同意由奥伦治亲王顶替詹姆士二世的位置，与玛丽共同担任君主、联合执政。1689年1月，在三级会议集会之前，威廉三世和本廷克就在计划派遣大批英军到佛兰德，支援共和国的"屏障"和西属尼德兰，以防预期中的法军入侵。[155]

2月，威廉三世才在正式意义上成为英格兰的共同君主。5月，他将英格兰和苏格兰（分别）拉入反法战争。尽管如今他成了执政兼国王，但1689—1691年间，威廉三世不得不在不列颠维系他带来的荷兰军队（1689年起，他还要在爱尔兰维持驻军）。反对新政权的、势头强劲的詹姆士二世党人不仅在苏格兰和爱尔兰，而且在英格兰本土都有所发展。英格兰的许多贵族和圣公会都以鲜明的冷淡态度，对待詹姆士二世的废黜，以及威廉三世与玛丽的换代。在詹姆士二世逃出伦敦后的一年半里，不仅英格兰、苏格兰和爱尔兰，就连路易十四、阿沃，事实上还有执政兼国王本人，都相信：没有荷兰军队（以及额外的丹麦雇佣军）驻扎不列颠，不列颠的革命将有所动摇，而且很可能溃败，因为英格兰最初给予革命的支持在1689年间趋于衰弱。[156] 在荷兰和整个欧洲看来，威廉三世在不列颠的地位、与之关联的荷兰共和国的命运和欧洲的权力平衡依然处在极度危险的状态，在1690年7月的博因河战役之前尤其如此，而这场战役将决定性地扭转爱尔兰的局势。

为数众多且最为精良的荷兰军队在不列颠和爱尔兰驻扎了三年，与此同时共和国还在与法兰西交战。这一局面给总三级会议和荷兰省三级会议提出了诸多战略和后勤方面的新问题。阿姆斯特丹和荷兰省三级会议的其他成员此前支持入侵不列颠的原因在于，他们认为必须对法作战，而制胜的最佳方式就是颠覆詹姆士二世的"绝对君主制"，将英格兰转变为反天主教的三级会议君主制，让不列颠转向反法立场。因此出现了如下的光明前景：1688年6月以来奥伦治亲王与荷兰省三级会议之间普遍存在的亲密合作，将与不列颠和爱尔兰土地上的斗争一道延续。事实上，在新的战略环境中，荷兰省并无别的选择，只能倾其所有捍卫光荣革命。1689年1月之后，开支也不再是问题。

那时威廉三世安排由英格兰的纳税人而非荷兰人出资供养留在不列颠的1.7万荷兰军队。[157]然而，新形势的诸多特征引起了摄政官的不安，而且从长远看来，一旦不列颠的新政权稳固，且欧洲斗争的主要焦点转回低地国家，那么执政兼国王与荷兰省摄政官，或至少是与其中一些核心成员在道路和观念上必将出现越来越多的分歧。[158]1691年爱尔兰的战事结束前，荷兰军队一直分散在不列颠和低地国家，这制造了错综复杂的局面：大陆上，荷兰军队受到牵制，处于守势，因此任由他们的盟友——皇帝和勃兰登堡选帝侯，在德意志西北部的战争舞台上掌握主动权。新局面还意味着威廉三世及其荷兰贵族宠臣，尤其是本廷克、戴克费尔特和欣克尔（Ginkel，1691年担任驻爱尔兰英荷联军的指挥官），得以比过去都要自由地做出重大战略决定，而不必与三级会议密切商讨。此外，在威廉三世看来，如下策略是恰当的，即荷兰应提供更多陆军以保卫南尼德兰的"屏障"，而英格兰在海上发挥主导作用。英格兰与荷兰按照5比3的比例贡献海军力量。然而，这将荷兰共和国的海上力量压制在英格兰的下位，从而在共和国里引起了相当强烈的焦虑。[159]因此，执政兼国王与荷兰省摄政官在联省根本利益方面的潜在对立态度依然悬而未决。前者依旧主要关注欧洲的权力平衡，关心如何挫败路易十四；而阿姆斯特丹和荷兰省城镇则全神贯注于国家的安全以及如何保护荷兰的航海与贸易。

许多摄政官担忧的另一点在于：威廉三世如今成了英格兰国王，同时担任着英格兰和共和国军队实际上的指挥官，他现在或许比1688年之前更有力（而不是像其他摄政官希望的那样更无力）去扩张他作为共和国执政的权力和影响。这也是法兰西政治宣传家力图利用的一种焦虑情绪。1689年，一位作家评论道，摄政官不仅让奥伦治亲王成

第32章 1672—1702年：威廉三世执政期　　1019

了英格兰、苏格兰和爱尔兰这三个王国的国王,而且让他成为"第四国"——联省的君主。[160] 1688年之后,奥伦治亲王在共和国的权力和影响力体系在诸多方面都持续增强。实际上,与此前历任执政相比,威廉三世在1688年之前就已对军队指挥、军事策略制定和人事晋升施加着前所未有的影响力。而17世纪90年代,威廉三世及其荷兰宠臣还史无前例平添了对战时财政和国家秘密外交的影响力。[161]

威廉三世执政期的最后岁月

1688—1697年间,执政兼国王在荷兰内政方面所仰仗的,是几乎没有哪个摄政官相信有可能与路易十四达成协定或全然信任他,除非法兰西被削弱,路易十四的野心遭到打压。而要实现上述前提条件,唯一的途径就是与英格兰联盟、与奥伦治亲王携手合作。鉴于此,执政的权威以及作为其权力基础的恩宠、庇护和势力网络根本不可能受到任何打击。在这样的环境下,根本没什么可能用德维特"真正的自由"这一传统下的更具咨议性且以荷兰省为首的政治结构来取代执政体系。

然而在1689—1690年间,荷兰省摄政官对执政的反对有短暂复兴的迹象,它们出现在阿姆斯特丹、鹿特丹和莱顿。事实上,在1689年年末到1690年年初的冬天,奥伦治亲王尤为担心阿姆斯特丹议事会新一轮的权力斗争会危害他的整个欧洲和不列颠战略。在这场斗争中,他的盟友——维特森和胡德短暂地败落于更具共和思想的团体手上,后者的领袖是扬·海德科珀(1625—1704年)和赫拉德·博斯·范瓦费伦(Gerard Bors van Waveren,1630—1693年)。[162] 1684年之后,威廉三世与阿姆斯特丹的首场真正的冲突爆发于1689年12月。当时，议事会大胆主张，执政如像如今这样置身国外时，无权（按照1672年恢复的规定）从双倍候选人名单中选取该城的7名治安法官。阿姆斯特丹代表在荷兰省三级会议中提出，执政缺席时，荷兰城镇的治安法官应当由省三级会议或高等法院，从双倍候选人名单中选出。相关的信函递送到了荷兰省其他城镇。1690年1月，威廉三世在给荷兰省新任大议长安东尼·海因修斯（Anthony Heinsius）的信中写道："阿姆斯特丹的行为让我十分震惊，考虑到它可能给我本人，乃至整个欧洲造成的后果，我已决定派本廷克前往海牙。"[163] 本廷克的任务是与海因修斯合作，阻止三级会议派对执政权威造成的一般性威胁，以及解除对即将到来的英荷二次入侵爱尔兰这一特定事件的威胁。其实在1688—1691年这几年间，执政兼国王都无力化解与荷兰省三级会议的矛盾，这一时刻尤其如此。因为他不仅需要总三级会议同意他在不列颠调用大批荷兰军队担任出击爱尔兰的先锋部队（博因河战役中，正是荷兰卫队打头阵），而且需要更多当时不能在不列颠生产的重型炮和适宜运输辎重和马匹的船只，而所有这些都必须先从共和国运到英格兰。[164]

对本廷克的到来，扬·海德科珀和博斯·范瓦费伦却阻止他夺回他在荷兰省贵族院中的座席。他们宣称，本廷克已加入英籍，作为英格兰国王的臣民，他再无资格入座贵族院。这场纠纷引起了整个共和国的错愕，这尤其体现在阿姆斯特丹交易所中。这里的几只股票暴跌，预示着荷兰国家内部的新一轮分裂。[165] 不过，阿姆斯特丹摄政官一直极为谨慎地行动，他们不希望损害英荷同盟或共和国的整体战略地位。此时此刻，共和主义观念同样在莱顿议事会中复苏，莱顿也同样陷入了类似的困境。而本廷克很快就能让他的主人安心:尽管一些摄政官质疑他在荷兰内政领域的权力,但"在大事方面他们是友好的"[166]。这一点并不令人意外,因为如果法兰西国王不被迫终止他打击荷兰贸易的重商主义行动,无论是阿姆斯特丹的对法贸易,还是莱顿呢绒的销售都无法重启。随着1690年2月阿姆斯特丹议事会选举的完成,反对的浪潮退却,维森特和胡德占据有利地位。随后,议事会就阿姆斯特丹是否应该坚持在治安法官问题上与执政作对进行了投票,海德科珀和博斯·范瓦费伦以19对20的票数败北。[167]亲王在荷兰省三级会议中的盟友欢呼雀跃,阿姆斯特丹的金融界也是如此。"我们对阿姆斯特丹的生意满怀希望。"一位观察员这样向伦敦报告:"维特森先生坚定不移地为之操劳,抱着达成协议的希望在阿姆斯特丹内活动猛增。"[168]为了挽回颜面,阿姆斯特丹议事会将他们列有14名候选人的双倍名单交给"荷兰省三级会议,让作为主权者的三级会议以他们认为妥当的方式处理"。法兰西宣传家只能哀叹:"那些保留着德维特式智慧的正直共和主义者似乎想要透一口气,却只能发出低声叹息。"[169]

这一时期,三级会议派遭受的抑制还进一步反映在反奥伦治小册子和漫画的惊人稀缺上。与1675年和1683—1684年的喷涌做对比,这一现象更显突出。奥伦治派的话语和艺术反而变得更加热情洋溢。17世纪90年代最重要的荷兰政治作家埃里克斯·瓦尔滕称颂英格兰式的立宪君主制,赞扬光荣革命,并且暗示:英格兰与联省的政治体系间并不存在鸿沟,稳定、负责的政府的核心是"杰出的领袖",他谨慎地遵守着宪法对他权力的限制。在瓦尔滕看来,非法政府是路易十四那样的专制统治者。罗梅因·德霍赫(约1645—1708年)是黄金时代末期首屈一指的版画师,也是重要的奥伦治派宣传家。

他发表了无数版画,称颂执政在战场上的功绩。执政兼国王在1691年2月返回共和国时(这是1688年以来的第一次),海牙安排了空前隆重的庆贺典礼。[170] 重要项目包括:游行;赞美诗朗诵,一些诗歌由阿姆斯特丹塞法迪犹太人共同体的文人以西班牙语写就;建立凯旋门、方尖碑等英雄纪念物。德霍赫帮忙设计了这些纪念物,它们弥漫着对威廉三世日渐高涨的个人崇拜,让人想起了当年的弗雷德里克·亨德里克。在赞颂1688年的最伟大的文学作品中,有长篇英雄史诗《奇才》(*Il Prodigio*,阿姆斯特丹,1695年)和长达9 000节、洋洋洒洒的《威廉三世》(*Willem III*)。前者是不知疲倦的格雷戈里奥·莱蒂在阿姆斯特丹用意大利语创作的诗篇。后者是第一部荷兰语长篇史诗,由阿姆斯特丹诗人吕卡斯·罗特汉斯(Lucas Rotgans,1654—1710年)创作。他的父亲是一名大商人,他们家在费赫特河畔的别墅于1672年被法军洗劫。《威廉三世》的前四卷于1698年问世,其余的在1700年出版。

另一边,1692年,年迈的学会派诗人奥达安则在病榻上考虑自己未出版的手稿的命运,其中包括他在1672—1673年间所写的悲剧《海牙兄弟谋杀案》(*Haagsche Broeder-Moord*),它将德维特兄弟的遇难改编成戏剧。这部悲剧赞颂了德维特,充满着对奥伦治亲王及其宠臣的敌意暗示,而这样的作品在17世纪90年代根本不可能出版;[171] 此外,另一个不合时宜的原因在于,奥达安近来才领会到威廉三世的一些可贵品质,尤其是他强力捍卫宽容这一点。奥达安看不到别的出路,只能命令女儿毁灭文稿。实际上她并没有遵从,不过这些手稿要到1712年才得以出版。

17世纪90年代,在国际经济和战略因素的支撑下,奥伦治亲王在荷兰内政中的地位由于宽容政策而进一步得到巩固。从17世纪80年代中期以来，奥伦治亲王就在共和国和不列颠坚持不懈地积极追求宽容。执政证明，他尽管偏袒富修斯派神学和教授，却是共和国天主教教徒、门诺派和犹太人的主要保护人。他还在数个场合特意强调这点，也同样强调是他保护公共教会内的科齐乌斯派免遭富修斯派的全面反攻。通过遵循宽容路线，执政兼国王让反奥伦治派丧失了许多传统上的追随者。持异议者不仅开始友善地看待他，很多时候还公然赞颂他是宽容和自由的光荣捍卫者，以抵抗路易十四的不宽容和专制主义。奥达安就是赞颂者之一。[172]

显然，"真正的自由"正在退潮。这一思潮在阿姆斯特丹和莱顿受限，并且在鹿特丹爆发一场严重骚乱后，遭到了进一步抵制。骚乱发生在1690年秋，目的是反对亲王最讨人厌的一名宠臣、巴尔尤夫——雅各布·范泽伊伦·范尼费尔特（Jacob van Zuylen van Nyevelt）。这名官员善于将加尔文宗正统派表面上的道貌岸然与敲诈勒索、操控娼妓相连。在地方政敌的煽动下，愤怒的群众摧毁了他的宅邸。伯纳德·曼德维尔（Bernard Mandeville，1670—1733年）就是愤怒人群中的一员，后来他在英格兰成为著名作家。曼德维尔在墙上张贴措辞激烈的讽刺文字，抨击尼费尔特是"嗜钱如命的暴君"，进而在社会上掀起了轩然大波。[173]这场骚动过后，尼费尔特因贪污的罪名受到荷兰省高等法院审判，不过后来由于执政的介入而得以释放。执政还逼迫鹿特丹议事会支付高额的补偿费。此事过后，亲王在1692年清洗了鹿特丹议事会，清除了7名共和派摄政官和议长，代之以坚定的奥伦治派。[174]接踵而来的是政治、意识形态和神学的全面反扑，指挥者是新任议长伊萨克·范霍恩贝克（Isaac van Hoornbeeck），他是富修斯派教授约翰内斯·霍恩贝克之子。富修斯派的价值观如今正处于上风，佩茨和其他"真正的自由"拥护者的遗产遭受抨击。曼德维尔或许已经死去。皮埃尔·培尔这位"鹿特丹的哲学家"长期与胡格诺派中的加尔文宗强硬派冲突。他发现，在近来经过清洗的荷兰宗教法院眼中，自己是个扎眼的人物。他的教授职位由佩茨安排。在当时的欧洲，他是宽容的主要拥趸之一。次年，议事会应宗教法院的要求，罢免了他在高等学校的教职。[175]

公众已然接受有必要对路易十四开战的事实。然而，1687年之后的十年里，荷兰经济已经恶化到了一定地步，以至于险恶形势在所难免。路易十四新一轮的贸易战和九年战争（1688—1697年）的开启，实际上标志着荷兰海外贸易体系发生转折。[176] 1590年到1687年或1688年之间，尽管经济和城市生活在海外贸易发展各阶段之间遭受过严重的阻断和重组，但潜在的趋势一直是扩张。确切证据是直到17世纪80年代末，荷兰省城市化的进程都持续不衰的事实，尽管1672年至1674年间有暂时的严重倒退。对比而言，从1687年或1688年的开端到1805年或1806年巴达维亚共和国覆灭期间，基本的趋势是收缩和绝对性的倒退，尽管这在不同阶段快慢不一。这一点的佐证是：从17世纪80年代末开始，共和国经历着持续的逆城市化。

17世纪90年代的退化随后带来了许多负面的社会影响。17世纪90年代阿姆斯特丹实际工资和生活水平的数据下滑，证明了衰退过程正始于1688年。[177] 1688年后，尽管实际工资骤减，阿姆斯特丹贫民的房租却渐涨，而豪宅的价格大幅下跌，这确切地反映着繁荣的衰退。[178] 在哈勒姆和莱顿，一些纺织业部门显著萧条，羽纱行业尤其如此，因为马海毛和其他来自黎凡特地区的原料供应遭到地中海海战的破坏。[179] 1690年哈勒姆爆发骚乱。起初这只是抗议该城二次宗教改革的措施——禁止在城市街道和运河的船只上吸烟，违者将处以6荷兰盾罚金，结果劳工呼喊着自己没有工作，叫喊声压倒了市长安抚他们的努力。[180] 这些年间，荷兰省并没有出现太多的城市骚动，但它们的数量足以说明民众敏锐地感受到了环境的变化。最严重的骚乱爆发于1696年2月的阿姆斯特丹，目的是反对为战争而加征的一项赋税。[181] 城市骚动了一个星期，暴民多次袭击消费税征收人、个别一两个犹太金融家和英格兰驻该城"代理人"的宅邸。

战争在拖延。与法兰西一样，共和国的生活因此日渐艰难。在不列颠和爱尔兰，由法兰西支持的詹姆士二世党人在1690—1691年的战事中遭到挫败。然而在欧洲大陆，形势却是一场僵局。事实证明，共和国、英格兰、神圣罗马帝国皇帝、西班牙和勃兰登堡的联军不足以击败法兰西。结果导致了与海因修斯密切合作的威廉三世在1693年下半年参加了与法兰西宫廷的一系列错综复杂的秘密谈判。海因修斯精于与执政合作，同时在表面上维系着荷兰省三级会议及其职位的体面。在接下来的三年里，威廉三世与路易十四的来往为和平构建了框架。在这些交流中最为显著的是，英国议会、共和国各省三级会议和总三级会议都没有参与其中，并且对事态发展知之甚少。执政兼国王任用戴克费尔特为主要谈判人，其他参与者仅包括海因修斯、本廷克和阿姆斯特丹的市长——这刚足以维系市长们的信心。[182] 要到与路易十四达成广泛共识之后，英国议会和共和国各省三级会议才被拉入舞台，正式谈判才在位于赖斯韦克的弗雷德里克·亨德里克在海牙附近的宫殿开始。

在首次向公众公示时,和平条款似乎已经满足了总三级会议对战争的所有核心诉求。法兰西同意撤出卢森堡公国,撤离沙勒罗瓦、蒙斯、科特赖克、阿特(Ath)和希尼(Chiny)这些边界战略要塞城镇,以及众多附属的边界城堡和乡村。路易十四宣布放弃自己对南尼德兰的主张。英荷同盟得到确认,路易十四被迫承认威廉三世是英格兰、苏格兰和爱尔兰国王。最后,对于荷兰而言尤为重要的是,路易十四同意撤销深受荷兰大商人和制造商憎恶的1667年版法兰西关税单,保证推行1664年关税单,并以包含45项条款的单独贸易条约确保共和国与法兰西之间的正常贸易关系。

荷兰保住了自己的"屏障",并且认为自己获得了贸易优待。法荷间的贸易条约规定:废除1667年关税单,并且在三个月内商定荷兰认可的新关税政策;如果事实证明新协定不能达成,"1664年的关税单将在未来被取而代之"。[183] 规定似乎清晰明了,并得到了总三级会议的认可和批准。然而3个月过后,路易十四的大臣对关键条款的解释令荷兰外交官错愕。他们解释这些条款的意思是,就具体商品而言,只有1667年关税单尚未被更替的部分能适用1664年关税单。鉴于1667年以来,荷兰出口到法兰西的许多商品已被要求缴纳比1667年关税单更高的重税,法兰西如今以这种方式解释条约等于彻底勾销了总三级会议以为自己取得的好处。一艘荷兰船只从法兰西返回,上面依然载着豪达的烟斗,因为法兰西港口当局坚持要求荷兰人支付1692年规定的、高得难以负担的战时关税。这让荷兰大商人和制造业全然目瞪口呆。[184]

路易十四提出了谈判要求,总三级会议派遣出一个委员会前往巴黎。接下来的数个月里，荷兰与法兰西谈判者在巴黎以每周三次的频率讨论关税问题，却毫无进展。1698年10月，在与荷兰大使的私下会面中，路易十四亲自详细阐述了有关鲸脂和进口到法兰西的西班牙羊毛的问题，拒绝了荷兰人要求的低关税。与此同时，总三级会议拒绝放弃位于印度的本地治里（Pondicherry）基地。东印度公司在1693年以巨大代价从法兰西手中夺取该地，但根据和平条约的条款，共和国应将它归还法兰西。直到1699年6月，联省与法兰西才最终达成新协议。它将法兰西对荷兰共和国细布和大多数其他商品的关税大致定在1664至1667年的关税水平之间。这是荷兰共和国能争取到的最有利条款，但此事也给荷兰共和国留下了苦涩的滋味，强化了共和国对法国的如下印象：不能信任路易十四，并且共和国的安全及其海运和贸易尚未得到保障。

国际形势确实依然处于紧张状态。1697年，威廉三世在国际竞技场上的地位和声望似乎比任何时候都高。然而，无论是路易十四与执政兼国王之间的个人角逐，还是法荷为追求欧洲和印度霸权而展开的竞争都未有定数。鉴于无嗣的西班牙国王卡洛斯二世（Carlos II）日渐病重，即将到来的西班牙王位继承危机给整个欧洲，乃至整个世界投下重重阴影。《赖斯韦克和约》在卡洛斯二世去世这短暂的间期（1697—1700年）签订，其中弥漫着的不确定，顷刻间就把全球推入事关西班牙、西属印度和西属尼德兰的冲突中。这种不确定无疑使联省共和观念在这些年里无法真正复兴。

1697年之后，即生命的最后几年，威廉三世的权威和声名都在不断衰减，在联省之外的世界尤其如此。首先，相比于17世纪90年代初，他如今在不列颠的地位已大幅削弱。在1688—1691年间还虚弱无力的议会到17世纪90年代末已成为英格兰政治中的主导势力，并且至少在内政方面，议会已对执政兼国王权力施加了越来越多的限制。其次，他的名声日渐受损。因为自1697年以来，一直有谣言称他与新宠臣、海尔德兰贵族、阿尔比马尔（Albemarle）领主阿诺尔德·约斯特·范凯佩尔（Arnold Joost van Keppel）保持着不体面的同性恋关系。国王与做了30多年得力助手的汉斯·威廉·本廷克公然疏远，后者受到阿尔比马尔的憎恶和嫉妒。[185] 尽管猥亵的嘲讽在英格兰得到积极挑动，在法兰西受到宫廷推波助澜，并在海牙也不绝于耳，但它们并未出现在共和国内任何一波反奥伦治宣传或出版的浪潮中。共和国内部并没有出现像英格兰或爱尔兰那样鲜明的转变。整体而言，战争的终结没怎么导致执政在荷兰内政领域的地位下滑。在阿姆斯特丹，1700年出现一些新迹象：1690年挑战维特森和胡德的事业由约安·科弗（Joan Corver）继承，以他为中心的团体稍有复兴。不过整体而言，执政的控制力依然完好无损。在莱顿，直到1702年执政去世，议事会都一直惊人地臣服于他的权威。[186]

《赖斯韦克和约》签订之后，执政兼国王在国际政治领域所采取的最具野心的行动就是试图通过与路易十四谈判商定瓜分协议（它从未得到执行），来预先阻止未来就西班牙王位的争夺而展开的新一轮全球战争。在1698年和1699年，双方在巴黎商定了两份条约。同样，这两次对话也只有由心腹组成的小圈子参与，整个对话过程中，英国议会和共和国各三级会议都茫然不知。[187] 这次的对话甚至连戴克费尔特也被排除在外。本廷克虽然参与其中，但作用不如之前重要（此时，他已是威廉三世派驻巴黎的大使，本来应当担任英格兰利益的发言人）。阿姆斯特丹各市长也基本上被抛到一边，执政兼国王主要依靠的是海因修斯。当神圣罗马帝国皇帝和西班牙国王最终得知事态的发展走向时,他们完全不愿接受威廉三世和路易十四打算强加于他们的东西,即由法兰西王太子和皇帝的继承人来瓜分帝国。

天喜文化